面向21世纪课程教材
Textbook Series for 21st Century

·教育部面向21世纪人力资源管理系列教材·

组织行为学

（第5版）

Organizational Behavior

刘智强　关培兰　编著

中国人民大学出版社
·北京·

总　序

由中国人民大学人力资源开发与管理研究中心组织全国人力资源管理领域著名专家学者编写的人力资源管理系列教材第五版以全新面貌与读者见面了。

中国人民大学人力资源开发与管理研究中心成立于2000年，聚集了学术界、政府研究机构的专家学者，致力于我国人力资源开发与管理研究。中心自成立以来，除了组织编写本系列教材之外，还翻译了我国第一套人力资源管理译丛。

改革开放以来，中国经济的高速增长为世人所瞩目。究其原因，学者们的共识是，成就主要源于两个因素：一是体制改革所造就的制度创新和激励机制；二是改革对生产要素，特别是劳动力要素的解放。改革使大量人力资源摆脱了旧体制的束缚，以各种方式投身于经济建设，使我国人力资源的优势得到充分发挥。正因为如此，在传统体制下从来没有被认为是一门科学的人力资源管理，在改革开放后特别是20世纪90年代以来，得到了企事业单位的高度关注。如何确定组织的人力资源战略、做好组织的人力资源规划，如何招聘、留住、开发以及激励组织需要的各类人才，如何把握好职位分析、绩效管理、薪酬管理等人力资源管理中的关键环节，如何建设良好的组织文化，已经成为企事业各级领导考虑的最重要的问题。随着移动互联网的发展、全球化步伐的进一步加快、人工智能等最新科学技术的发展以及90后开始大量进入职场，各种组织的人力资源管理面临诸多新的挑战，很多组织的人员数量增长可能会逐渐停止甚至下降，但对员工的质量要求却大大提升，这就对组织的人力资源管理水平提出了更高的要求。

从我国改革开放40年的历程中可以清楚地看到，人力资源的确是推动中国经济发展的最重要资源，堪称“第一资源”。更为重要的是，如今，我国自然资源的人均占有量与世界相比并不占优势，国民财富生产中自然资源消耗水平已经很高，可以毫不夸张地说，我国经济与社会实现可持续发展的唯一出路在于进一步发挥人力资源的优势。需要指出的是，发挥人力资源优势并不像有些人所想象的，只是靠廉价的人工成本去竞争。世界各国发展的经验已经证明，人工成本必然会随着经济发展水平而不断提高。一个国家的人力资源优势主要体现在两个方面：一是人力资源的教育素质，它体现为潜在的生产力；二是对已经实现就业的人力资源的管理水平，它体现为对人力资源的开发利用程度。我国的教育，特别是基础教育，在世界上是有竞争力的，培养了一支高素质的劳动力队伍。而我国的管理水平，尤其是人力资源管理水平，与世界发达国家相比差距仍然较大。因此，提高我国企事业单位以及政府机构的人力资源管理水平是发挥我国人力资源优势的当务之急。近几十年来，我国几代领导人都强调人才对于国家发展的重要作用，人才是第一资源日益得到广泛的认同，国家领导人一再强调的人才强国战略更是将人力资源和人才问题提到整个国家战略的高度。

为了提高我国人力资源管理水平，我们通过翻译教材与专著、邀请外国专家讲学等方法，努力将发达国家在人力资源管理方面的先进理念和经验介绍到国内。但是，人力资源管理是管理学诸学科中受到一个国家文化传统影响最大的领域，对人的管理必然受到社会价值观念、法律制度、人文传统等方面的影响，因此，仅仅依靠舶来品是不能真正解决自身问题的。

中国的管理学经过30多年的恢复和成长，已经到了建立具有自身特色的符合中国文化的管理理论的时候。鉴于管理学的文化根基特征，可以说，建立中国特色管理理论的关键在于建立具有中国特色的人力资源管理理论。

总而言之，无论是提高我国人力资源管理水平，还是建立具有中国特色的管理理论体系，都需要培养大批具有先进管理理念、掌握科学管理方法的人力资源管理专业人才。近年来，社会对人力资源管理专业人才的需求一直名列高校毕业生需求榜的前列。旺盛的需求同样导致供给的增加。据统计，自1993年中国人民大学在我国开设第一个人力资源管理本科专业以来，到目前为止，全国已经有500多所高校开设了人力资源管理本科专业，人力资源方向的硕士和博士培养也已经上规模。尤为可喜的是，不仅面向私营部门的人力资源管理专业人才培养日渐成熟，面向公共部门的人力资源管理专业人才培养也已经在很多高校中渐成规模，并且对公共部门人力资源管理水平的提高发挥了积极的作用。从2001年开始出版的本系列教材的第一版，到目前为止已完成了四次全面的再版修订工作，本套教材对于满足我国各高校人力资源管理专业的教学需要起到了非常积极的作用，得到广大教师和学生的一致好评。

优秀的教材必须随着社会经济的发展与教学改革的深化而不断完善。我们根据作者的教学体会和使用的教师对本系列教材第四版的反馈，组织了这次重新修订工作。本系列教材从一开始起步阶段，就在编写中把握了以下三个重要原则：第一，优选教材作者。本系列教材的作者不拘泥于一个学校，而是从我国各著名高校中最早从事人力资源管理教学与研究的著名学者中遴选，每位作者必须是在人力资源管理的相关领域或模块中的真正专家。同时要求这些学者必须亲自主笔，以保证教材的质量。第二，优化教材体系。本系列教材包括《人力资源管理概论》《人力资源战略与规划》《组织行为学》《工作分析的方法与技术》《人力资源战略与规划》《培训与开发》《战略性绩效管理》《薪酬管理》《劳动经济学》《劳动关系》等，既可以满足人力资源管理专业的学生系统学习人力资源管理知识的需要，也可以为非人力资源管理专业的管理类学生根据需要选用。第三，重视本国案例的运用。多年来，随着我国市场经济的长足发展以及企业人力资源管理水平的不断提高，涌现出大量有价值的本土化人力资源管理案例。因此，在修订时，我们特别强调多运用中国改革开放以来的案例，以帮助学生更好地理解和掌握相关理论与方法。

尽管已经付出了很大努力，我们仍然清楚地认识到，这套教材还存在许多可以不断完善和修改的地方。我们真诚地希望广大读者不吝赐教，提出修改意见和建议，使之日臻完善，以更快地推动我国人力资源管理水平的提高。

董克用

中国人民大学人力资源开发与管理研究中心

前　言

组织行为学以组织中所有成员的行为和态度为研究对象，探索组织中个体及群体行为的发生和发展规律，以及这些行为在不同组织文化背景和工作设计环境中的不同表现。随着全球化进程的不断加快和社会的不断发展，企业国际化趋势日益明显，新一代管理者不仅需要面对国内风云变幻的市场环境，还要做好随时应对全球性竞争与挑战的准备，这就要求今天的学生（日后的管理者）真正掌握人的行为本质和行为基础，洞悉规律，以不变应万变，从而解决未来可能碰到的新问题。从这个角度看，了解、认识甚至熟知组织行为学是每一个学生特别是每一个商科学生的必修课。

一直以来，本教材的目的都是使学生能够全面系统地掌握组织行为学的最新理论与方法，“不出户，知天下”，能够将理论应用于实际工作与生活之中，解决管理过程中可能遇到的各种心理与行为问题。为此，本教材突出了以下四个特色：

1. 结构新颖。每章开篇均给出本章重点，用以总括章节重点学习内容，以起到提纲挈领之用；然后用名人名言和引例点出本章主题。正文详述主题相关内容，包括概念的来源、定义，以及有关的研究和成果。在正文之后，提供了关键术语、复习思考题、自我诊断等栏目，以加强课后练习与巩固；还搜集了国内外的经典故事与案例，通过“故事与启示”和“案例分析”专栏呈现出来，增加本章主题的趣味性。

2. 全球视野。随着经济全球化的不断推进，组织中多元化、跨文化管理等问题日益突出。本书不仅讨论了与全球化有关的组织行为问题，还通过不同国家的管理案例来剖析各类组织行为问题，讨论领导风格变迁、组织价值观培养、沟通问题、团队管理等主题。

3. 中国特色。在具体内容中，本书不仅结合国外学者的研究，也涵盖了国内学者的本土化研究，从而增添了本书的中国特色。在全书的写作中，力求做到融合中西经典，凸显中国特色。

4. 支持自主学习。教材不仅仅是提供理论和知识，还应该为学生或读者的主动学习和批判性思维提供支持。本书通过大量的中外管理案例，帮助读者提高发现问题、分析问题和解决问题的能力。书中提供了许多自我诊断工具、小组活动素材等，为学生和读者自我学习或小组学习提供支持和指导。

新颖性、国际性、本土性和自主性是本书的四大特色和亮点。第5版在上一版的基础上进一步完善，主要有以下变动：

（1）增加了知识经济信息时代到来对员工管理提出的新要求及应对措施等内容。

（2）在组织行为学学习方法中引入聚合定量评价法，系统介绍了研究领域中的热点方法——元分析的原理、特点。

（3）精简了激励理论的相关内容，并新增了最新研究成果——不当激励的起源、发展与解决方法。

（4）补充了价值观的概念与分类，以及领导者权力的内涵、分类与权术的运用等内容。

（5）增加了企业社会责任、突破性创新、人工智能等当下热点现象给组织行为学带来的挑战与应对措施。

由于时间仓促，以及作者的理论修养与实践经验的局限性，书中难免存在疏漏之处，敬请各位读者批评指正。同时希望本书有助于读者更好地管理、激发组织中的每一个人。

编著者

目　录

第1篇　导　论

第2篇　个体行为

第3篇 激励行为

第4篇 群体行为

第6篇　组织行为

第1篇

导　论

本篇主要讨论组织行为学面临的管理环境，介绍这个领域的基本概念，讨论学习组织行为学的重要意义及其与一般管理的相关关系。

第1章 组织行为学概览

本章重点

- 组织行为学是研究组织中人的心理和行为规律的科学。
- 组织行为学是将行为科学的一般原理和知识运用于各种组织管理的必然产物。
- 组织行为学是一门综合应用性学科。
- 研究和学习组织行为学的目的，是在掌握一定的组织中人的心理和行为的基础上，正确认识人的行为，理解人的行为，预测人的行为，引导人的行为，控制或改变人的行为，以调动人的积极性和创造性，提高组织的工作绩效。
- 运用科学手段，对人做出科学客观的诊断，以了解自己，完善自己；了解他人，理解他人；激励他人，激励自己。
- 积极组织行为学取向的典型代表是自我效能感、希望、乐观、主观幸福感和恢复力等。

名人名言

研究人在组织中的行为并不像有一本菜谱就可以烹饪那样简单。对于组织行为学的问题是没有理想答案的。

——凯茨·大卫斯

引 例

微软人力资源副总裁——丽萨·布鲁梅尔

微软的匿名博客上有一句话：庆幸微软雇用了如此不同寻常的员工，我们应该充分释放他们做出贡献的能力。

丽萨·布鲁梅尔在微软做了 19 年的销售工作后，被任命为微软的人力资源副总裁。这项任命，让微软的员工喜出望外，因为她对公司的深入了解、她的管理经验以及她对人的理解和管理技巧，使她完全能胜任这项工作。

长期以来，微软一直被认为是快乐工作和高报酬的地方。其高层管理者无数次被媒体披露和社会传颂，微软不管是在商业还是技术领域，都被认为是世界上最著名大学的学生就业首选之地。但是到了2007年，员工士气降到了低点。尽管有竞争性的高工资、高红利和良好的工作条件，可员工还是觉得没有吸引力（Flabby and Unhip）。而竞争者谷歌却对出色人才有强大的吸引力。有人在微软的博客上批评指出，这完全是微软自己造成的恶果，是微软的管理出了问题。微软的高层认识到必须改变。

布鲁梅尔作为人力资源部门的领导，没有别的选择。平日里穿着T恤和便鞋的布鲁梅尔，并不是一个墨守成规的人。她高度重视科技竞争，不过在公司善于与人打交道也是出了名的。她不迷信权威也不害怕来自公司强势的任何想法，她知识渊博、兴趣广泛，喜爱文学和运动。

布鲁梅尔想更新人力资源的想法，强调服务，关注个人。她深入了解员工的需要，跳出原来微软的系统，更关注个人化的人力资源系统，对微软的产品、设计系统也是一样，必须改变。她说，我们一定越来越好，要明白哪些是有效的，哪些是无效的，要不断地改变，包括销售利润，要在公司内部使员工在不同的人生阶段更换岗位更加容易。

她在微软的改革主要体现在：将绩效考核和薪酬紧密地联系起来；营造一个更公平的分配环境。

当她开始在公司博客上征求意见时，员工很快从各个方面提出他们的抱怨。凭借她在公司长期工作的经验，她有一个好的开端。一个匿名的博友说："微软只是一家公司，仅此而已；它不是一家巨大的加工厂，它像大脑，公司应该庆幸，雇用了这么多出色的人，他们要的是不会限制能力发挥的环境。"

不管行业、地域、规模的大小，公司共同的使命都是"创造人"。一个组织的成败，归根结底取决于很多人的行为；如果没有很多人的帮助，管理者是不可能取得成功的。

第1节 组织行为学的含义

对于管理者来说，无论它是如谷歌、通用电气、苹果、阿里巴巴、腾讯、沃尔玛、英国航空这样的大企业，还是洗衣房、诊所、体育运动队，都要努力理解组织中的人和他们的工作。这本教材是关于人的书，它也是关于组织及管理组织的管理者的书，构成组织的工作及工作的人是组织行为学研究的内容。

一、什么是组织行为学

组织行为学是行为科学在管理领域的应用，是综合运用各种与人的行为有关的知识，研究一定组织中人的心理和行为规律的科学。组织行为学不是研究人的一般心理行为规律的，而是研究各种工作组织中人的工作行为规则的。这些工作组织涉及的面很宽，比如工商企业、政府机构、学校、医院甚至部队。工作行为主要包括涉及影响组织成员的积极性和组织绩效的行为管理、差异管理、激励管理、团队管理和权力管理等。

（1）组织行为学是一门综合学科，它综合了心理学、社会学、文化人类学、生理学、生物学，还有经济学、政治学等学科有关人的行为的知识和理论，来研究一定组织中的人的行为规律。

（2）组织行为学涉及三个重要的方面，即观察、个体、群体。对他人行为的了解，主要通过观察获得。观察者运用自己的感官直接观察人的行为，或者采用录像机和摄像机等先进手段协助观察，通过对外在行为的分析去推测人的内在心理状态。个体是组织的基石，个体行为是组织行为的核心。研究组织行为学的规律性，首先要研究个体是如何影响组织的，同时要研究组织通过什么来影响个体的态度、价值观、积极性及满意度，个体差异又如何影响其行为和工作绩效。群体是介于个体与组织之间的一级组织，它是个体直接工作的地方，个体对组织和社会的贡献是通过群体实现的。群体规范、群体凝聚力、群体沟通等对个体行为及组织行为都有直接影响。

（3）研究与学习组织行为学的目的是在掌握一定组织中人的心理和行为规律的基础上，正确认识人的行为，理解人的行为，预测人的行为，引导人的行为，控制或改变人的行为，以调动人的积极性和创造性，提高组织工作绩效。通过科学的测试手段，对组织成员的心理素质及各方面的能力进行诊断，做到了解自己，完善自己；了解他人，理解他人；激励他人，同时也激励自己。

组织行为学表明了三大方面：人的行为、人和组织的关系以及组织本身。

二、组织行为学的重要性

组织对我们的事业和生活有广泛的影响。从最基本的家庭组织到最复杂的行政或企业组织都与我们息息相关，我们大多数人会作为组织的一员而度过工作生涯的大部分时间。影响我们生活的不仅仅是我们所属的工作组织，我们每个人在日常生活中还要和许多其他形式的组织打交道，超级市场、百货商店、专卖店、银行、学术组织、政府机构、学校和医院等都是我们经常打交道的组织，这些组织不仅影响我们日常生活的性质，而且影响我们生活的质量。

有人说，作为个人，只要不触犯法律，吃穿不愁，就可以游离于任何组织之外，但是一个人要成就一番事业，就必须从属于某个组织。如果脱离组织，个人孤军奋战，很难取得成功。

即使是今天让世人瞩目的成功的企业家，其中不少人是靠自己的双手从无到有，艰苦创业成功的，最终也要依赖一个组织，一个或许是完全由他自己创建起来的组织。未来的竞争是人才的竞争，实际上也是组织的竞争。组织是志同道合的一群人走到一起，干大家共同想干的事。组织的竞争必然依赖于组织的成员，组织的竞争力也就与其成员的总体素质直接相关。这里必须消除一种误解，一个人才荟萃的组织并不一定是具有最强竞争力的组织，即使一个企业的所有成员都具有高素质，也不一定能保证企业经营成功。这是因为，个人的竞争力完全取决于个人的素质，而组织的竞争力并不仅仅取决于各个成员的个人素质，也绝不是个人素质的简单相加，而是取决于作为一个整体的组织的素质。因此，怎样才能使个人素质发挥出整体效益，这就是组织行为学探讨的关键所在。

已故的瑞典宜家公司创始人英瓦尔·坎普拉德，个人财富曾全球排名第四，但他乘飞机时仍然坐经济舱，而且从不用塑料制品。他有一句名言：用 1 000 美元制造一件家具容易，用 50 美元加工一件就难了，昂贵的解决办法往往是平庸的标志。他在 80 多岁时还在传播爱和尊重。曾经的世界首富比尔·盖茨也一样，乐于做慈善事业。

第 2 节　组织行为学的产生

一、学科基础

行为科学产生于科学管理高度发达之后，是五六十年前兴起的学科。科学管理虽然给资本主义管理科学的发展带来了生机，但是科学管理过分重视“机械”的效率观念，以致抹杀了人性的尊严，把工人视同机器，不知人是有理想、有感情、有尊严的；科学管理过分重视组织静态的一面，忽视了组织动态的一面；科学管理只研究组织的结构、人员的分工，制定完备的法令、规章、工作标准，忽视研究人的心理行为；科学管理把组织当作“封闭型”的系统来研究，未能涉及组织的外在环境关系，实际上任何一个组织都不是孤立存在的，它与外在环境不仅有密切的关系，而且彼此相互影响，组织是一个开放系统；科学管理错误地把人性理解为天生就是厌恶工作的，主张以严格监督和制裁的方式来管理人，认为员工工作的动机纯粹是为了物质报酬，主张以物质的条例来奖惩员工，认为这样就可以控制人的工作行为。这些引起了工人的强烈不满，许多“效率专家”成了工人憎恨的对象，工人认为他们的研究只能让公司获益，工人吃亏。随着工人运动的进一步发展，劳资矛盾日趋尖锐，资本家为了平息工人日益增长的不满情绪，不得不再度寻找新的理论和经营方式，用更加巧妙的办法来缓和劳资矛盾。这个时期，心理学、社会学等学科在理论上也有了较大的发展。在这种历史条件下，在霍桑实验的基础上，一个着重研究人的因素，旨在激发人的积极性的学派、行为科学的先驱——人际关系学说应运而生。人际关系学说提出了新的观念：(1) 传统管理理论把人当作“经济人”对待，认为金钱是激发积极性的唯一动力；人际关系学说把人当作“社会人”加以尊重，认为影响人积极性的，除了物质利益因素，还有社会的、心理的因素，如交往、友谊、归属感和尊严等。

(2) 传统管理理论认为生产效率单纯地受工作方法和工作条件等物质因素的制约，因而在管理上只注重工作的科学化、专业化等，即以“事”为中心；人际关系学说认为生产效率的好坏，不仅受劳动环境、工作方法的影响，而且取决于员工的工作情绪，即员工的士气、员工的态度。(3) 传统管理理论只注意正式组织的作用；人际关系学说不仅重视正式组织对个体行为的影响，而且通过霍桑实验证实了“非正式组织”的存在，它对个体行为的影响也不可忽视。

在进行霍桑实验并提出人际关系学说的前后，正值美国 20 世纪 30 年代初期的经济危机。这时，企业忙于应付危机，因而霍桑实验的结论并未引起太多的关注。30 年代中期，美国国会被迫通过了《全国劳工关系法》，有很大影响的产联等工会组织相继成立，劳资关系发生了某些变化。这以后，人际关系的影响随之扩大，一些大学设立了相应的课程。1947 年美国成立了全国性的工业关系研究会。正当人们积极开展人际关系的研究时，1949 年在美国芝加哥召开了一次跨学科的讨论会，会上第一次提出了行为科学一词。1953 年美国福特基金会召集哈佛、斯坦福、密歇根、北卡罗来纳等大学的科学家开会，正式把这门综合性的学科定名为“行为科学”。从这时起，行为科学取代了人际关系学说。行为科学所带来的划时代的变化，就是从以技术为中心的管理转变到以人为中心的管理，越来越重视人的作用。

行为科学在几十年的发展中，有一个很重要的特点，就是由理论研究逐渐转向实际应用研究。它在西方发达国家企业界的影响越来越大，行为科学的理论逐渐渗透到西方企业的各种管理理论、管理制度和管理方法中，对企业的发展起了很大的作用。美国出版的《国际社会科学全书》把行为科学说成是“20 世纪重要的智慧和文化的创造”，日本早稻田大学行为科学研究所所长名取顺一说：“现在是原子时代、自动化时代，而且可以说是行为科学时代……它是把文化统一起来的顶点。”美国工业联合会曾经进行调查，发现有 95%以上公司的管理人员读过与行为科学有关的著作和文章，80%以上公司的管理者参加过行为科学的培训班或学过有关课程。美国许多成功的大企业如通用电气公司、惠普公司等都很重视行为科学的研究和应用。特别是惠普公司，它在 1939 年由两个工程师投资 500 美元起家，今天已成为世界上员工素质较高的公司，它的管理方式就大量采用了员工参与、目标管理、取消考勤钟、实行弹性工时制、消除等级形式等以人为本的方法。

行为科学运用的范围非常广，包括政治、经济和文化等各个领域，凡有关人或人的心理行为的问题都需要行为科学的理论与知识来说明，因此，从行为科学涉及的学科领域来说，它有很多分支学科，比如：行为科学的理论用于政治领域，称为政治行为学；行为科学的理论用于教育领域，称为教育行为学；行为科学的理论用于医学领域，称为医学行为学；还有消费领域的消费者行为学，研究犯罪心理行为的犯罪行为学等。而组织行为学作为一门应用性的行为科学，正是将行为科学的一般原理和知识运用于各种组织管理的必然产物，是行为科学的新发展。

组织行为学形成的直接原因是行为科学的产生与发展，但它的产生还有更深层的理论准备和知识积累（见图 1-1）。

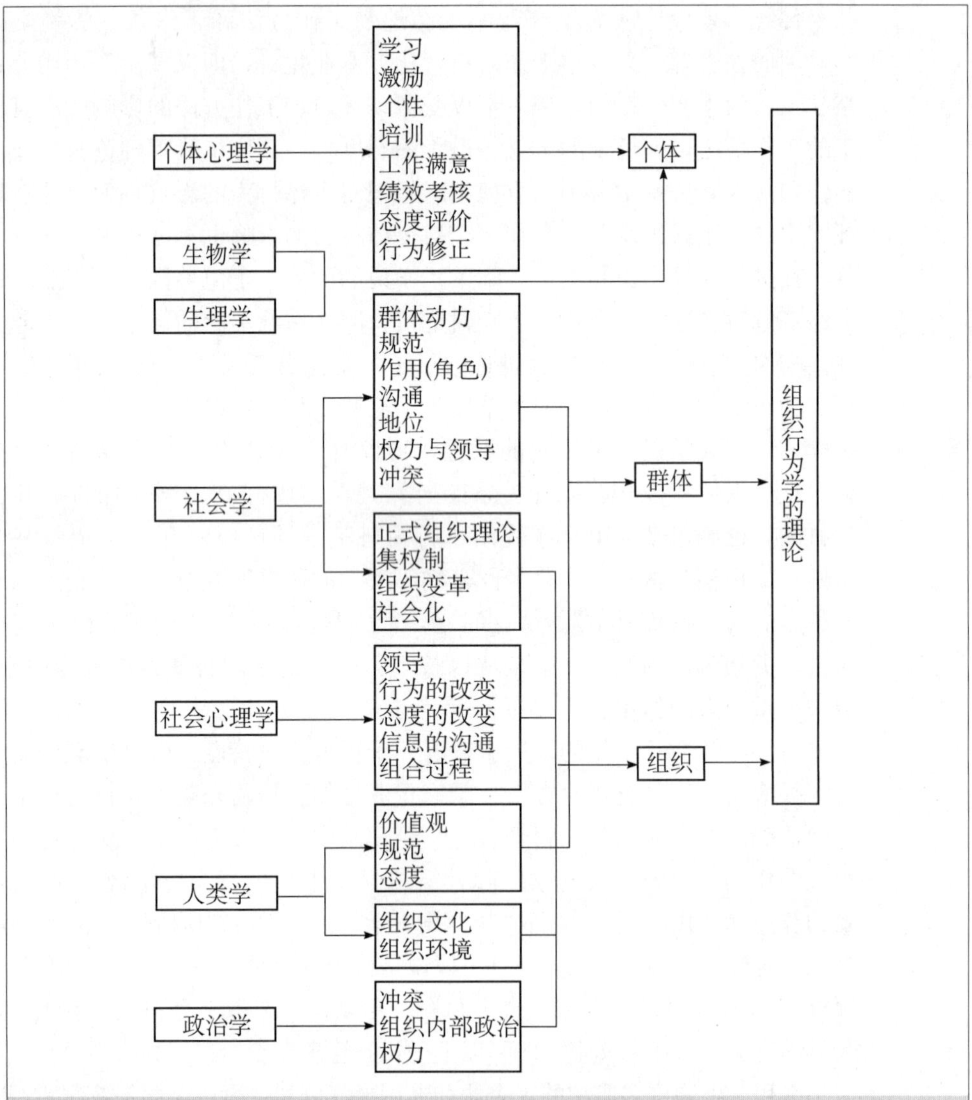

图 1-1 组织行为学的理论基础

1. 心理学

心理学是研究人类心理现象规律的科学。所谓心理现象的规律包括心理活动的规律和心理特征的规律两部分。一般认为，心理活动是内省的，行为是外显的。要研究组织中人的外显行为的规律性，必须以心理学作为理论基础，因为心理活动和心理特征是人们产生行为的重要原因和内动力。

心理学又分为个体心理学与社会心理学。个体心理学集中于个人的心理活动和特征的分析，这是一切心理学研究的基础，所以也可称为理论心理学。社会心理学是把个人作为社会人来研究其心理过程的学科。

其实，把心理学分为个体心理学和社会心理学，只是研究上的一种方便。因为任何人都不能离开社会而生存，他的心理活动必然是难以与群体、组织和整个社会生活分开的。组织行为学是以个体的一般心理过程规律为基础，进而研究群体的行为以及个人与群体之间的相互关系的学科。正如我国著名社会学家孙本文所说，社会心理学研究社会中个人的行为。它一方面研究社会对个人行为的影响，另一方面研究社会受个人行为的影响。由此可知，要研究组织行为学，必先研究普通心理学的实验资料及关于基本的心理活动和心理特征的基础知识，研究社会对个人的影响及人与社会的相互关系。

2. 社会学

社会学是一门综合性较强的学科，它把社会作为一个整体，综合研究社会现象各方面的关系及其发展变化的规律性。这里首先需要了解“社会”这个词的含义。从广义上说，社会是人类关系的体现，包括人类所有直接和间接的关系。从狭义上说，所谓社会就是某种特殊的和比较具体的人类结合体，凡是一群有某些共同的观念、态度和行为习惯的人，或是在一起共同生活的人，都构成社会。任何社会或群体都是有组织的，而社会的组织又是由各种制度维系的。所以说，社会学是研究社会关系的科学。社会关系又可分为动态的和静态的两种。动态的是指社会中人们的互动，如合作与冲突等。静态的是指社会现象的关系模式，如家庭结构、群体、组织、阶级等。

研究组织行为学就是要运用社会学的知识来探索人在社会关系中表现出来的行为。组织是由很多群体组合而成的，所以组织行为学把组织看作一个开放、有机的社会组织。组织、群体和个人之间存在着彼此相互依存的关系。组织、群体和个人与环境构成互动的、复杂的社会体系。

组织中人的行为是离不开社会关系的，因此研究组织中人的行为必须从其所处的整个社会关系着手，这样才能全面认识人的行为规律。如研究组织中个人的行为受组织内外社会环境的影响，个人在社会中担任的角色和社会地位，群体的动力、结构、交往、权力和冲突，非正式组织、群体之间的合作配合和人与人之间的相互关系等，都需要社会学的知识。

3. 人类学

人类学是研究组织行为学重要的理论基础之一。人类学是研究人类的科学，分为体质人类学、文化人类学（又称社会人类学）和考古学。其中与组织行为学关系最密切的是文化人类学。文化人类学过去主要研究原始社会及其文化，现在已逐步扩展到对现代文明社会及其文化的研究。文化人类学对组织行为学的贡献，主要是组织中人的行为与人类社会的起源的理论、人类社会行为以及人类和文化的关系等知识。

人类的行为并不是完全出于本能的。人类的行为中文化性的行为多于生物性的行为。人类通过不断社会化的学习过程，使行为超越了本能性行为，在文化环境中逐步形成价值观念、规范、风俗、习惯、民族性等。由于各国文化背景的差异，其所熏陶出来的民族性格也不同。在一个组织中，其成员（员工）的受教育程度、家庭背景、社会环境也有差异性，这些都会影响他们的态度与行为。因此，任何组织的管理者和领导者都必须根据不同的文化背景和现实环境，选择相适应的有效的组织形式和领导方式。

菲克特（Fichter）指出，文化的功能有以下五点：

（1）文化是区别不同社会的标志。文化的差异性对人的行为的影响比地理环境和政治的影响更为现实，它为研究社会中的人、组织中的人（如跨国公司、中外合资企业中的人）的民族特点提供了依据。

（2）文化使一个社会的价值更系统化。人们通过文化可以使个人生活的意义和目的更系统化。

（3）文化为社会的团结、组织的凝聚力提供了一个重要的基础。对自己民族文化的认同性越强，对本国、本组织的文化特点越欣赏，团结力、内聚力也就越强。

（4）文化为社会结构提供材料和蓝图。它使社会行为系统化、习惯化。文化将个人、群体和组织所有各部分的行为紧密联系和协调起来。

（5）社会和组织的文化还能塑造社会和组织的个性与性格。社会和组织中每个人虽有各种差异，但在个性上具有不可避免的文化标记。个人虽然有选择和适应的能力，但其社会和组织个性大多是文化的产物。所以，我们可以分辨出一个人是典型的美国人、法国人、意大利人、日本人，还是中国人；还可以分辨出他是企业里的人、政府机构里的人，还是学校里的人。

综上可知，文化对个人、群体、组织以及整个国家和社会的行为影响作用极大。可以说，文化与社会是紧密相连的。生活在社会中的人离不开文化的影响，一个组织的有效管理者和领导者，对组织中人员和群体的个性和共性要有深入的了解。在管理方式和领导方式上，不仅要针对不同个人的特点，而且要针对不同文化背景的群体和组织，采取相应的领导方式和管理方式。如西方人有西方人的文化，从而有西式的管理；日本人有日本人的文化，从而有日本式的管理。管理方式如能结合国情、社会习俗等文化背景，就可收到明显的成效。因此，有效的管理就应该对社会文化环境、国民性格等进行分析研究，从而采取相应的管理方式和领导方式。近年来，我国也提出要研究中国式的管理。所谓中国式的管理，就是在管理方法和措施上既适合我国的文化环境和国民性格，又能有效地解决实际问题的管理方式。

4. 政治学、伦理学、生物学、生理学等

这些学科的知识，也是研究组织行为的理论基础。政治学中的权力与冲突问题，伦理学中的道德规范，都会影响组织中人的行为。人体是一个生物钟，有自己的生物节奏的规律性，有体力、智力、情绪的低潮与高潮，这些都会影响人的行为。20世纪80年代，组织行为学开始研究工作压力对个体、群体、组织的行为和工作绩效的影响，主要分析当人们承受工作压力时身体所做出的生理反应，压力所引起的身体生物结构的变化，以及如何防治疾病等。

二、方法基础

1. 心理分析技术

心理分析技术（psycho-technics）是心理学家闵斯特伯格（H. Munsterberg）在

1912 年所著的《心理学与工业生产率》一书中提出的。书中论述了用心理测验方法选拔合格工人等问题，解决了如何挑选和培养合格的工人去适应他们所要掌握的机器，即人机协调的问题。

2. 群体动力分析方法

群体动力分析方法（group dynamics）的创始人是心理学家勒温，这种方法也叫场理论，借用了物理学中磁场的概念。勒温认为，人都归属于一定的群体，人的心理行为不仅决定于人的内在需要，而且取决于所在的组织环境，是内在需求与周围环境相互作用的结果，当人的需要未得到满足时，会产生内部力场的张力，而周围环境起着导火线的作用，人的行为倾向取决于内部力场与情景力场（环境因素）的相互作用，而决定因素则是内在需求。除此之外，勒温还将群体动力分析方法用来分析个体行为，1933 年之后，他将此方法用来分析群体行为，提出了群体动力的概念。所谓群体动力就是要研究影响群体活动的动力，而研究群体动力就是要研究影响群体活动动力的诸因素，群体活动的动力同样取决于内部力场与情景力场的相互作用。

群体动力分析方法对组织行为学的形成与发展有很大的影响，勒温的学生提出的影响群体行为的诸因素——群体规范、沟通、领导等，直接构成了组织行为学的研究内容。

3. 社会测量方法

社会测量方法（sociometry）的创始人是莫雷诺（J. L. Moreno）。他原是维也纳一家医院的医生，从事研究工作和精神病治疗，他创造了所谓“心理剧”的治疗方法。1927 年莫雷诺迁居美国，专门从事社会心理学研究，提出了著名的社会测量方法。从理论上看，社会测量方法有许多值得讨论的问题，但它作为一门人际关系状况的测量技术已得到广泛的运用。这种技术主要是通过填写问卷，让被调查者根据好恶程度进行选择，并把这种选择用图表表示出来，从而使研究者可以根据图表对群体中的人际关系进行分析。由此可见，社会测量方法为组织行为学研究群体行为提供了科学方法和技术手段。

第 3 节　组织行为学的新发展

一、知识经济信息时代

随着知识经济信息时代的到来，管理对象、工作条件和环境等都发生了很大的变化。

（1）计算机软件的应用，尽管很难达到对复杂事件的意识和判断水平，也不可能全部应对工作中的难题和挑战，但是随着 IT 行业的发展，新软件将会学习人的工作方式，了解人的需要，快捷方便地获得所需要的信息，可以帮助人提高工作效率。计算机在工作和生活中应用广泛，使得人们将会像拿笔写字一样自然地去使用它。

（2）在信息时代，“无纸办公”“流动办公”“虚拟办公室”等全新的办公自动化概念，可以使人们更迅速全面地获得解决问题所需的各种信息，更高效准确地做出决策，提高办事效率。传统意义上的工作场所、办公地点也发生根本的变化，只要有台电脑，不管在任何地方，都可以谈生意、发指令或聊天，在家办公也成为现实。据估计，美国有 1 000 多家公司的职员通过与公司连接的电脑从事各种远程的业务工作。电子农场的“农民”已经从传统意义上的体力劳动中解放出来，他们可以在家或办公室获取各种庄稼成长的信息。传感设备将土壤信息、肥料信息、水量信息、作物生长信息、成熟度信息以及杂草、虫害信息传送给电脑，根据对上述信息的分析处理结果自动实施浇水、施肥、除草、收割等操作。当然，在家上班还要取决于电话的普及和家庭电脑的拥有量。我国潜在的在家上班的人数非常可观，而且增长速度很快。

（3）随着知识经济信息时代的到来，知识员工逐渐成为主要的管理对象。知识员工与体力员工相比，具有明显的特点，比如，知识员工有比较强的自主性、成就动机、创新愿望、不迷信、重真理，流动意愿、劳动过程和劳动成果难以控制，这就对人力资源管理提出了新的挑战。

（4）互联网的发展使得管理过程越来越信息化，传统意义上的金字塔式的组织形式将转向扁平化和虚拟化。例如，有这样一个企业，依托于 Internet/Intranet 的交互平台，对其遍布 100 多个国家的几百个部门均可以进行有效的联系和管理。地理空间和时间空间对沟通、贸易的限制作用微乎其微，员工之间、员工与管理者之间、管理者之间、商家与客户之间、商家之间等不受时间、空间的限制可以随时沟通或做生意。组织中的中间管理的作用将越来越小。人们通过互联网可以做任何自己想做的事情，人们参加网上虚拟团队的活动将越来越多。

（5）网络时代不仅对我们的工作方式带来很大的影响，也与人类的生存方式和生活方式休戚相关。在家就可以通过电脑、可视电话等进行工作，不用为交通问题而烦恼；只要按一下鼠标，各类新闻、股票信息、天气预报尽收眼底，想参与讨论，发个电子邮件就可表达你的想法；科学家和学者不出家门、国门就可以与世界同行进行学术交流；如果想办银行业务，只需一张银行卡，轻按键盘，便可完成传统银行所执行的一切交易；如果想做一件合适的衣服，全息摄像会把你的尺寸量好，再把你的设计告诉电脑，所要的款式马上就会呈现出来；如果你病了，通过手腕上的一只表，医生就知道你的情况；网络远程教育，使得学习场所和学习方式都发生了变化。

总之，在这个知识经济信息时代，科技与生产力快速发展，与市场经济的公正、自由和竞争的社会原则相结合，使人的个性更加张扬，施展才能的空间更大。这种知识经济与市场经济互相影响、推动而形成的新的经济形态，既不是知识经济，也不是市场经济，我们把它叫作新商业经济。这是因为，市场经济在西方发展几百年，为什么在知识经济信息时代到来之前没有出现人才流动、辞职、跳槽如此频繁的现象？而现在跳槽的原因越来越复杂，对特殊人才来讲，工资报酬的多少已不再是选择单位的主要原因了。这种现象，用单纯的市场经济或知识经济都无法解释。新商业经济是指遵照商业经济的运行规律、具有现代理念和最新专业知识的人，能够接受知识，运用知识，创造知识，并将知识转化为社会效益和经济效益，从而推动社会发展的经济。一句话：市场经济与知识经济的融合而形成的经济就叫新商业经济，它是科学技术发展和经济自由化相结合的结果，特别是经济自由化将规模庞大的劳动力队伍解放出来了。在这种新商业经济条件下，人们的价值观念、思维模式、生活习惯、工作方式和人际关系等都将发生重大变化。作为上层建筑的组织行为学，在管理理念和管理方式上都要与之相适应，一些新的理论与方法相继出现。

我们知道组织行为学发端于梅奥等人所做的霍桑研究。从那时起，员工的积极特性与绩效之间的明确关系已为人们所认识。组织行为研究者发现，诸如正面强化和积极情绪等因素能够对员工的态度起到积极的引导作用，甚至幽默也能对绩效产生显著的正面影响。然而，尽管有关人的积极特性的研究有如此好的开端，有大量的实证支持以及显著的表面效度（自信、乐观的员工更富有成效），传统组织行为学领域却仍更多地聚焦于组织、团队、管理者和员工的机能不良等方面，如怎样引导和激励消极、懒惰的员工；如何纠正不良的工作作风、态度和行为；如何更有效地管理冲突和应对压力、倦怠。

之所以会出现上述情形，组织行为学家赖特等人认为主要是以往的组织行为研究过分强调绩效分析的价值取向，即一切行为和政策都要以它们使组织付出的成本和给组织带来的收益为基础来衡量其效果和价值。赖特等将这种取向称为忠于管理的观点。在这种观点的支配下，应用研究主要是为了完成组织的管理层或所有者这个单一利益相关者群体所设定的目标。结果，另一利益相关者群体，即员工自身，则被认为只是在作为实现组织目标的工具时才是重要的。这是极具讽刺意味的，因为员工实际上是许多组织行为学研究的主要对象。忠于管理的观点对以往组织行为研究中大量研究主题和焦点的确定以及研究结果的理解都产生了极大的影响。其中最直接和明显的影响就是在应用研究中对负性方面的过分关注，即过度聚焦于确定组织中员工的不满、悲伤和苦恼等负性情绪所造成的金钱损失。

二、积极心理学运动与积极组织行为学的提出

1. 积极心理学

积极心理学（positive psychology）运动是对以往的心理学研究只关注人类机能和行为中负性、病态方面，而人们自身的优点和积极特性等能使生活有意义的方面未得到足够关注的倾向的反应。整个心理学领域的研究始于三个目标，即修复已有心理疾患、预防问题以及发掘和实现人的潜能。然而长期以来，全社会

都过分关心人们出现了什么问题，研究和实践的注意力也几乎全都投入如何确定和解决心理问题及纠错方面。几年前，以原美国心理学会主席塞利格曼（Seligman）为首的心理学家开始意识到一种积极的、用于发掘人类优点的取向的必要性和重要性。因此，他们发起了积极心理学运动，其目的就是把心理学研究中的至少一部分侧重点从生活中最糟糕的事物转移到生活中最美好的一些事物上。他们的使命是采用科学方法去发掘和促进那些让个人、群体、组织和社区繁荣、兴旺的因素。

积极心理学目前在西方心理学界引起了普遍的兴趣和关注。积极心理学关注力量和美德等人性中的积极方面，致力于使生活更加富有意义。西方关于积极心理学的研究，当前主要集中在研究积极的情绪和体验、积极的个性特征、积极的心理过程对生理健康的影响以及培养天才等方面。

2. 积极组织行为学

以工作领域中的绩效改进为目标，结合以往研究中严重的消极倾向，组织行为学家卢桑斯（Luthans）意识到有必要将上述的思潮和取向引入组织行为研究中。他将这种以积极心理学运动为基础和出发点的、全新的、积极取向的组织行为学模式称为积极组织行为学（positive organizational behavior，POB）。具体而言，积极组织行为学是对积极导向的且能够被测量、开发和有效管理，从而实现提高绩效目标的人力资源优势和心理能力的研究和应用。该定义包含了卢桑斯设定的用于确定 POB 所研究领域及概念的标准。具体而言，POB 研究的概念不仅要与积极性相联系，而且必须对传统组织行为学领域而言是相对新异的，存在有效的测量和开发方法，最重要的是能够有助于提高今天工作领域的绩效。其中易于开发这一标准要求 POB 所包括的概念是状态性的，因此就排除了传统组织行为学中人格、态度和动机等特质性变量，而且，POB 所包括的概念既适用于管理者的开发，也适用于普通员工的开发。积极组织行为学家的使命即是发现、确认符合上述标准的积极心理能力，并将其与重要的组织结果联系起来。

3. 积极组织行为学所包含的子概念

符合积极组织行为学定义标准的概念主要有自我效能感（self-efficacy）、希望（hope）、乐观（optimism）、主观幸福感（subjective well-being）和恢复力（resilience）等，它们是积极组织行为学取向最典型的代表。

（1）自我效能感。自我效能感是指人们对自己实现特定领域行为目标所需能力的一种信念。它是目前 POB 诸概念中研究最多、理论发展最为成熟的一个。这一概念最主要的理论家和研究者班杜拉（Bandura）强调指出，自我效能感是积极性发挥作用最普遍也最为重要的心理机制，人们只有相信自己的行为能够达到理想的效果，并能阻止不理想结果的发生，才会有行动的动机。然而，除少数理论研究者之外，它基本上为传统的组织行为学所忽视。自我效能感也非常符合 POB 的其他三个标准，即能够被有效测量、开发和提高工作绩效。

研究发现，在有些情况下，自我效能感对个体成功的预测力要大于个体实际拥有的能力，这是因为自我效能感水平越高，个体就越有可能真正地投入任务和迎接挑战，付出更多的努力以成功地完成任务，遇到困难或初尝失败时仍能够坚持下去。另外，实证研究还表明自我效能感能够对工作绩效产生积极影响。如一项分析研究发现，自我效能感使工作绩效提高了 28%，而且对工作绩效的预测力也大于人格特质或工作满意度。

自我效能感的开发方法和策略主要包括以下几种：给个体提供有关任务特征、任务复杂程度、任务环境等信息，并指导其如何更好地控制这些因素；提供培训以直接提高个体工作能力或指导个体如何恰当地运用能力去完成工作；帮助个体了解完成任务所需的行为的、分析的和心理的策略，如运用咨询和指导等形式，帮助个体理解行为策略、分析策略、心理策略的优势与不足，并学会适时加以综合运用；通过培训改变个体错误的归因，提高其动机水平；设置合理的阶段性目标，以获取成功的经验；运用积极的反馈方式，使个体感觉到组织的积极支持等。

（2）希望。希望是指个体相信自己能够设置目标，想出实现目标的途径，并激励自己去实现目标的一种信念。它不仅反映了个体达到目标的决心，而且包括了个体对能够制定完美的计划和确定达到目标的有效途径的一种信心。

临床心理学家斯奈德（Snyder）等人的研究表明，满怀希望的人往往对既定目标更加坚定并受之激励；重视目标以及目标实现过程中所取得的进步；乐于与其他人进行互动和适应新的合作关系；在压力情境下较少体验到焦虑；对环境变迁的适应能力更强。这些方面对于今天的管理者和员工而言无疑是非常理想的特征。尽管还未被直接应用于工作领域，但有关的实证研究均发现：希望的测量分数与工作目标期望、控制感、自尊、正性情绪、应对力和成就等正相关；管理者的希望测量分数水平与其群体或团队的收益率及员工的满意度和留职意愿也存在显著的正相关；那些从事诸如服务工作这样压力较大的职业的人，如果他们满怀希望，则表现更好且满意度更高，更少感觉精神疲惫，并更有可能留职。与自我效能感相类似，希望可能在某些类型的工作（如产品开发或销售）中具有特别重要的作用。

希望的培训和开发可以通过以下方式进行：通过发展胜任感和自我效能感唤醒内部动机；使个体的才能与工作要求相匹配；创设支持性的工作环境；让员工参与目标设置，以获得其对目标的接受和承诺；鼓励员工设置和追求具体的、富于挑战性的目标；训练员工阐释目标并采用分步法将复杂、长期的战略分解为更为具体的步骤和阶段；训练员工如何开发出实现目标的具体行动计划；帮助员工开发重置目标的技能，它能使个体意识到当遇到不可抗拒的目标阻力时，不应继续盲目坚持，而是应对目标进行重置；训练员工对即将发生的重要事件进行心理预演。

（3）乐观。心理学家把乐观定义为一种倾向于做积极结果预期和积极因果归因的认知特性。乐观者做外部的（不是自己的错）、非稳定的（暂时的挫折）以及特定的（只是这一情境中的问题）归因；悲观主义者则做内部的（是自己的错）、稳定的（会持续较长一段时间）以及总体的（会破坏他们所做的一切）归因。

研究发现乐观能够对身心健康、成就取向、动机等因素产生积极的影响，而这些因素能够进一步带来学业、体育竞技、政治和职业上的成功；相反，悲观则会导致消极、失败和社会疏离，在极端情况下甚至会造成消沉和死亡。但有时候乐观也会产生问题。例如在一个组织中，乐观的管理者可能疏于为实现目标制定必要的行动计划；乐观驱动的行为也可能会指向一些无意义的或不现实的目标。在某些工作中，至少适度的悲观谨慎是有益的。基于这些原因，POB 提倡现实和灵活的乐观，而现实的乐观无疑是工作场所中的一种积极推动力。例如，乐观者易于被激励从而更加努力地工作，其业绩也更好；有更高的满意度及士气和更低的压力感及离职倾向；有更高层次的追求并给自己设定长远的目标；在遇到困难和阻力时仍能坚持不懈。在某些工作（如销售、广告、公关、产品设计等）中乐观尤为重要。

归因的暂时性和特异性（即针对特定情境中的事件）使得乐观具有状态性的特点，因而可以学习和开发。乐观的开发主要有以下三种方式：1）宽容过去。管理者和员工应学会反思和接受自己过去的失败和挫折，原谅自己的那些已无法逆转的过失。2）正确评价现在。感激和满足于自己当前生活的积极方面，包括那些可控的和不可控的事物。3）为未来寻求机会。未来的不确定性可以视为成长和进步的机会，因而个体应以一种积极、自信的态度迎接它。另外，在开发时还要注意适度，即寻求现实、灵活的最佳乐观类型。

（4）主观幸福感。主观幸福感是指人们关于自己生活的情感性和认知性的评价。在这种意义上，决定人们是否幸福的并不是实际发生了什么，关键是人们对所发生的事情在情绪上做出何种解释，在认知上进行怎样的加工。与 POB 这一总括性概念一样，主观幸福感也日益受到重视，这反映了人们注重美好生活这一社会趋势。

尽管主流组织行为学和人力资源管理文献中并未提及主观幸福感，但在心理学中对这一问题进行的讨论却将工作及工作情境作为其研究领域之一，并已取得了一些成果。如有研究发现主观幸福感与工作满意度存在直接的相关（平均相关系数为 0.44）。进一步的研究发现主观幸福感能够显著地预测 5 年后的工作满意度，但工作满意度却不能预测主观幸福感。这有助于解释为什么仅仅在组织内增加员工的工作满意度而不考虑其组织外的生活，并不能使员工满意，主观幸福感对于留住高绩效员工具有十分重要的意义。

随着最近对诸如工作-家庭平衡等生活与工作关系问题的认识，主观幸福感对组织参与者的影响将会日益受到关注。当然还有一些问题有待进一步的探讨，如远程办公、虚拟团队、数字鸿沟和全球竞争环境等工作领域所发生的变迁与主观幸福感的相互影响关系。研究表明，社会关系和流动能够提高人们的主观幸福感进而改善工作绩效。在针对这些具有挑战性的工作领域变迁而开发和管理主观幸福感时，一个有效的途径是使远程办公者和虚拟团队成员与工作伙伴定期进行面对面的交流和沟通。另外，在进行工作分派和职业生涯辅导时，也要注意使员工保持最佳的流动，使其专业技术、家庭和时间三者相互协调。

（5）恢复力。恢复力是指面对丧失、困难或者逆境时的有效应对和适应。当生活变化对人们造成威胁时，这种自我保护的生物本能就会展现出来。恢复力包含着需要人们在童年期和成人期都要不断学习的一系列关键技能，它的提高意味着成长、健康和幸福。恢复力的相关因素涵盖了人类自身大量的积极品质，比如自尊、自我效能、责任感、成就动机、计划能力、内控、高期望、自律、批判思维、热情、乐观、好脾气、敏捷、积极行动、高智商、问题解决能力、人际沟通能力等。

恢复力对于组织行为学而言仍是一个全新的领域。至今，除了具有直接意义的应激研究外，将恢复力直接应用于工作领域的尝试并不多。大量证据表明，在这个不确定的世界中高恢复力的个体更富有成效，恢复力与个体在各种生活经历中有效运作的能力具有紧密的联系。还有待确证的是领导者和员工的恢复力对组织效力和绩效改进的积极影响。POB 所面临的挑战即是如何更好地理解恢复力，然后以一种积极的方式开发其所蕴涵的巨大潜能。

恢复力的开发策略主要包括以下三个方面：风险聚焦策略，即专注于削减那些能增加消极结果可能性的风险和应激源；资源聚焦策略，强调和增加那些能增加积极结果可能性的资源；过程聚焦策略，即为了利用现有资源管理已出现的风险因素而调动自身适应系统的能量。

当然，在组织行为研究中提出 POB 的理念，并不是要否认传统组织行为研究的重要性和价值，而是希望在已有研究的基础上增加一种积极定向的研究取向，提倡一种以优势、积极性为导向的管理方法，它要求组织确立一种高度重视积极心理能力的全新管理理念。此种理念一经确立，管理者真正将员工的积极品质视为最重要的财富，员工会因此而感到被信任和受重视，进而充分发挥自己的才能、优势和心理能力，那么一种良性的上升螺旋将就此而产生。这将为组织从这些积极心理能力中获取回报铺平道路，并将最终形成组织的持续竞争优势。

第 4 节　组织行为学的学习研究应用方法

方法与手段是达到目的的桥梁，学好、用好组织行为学要运用科学的研究方法。

一、观察法

观察是构成组织行为学的三大要素（观察、个体、群体）之一，对他人行为的了解是通过观察获得的。观察是取得直接资料和间接经验的一种重要方法，在没有条件进行访问或实验的场合，观察是取得资料的主要途径。观察者除了运用自己的感觉器官（眼、耳、鼻、舌和皮肤等）直接观察人们的行为外，还运用现代科技手段，如采用录像机和录音机协助观察。有人说："实验是向自然发问，观察是听自然演讲。"观察法多种多样，大致有两种分类方法。

第一种是按照观察者与被观察者的关系来分类，可把观察法分为参与观察法和非参与观察法。观察者直接参与被观察者的活动，在共同活动中进行观察的方法称为参与观察法。观察者不参与被观察者的活动，以旁观者的身份进行观察的方法称为非参与观察法。参与观察法的好处是：研究人员以组织成员的身份去观察，使被观察者避免伪装和做作，从而使观察到的资料较为可靠和有效。参与观察法存在的问题一是由于观察者亲自投入现场，作为现场的一员，可能会影响到其判断事物的客观性，而非参与观察者就较为客观；二是在观察别人时，观察者会使别人感到不自然，若要使被观察者不知道是在观察他们的行为，就得创造一个客观的条件，这又是难以办到的。此外，这两种方法都受到观察者本人的价值观、个性等的影响，其信度、效度也会有一定的问题。

第二种是按照观察情景的差异来分类，可把观察法分为自然观察法与控制观察法。观察者在自然真实的情景下观察他人的行为，被观察者不知道自己处于被观察的状况下的观察叫自然观察法。凡是有计划、有系统记录，其结果跟一定的命题相联系而又能经受住考核的观察叫控制观察法。贝尔斯（R. F. Bales）创造的小群体相互影响法（interaction process analysis）根据小群体中成员的感情和工作行为，分别进行观察和记录，就是这种方法的典型例子。自然观察法的优点是所观察到的结果具有典型性，更易于运用，它的缺点是有时不能肯定被观察者的行为变化是由何种原因引起的，而用控制观察法就能弥补这种缺陷。

二、调查法

调查法是了解被调查者对某一事物（包括人）的想法、感情和满意度的方法，因为有些心理现象可以直接观察到，有些则不能直接观察到，对那些不能直接观察到的心理现象则可以通过调查、访问、谈话、问卷等方法来收集有关材料。这种方法很有价值，研究者和管理者可以用这种方法来调查员工对组织及所担任工作的满意度，以及影响员工积极性的因素等。许多公司还用这种方法来发现顾客对公司产品的青睐度。国家也可以通过调查了解民意，为制定和修改政策提供依据。

这种方法要求研究对象必须有代表性，同时所运用的统计方法也必须恰当。为了使研究的对象具有代表性，样本的选择很重要，一般来讲取样方法有三种：

（1）随机抽样。这是最主要的方法，它能够使所要研究的总体的各个部分都有同等被抽选的可能，保证调查对象的代表性。

（2）有意抽样。这是研究者根据一定的要求，选择具有代表性的对象进行研究。

（3）分层抽样。就是按照年龄、性别、地区、单位、等级、行业等级或其他因素分别抽样。

调查法的种类很多，可以单独使用，也可根据研究需要，将几种方法结合使用。

1. 谈话法

口头信息的沟通是直接了解对方情况的一种调查方法。根据谈话中结构模式的差异，谈话法可分为有组织谈话和无组织谈话。有组织谈话的过程结构严密，层次分明，有固定的谈话模式。主试者根据预先拟定的提纲提出问题，被试者进行回答。谈话过程像是口头问卷。无组织谈话的过程结构比较松散，层次交错，气氛活跃，没有固定的模式。主试者的问题范围广，被试者可以根据自己的想法，主观、创造性地回答问题。通过这种谈话，双方不仅交换了意见，也交流了感情。

谈话法的优点是显而易见，简单可行，便于迅速获取第一手资料。但是，能否真正收到好的效果，还要看主试者的驾驭能力，是否善于营造一个轻松愉快的和谐气氛，让被试者解除顾虑，畅所欲言。

2. 问卷法

问卷法就是运用内容明确、表达正确的问卷量表，让被试者根据个人的情况，自行选择观察的研究方法。常用的问卷量表有三种：

（1）是非法。要求被试者对问卷中的每个问题做出“是”或“否”的回答。例如：

为了多拿奖金你愿意增加工作时间吗？是（　　）否（ √ ）

（2）选择法。要求被试者从并列的两种叙述中做出选择。例如：

我喜欢单独工作。（ √ ）

我在单独工作时，总感到无所适从。（　　）

（3）等级排列法。要求被试者对多种可选择的答案，按其重要程度，依次排列。例如：

我最喜欢的奖励方式是：奖金、旅游、上光荣榜、脱产学习、调休。

问卷法的优点是可以在较短时间内取得广泛的材料，并使结果达到数量化、程序化。但是用这种方法取得的材料很难进行定性分析，也无法用这种方法所得到的结论直接与被试者的实际行为进行比较。

随着信息手段越来越现代化，调查方式也越来越多，如电话调查法、网络调查法等，这些方法省时、调查面广，使用越来越普遍。

三、心理测验法

心理测验法就是采用标准化的心理测验量表或精密的测量仪器，来测量被试者的心理品质的研究方法。常用的心理测验有能力测验、人格测验、机械能力测验、语言能力测验、管理能力测验、学术倾向测验、心理健康测验等。在企业人力资源开发与管理中，心理测验常常用于人员考核、岗位测量与导引、员工选拔等。在运用测验法时，应将测验的信度和效度控制在合理的范围内。

测验的信度即可靠性，是测量反映被测者特征的真实程度的指标，有人称之为测验的准确性，也有人把信度作为测验结果稳定性和一致性的指标。测验的效度是指心理测验的有效性，即测验得到的是不是所要测定的心理和行为特征，也就是测验结果是否体现测验的预期程度。为了严格控制心理测验的质量，许多国家明确规定，用于人员选拔的测验量表，信度系数必须达到或超过 0.8，效度系数必须达到或超过 0.6，方合乎要求，否则不予认可。

四、聚合定量评价法

组织行为矫正对任务绩效的影响究竟有多大？有大量的现场实验试图对这个问题做出说明。遗憾的是，各种研究得出的结果相去甚远，很难得出统一的结论。

为了调和各种各样的结论，研究人员尽量收集了过去 20 年里关于组织行为矫正对任务绩效影响的实证研究。剔除那些包含不恰当信息或者没有定量数据的研究，以及那些没有满足行为矫正条件的研究，研究者最后筛选出 19 篇研究报告，包含 2 818 名个体的数据。借助元分析聚合技术，研究者定量地整合所有的研究，最终得出结论：在实施组织行为矫正干预以后，个人的平均任务绩效从第 50 个百分位数提高到第 67 个百分位数。

研究者做的关于组织行为矫正与任务绩效关系的综述向我们展示了元分析的作用。元分析是一种量化的文献综述方法，它可以使研究人员考察一系列单项研究结论的效度，然后用一个公式来判断它们是否能产生一致的结果。如果结果具有一致性，那么研究人员更有信心推断出研究结论的效度是可推广的。元分析法是一种克服定性综述可能导致的不精确解读的有效手段，而且可以综合定量研究的变异。此外，这种方法有助于研究人员识别出可能存在于自变量和因变量之间的调节变量。

近年来这种研究方法的受欢迎程度显著提高。因为它提供了一种更为客观的方法来进行传统的文献综述。虽然元分析法要求研究者自己做出大量的判断，这给研究过程引入了大量的主观因素，但毫无疑问，元分析法已成为组织行为学文献中广泛应用的一种方法。

五、案例法

案例法对学习组织行为学和研究组织行为来说都是非常有用的方法，对管理教育将产生越来越大的影响。这种方法是研究人员利用组织正式的或非正式的访问谈话、发调查表和实地观察所收集的资料，以及从组织的各种记录与档案中收集的有关个人、群体或组织的各种情况，用文字、录音、录像等方式如实地记录下来，提供给学生和有实际工作经验的人员进行研究或讨论、分析。案例法是体现理论与实践、知识与能力、历史与现实、教学与研究、科学与艺术的极好方法。它提供了许多学习和研究的建议，为解决未来实际工作中的问题做了虚拟的培训。案例法的教学、研究是否成功，受多种因素的影响，如案例本身的质量、案例分析的组织以及学生对案例教学的适应性，都会影响案例法的效果。因为案例是事物本身的客观展示，变量多，解决问题的方法是开放性的，无法证明某种答案正确与否，所以结果的信度、效度和普遍性无法确切说明。尽管如此，案例教学在管理教育中的作用仍越来越重要，这种现实管理工作的虚拟式训练，是运用理论解决实际管理问题的最好桥梁，从中得到的启迪显而易见。

六、情景模拟法

情景模拟法是根据被试者所担任的职务，编一套与岗位实际情况相似的测试场景，将被试者放在模拟的工作环境中，由测试者观察其才能、行为，并按照一定规范对测试行为进行评定。情景模拟测评，一般通过公文处理、小组讨论、上下级对话、口试等方法进行。无领导小组讨论在人员选拔、岗位晋升工作中应用广泛，从讨论中可以了解被试者的语言表达、思维、应变、驾驭等方面的能力。情景模拟方法具有针对性、客观性、预测性、动态性等特点，对人员考核的信度、效度较高，同时对主持者的技术要求也比较高。

七、系统法

在现代社会中，组织是一个有目的的、开放的社会系统，因此，应用系统理论研究组织行为与管理问题也是顺理成章的。随着社会的进步，经济与科学技术的发展，组织这个系统变得越来越复杂，加上社会的快速发展，组织处在一个不断变化的动态环境中。对于解决复杂的动态问题，系统分析是有效的方法，理论和实践都证明系统的方法有助于分析复杂的动态问题。

以美国学者卡斯特（F. E. Kast）、米勒（J. G. Miller）、罗森茨维格（James E. Rosenzweig）为代表的系统学派，将系统理论全面运用于管理，经过分析指出，任何组织都可分为目标、技术、管理（工作）、结构和社会心理（人际社会）五个子系统（因素），并特别强调要从总体和相互联系上，研究各种因素对实现组织总目标的作用。他们主张把组织看成是一个与外部环境不断进行物质和信息交流的开放系统，因此，分析研究组织问题离不开环境，要求在研究组织的行为与管理时，既要分析组织内的五个子系统，又要研究与五个子系统紧密相连的外在环境。

系统方法给人们一种从整个组织及其环境的相互作用中分析组织的方法，为系统和管理理论的汇合提供了基础，同时也为分析组织内部各分系统之间的关系提供了基础。这个方法避免了组织设计和管理实践中过于简单化，反映了对各分系统之间关系及协作模式的寻求，导致组织管理中的权变观点。

八、实验法

由于人类行为的复杂性，许多变量不容易控制，因而很难确定，一定形式的行为就是某一组织特点的直接产物，而实验法能克服现场研究法中的缺点。这种方法要求先假设一个或多个自变量对另一个或几个因变量的影响，然后设计一个实验，有系统地改变自变量，再测量这些改变对因变量的影响。例如对工作场所内的噪声强度予以不同的改变，以探求噪声强度与工作效率、工作速度是否存在函数关系。实验法有三种类型。

1. 实验室实验法

实验室实验法是在有意设定的实验室内进行的，通常借助各种仪器设备，在严格控制的条件下，通过反复实验而取得精确的数据。这种实验可以模拟自然环境或工作环境中的条件，研究被试者的某种心理活动。如对汽车司机的应变实验，可以模拟自然景色，除了汽车没有轮胎，其他都是完好的，司机的前方设一电视屏幕，使被试者有如身临其境，然后让电视屏幕中的马路上突然出现障碍，在仪表的控制下检查司机紧急刹车的应变反应。显然，由于实验室实验多具有人为性，所得结果往往与实际情况存在一定的差距。实验室实验法多用于对一些简单的心理现象的研究，对复杂的个性方面的问题则有较大的局限性。

2. 自然实验法

自然实验法又称现场实验法。是在正常的工作条件下，适当地控制与实际生产活动有关的因素，以促成被试者某种心理现象的出现，这种研究有较大的现实意义。自然实验法的优点是：既可以主动地创造实验条件，又可以在自然情景下进行，因而结果更符合实际。但是，它不如观察法广泛，也不如实验室实验法精确，有时，由于现场条件系统的复杂性，许多可变因素要全部排除或在短期内保持不变，这往往很难做到，必须进行周密的计划，并坚持长期观察研究才能成功。霍桑实验长达数年，耗费了大量人力、物力、财力，但其实验结果对管理理论的充实与发展带来的影响是巨大的。

3. 行动实验法

所谓行动实验法，就是通过短期的、紧张的团体奋斗来压缩时空，促使公司把那些已谈论多年，但一直未能实施的激进改革方案付诸实践。在庞大的组织结构外另辟一块不受其影响的试验田，按照全新的规则，构想全新的战略，并迅速加以推广实施。随着业务的增长和规模的扩张，企业会逐渐积淀起深厚的企业文化和行为规则；在这种和风煦日的氛围中，所有事情都按部就班，新的规则遵照既定程序自上而下缓慢推行，经验和惯例就像沉重的包袱压在员工的心头，大家都不敢越雷池半步，所有结果均取中庸之道，企业不知不觉中失去了原有的锐气和灵性。行动实验法能给它们带来一丝福音。

行动实验法是如何操作的呢？我们以荷兰皇家壳牌公司（以下简称“壳牌”）

的行动实验为例进行分析。

壳牌惯常的管理变革方式是：首先进行精心的分析和策划，然后尽力取得一致意见并贯彻实施。这种方式无法使组织结构在各个环节上都朝预定的方向转变，结果到 20 世纪 90 年代中期，像许多其他大公司一样，壳牌总有未能实现其勃勃雄心的感觉。

例如，壳牌在马来西亚的分公司有 6 000 人，年销售收入 60 亿美元。由于马来西亚的国有石油公司 Petronas 的下游产品部门刚刚私有化，使得竞争加剧，壳牌在马来西亚汽油市场上的份额日渐下降，陷入有史以来的首次危机。总经理克里斯·奈特（Chris Knight）希望能找到良策，为下游产品市场和分销业务开拓新的领域，以扭转不利局面。刚开始公司采取降低成本的措施，这虽然增加了收益，却并没有提高加油站的吸引力，壳牌加油站的造型吓跑了日益挑剔、日渐富有的消费者。另外，要想为新设的加油站争取到最佳地段也越来越困难。

壳牌与 Petronas 的微妙关系也使事情复杂化，一方面，壳牌与 Petronas 竞争下游产品业务；另一方面，作为国有石油公司，Petronas 拥有全国矿产资源的所有权，壳牌不得不与它合作，协商开采和加工上游资源的合同份额。

从这一点可以看出，壳牌在马来西亚的业务实际上是在 Petronas 的掌握之中，难题是不仅要找到一个办法，而且要找到一个恰到好处的处理它们之间这种既竞争又合作的关系的办法。

奈特希望壳牌的服务形象和战略目标都有所改变，而且要尽快改变，不能再像过去那样，需等上两年或两年半。为此他采取了较为激进的措施，为这项任务创立了一系列行动实验室。

壳牌马来西亚分公司创立的第一个实验室负责通过把服务对象由消费者调整为壳牌的 1 000 家加油站和 12 000 位商业客户，来对市场份额的侵蚀过程进行逆向分析。第二个实验室的任务是分析壳牌是否有可能通过与 Petronas 统筹规划加油站，从而成为一个服务范围更广的后勤伙伴。奈特只给了 60 天的时间来完成这两项实验行动，而不是用两年时间来进行分析和计划。

为了使独到的创意免受日常业务流程的干扰，奈特为实验大开绿灯，独辟温室。实验室成员职能交叉，来自能代表股东组织落实行动的各个层级。成员们由非正式领导人领导，并配有专人帮助他们明确实验规章，以突破那些以前妨碍变革的陈规陋习，如假设、条件等。另外，还邀请了经销商或 Petronas 的管理者之类的局外人员一起参与。奈特和另外两名管理人员则充当保护人，以保护实验程序，并对其加以测评。通常，他们会发现自己也不由自主地参与到实验中，帮助参与者分析组织结构中的潜伏障碍。

现在已到了最困难的时候，需要给成员们一沓白纸，并让他们确信失败了也无关紧要，从而为他们创造一个全新的氛围，以减轻心理压力。刚开始参与者无一例外都对此半信半疑，他们通常都会问："确实没有关系吗？"或者是"潜在的议程是什么？"当实验团队向保护人和其他局外人寻求对策时，他们通常会获得互相矛盾的观点，正是这些观点使问题多年得不到解决，这时压力加大。最后，实验室成员终于认识到谁都没有现成答案，经理们确实是在寻求帮助！他们必须自己想出一个解决之道。参与者经常需要有人指点突破这层感情障碍，才能自信地坚持推行最初那些大胆的设想。

所有这些都表明了一个看似矛盾其实正确的道理：如果一项行动实验没有遭遇挫折和失败，则说明它对原有流程的改变力度不够。由于人们倾向于把困难往后拖，所以大多数实验都是在最后几周的高压之下才真正启动，到那时，实验组通过挖掘事情的本质、强化内聚力和处理意外挫折，已经积蓄了力量。平时的报告中也交织着艰辛和真知灼见，但只有在团队形成了创新的观点时实验行动才会取得突破。一般，实验组成员行动越迅速，则达成一致观点就越快。

保护人将实验室视为“安全港”，但对参与者而言这个安全港并不是一个舒服的所在，他们经常有走钢丝的感觉，因为实验结果可能不够有气魄，也可能过于胆大妄为，不管偏向何方，他们的职业前途均取决于此，十之八九的行动实验都偏于激进方案。

再如壳牌巴西分公司的航空实验室，主要是出售喷气式飞机石油制品。在巴西，喷气式飞机的用油一直按约定俗成的固定比例配售给大的航空公司和私人飞机。由于私人飞机的飞行员总是处在食物链的末端，石油公司只有在满足大航空公司的胃口以后，才会想起他们，结果使这些飞行员的日程安排长期得不到保障，他们不得不忍受 VIP 客户的抱怨。实验邀请这些飞行员参与一些在线研究，结果不仅找到了加价供油服务的办法，而且也为 VIP 客户增加了服务机会。

来自实验室外部的保护人和其他股东最初对这项提议并不十分热心，因为市场分析表明，这项提议不过是为少数几个飞行员着想，只能带来区区几百万美元的收入，看不出有什么让人兴奋的地方。但实验组成员坚持这样做，因为他们确信这样做可为其他细分市场树立榜样，也可为整个组织树立榜样。最后，他们打定主意与一家机场合作来实施这项战略，并邀请资深经理一起参与。与圣保罗机场达成合作协议后，实验组全力以赴，群情激昂地花一周时间制定出一份服务菜单，通知供油组，为私人飞行员建立一套特制的 VIP 设施，并完善商业服务和供给。他们还邀请资深经理早上 5:30 到机场视察实验过程。在视察那天，壳牌以附加价售出了平时两倍的石油制品，排队时间由数小时缩减到几分钟，飞机加油后还被清理干净，重新规整好。飞行员尝到 VIP 服务的甜头后，希望得到更多类似的服务就不足为怪了，这促使壳牌将这种服务推广到全国各地。现在私人飞机石油市场带来的净收益是两年前的 10 倍多，运输队也以其创新和快捷闻名遐迩。壳牌借机将其专用油料推广到摩托车手和商业客户。

通过这次共同的经历，实验参与者和资深经理都得出一条重要经验：商战上的成功既取决于卓越的创意，也取决于团队的责任感。当他们犹豫是否要按计划推行新战略时，每个人都对完成实验负全部责任，一位参与者说：“并没有命令或事先计划好的东西可以遵循，我们是在自己创造计划，而这并不是壳牌采取战略行动的惯常办法。”

故事与启示

2010 年 5 月富士康事件

2010 年，如果评选年度最纠结企业，富士康当属第一。一系列悲剧事件的发生，将这家成立 36 年来一直隐居幕后的 B2B 企业置于全球媒体的聚光灯下炙烤。

2010 年 1—6 月，共有 13 位年轻的富士康员工选择跳楼结束他们鲜活的生命，富士康被贴上血汗工厂的标签。2010 年 5 月 26 日，在深圳龙华厂，富士康科技集团总裁郭台铭首度公开面对数百家媒体。当着千余人，他深深三鞠躬，“除了道歉还是道歉，除了痛惜还是痛惜”。

5 月 25 日，郭台铭来到深圳。5 月 26 日，郭台铭在富士康龙华园区会见 200 多名海内外媒体记者，并主动带记者参观社区、厂区、车间、宿舍楼、员工关爱中心等。为避免悲剧再次发生，富士康在宿舍楼的阳台安装防护网，吊车进入富士康担负起吊任务。

郭台铭鞠躬道歉的形象被境内外媒体广泛报道，“精神血汗工厂”等名词出现在境外媒体上。作为全球最大的 IT、消费电子产品代工企业，富士康员工的连续自杀现象让苹果、惠普等全球知名 IT 企业发表声明表示高度关注，富士康连跳事件已经成为境内外舆论广泛关注和探讨的话题。

富士康“13 跳”事件轰动一时，社会各界纷纷对富士康的企业文化和管理体系提出质疑。富士康员工连环跳楼事件的不断升级，在 2010 年引起了国内外人士的高度关注，如今，事件虽以富士康加薪告一段落，但对“13 跳”的发生以及富士康面对这场巨大危机的公关处理手段，我们仍有反思的必要：富士康事件是个别现象吗？富士康事件说明了我国转型期的企业哪些方面的问题？富士康事件给组织行为学提出了什么样的新问题？为什么当年霍桑实验预示的问题在今天的企业中仍然存在？

资料来源：根据网络资料整理。

◆ 关键术语

行为科学　组织行为学　积极组织行为学　研究方法

◆ 复习思考题

1. 什么是组织行为学？它是如何产生的？如何理解组织行为学的新发展？
2. 学习组织行为学有什么重要性？
3. 积极心理学包含一些什么样的内容？
4. 组织行为学的研究方法有哪些？与其他学科的研究方法相比有什么不同？

案例分析

霍桑实验

位于美国芝加哥城外的西方电气公司的霍桑工厂，是一家制造电话交换机的专业工厂，它设备完善、福利优越，具有良好的娱乐设施、医疗制度和养老金制度。但工人仍愤愤不平，生产效率也不理想。为此，1924 年美国国家科学院组织了一个包括各方面专家在内的研究小组，对该厂的工作条件和生产效率的关系进行了全面的考察和多种实验。这就是著名的霍桑实验。1924—1932 年，在将近 8 年的时间里，霍桑实验前后共经过两个回合。第一个回合从 1924 年 11 月至 1927 年 5 月，它主要是在美国国家科学院的赞助下进行的。第二个回合是 1927—1932 年，主要由美国哈佛大学教授梅奥主持进行研究。整个实验前后共分为四个部分。

一、照明实验

这项实验在霍桑工厂共持续两年半时间，实验是在被挑选出来的两组绕线工人中间进行的。一组是实验组，一组是参照组。在实验过程中，实验组不断增加照明度，参照组的照明度始终保持不变。

研究者起初打算考察照明和产量之间的关系，找出一种理想的照明度，在这种照明度下工作，能使工人的生产效率达到最高标准。但出乎研究者的意料，实验的结果是，两组的产量都在不断提高。后来他们又采取了相反的措施，逐渐降低实验组的照明度，还把两名实验组的女工安排在单独的房间里劳动，照明度一再降低，一直降到几乎和月光差不多的程度，这时候，也只有在这时候，产量才开始下降。

研究者的结论是：工作场所的灯光照明只是影响生产的一种因素，而且是一种不太重要的因素。除照明之外一定还有其他因素影响产量。

研究者由于找不到原因，感到迷惑不解，许多人都不干了。只有该公司的检查部主任朋诺克（C. Pennock）当时推测，产量的增加可能是工人被实验鼓起的工作热情所致。后来，1927 年冬天朋诺克在哈佛大学教授梅奥主持的一次人事经理报告会上，把自己的想法告诉了他，并当场邀请梅奥参加霍桑实验。梅奥接受了邀请，并组织一批哈佛的教授会同电气公司的人员成立了一个新的研究小组，开始了第二阶段的研究。

二、继电器装配实验

为了能够更好地控制影响工作绩效的因素，梅奥选出 6 名女工，在单独的房间里从事装配继电器的工作，他告诉女工可以保持平时的工作节奏，因为实验的目的不是为了提高产量，而是要研究各种工作条件，以找出最适宜的工作环境。研究者在实验场所指定一名观察者，其任务主要是营造与工人的友好气氛，以确保她们合作。观察者还做一些管理工作，每天与女工非正式地交谈，以消除她们对实验可能抱有的疑虑。这样与女工之间的谈话更加自由，彼此关系比过去更为亲近了。

在实验过程中，不断增加福利措施，例如缩短工作日、延长休息时间、免费供应茶点等，具体过程如下：

（1）研究人员将小组的计时工作改为计件工作，生产量上升。

（2）安排女工有两次休息时间，每次 5 分钟，生产量上升。

（3）将两次休息时间，每次延长 10 分钟，生产量依然上升。

（4）研究人员将女工上午的休息时间延长到 15 分钟，免费供应茶点，生产量再度增加。

（5）让女工提前半小时下班，生产量上升得更快。

（6）让女工提前 1 小时下班，生产量无改变。

（7）女工做 1 小时超时工作，生产量仍上升。

（8）每组工作时间从 48 小时减至 40 小时，生产量照旧维持高标准。

随着生产效率的提高，研究者起初以为是这些福利措施刺激了工人生产的积极性。在最后一次实验中，研究者恢复了这些工人的原来情况。女工做计时工作，没有休息时间，没有茶点供应，每周工作 48 小时。结果，生产量达到前所未有的高度，上升 30% 以上。这就证明物质条件的改变并不是提高产量的唯一原因。经过对这些结果的可能原因的分析，研究者认定，管理方法的改变可能是改变工人态度和提高产量的主要原因。

三、大规模的访谈实验

在两年多的时间里，梅奥等人组织了大规模的态度调查，与员工谈话两万人次以上。在访谈过程中，访问者起初提出的大都是一些"直接问题"，例如工厂的督导工作及工作环境等，虽然访问者事先声明将严格保守秘密，请工人放心，可是受访者在回答问题时仍遮遮掩掩，存有戒心，怕厂方知道后遭到报复。谈话总是陈腔客套，无关痛痒。后来改用"非直接问题"，让受访者自行选择适当的话题，这时员工在谈话中反而无所顾忌了。结果在这次大规模的访谈中，收集了有关工人态度的大量资料，经过研究分析，了解到工人的工作绩效、职位和地位既取决于个人，又取决于群体成员。人际关系是影响绩效的一个主要因素。同时，这次大规模的实验，还收到一个意想不到的效果，就是在这次访谈实验以后，工厂的产量出现了大幅度的提高。研究者分析认为，这是由于工人长期以来对工厂的各项管理制度和管理方法有许多不满，但无处发泄，通过这次实验，工人无话不谈，发泄了怨气，心情舒畅，产量大幅度上升。

四、继电器绕线机组的工作室实验

这项实验又称群体实验。实验者为了系统观察在群体中人们之间的相互影响，在车间里挑选了 14 名男工，其中 9 名绕线工，3 名焊接工，2 名检验员，在一个专门的房间里工作。

实验开始，研究者向工人说明：他们可以尽量卖力工作，报酬实行个人计件工资制。研究者原以为这套奖励办法会使工人努力工作，提高产量。但结果是产量只保持在中等水平，而且每个工人的日产量都差不多。根据"时间-动作"分析理论，公司经过计算向他们提出的标准定额是每天完成 7 312 个焊接点，但工人每天只完成 6 000～6 600 个焊接点就不干了，即使离下班还有一段时间，他们也自行停工。研究者经过深入观察，了解到工人自动限制产量的理由是：如果他们过分地努力，就可能造成其他同伴的失业，或者公司会接着制定出更高的生产定额。

与此同时，研究者为了解工人之间的能力差别，还对实验组的每个人做了灵敏测验和智力测验。发现 3 名生产最慢的绕线工在灵敏测验上得分都高于 3 名最快的绕线工，其中一名生产最慢的工人在智力测验上得分排行第一，灵敏测验排行第三。测验的结果和实际产量之间的这种关系使研究者联想到群体对这些工人的重要性。一名工人可以因为提高他的产量而得到小组工资基金总额中的较大份额，而且也减少了失业的可能性。

然而这些物质上的报酬却会招来群体的非难和惩罚，因此每天只要完成群体认可的工作量大家就可以相安无事。

研究者通过观察发现，工人之间有时会相互交换自己的工作，彼此相互帮忙，虽然这有违公司的规定，但是这种行为却大大增进了他们的友谊，有时也促进了他们彼此的怨恨，谁喜欢谁，不喜欢谁，都可以因此表现出来。诸如此类的事情使研究人员发现他们中间有两个派系，即小群体，一个称为 A 派，另一个称为 B 派。研究者通过对他们的观察得出以下几点结论：

（1）他们之间的派系，并不是因工作不同而形成的，例如 A 派包括 3 名绕线工，同时还有 1 名焊接工和 1 名检验员。

（2）派系的形成多少受到工作位置的影响，例如 A 派的几位工人均在工作室的前端，而 B 派的几位工人均在工作室的后端。

（3）实验组的成员中也有人不属于任何派系。例如其中一名检验员一向受到其他成员的排斥。原因是他曾向检验科抱怨，说工作室的工人都在偷懒，这件事后来被大家知道了，大家都与他保持一定距离。还有一名绕线工老喜欢出风头，他虽然想加入 B 派，B 派却没有完全接纳他。

（4）每个派系都认为自己比别的派好，并有一套自己的行为规范。

研究者在观察他们各自履行自己所订立的行为规范时发现，有的规范与限制产量有关，有的则涉及个人的品德，而就其规范对个人的影响来说，主要有以下几点：

（1）谁也不能干的太多或太少，以免影响大家。

（2）谁也不准向管理当局告密，做有害于同伴的事。

（3）任何人都不得远离大家，孤芳自赏；也不得打官腔，找麻烦。

（4）任何人都不得唠唠叨叨或自吹自擂，自以为是，一心想领导大家。

这些规范主要是通过挖苦、嘲笑以及排斥于社会活动之外等一些社会制裁方法实施的。如果有谁违反这些规范，就会受到群体的制裁。小组中最受欢迎的人就是那些严格遵守群体规范的人；而受厌恶的人，则是违背群体规范，私下向工长告密的人。

研究者认为，这种自然形成的非正式群体，其职能，对内在于控制其成员的行为，对外则为保护其成员，使之不受来自管理层的干预，这种非正式群体一般都存在自然形成的领袖人物。

霍桑实验的结果，后经梅奥整理于 1933 年正式发表，其书名为《工业文明中人的问题》。在此书中，梅奥首次提出“人际关系学说”，对管理学的发展产生重大影响。

［分析］

1. 霍桑实验采用了哪几种组织行为学研究的具体方法？
2. 在对人的看法上，通过霍桑实验，你可以得出哪些不同于传统观点的结论？

第2章 组织行为学及其特点

本章重点

- 组织分个体、群体、组织三个层次；对每个层次的研究不是相互矛盾，而是相互补充的。
- 有效地预测、解释、控制和引导组织中人的行为对实施管理任务必不可少。
- 人是组织发展的目的。
- 组织是人生价值实现的地方。
- 管理就是让人把事情做好。
- 组织行为学没有绝对真理。
- 人文技能是管理者的关键技能。

名人名言

组织是通过群体努力完成特定目标的社会创造物，它要求人而不是物的和谐。

——加里·约翰斯

给我们造成麻烦的不是我们不知道的东西，而是我们已知的东西原本不是这样。

——W. 罗杰斯

个人价值观会影响组织价值观；个人价值观应该和组织价值观一致。

——佚名

引例

马云的坚持

2011年2月21日，阿里巴巴B2B公司宣布，为维护公司“客户第一”的价值观及诚信原则，2010年公司清理了约0.8%的逾千名涉嫌欺诈的“中国供应商”客户，公司首席执行官（CEO）卫哲、首席运营官（COO）李旭晖因此引咎辞职，由淘宝网

CEO陆兆禧担任阿里巴巴执行总裁。按照公司对外的统一口径，此次卫哲等高管辞职，源于2 326名“中国供应商”涉嫌欺诈，并有上百名阿里巴巴的直销人员牵涉其中。“中国供应商”是上市公司阿里巴巴的主要利润来源之一。中国的外贸厂家，每年向阿里巴巴缴纳2.98万元即可登录阿里巴巴网站查看外商的采购信息，同时发布自己的产品信息，以供海外进口商浏览、选择，从而促进外贸订单的达成。

阿里巴巴B2B公司发现从2009年底开始，平台客户的欺诈投诉有上升趋势，而2011年1月中旬由阿里巴巴发起的一项独立调查显示，部分销售人员为追求高业绩，故意纵容或疏忽允许部分外部分子进入阿里巴巴会员体系，有组织地进行诈骗。随后，阿里巴巴非执行董事蔡崇信透露，公司在评估了那些遭到欺诈用户的索赔风险后，已拿出170万美元对2 249名来自全球的受害者进行赔偿，但阿里巴巴认为每宗诈骗个案涉及受骗买家的付款金额平均少于1 200美元。

当天，马云在一封给员工和客户的邮件中痛斥了这种行为，称“对这种触犯商业诚信原则和公司价值观底线的行为，任何的容忍姑息都是对更多诚信客户、更多诚信阿里人的犯罪!”在这封邮件中，马云还“坦承”：“过去的一个多月，我很痛苦，很纠结，很愤怒……”

马云这封“抄送全国人民”的邮件迅速被公之于众，也为这次高管离职事件基本定了调，关键词就是诚信、价值观。2月21日下午，阿里巴巴集团高级公关总监陶然在微博里写道：“都知道阿里巴巴最讲价值观，但很多人都以为嘴上说说或弄成文化墙给别人看。这次0.8%欺诈账户的事，比例很小，可能有的公司就瞒下了，我们……毫不避讳……CEO都因此辞职了。这下知道价值观是动真格了吧。成功的人和公司，共同的特质就是坚持有梦想，话很简单做到不容易。”

第1节 组织行为

组织对我们的工作和生活有广泛的影响，大多数人会作为组织的一员而度过工作、生活的大部分时间。一方面，组织作为社会的创造物或发明物，影响其成员的思想、感情和行为；另一方面，组织的各个成员的行为方式及其绩效又会影响组织的绩效。因为组织在我们的生活中有着重要的作用，不妨走近组织，更多地认识组织。

一、组织与组织行为

1. 组织及其性质

组织是通过群体努力完成特定目标的社会创造物，它要求人而不是物的和谐。例如，把计算机开发公司工作人员的“和谐”同厂房、办公室、计算机等物质条件分离开来显然很困难。但是，有一点是肯定的，如果工作人员都离开计算机开发公司而又没有人接替，那么，计算机开发公司也就不成其为组织了，因此，人是组织的核心，人赋予组织意义。

2. 组织的特点

（1）组织由个人和群体组成。人群即组织。正是人群形成了组织，没有人群便没有组织。

（2）组织适应于目标的需要。企业组织的存在是为顾客生产产品或提供服务。教育机构的存在是为了向人们提供教育，医院的存在是为病人提供健康服务。每个组织都是适应目标而存在的。

（3）组织通过专业分工和协作来实现目标。组织为完成它的任务所必需的所有工作或责任，并不需要组织中的每个成员都承担。反之，组织应把要做的工作拆分开，每个人或群体仅负责做一些专门的工作。然而，一旦工作被分割开，人们变得专门化之后，组织便要用一些方法来协调成员的活动。没有这种协调，便不能使组织成员为共同的目标而工作。

3. 组织的三个层次

组织分个体、群体、组织三个层次，如图 2－1 所示。每个层次分析都表现出独特的观念并产生了对组织本质和功能的不同见解。

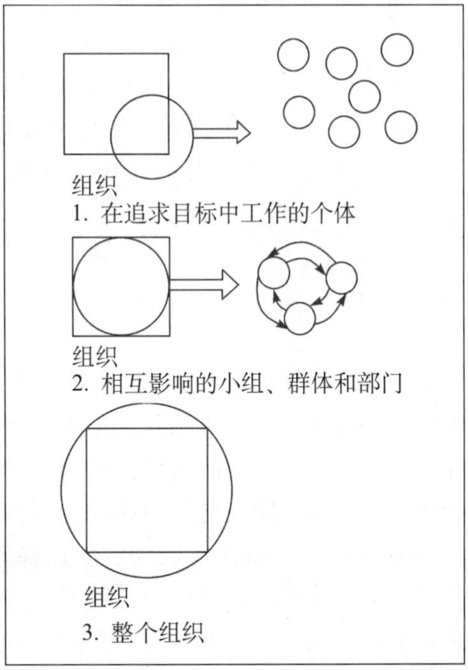

图 2－1　组织行为分析的三个层次

（1）个体。我们的组织定义强调组织由人组成这个事实。从这个事实出发似乎可以联想到探讨组织行为的一个有效方法：从单个组织成员的角度出发。这种研究组织行为学的方法把重点放在心理学的发展理论和解释的基础上，这些发展理论和解释探讨了个体行为以及个体对不同的组织政策、实践和过程的反应。在这种研究方法中，以心理学为基础的有关学习动机、满意、领导等方面的理论用来说明单个组织成员的行为和绩效，对诸如态度、信仰、观念和个性这些因素也予以考虑，并对它们在工作中对个体行为与绩效的影响进行研究。

（2）群体。人们在组织中极少完全单独工作。如果要达到目标，组织成员就必须在工作中合作并协调他们的活动。人们在一起工作的常规方式是小组、部门、委员会等组织形式。因此，在组织行为学中，一个可选择的富有成效的方法是分析工作群体的功能。在群体中人们如何一起工作？什么因素决定一个群体是团结和富有成效的还是松散和毫无结果的？领导如何影响群体成员以及他们的能力，以便使他们在一起紧密合作，以较高的工作效率工作？这些仅是在组织中关于群体有效功能可能涉及的几个问题。组织行为学的一个重要部分就是把社会心理学的知识和理论应用于研究组织中的群体。对这个群体层次分析所产生的见解不同于通过研究个人单独工作所产生的见解。

（3）组织。某些组织行为学的研究者把整个组织作为他们的研究目标，而不是把重点仅放在组织中的个体和群体上。组织行为学的这种宏观方法是把重点放在社会学规律的理论和概念上。研究者寻求理解组织与其环境之间关系的影响，正是为了获得组织的效率，并把重点放在理解组织结构和组织设计如何影响组织效率的方面（例如，对部门分配任务和责任的不同方法可能会影响这些部门的能力以及整个组织的工作效率）。对其他因素，诸如组织所应用的技术、组织的规模、组织的年限等也应该加以考察，还要分析它们对组织功能效率的影响。

组织行为学研究的不同角度并不是相互矛盾的，相反，它们是相互补充的。对组织的实质以及组织效率的决定因素的全面充分的理解要求综合每个方面所获得的知识。

二、组织行为学的目标

组织行为是一个非常现实的领域。组织中发生的行为与我们有着很实际的利益关系。对组织行为的研究会使你想到，作为一名管理者，应做些什么才能提高组织效率，并且满足其组织成员的各种需要。对组织行为的研究将有助于你作为一名用户去理解为什么有的组织能够向你提供满意的产品和有效的服务，而有的组织则不能。这方面的知识将使你成为这些产品和服务的极为明智的用户。显然，在组织中发生的行为对组织绩效至关重要。尽管并不是所有的组织行为都会产生明显后果，但是，组织中的所有行为都对组织如何良好运作以实现自身目标和社会目标有着潜在的影响。

所以，组织行为学要研究组织中人的心理行为规律，运用规律，对组织中出现的行为进行预测、解释、控制和引导。

1. 预测

无论是在组织内部还是在组织外部，预测他人行为都是我们日常生活的一个基本要求。如果我们有能力预先知道什么时候某个朋友会大动肝火，什么时候教授会对作业表示赞许，什么时候推销员或政治家正在告诉我们有关新产品或国家状况的实情，我们的生活就会变得安逸、恬静。如果能正确预测在什么条件下人们将会高产，将会做出正确决策，将会缺勤，或者将会喜欢他们的工作时，人们对组织行为就会产生浓厚的兴趣。

组织行为的规律性使我们能对这种行为的进一步发展做出某些预测。如果我们看到十分友好的主管和感到满意的下属之间有一定联系，就可以较准确地预见到我们所遇见的友好主管的其他下属的反应。但是，有些因素常常会降低我们对组织行为进行预测的准确性。组织行为的分析者力图通过系统的研究来提高预测的准确性，降低组织必须克服的不确定性。我们将讨论能够使你更为有效地预测组织行为的方法。如果能够预见到某些事情的发生，我们就有可能去支持或阻止它。当然，当能够预测某些行为的时候，并不意味着我们一定能够解释这些行为产生的原因，一定能够制定出控制它们的有效策略。解决这一问题是组织行为学的第二个目标。

2. 解释

组织行为学的另一个目标是解释组织中所发生的事情。请注意，预测和解释并不是同一概念。在原始社会，人们无疑可以预测有规律的日落现象，但是不能解释太阳落在什么地方，或者为什么要落到那个地方。一般说来，准确预测某种事情的能力先于解释那种事情的能力。因此，正是黄昏落日的规律为解释日落的原因提供了某些线索。

在组织行为方面，我们特别感兴趣的是确定为什么人们的产量、满意程度、辞职倾向存在差别。如上所述，对这些事情的解释远比对它们的预测复杂。首先，某种行为可能有多种原因。例如，有的人离开组织是因为对工资不满意，而有的人则是因为不喜欢所从事的工作。显然，如果能认识到什么是主要的因素，就非常有利于上级采取措施防止这些行为的发生。其次，对某些现象的解释随时间或环境的不同而变化。例如，在就业高峰期和失业高峰期，人们离开组织的原因差别非常大。因此，密切注意当前的劳动力市场变化情况可帮助经理找到雇员离职原因的某些线索。

3. 控制

组织行为学的第三个目标是对组织中发生的行为进行控制。对这一目标的明显兴趣是近期才有的。过去，对这一领域的研究主要是描述性的而不是规范性的，即只是试图说明在组织中发生了什么（预测）以及它为什么发生（解释），其目的在于提高工人和经理的观察分析技能。对这种信息应做出什么反应，这些有关控制的内容通常被包含在监督、一般管理和人事管理的课程中。这些课程一般来说更具有规范性。因此，人们主要把关于组织行为的知识看作由其他课程提供的管理“工具箱”中的一件工具。

无论如何，当描述的组织行为现象越来越多，预测和解释组织行为的准确性与日俱增时，采用某种特殊形式控制这些组织行为是可能的。因此，组织行为学已经建立起一套技术，补充和丰富了以前由传统的管理学课程提供的那些内容。

显然，这些技术为从事实际工作的管理者提供了根据，并且最终证实了我们试图准确地预测和解释组织行为的实际意义。

某些人对运用组织行为学知识控制工作中人的行为的观点持否定态度，认为这种知识的运用有点操纵的味道。但是，从以下几点来看，这种担心是不必要的：首先，“控制”一词只不过是一种表述感化或影响的管理术语。其次，研究组织管理的每一门学科都包含对行为的控制问题。例如，预算、记账等标准的财会工作和程序，在一定程度上说，是旨在控制组织成员和单位的经费开销行为的绩效标准。最后，重要的是要认识到所有的组织都有某种酬劳制度，都实行某种监督和特殊设计的工作。不管喜欢与否，这些因素对组织成员的行为都具有控制作用，为了促使个人和组织有效地行使职能，对它们进行设计似乎是理所当然的。如果说本书有一种倾向，那就是将研究组织行为所得到的知识运用于对组织行为的控制，有助于个体目标和组织目标的实现。显然，这对于实行控制的管理者和被控制的接受者都有重要的和实际的利益。

我们仍然可以引用前面的例子说明这一观点。如果电视台经理能够预测到新闻播音员的辞职，同时能够解释产生这种行为的原因，那么他就有可能采取行动防止这一行为发生，这样做既可以使电视台满意，又可以使观众满意。为了控制（在这种情况下是防止）辞职，电视台经理可以重新设计这名新闻播音员的工作。当然，有效的控制取决于经理对辞职原因的准确解释。

4. 分析和行动（引导）

如上所述，组织行为领域的目标包括对组织中的行为的预测、解释和控制。这三个目标相互之间密切相关。为了尽可能准确解释新闻播音员提出辞职的可能原因，电视台经理必须注意预测辞职的线索。为了控制辞职行为，电视台经理必须对这种行为做出正确解释。

清楚地了解如何预测、解释和控制行为对于有效地完成两项重要的管理任务——分析和行动——是必不可少的。如图 2-2 所示，预测和解释是适当分析组织问题的必不可少的组成部分。只有依靠适当的分析，管理者才能有效地采取行动，控制有关行为，处理出现的问题。目前管理者往往不进行适当分析就试图采取行动、解决问题。希望本书能提高管理者的分析能力，改进管理者在控制组织行为方面所做的工作。

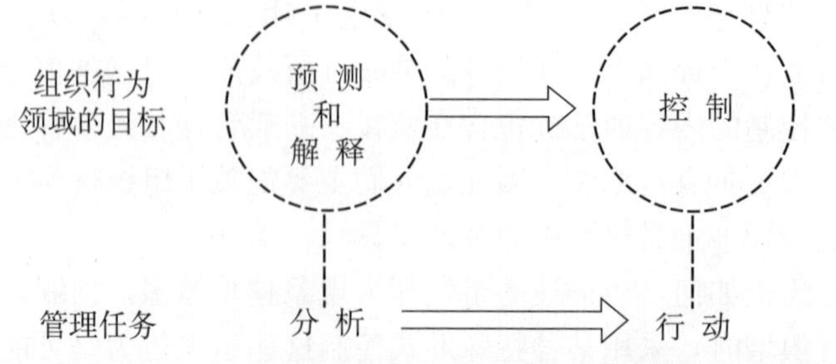

图 2-2　组织行为领域的目标和重要的管理任务之间的关系

三、人是组织发展的目的

究竟人是企业发展的目的，还是利润是企业发展的目的，对于一个经营者来说未必很清楚。有人认为，企业创造更多的利润，取得更大的经济效益才是目的，因为企业在制定目标时都是些具体的经济目标，如钢产量多少吨，生产多少台冰箱等。但是，人活动的目的，实现的利润，最终只能是满足人的自由、幸福、自我价值的实现的需要。人拼命创造物质财富、精神财富，正是为了在享受它们时有更大的自由。企业的发展需要利润而且越多越好，但利润本身并不等于人的幸福。就像健康与幸福的关系，我们需要健康，越健康越好，但健康本身并不等于幸福。利润只是达到幸福的载体。因此，对员工的自由和幸福，企业不能只局限在物质利益上，要从文化、思想、经济各方面综合考虑，把人即员工当作企业的第一和最高目的。《企业文化》一书的作者迪尔和肯尼迪在对美国 80 家企业的调查中发现，1/3 的企业以利润为企业发展的最高目标，而这些企业的利润状况并不十分理想；2/3 的企业不以利润，而以崇高的信念、人的价值、理想为最高目标，取得了卓越的绩效。因此，从社会发展战略来说，经济增长不是发展的最高目的，人才是发展的最高要求，要促进以人为中心的社会全面发展。评价发展的价值前提，不是经济增长，而是人格平等，根除贫困，人的自由民主，生态平衡等。不实现这些价值，虽有经济的增长也不会有人与社会的发展。因此，人与社会的发展，不仅取决于经济增长，而且取决于政治发展、教育发展、生态环境的发展。20 世纪 90 年代以来，以联合国为代表的国际组织开始将其活动关注点转向人类发展方面，并强调人类发展的核心是把人的选择和能力放在发展的核心位置，使经济发展既不损害人类当前的利益，也不损害子孙后代的利益。因此，发展必须始于人并以人为中心，必须使全体人民广泛参与发展活动的所有领域和所有层次。以人为中心的发展意味着以全面提高人的生活质量为发展的终极目标，发展的目的是使人们的物质生活状况得到改善，使人们的价值获得更为适宜的实现空间，使人们的生活质量得到优化，使人们的能力得到全面发展。

科技的发展，知识经济的到来，是否意味着人在生产中的作用就不重要了呢？恰恰相反，劳动者作为社会生产力的重要因素，必须适应知识经济发展的需要。高知识高就业、高智力高收益将成为一种社会趋势。因此，在知识经济条件下，企业不是以知识为本，而是以人为本。人是本，知识是末，无视人，不尊重人，无异于舍本求末。尊重知识、尊重人才不等于尊重人。仅仅尊重人才，不利于人们聪明才智的发挥，越是将人当作自由的、自立的个人加以尊重，人越能发挥自己的聪明才智。这是因为，财富的创造靠人的创造力的自由发挥，最适合人性的管理才最有利于激发人的创造力。

可是，为什么在现实中仍然有很多企业把利润作为唯一目的呢？为什么很多人仍然把“以人为本”挂在嘴上、写在文档里呢？我们认为有以下几个原因：

（1）仍然把组织当作经济组织或任务组织，没有把人当作组织发展的目的。当然，用这个超哲学的命题来要求一切组织也是不现实的。生产力的差异、经济发展水平的差异、人的思想觉悟的差异等依然存在，让每个组织都把人的发展当作目的也是不现实的。

（2）“趋利避害”是人的本性，这是2 000多年前孟子告知我们的。“趋利避害”是人的本性，但不等于说人人都是自私的。但是在现实中，仍然有很多人认为“趋利避害”是人的本性，人是自私的，既然人是自私的，怎么可能以人为本呢？

（3）劳动力是劳动者的私有财产，这是市场经济的自然现象。但是，在现实中，仍然有很多组织将劳动者当作单位所有，劳动者没有支配自己劳动力的权利。试想，姚明在NBA转会，价格会越来越高。不是姚明这个人“值钱”，是姚明的劳动力即他的球艺、人格素质使然。而这些归姚明所有，他有处理的权利。如果劳动者没有处理自己劳动力的权利，怎么实现以人为本？

（4）人事问题仅仅是人事部门的事还是组织中所有部门的事？如果把人事问题仅仅当作人事部门的事，而其他部门不管不问，这怎么可能实现以人为本呢？只有组织的所有部门都来关注人事问题，人事问题是所有部门的重要管理工作，才能实现以人为本。

四、组织是人生价值实现的地方

人的各种活动，包括经济活动、政治活动、社会活动、企业活动、生产活动、营销活动等，都会以组织的形式出现。人离开了组织，就如鱼离开了水；没有人的组织也不成其为组织。

1. 组织能满足人的心理需求

一般来讲，人加入一个组织，首先是为了满足其心理需求，如安全感。人的心理倾向具有趋同性，避免恐惧、孤独和失望，以求得心理上的平衡。经常与组织中的其他成员进行争论、交换意见，可以增强自信心。如果所在组织取得成功，如果得到所在组织及其成员的尊重和认可，可以获得满足感、自豪感，在组织中可以达到与人联系交往的目的，获得友谊、支持和帮助。在组织中，一旦你取得了成功，可受到奖励，获得鼓励。在一个高绩效、高质量的组织中，组织成员会得到熏陶和修炼，他们的健康个性很容易形成。

2. 组织目标的实现靠组织成员的努力

组织目标是组织奋斗的目的，是组织一切行为的总导向，是组织存在的价值体现，是衡量组织有效性的基本依据之一。组织目标确定之后，在外部条件具备的情况下，组织成员的努力就成了组织目标实现的关键。组织成员对组织目标的影响主要是通过他们对组织目标的认同、完成组织目标的技能、敬业和努力来实现的。组织要让组织成员认同组织目标，必须进行目标教育。企业战略目标既是对员工的利益吸引，也是对企业成员的行为导向。企业是一个利益共同体，企业成员首先要对利益认同，进而才会对企业目标认同。目标教育是实现目标的保障。企业确立了目标，还要让员工了解目标是什么。了解了目标，还要有实现目标的技能，否则，对组织做贡献、获得社会利益就是一句空话。要实现组织目标，归根到底要靠组织中每个人的共同努力，要充分发挥每个人的潜能，调动每个人的积极性，激发每个人的热情，鼓励每个人的创造精神，提高每个人的自信心，增强每个人的责任感。

3. 组织为个人价值的实现提供了舞台

随着科技的发展，生产社会化程度越来越高，专业化越来越强，而人对组织的依赖性也越来越强。不管工作性质是单独性的还是合作性的，都离不开组织的支撑。这就是同一个教师，在学术氛围浓厚的大学比在一个学术氛围很差的大学出成果要多的原因。一个人可能通过自己的奋斗取得某项成果，但作为终身的事业发展，最终还是要汇入组织的总体目标中。

个人价值要通过组织的经济价值和社会价值的实现来实现。比如，某计算机公司一位软件工程师开发出了很有价值的软件，如果推向市场，需要大批的人力和财力，而他个人是无力承担的。公司可以帮助他进行科学论证，通过金融系统融资，组织科技人员进行生产设计，组织营销人员调查和开拓市场。当产品占领了市场，赢得了顾客，公司取得了经济效益时，也实现了社会价值，这时，这位工程师才算真正实现了个人的价值。

同时，个人在组织中不仅获得了体现自己价值的条件——工作岗位，而且通过该岗位的工作，还得到了锻炼和提高。工作所需要的知识，不仅仅是从书本上学的，更多的是从工作中学到的。组织会给其成员带来比单枪匹马更多的成长和发展机会。

4. 组织与个人的有机结合才能使双方互惠互利

组织没有人将不成其为组织，人离开了组织也将一事无成。组织之所以被视为社会的创造物，是因为有具有创造力的人。人，作为社会的人，他的心理需求、事业抱负、成就欲望，只有进入组织才能得到满足。

第 2 节　人文技能是管理者的关键技能

一、管理功能

管理是人类各种活动中最重要的活动之一。美国管理学家哈罗德·孔茨（Harlod Koontz）及海因茨·韦里克（Heinz Weihrich）认为：管理是设计和保持一种良好环境，使人们在组织中高效率地完成既定目标。20 世纪早期，法国工业家亨利·法约尔（Henri Fayol）提出管理有五种功能：计划、组织、指挥、协调与控制。今天，人们习惯将其简化为四种：计划、组织、指挥、控制。所以，美国学者约翰·瓦格纳（John A. Wagner）等将管理定义为“为了实现组织目标，通过劳动力的合理配置，而进行的计划、组织、指挥和控制组织行为的过程”。总之，不管怎么表述，都是反映这样一个核心：“让人把事情做好。”

1. 计划

计划（planning）工作包括选择目标和任务，以及如何达到目标完成任务。一般来讲，选择一个目标和任务，要有多个备选方案供科学论证和比较。计划分三种：一是战略计划，关系组织的整体发展方向；二是阶段性计划，明确某一阶段要达到的目标；三是具体操作性计划，也叫目前需完成的任务。计划工作是一座桥梁，它把我们所处的此岸与我们要去的彼岸连接起来，以攻克这一天堑。尽管我们当中很少有人能预知确实的将来，也不能控制干扰制定最佳计划的可能性因素，但如果我们不计划，那就更得听任自然摆布了。

2. 组织

明确了组织目标和任务，就要设立有利于达到组织目标的组织结构。组织（organizing）工作包括设立部门，确定具体要完成的任务，确定由谁来承担这些任务，如何将任务分层次，确立内部职能部门的关系，决策如何进行等。除此之外，还要划清正式组织与非正式组织的界限，表明管理的跨度；对可变因素进行预测；考虑如何进行创新。

3. 领导

最初，学者称这个管理功能为指挥，现在称其为领导（leading）功能。管理的领导功能是指影响人们为组织和集体目标做出贡献的过程，主要涉及人、激励、领导和信息沟通这四个方面的工作。理解组织中人的因素是管理的领导功能的重要内容。一个管理者的人性观点，直接影响着他的激励和领导方法的选择。人们不是孤立地工作，他们在很大程度上互相合作达到个人和企业的目标。领导的功能就是将他们有机地组合在一起，了解组织成员要求被理解和激励的需要。一个管理者如果不了解组织成员的需求是什么，又要利用他们的愿望去实现组织目标，那是很困难的。管理者要善于倾听下级的意见，经常与他们沟通，在关键时刻给予指导，在他们为组织做出创造性工作时，也要尊重他们的个人利益。

4. 控制

控制（controlling）也叫评估（evaluating），主要指对业绩的衡量与校正，以确保组织目标和为达到组织目标所制定的计划的实现。显然，计划工作与控制工作密不可分，美国学者海因茨·韦里克将它们比作一把剪刀的两刃，缺任何一刃，剪刀也就没用了。没有了目标与计划，也就不可能控制，也就是说，评估就是将已取得的业绩同制定目标时确定的标准相比较，如果有重大偏离，管理者要找出问题所在，看是目标的问题还是实施中的问题，要想办法让组织回到正确的轨道上来。

二、管理技能

随着科学技术的迅猛发展，生产的社会化程度不断提高，人的作用越来越突出。对人的管理，已成为管理的核心问题。

美国管理学家卡茨（Katz）在《管理者的技能》（1955）一文中提出，一个有效的管理者应具备技术、人文和概念（观念）三方面的技能。

（1）技术技能（technical skill），即使用由经验、教育及训练所得到的知识、方法、技能去完成特定任务的能力。这主要是指把专业知识、技术应用到管理中去的能力。现代管理对专业化的活动要求越来越高，有效的管理者必须拥有完成专业性工作所需的技术能力。例如，对于一个政策分析者而言，他必须掌握复杂的定量分析方法。特别是电脑技术广泛应用于管理以后，对电子计算机和网络能力的了解和掌握就显得尤为重要。

（2）人文技能（human skill），即与人共事的能力。这主要是指经营管理者善于通过各种激励措施，对下属施行有效领导的能力。现代管理的本质在于对人际活动的协调，协作活动的核心在于人际的互动。一个管理者只有拥有人际关系技能才能将人员整合到各种协作性的活动之中。研究表明，人文技能是管理者必须具备的最重要的技能。这种技能对各层次的管理人员都具有同等重要的意义。在相同条件下，一个具备这方面技能的管理者肯定可以在管理中更成功。

（3）概念（观念）技能（conceptual skill），即了解整个组织及自己在组织中地位和作用的能力。这种认识使一个管理者随时都能按照整个组织的目标行事，而不是只从所在部门的目标出发。这就要求经营管理者（特别是高层经营管理者）对整个组织有战略眼光和全局观念。卡茨认为概念化技能包含着一个管理者认识到组织的功能是相互依赖的，并能够从大的背景上为组织的未来勾画远景。一位优秀的管理者必须了解国内外政治、经济、社会、文化发展变化的现状与趋势，从组织之中超脱出来，将组织视为大环境的一个有机组成部分，进而建构愿景、发展战略，以保证组织的永续生存和发展。

在以上三大技能的基础上，近年来国外研究者又增加了一个技能：诊断技能。

（4）诊断技能（diagnostic skill），即针对特定的情境寻求最佳反应的能力，也就是分析问题、探究原因、因应对策的能力。正如一个医生根据病人的病情进行诊断方能对症下药一样，一个管理者应根据组织内部各种现象来分析研究各种表象，进而探究其实质。如果我们将概念技能视为“只见森林，不见树木”的话，那么，诊断技能便相当于“只见树木”，即要由表及里，从现象掌握本质的功夫。

对不同层次的领导者来说，这四种技能所占的比重是不一样的，也就是说，不同层次的管理者应有不同的技能组合，见图 2－3。

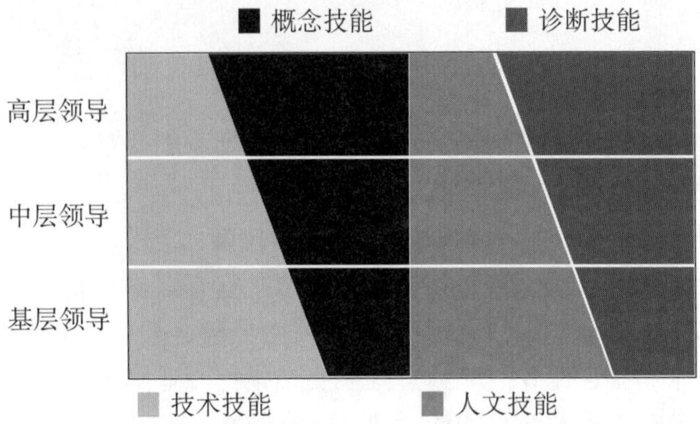

不同组织层次的管理技能：

大多数的领导都需要技术、人文、概念和诊断技能。但是在不同的组织层次上，这些技能的重要程度有所不同。如图所示，概念和诊断技能对于高层领导而言更为重要。基层领导则更需要技术和人文技能。

图 2-3 管理技能模型

图 2-3 表明了企业的不同组织层次所需的管理技能有不同的结构。对基层（下层）管理者来说，需要有更多的技术技能；而对高层（上层）管理者来说，则需要有更强的概念技能。这四种技能的不同组合是随着管理者从低层跃升到高层而变化的。不同阶层的领导，由于处于不同的领导岗位，工作任务不同，管理范围不同，因而应该有不同的能力要求。

当一个管理者从较低管理阶层上升到较高管理阶层时，他所需要的技术技能相对减少，而所需的概念技能则相对增加。但是，人文技能对每一管理阶层来说都是重要的。

三、管理者的角色功能

20 世纪 60 年代后期，麻省理工学院的研究生亨利·明茨伯格（Henry Mintzberg）对 5 位高层经理进行了一项精心研究，以确定这些管理者在他们的工作中做些什么事情。

明茨伯格以对这些经理的观察为基础，得出结论：管理者扮演着 10 种不同而又互相关联的角色，或者表现出与工作有关的 10 种不同的行为。如表 2-1 所示，这 10 种角色可以分为三大类：人际的角色、信息的角色和决策的角色。

表 2-1 明茨伯格的管理角色

角色	描述	示例
人际的角色		
1. 头面人物	象征性的首脑，必须履行法律性或社交性的例行义务。	庆祝会；需要表明地位的场合。

续表

角色	描述	示例
2. 领导者	负责激励和指导下属。	所有包含下属参与的管理活动。
3. 联络者	与外部能够提供好处和信息的人保持接触和联系网络。	参与公司外部委员会的工作。
信息的角色		
4. 监控者	接受大量的信息，作为组织内外信息的神经中枢。	处理各种信件与接触，其主要目的在于收集信息。
5. 传播者	把从外部人员或下属那里获得的信息传递给组织的其他成员。	为了信息交流的目的，把信件传递给组织；涉及向下属传递信息的言语接触，如总结会。
6. 发言人	向外界发布有关组织的计划、政策、行动和结果的信息，作为组织所在行业方面的专家。	董事会议；处理向外界发布信息的活动。
决策的角色		
7. 创业者	从组织和环境中寻找机会制定能够带来变革的计划。	制定战略，对创意和改进方案进行的评估会议。
8. 麻烦处理者	当组织面临重大的、意外的混乱时，负责采取正确的行动。	针对混乱和危机制定战略。
9. 资源分配者	做出或批准组织中的重大决策。	制定日程，寻求权威，编制预算，为下属的工作做计划。
10. 谈判者	在主要的谈判中代表组织。	合同谈判。

1. 人际的角色

所有的管理者都要担任某些本质上是纪念性或象征性的工作。当大学校长在毕业典礼上给学生颁发毕业证书或工厂厂长带领一群中学生参观工厂时，他们就在扮演头面人物的角色。所有的管理者都充当领导者的角色，这种角色包括雇佣、培训、激励和训练员工。人际角色的第三种是联络者，明茨伯格把这种角色的活动描述为与能给管理者提供信息的人接触。这些人可能是组织内部或外部的个人或群体。销售经理在组织内部从人事经理那里获得信息，这属于内部联络者的关系，当他通过营销贸易协会与其他销售经理接触时，则处于外部联络者的关系中。

2. 信息的角色

所有的管理者在某种程度上都要从其他组织或机构接收或收集一些信息。这种活动最典型的是通过阅读杂志和与别人交谈来了解公众消费口味的变化，竞争者可能在做什么计划等。明茨伯格称其为监控者的角色。管理者也会像导体一样给组织成员传送信息，这是传播者的角色。另外，当管理者代表组织与外界交往时，他扮演的是发言人的角色。

3. 决策的角色

最后，明茨伯格确认了四种与做选择有关的角色。在创业者的角色中，管理者激发并监督能改善组织绩效的新项目。作为麻烦处理者，管理者对事先未预见到的问题采取正确的行动。作为资源分配者，管理者负责分配人力、物力和财力资源。最后，管理者扮演谈判者的角色，他们与其他部门协商和谈判，为自己的部门争取好处。

弗雷德·卢桑斯和他的同事从另外一个角度考察管理者做什么。他们提出这样一个问题：在组织中晋升最快的那些管理者和工作最出色的管理者所从事的活动和强调的重点是一样的吗？你可能会认为那些工作最出色的管理者也是晋升最快的人。然而，事实并非如此。

卢桑斯和他的同事研究了450名管理人员，他们发现，这些管理者都介入了四类管理活动：

（1）传统的管理：决策、计划和控制。

（2）沟通活动：交换日常信息并处理书面材料。

（3）人力资源管理：激励、训练、管理冲突、安置、培训。

（4）社会交往：社交、政治活动与外部交往。

在所研究的管理者中，平均而言，管理者把32%的时间花在传统管理活动上；29%的时间用在沟通上；20%的时间用在人力资源管理活动上；19%的时间用在社会交往上。但是，不同的管理者花费在这四类活动上的时间和精力相去甚远。具体地讲，如图2-4所示，成功的管理者（根据在组织内部晋升速度来衡量）与有效的管理者（根据他们绩效的数量和质量及其下属的满意程度和承诺程度来界定）所关注的工作重点大相径庭。社会交往对成功管理者的贡献最大，人力资源管理的贡献最小。对于有效的管理者而言，沟通的贡献最大而社会交往的贡献最小。

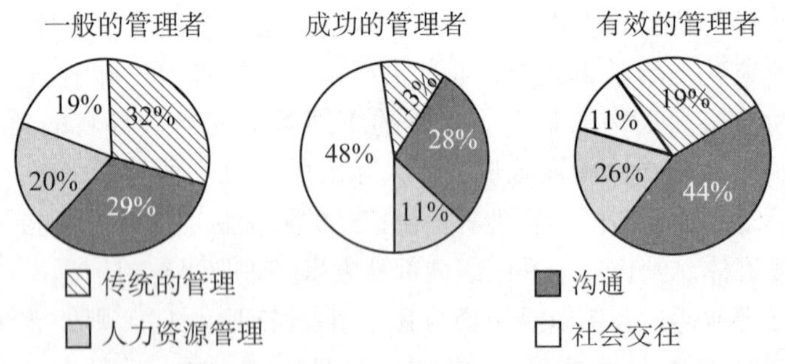

图2-4 分配在不同活动上的时间

这项研究为我们理解管理者做什么提供了依据。平均来说，管理者分别花费大约20%～30%的时间在四类活动上：传统的管理、沟通、人力资源管理和社会交往。但是，成功的管理者和有效的管理者对四类活动的重视程度差别很大。事实上，他们所强调的几乎正好相反。这一结论对于晋升是以绩效为基础的假设提出了挑战，它生动地向我们展示了这样一个事实：社会交往和人文技能对于管理者谋求组织内部的晋升起着重要作用。

从以上研究结果可以看出，作为一个有效的管理者，花在人力资源管理、沟通、社会交往三个方面的时间占 80%多，可见与人交往的技能对一个管理者来说多么重要。难怪钢铁大王卡内基讲：15%的业务技能，加上 85%的人际关系技能，就是 100%的成功。

第 3 节　组织行为学没有绝对真理

一、组织环境变化

1. 组织文化多元趋势

经济全球化使越来越多的公司变成多国企业或无国界企业。从全球来看，企业跨国经营的大规模举动始于第二次世界大战以后，先是美国等发达国家到日本投资设厂办公司，20 世纪六七十年代以后，又是日本向东南亚而后向美国渗透，并取得成功。新经济时代的到来为跨国经营提供了更广阔的前景。近几十年的跨国经营实践表明：企业的跨国经营不仅有利于企业接近和参与国际市场，而且有利于利用外资、原材料、劳动力、技术、设备等，实现国际性的生产要素资源的高效配置，对增进国际经济分工与合作起到了积极的作用。中国的企业，如海尔集团，已跨出国门寻求更大的发展。随着中国加入世界贸易组织（WTO），会有越来越多的企业跨国经营。改革开放以来，很多跨国公司来中国独资、合资办厂，我国公司的跨地区、跨行业经营也越来越普遍。跨国经营、跨地区经营将文化差异与跨文化管理问题摆在了众多跨国公司面前。正如美国著名的未来学家奈斯比特在《全球悖论》中所指出的：“在世界越来越统一的同时，人们越来越倾向于保持其独特性。”全球范围内，资本、技术、信息的流动以及劳动力和知识的国际流动，使公司组织文化的异质性、多元性日趋加强。如美国贝尔实验室的物理学家，既有毕业于英国、印度的，也有来自普林斯顿大学或麻省理工学院的。在硅谷的高知识、高技术企业中，来自不同国家的访问者都有可能得到来自其母国公司员工的接待。现在，亚裔和西班牙裔占美国全部劳动力的 25%以上。文化的差异、种族的差异以及群体的差异都会影响人们沟通的有效性，影响组织内互动的有效性，因此，对各种文化的整合，对来自不同文化背景的知识和技能的整合，就显得十分重要。跨文化培训是达到各种不同文化的有效整合、避免文化差异引起的文化冲突的有效途径。跨文化培训的方式很多，比如许多全球公司向海外派遣高级营销人员，使他们能够适应多种文化差异并存的全球经营环境，以培养全球观念。这种全球观念的培养只有通过与各种文化的充分接触和互动才能真正实现，才能真正领悟到各种文化中的隐含部分。还有派 MBA 班的学生出国培训，如美国南加州大学工商管理学院来中国的企业考察，南京大学 MBA 班的学生赴新加坡进行跨文化培训等。文化的敏感性训练、跨文化沟通和冲突处理、地区环境模拟等，在跨文化培训中得到越来越多的运用。

跨国经营势不可当，企业组织文化必然呈现多元趋势，国内外学者对此进行了较多的探索。对跨文化的研究有以下几个方面的内容：

（1）组织中的行为的确因文化而改变，比如日本、美国、德国、中国公司的员工会表现出与本国文化密切相关的态度和行为方式，并渗透到日常事务中，表现出不同的经营管理特点。

（2）文化是企业中人员态度与行为差异的主要原因。

（3）行为因文化不同而表现出差异，但组织结构却越来越相似。比如职能设置、等级培训层次、专业化程度表现出惊人的一致，这是因为经济全球化使企业经营被赋予一致性，发展起来的新公司会去模仿大公司，以促进国际交往。

（4）同样一个管理者在不同文化背景中会有不同的行为特点。如在美国公司工作的日本人渐渐更像美国人，而当他被派往中国时，又会打上中国文化的烙印。

（5）文化差异管理能促进组织的有效性。通过跨文化培训，达到文化的相互嫁接、整合、融合，兼收并蓄，形成优势文化，为各种文化的消费者服务。

2. 劳动力多元趋势

美国学者胡森1987年发表了著名的《2 000名劳动力》报告，很多组织以此为线索开始了劳动力多元化活动。在报告中，作者以翔实的资料分析了劳动力构成上即将出现的巨大变化。其中最重要的结论是：劳动力中女性、少数族裔和移民的比例明显提高，劳动力成长的速度比过去缓慢，对工人的技能要求提高了。尽管美国联邦政府迫于压力，要求企业主在雇佣人员时有责任消除种族和性别的不平等现象，但很多女性和少数族裔仍很不满，他们感到自己晋升缓慢，并受到男性和白人的抵制，而且，对女性的接纳和晋升还存在明显的障碍，女性和少数族裔的离职率明显高于男性和白人。显然，在美国，劳动力多元化运动是从反对种族歧视、性别歧视开始的，在企业管理中，现在远远不只局限于这两个方面。员工之间存在多方面的差异，这在本书第3章和第4章中将作详尽的论述。目前在我国，在企业招聘中，性别歧视还比较严重，在工资待遇上，男女同工不同酬，正式工与临时工的工资水平有很大的差别，外籍员工与本国员工的工资差别就更悬殊了。

几十年来，组织看待员工的方式在不断变化。美国学者斯蒂芬·罗宾斯（Stephen P. Robbins）研究指出：早期管理者认为，员工进入组织后，会自动地被组织同化而成为同质群体中的一员。尽管管理层希望人人都一样，但事实上不是这样，而且人们也不想这样。20世纪60年代末至80年代末，管理层逐渐承认差异，但对差异的认识不充分，不同背景的人要适应按白人观点建构起来的组织还十分困难，而组织也缺乏一套机制对人们之间的差异进行调节。现在，组织鼓励管理者和雇员重视个性差异，以提高他们适应和接受差异的水平，并把差异资本化，使之成为组织生产力的主要财富。通过看重差异，组织可以引导不同个体带给组织独特的品质，这提高了创造力和革新性，提高了决策效果，并赢得了市场认同。国际著名管理学家徐淑英教授与她的美国同行巴巴拉·谷蒂凯在她们共同撰写的《组织中的人性差异》一书中提出：人与人之间的差异不仅不是坏事，而且是一种有价值的经济效益资源、知识资源和社会资源。

二、管理的新特点

世上唯一不变的就是变化，任何事物、任何人都随着时间和空间的转变而变化。我们把这些变化视为自然规律，如同人要面对生老病死一样是不可避免的。

有些人活得健康，有些人活得辛苦，有些人活得快乐，有些人活得凄凉，面对自然规律我们唯一能做的就是用积极乐观的心态去适应，去改变自我。对于企业来讲，面对新变化、新形势、新发展以及全新的商业竞争模式，转变思维比改变模式更为重要。

在风云变幻的大背景下，我们该如何应对？如何去梳理千头万绪的生产和经营问题？管理无疑是学者和企业界最为关注和关心的共同话题，管理在现在或未来将会呈现如下特点：

1. 新旧结合融入大环境

面对日新月异的市场变化，从互联网到移动互联网，从大数据到云计算，从传统化到智能化，不断创新的事物、不断创新的模式如同小孩子的脸说变就变，在不断变化中有些企业家抓住了机遇赢得了发展，有些企业家没有抓住机遇而丧失了发展机会。老一代管理者的共同特点就是吃苦耐劳、任劳任怨，喜欢按部就班，缺乏创新性。这个群体最大的特点就是管理和经营方面相对比较传统，对新生事物的态度既不否定也不完全认同。纠结之处就是忐忑不安，面对全新的市场格局，表现出担心被动挨打，更害怕被淘汰出局的窘态。在起用新人上没有明确性，在被动接受的同时还处处怀疑新人的素质和能力。最好的办法是在管理团体里既有传统的管理者也有 85 后、90 后的新生力量。在授权方面对于新人要大胆授权，在重大事项上采取民主和高度集中制。这样既规避了大跨越式的风险，又避免了原地踏步式的停滞不前，未来企业管理呈现的趋势就是新旧结合式。

2. 女性在管理和消费领域作用凸显

在当今社会，女性群体越来越占主导地位。企业组织中从普通员工到中层管理者再到企业高管，女性比例呈螺旋式递增，在组织中赢得话语权的机会也越来越多。管理层女性比重的增加不仅代表了社会的进步，更标志着在企业生产经营中从多角度审视管理的一次大变革。从市场角度来讲，客户群体也在变化，体验式的营销模式在未来几年会常态化。产品的性能不仅要做到更好更要做到精细化，从女性的视角审视产品性能比从男性的视角更具战略高度。女性引导市场消费的现象越来越普遍。企业组织内部的创新从民主化、自由化开始，而民主化、自由化以女性参与管理经营为基点。

3. 合伙人制是大势所趋

人是企业发展中最为关键也最难管理的，能解决好人的问题就等同于解决了一切。矛盾的源头是人，管理的最高境界是心。企业管理者的一个共识性问题就是企业员工太难管了，但又不知道问题出在哪里。家长式的说教不好用，粗暴式的管理没有用。今天高兴就干明天不高兴就走人，工资可以不要，但必须要开心，必须要本人乐意。其特点是个性化更加突出，心态更加复杂，思想更加活跃，要求更加民主。显然，要想留住人必须留住心，高大上的忽悠对千禧一代不起作用，企业要拿出真心对待他们，这种真心不仅体现在精神上，更要体现在物质上，拿出真金白银。如何把一件事情做到极致，除了有心还要用心。其实很简单，把你的事变成我的事。但是如何把你的事变成我的事？方法就是企业需要树立主人翁精神，这种主人翁精神就是合伙人制。合伙人制的特点就是凝聚人心，员工把企业视为自己的家。对于自己的家他们会高度负责，去精心美化、精心呵护。

4. 人性化、公平化是企业进步的标志

有一种说法，小合作要放下态度，彼此尊重；大合作要放下利益，彼此平衡；一辈子的合作要放下性格，彼此成就。一味地索取，不懂得付出；或一味任性，不知道让步，到最后必然输得精光。共同成长才是生存之道。

我们可把上述的合作视为企业经营之术，鞋子合脚不合脚、舒服不舒服，自己穿上才知道，杯子里的水是冷是烫，自己喝了才知道。企业管理之道与此同理，企业发展需要人，需要能人，更需要能人中的好人。

多年前的企业管理者的特点是自以为是，高高在上。用人标准是典型的口味型，你合我的口味我就赏识你，给你恩惠，提拔和重用你，你不合我的口味我就边缘化你，找个理由炒掉你。时代在进步，社会在发展，千禧一代的员工，需要的是合理化和人性化。你把我当回事，我才会把你当回事。你不在乎我，我自然不会在乎你。你对我好，我就对你好；你对我不好，我就对你不好，这是如今企业管理中的真实写照。

5. 在网络化组织中工作

在网络化组织中，人们即使相隔千里，也能够相互沟通，一起工作。借助这种组织，人们得以成为独立的合约工。他们用电脑与世界各地的工作场所相连，远程办公，当他们的服务要求改变时，也可以跳槽到其他雇主那里。软件工程师、平面设计师、系统分析师、技术协调员、图片研究员、媒体编辑、医学录写员（这里提到的只是这类工作的几个例子），都可以在家里或其他非传统办公地点办公。

网络化组织中管理者的工作是不同的，通过“在线”的方式激励和领导人们、做群体决策等都需要不同的技术，这与真实地和别人面对面处理问题有所不同。随着越来越多的员工通过网络完成工作，管理者要开发新的管理技能。组织行为学可以为开发和完善新技能提供一些真知灼见。

三、组织行为学没有绝对真理——权变管理

组织行为学不是“烹饪指南”，从中找不到由领导的固定模式和群体动力组成的提高绩效或工作满意度的固定处方。它不像自然科学中的定律——这些定律稳定，适用范围也广。人是很复杂的，各不相同，很难用固定的定律去解释人的行为。同样情景条件下两个人的表现会大不相同；同一个人在不同情景下的行为也会有所变化。但这并不意味着我们无法对人类行为做出合理而准确的解释或做出有效的预测。依照具体情况而定，这就是管理中的权变（contingency）观点。组织行为学就是通过把一般概念和理论加以调整后再运用到特定的情境中而发展起来的。比如说，一般来讲，有效的领导在做决策之前应该征求下属的意见和看法，让下属参与，这在有些情境下确实有效，但是，在有些情境下，专制的决策风格却能获得更好的效益。尽管没有适用于一切情境和一切人的真理，但并不影响你成为一个好的管理者。

对一个经营者如何做出角色定位，我们可用美国学者吉思·海勒的一段话加以概括：“理想的他（或她）应具有奥林匹克游泳运动员的体魄，爱因斯坦式的敏捷思维，语言学教授的谈话技巧，法官的公正耿直，外交家的机智灵活，埃及金字塔建筑师的不屈不挠，即使他已完全符合工作的要求，他还要具有对文化的感受力，他的道德判断不能太僵化；他应能够像变色龙那样融入当时的环境并不带有偏见。”

◆ 关键术语

组织　预测　解释　控制　引导　管理功能　管理技能

◆ 复习思考题

1. 什么是组织？组织分哪些层次？
2. 如何有效地预测、解释、控制和引导组织中人的行为？
3. 你是如何理解“人是企业发展的目的”这句话的？为什么很多组织还没有做到“以人为本”？
4. “组织行为学没有绝对真理”，如何理解这句话？
5. 请说明“人文技能是管理者的关键技能”的含义。
6. 互联网时代管理的特点是什么？

◆ 自我诊断

评估你的管理技能

以下问题有助于你进一步了解自己管理技能的水平。在你认为最符合实情的选项打“√”。

（1）总的来说我对有关量化分析的课程，譬如数学、统计学、会计学和金融学等得心应手。

5. 非常对　4. 大致上对　3. 不予置评　2. 不太对　1. 根本不对

（2）我跟大多数人合得来。

5. 非常对　4. 大致上对　3. 不予置评　2. 不太对　1. 根本不对

（3）我通常比较容易把不同课程中的资料关联起来。

5. 非常对　4. 大致上对　3. 不予置评　2. 不太对　1. 根本不对

（4）我通常能够找到问题的根源。

5. 非常对　4. 大致上对　3. 不予置评　2. 不太对　1. 根本不对

（5）当有任务下达时，我通常知道怎么做，即使有困难，也能很快解决。

5. 非常对　4. 大致上对　3. 不予置评　2. 不太对　1. 根本不对

（6）我通常能洞察人们行为的原因。

5. 非常对　4. 大致上对　3. 不予置评　2. 不太对　1. 根本不对

（7）我喜欢上理论和概念课。

5. 非常对　4. 大致上对　3. 不予置评　2. 不太对　1. 根本不对

（8）我通常能洞察事情发生的原因。

5. 非常对　4. 大致上对　3. 不予置评　2. 不太对　1. 根本不对

（9）我喜欢上“动手”的课，譬如写论文、解决问题、研究新领域等。

5. 非常对　4. 大致上对　3. 不予置评　2. 不太对　1. 根本不对

（10）在团队工作中，我通常能让大家接受我的观点和创意。

5. 非常对　4. 大致上对　3. 不予置评　2. 不太对　1. 根本不对

（11）我更喜欢思考纵观大局的问题，而不是小范围具体的问题。

5. 非常对　4. 大致上对　3. 不予置评　2. 不太对　1. 根本不对

（12）当我知道我的任务时，我通常能找到完成它的办法。

5. 非常对　4. 大致上对　3. 不予置评　2. 不太对　1. 根本不对

说明：把（1），（5）和（9）的得分相加，总体上反映出你的技术技能；（2），（6）和（10）的总分反映出人文技能；（3），（7）和（11）的总分反映出概念技能；（4），（8）和（12）的总分则反映出诊断技能。分数越高，说明你在相关管理领域的自信心越强。

资料来源：Griffin R W，Moorhead G. Organizational Behavior：Managing People and Organizations. Published by South-Western Cengage Learning，Ninth Edition，USA，2010.

案例分析

新世纪新董事长的新问题

一、MM 家私集团

MM 家私集团是中南地区家具行业的领头羊，集生产、供应、销售于一体，在湖北省的市场占有率稳居榜首，在湖南、河南、安徽、江西等周边省市的市场占有率也位居前列。MM 家私集团几年来稳扎稳打，在各级市场取得了一个又一个成功，在 20 世纪末圆满地完成了预定目标，进入中国家具协会评定的“中国家具行业十强”。

让我们对 MM 家私集团的历史做个简单的回顾。

MM 家私集团的前身是 MM 家具厂，成立于 1985 年，正值我国改革开放初期，当时只是一个默默无闻的乡镇企业。由于落后的意识和管理模式，MM 家具厂经营不善，濒临倒闭。在这个时候，极富冒险精神的张厂长在借鉴广东同行经验的同时，仔细研究了国内家具市场的发展趋势，果断多方筹措资金，接管了加工厂。当时的情况可以说是把所有的家当都投进去了。凭着张厂长超前的市场意识和黄牛般的勤奋，MM 家具厂逐渐成长壮大，不断击败或兼并竞争对手，直至发展到今天拥有固定资产 1.5 亿元的 MM 家私集团。

二、张董事长

张厂长在 MM 家私集团有着绝对的权威。所有员工都对张厂长佩服不已、赞不绝口。员工为能拥有这样一位民营企业家而感到无比自豪，在企业中总是能听见勇于奉献、以企业利益为重的种种员工事迹。

进入新世纪后，张厂长急流勇退，把他的独生子扶上了董事长的位子。接下来，我们来看看在这位新任张董事长身上发生的事。

虽然是老张厂长的儿子，张董事长以前并不是在 MM 家私集团工作，而是独自从事电子器材方面的贸易，积累了丰富的经商经验。事实上，张董事长进入 MM 家私集团还不到两年时间。在他父亲的苦心指导和精心栽培下，张董事长逐渐熟悉了集团，对集团的生产、供应、销售等业务流程有了深刻的认识和了解。老张厂长并不是糊涂人，只有时机成熟，也就是在他儿子对集团管理的各类事务能够应付自如的时候才会交班。可以说，老张厂长对独生子的培养是成功的和卓有成效的。

在接受父亲的告诫之后，张董事长从一个脾气比较暴躁、容易发脾气的人转变成一个能平易近人、不轻易发脾气的人。加上可能是从他父亲那里传下来的以销售为主的经营思想，他对销售人员格外照顾、亲近有加。销售人员可以和张董事长很随便地开玩笑，每个月还会被邀请到他的家中共进晚餐。碰到张董事长心情特别好的时候，销售人员会被要求每人唱一首歌，张董事长亲自更换碟片，张董事长夫人则热情地招呼茶水、点心，张董事长可以说一点董事长的架子都没有。实际上，张董事长的脾气只是变好了很多而已，并不是不发脾气。如果你没有按照他的吩咐去做事，就会被他训得抬不起头；要是问题严重的话，很可能你连改错的机会都没有——马上被炒鱿鱼。

血汗钱来之不易，张董事长一贯倡导勤俭节约。他曾经不止一次地指出复印纸的反面不要浪费，一个办公室用一个订书机就行。在办公用品上，能不买的尽量不买。就拿复印纸来说吧，一般是用到只剩下最后一小叠的时候，他才会同意购买新的复印纸。不过，这对张董事长自己而言有些麻烦。拿每个月公司的电话费为例，他都要把财务部的报表对着电信公司的发票亲自计算一遍才放心，更不用说其他的费用支出了。别以为张董事长特别小气抠门，他有的时候也特别大方。记得有一天，一名策划助理说了句“MM 家私这么大个集团，应该自己买台刻字机”，结果两个小时之后，一台名牌刻字机就出现在办公室里，张董事长对财务管理十分严格，只要是支出，就都需要他签字批准，否则是绝对不允许报销的，尽管有的少到几十元钱。员工都熟悉这一点，所以有时候理论上在正常工作范围内必须支出的费用都要等张董事长来决定。而他经常在外活动，很少待在办公室，导致许多工作延误，而延误之后又会被他狠狠地批评。

可能是由于遗传的关系，张董事长同他的父亲一样，勤奋努力、以身作则的工作态度在其身上表现十分明显。许多员工怕和他一起加班，因为晚上工作到凌晨两点、次日七点起床对张董事长来说是常事。张董事长常常亲临销售第一线，查看销售情况，听取销售一线人员的意见，“不下去怎么了解市场”是他的口头禅。虽然谈不上事必躬亲，但是的确许多资料和信息都是他亲自去调查完成的。这点得到了销售一线人员的赞同，销售员常常自豪地说："我们的董事长能够蹲在路边和我们一起吃几块钱的盒饭。"了解张董事长和老张厂长的员工私下里常常把他们父子两人进行比较，都认为张董事长与他的父亲相比，差的是果断和判断力。有时候，市场部交上的一份销售计划，可能要拖上好几天才会签字答复是否执行。也有迅速的时候，那就是趁张董事长心情好的时候递上报告比较容易获得批准。但麻烦的事在后头。一个促销计划经张董事长签字批准后开始付诸实施，有可能在三天或一星期后被他中止，而且不会给出任何令人信服的理由，唯一的解释是"再考虑一下"。可能是只有高中学历的缘故，张董事长对正规的调查报告、数据分析不太习惯。市场调查人员最头疼的就是这一点，在面对计划、报告上的数字、图表时，他最常说的一句是："报告先放我这里，你们要多下去了解市场，不然怎么做得好方案。"接着，在很多情况下都是不置可否。

不管怎样，张董事长的所有举动都表明，他并不是躺在父亲的功劳簿上，而是想靠自己做出一番事业。

三、武汉营销公司

张董事长就职后大刀阔斧地进行改革，对机构和人员进行了调整，最重要的变化就是成立武汉营销公司，自己兼任武汉营销公司的总经理，所以武汉营销公司成了实际上的权力中心，当然这也表明了张董事长对集团发展的决心。

在听取一些企业管理咨询机构的建议后，张董事长对武汉营销公司采用了比较科学的部门设置，办公室、财务部、市场部、销售部、客户服务部、产品开发部一应俱全。在几场风风火火的人才交流会上，招聘了一批经他亲自考核通过的工作人员。在将近一个月紧锣密鼓的筹备之后，一个崭新的营销公司展现在大家眼前。这件事在MM集团内部成为大家的话题，张董事长能够给大家带来什么新的管理方法、公司的发展前景如何以及武汉营销公司能做什么等，都成为员工心里的疑问。

对于新员工，张董事长一如既往地要求所有人员下到基层的销售点实习锻炼。不知出于什么原因，张董事长对人员的实习调动频繁。有可能一个人员突然接到他的电话说回公司上班，回到公司后又没有具体的任务，待了一天后，他又说"你还是先回到销售点去，一定要了解市场"，这使这些人员无所适从。有这样一个例子，应聘文秘的小刘下到销售点锻炼了一个多月，同事反映都不错，说她肯吃苦、聪明伶俐。可是小刘应聘的是文秘职位，并不希望当销售员，在迟迟不见调回公司的消息之后，小刘忍不住问张董事长，他却反问一句："我不知道你为什么这么着急，我会有安排的。"结果，一心想成为优秀文秘的小刘不得不辞职。

四、市场部吴经理和新员工

由于MM家私集团名气很大，许多营销策划人员、广告公司都主动找上门来与张董事长联系业务。在联络感情的过程中，他们不断向张董事长灌输一些观点，尽管都是教材或企业管理中流行的理论，对张董事长而言却是新鲜的。他非常尊重他们，认真地和他们交谈，探讨企业管理、企业发展方面的问题，很想从中获得帮助。其中，某广告公司的小吴引起了他的注意。小吴的表达能力强，与人交谈极富感染力。在几次交谈之后，张董事长诚恳地邀请小吴到MM家私集团来工作。就这样，小吴担任了武汉营销公司的市场部经理。出于信任，张董事长让小吴全权负责人员的招聘工作。经过精挑细选之后，营销公司精英云集，以市场部的人员为主。这批新招聘的员工文化程度较高，具有现代营销理念，对集团的未来充满信心，工作热情很高。他们深入市场，经过调查研究后，向张董事长提交了多份工作报告，提出了一些改革措施和方案。不少方案都是很有价值的，是符合企业发展需要的。

小吴经理见多识广，针对公司的现状提出了服务营销的思路，深受张董事长的赞许。在小吴经理的带领下，营销公司开展了各项活动，包括一系列的促销活动。但令人沮丧的是，这些促销活动并没有达到预期的效果。原因是多方面的，就拿先期的广告投入来说，一些必要的、决定促销活动效果的广告投入在张董事长那里被否决，理由是一下投入太多风险太大，等有效果再加大投入。而且，事无巨细都要他亲自批准，有些机会因此被耽误，对促销活动的执行影响很大。甚至在某些情况下，一个促销活动报告被批准后，各方面的配合迟迟不到位，所以促销活动的失败很大程度上是张董事长的原因。但不管怎样，在张董事长眼里全是下属的错，他也总是要求市场部总结经验教训。

小吴经理也认识到这个问题，经常私下里对同事们说建议要大胆，企业里必须要有不同的声音。他的出发点是好的，认为在涉及关键的问题时对上级的错误要坚决指出，否则对企业的发展不利。小吴经理也曾在几次单独会面时直言张董事长的错误，但张董事长总是说“我会考虑的”，结果往往是按照他原有的决定执行。

五、市场部员工的离开

渐渐地，新招聘进公司的这批员工发现张董事长很难接受他们的先进理念，许多意见得不到采纳，集团的痼疾依旧。市场部的工作受到很大的阻碍，员工的满腔热情化为无尽的抱怨。很多人开始混日子，工作陷入瘫痪。他们也尝试着与张董事长沟通，这时发生了一件令大家茫然不解的事，一位从大学毕业不久的员工在向张董事长汇报工作后的第二天被解聘，理由谁都不知道，总之张董事长做出了这个决定。此事发生后的两个星期内，市场部的人员纷纷递交辞呈，当然都马上得到了批准。唯一让张董事长感到恼火的是小吴经理的辞呈，他开始挽留小吴经理，为他描述企业的前景和美好的未来，但小吴经理态度坚决，最终还是选择离开 MM 家私集团。市场部成了一个空壳，武汉营销公司的现状背离了当初成立的初衷。张董事长似乎受到了一些打击，但还是一如既往、不知疲倦地继续日常的工作。也不知出于什么原因，针对公司的这种现状，他迟迟没有新的动作，或许是变得更加慎重，也可能是一时找不到解决问题的好方法吧。

资料来源：根据网络资料整理。

［分析］

1. 新董事长的领导风格属于哪一种？存在什么问题？
2. 试着归纳出新董事长的价值观及其形成原因。
3. 在这个民营企业里存在哪些组织发展问题？

第 2 篇

个体行为

组织中人的行为是千差万别的，可以按行为主体的自然属性划分，也可以按社会属性划分。人的行为具有自主性、社会性、目的性、连续性、持久性、可塑性等特征。影响人的行为的因素有个人主观内在因素和客观外在环境因素。

第3章 个体行为规律

本章重点

● 华生认为，行为受到客观刺激的影响，一定的刺激必然引起一定的反应，其公式为刺激—反应（行为）。

● 新行为主义认为，在刺激和反应之间还应加上一个中间变量，即刺激—中间变量—行为。

● 一个人的行为是由个体以及个体所在的环境共同作用的结果。

● 知觉对人的行为有着重要的影响。

● 人的行为是由动机支配的，动机是由需要引起的，需要是行为的原动力。

● 要想让动机强度经常在被激励状态就要循环交替地运用目标导向行为和目标行为。

名人名言

行为管理的目标就是要弄清楚，在什么样的环境中，人会更愿意投入工作，会更愿意留在分配的岗位上，会工作得更有效率。行为管理还要求找出在什么样的环境中，劳动者会把工作本身当作一种享受。行为管理，就是要营造这样一种尽可能理想的工作环境，使人工作得更有效率。

——劳伦斯·密勒尔

引例

如何处理采购部经理？

秦志坚刚从一家外资企业跳槽到凯奇电子。在该外资企业中，秦志坚的卓越工作才能得到董事会的一致好评，他晋升至副总经理。秦志坚的朋友和同事很难理解他为什么突然从该知名外企来到不知名的凯奇电子。然而秦志坚却有自己的考虑，对于他来说外企高薪的吸引力越来越小，他更希望到一个成长中的组织去展示和提高自己的能力。

凯奇电子成立于2001年，由张晓飞和董立一起创建。张晓飞任董事长，董立任采购部经理。刚到公司一个星期的秦志坚对公司的状况有了大致的了解。公司去年的销售业绩创造了多项纪录，高层为今年制订的计划是销售业绩增加40%，创立五种新的产品品牌。按照今年的形势，秦志坚对此充满信心，认为超额完成任务的可能性很大。

在由各个部门经理参加的第一次正式例会上，秦志坚与前来参加例会的研发部经理洪亮、财务部经理老梁和采购部经理董立做了一番寒暄之后，财务部经理把去年的财务状况做了简短的说明。大家基本上对去年的财务状况很满意。秦志坚看到大家都很有信心，就把提高今年财务目标的想法告诉了大家，研发部经理洪亮听了以后面有难色，表示应该看看前两个季度的情况。采购部经理对这个提议很赞成，财务部经理没有表态。秦志坚暗想，公司领导的作风还是有些保守，迈不开步子，会错过今年市场产品的调整机遇。

半个月过去了，秦志坚对公司各个部门经理有了更深的认识。比如，洪亮是一个典型的工作狂，整个公司加班最多的就是研发部。老员工董立被反映工作拖沓、不思进取，但由于是老员工，大家都不敢多说。秦志坚正考虑去研发部找洪亮谈谈，想弄清楚上次洪亮不同意提高今年财务目标的原因。这时，电话铃响了，是隶属于销售部的一个驻南京的副经理打来的，该经理言语急迫。原来是市场对公司的新型号产品需求异常旺盛，而企业目前只研发出了一种新型号的产品并且质量还经常出问题，秦志坚听完后情绪也有些激动，决定去研发部找洪亮。

到了研发部，秦志坚很直接地询问原定上半年研发出来的三种新型号产品到现在还没有完成的原因，没想到性格直爽的洪亮站起来直接要求秦志坚和他一起去找董立。原来采购部采购来的产品不仅型号不对而且质量有很大的问题，很多产品没有附带技术说明。这样的话，研发部前期的大部分工作就白做了。秦志坚给董立打电话。董立以市场上原材料供应不及时为由理直气壮地推脱了责任，没有丝毫歉意。

秦志坚很生气，他把两个人叫到办公室商量对策。洪亮指责董立不及时预订产品原材料并且质量把关不严。如果不能进到新的合格原材料，今年的研发任务肯定完不成，销售目标也难以达到。而董立态度坚决，认为采购部做的工作已经到位了，只是原材料市场有变化。

销售部指责研发部，研发部埋怨采购部。董立的工作能力和作风影响了公司的业绩，按照目前的状况，上半年的目标肯定完不成。秦志坚在想是不是该换掉他。但是考虑到董事长和董立都是公司的元老而且关系很不一般，董事长很难同意秦志坚的要求。该怎么办呢？

第1节　关于个体行为的几种解释

一、华生的行为主义理论

美国现代心理学主要流派之一是行为主义学派，它的创始人华生（J. B. Watson）1913 年著有《行为主义观点的心理学》，到 1928 年，他的观点发展成为完整的行为主义思想体系。

华生认为，心理学是研究动物和人类行为的自然科学。意识是无法观察到的，不能作为心理学的研究对象。因此，心理学不是意识的科学，而是行为的科学。在行为主义者看来，心理学规律是自然科学的一个客观实验分支。它的理论目标就是对行为的预测和控制。华生主张的"刺激—反应"公式作为行为的解释原则，吸收了巴甫洛夫的条件反射学说，特别强调客观的观察与实验，抛弃了心理学中感觉、情感、思维等所有含有主观成分的概念，而代之以"辨别反应""内脏反应""无声语言"。他反对内省法，提倡客观观察法，主张心理学应该有两种基本效用：一是准确预测人的活动；二是凭借各种规律和原则，组织控制社会生活中人的行为。

华生认为，行为受客观刺激的影响，一定的刺激必然引起一定的反应。其公式为刺激—反应（S—R）。他在很多场合采用该公式来描述行为，用比较直接的物理学和生理学的术语来设想这些刺激和反应。他在第一次全面说明他的学说时是这样叙述的：我们在心理学中就像在生理学中一样使用刺激这个术语。不过在心理学中，我们必须把这个术语的用途稍加扩大。在心理学实验室中，如果我们所处理的是相对简单的因素，比如，处理不同波长的声波的效应、以太波效应等，并且设法区分出这些效应对人类适应所产生的影响，我们就称它为刺激。与此同时，如果导致反应的一些因素较为复杂，例如社会环境中的因素，我们就称它为情境，基于最终的分析，情境当然可以分解为一组复杂的刺激。同样，我们在心理学中使用生理学术语"反应"，我们对它的用途也要稍加扩大。轻轻敲击膝关节或者抚摸脚掌引起的运动，既是生理学也是医学加以研究的简单反应。在心理学中，我们同时研究这些类型的简单反应，但更多的时候研究几个同时发生的复杂反应。华生强调，行为主义者感兴趣的主要是整个人的行为。他会从早到晚观察一个人如何从事他的日常工作。如果是砌砖，行为主义者会测量这个人在不同条件下砌砖的数目，他可以连续工作多久而不疲劳，他学会这种手艺需要多长时间，以及能否提高他的工作效率，或者使他在较短的时间内完成同样数量的工作。换句话说，行为主义者感兴趣的是对于"他在做什么"和"他为什么这样做"这类问题的常识性答案。

华生的这些观点对于研究行为产生的原因，研究如何改变和调节人的行为，提高其工作效率具有重要意义。但由于这个理论没有全面地说明人的行为的全过程，把人看作对外界刺激起反应的机器人，因而招致了后来新行为主义者的批评。

二、新行为主义

早期的行为主义无视有机体的内部因素，把意识和心理还原为行为，又把行为分为刺激（S）和反应（R），刺激和反应最终又被归结为物理和化学的变化，这种简单化和机械化的倾向受到大部分心理学家的批评。显然刺激—反应（S—R）公式过于简单化，认为人的活动有两个方面：一是内驱力；二是机制。联结的结构，是原因和结果的关系、刺激和反应的关系，如 S—R，它回答“怎么样”。但在机制之外，还有推动机制的原动力，这就是内驱力，它回答的是“为什么”。所以行为的研究应兼顾内在的条件，S—R 应改为 S—O—R。这里的 O 指的是有机体，是人的内在动机。这一修改的行为公式启发了那些不赞同早期行为主义的简单化倾向，但又试图坚持行为主义立场的心理学家。许多新行为主义者受到这一公式的启发，将内在动机称为“中间变量”。

对学习过程的重视是导致新行为主义产生的另一原因。美国心理学深受进化论的影响。依据进化论，每一个物种都是适应环境的产物，所以适应是心理学研究的主要课题之一。而对环境的适应乃是一种学习过程，学习能力是环境适应的标志。因此，许多心理学家在这一观点的影响下把研究的重点放在学习的问题上。新行为主义者大都以学习为研究的首要课题，提出了各种学习理论。这也是区别于早期行为主义的特点之一。

三、勒温的观点

群体动力理论的创始人勒温借用物理学中“磁场”的概念，把人的过去、现在形成的内在需求看成是内在的心理力场，把外界环境因素看成是外在的心理力场。人的心理活动是现实生活空间内在的心理力场和外在的心理力场相互作用的结果。因此，要测定人的心理和行为，就必须了解完成这一行为的内在心理力场和外在心理力场的情境因素。勒温把人的行为看成是个体特征和环境特征的函数：

$$B = f(P \cdot E)$$

式中：B——人的行为；

P——个体特征；

E——环境特征。

这个公式告诉我们，人的行为是个体以及个体所在的环境共同作用的结果。

勒温在列出这一公式时指出：P 和 E 不是孤立的两个因素，而是密切相关、相互作用的。个人情绪的好坏对同一环境会产生不同的感觉；不同的环境又会影响个人情绪的变化，从而产生不同的行为。勒温把个体和所处的环境统一称为“生存空间”（life space），他认为在解释某种行为时，不同时研究环境和个体是没有意义的。

勒温主张，改变态度的方法不能离开社会的活动，不能离开社会的规范和价值。个人在社会中活动的性质，能决定他的态度，也会改变他的态度。应引导目标对象参与各种有关的活动，以纠正偏见，改变态度。心理介入的程度如何，对改变态度的影响也很大。主动参与和被动接受两种心理介入所产生的态度改变效果是不同的。让目标对象全身心地投入活动，自己提出和解决难题，会使态度改变明显。

第 2 节　个体行为规律

一、个体行为及其规律

人的行为受思想和心理支配，思想和心理是在长期的社会实践中逐步形成和发展的。人的行为有其自身的规律和特征。

1. 人的行为模式

不同个体的行为特征不同，如需要、情绪、兴趣、意志、能力、气质、性格以及态度等都有差异，加上个体的社会经历不同，不同个体会对同一种刺激产生不同的反应，即不同的知觉。人的行为不仅受个体本身的心理特征的影响，而且受客观环境的影响。在相同的心理特征下，由于环境不同，人们也会采取不同的行为。外在的刺激与内在的反应并非直接地、机械地联系在一起，而是受主观评价的影响。在研究人的行为时，不仅要研究引起行为的外界刺激条件，更重要的是要分析个体行为的主观心理特征，如图 3－1 所示。

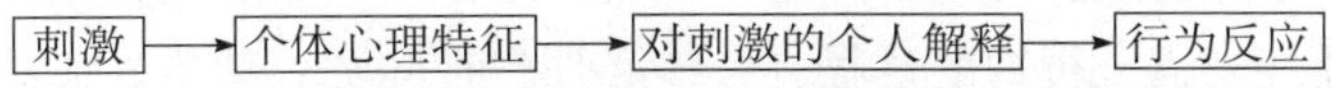

图 3－1　刺激反应机理

2. 个体行为特征

人的行为是有目的、有意识的活动，主要有以下特征：

（1）目的性。人的行为具有一定的目标取向，没有目标的行为是毫无意义的行为。人们在从事具体行为之前，要对行为将要解决什么问题进行设计，这是一个确立目标的过程。行为的目标性规定了行为的方向，并成为控制行为过程的内在的参照模型。如果行为达到了预期的目的，符合内在的参照模型，那么行为就是成功的，否则，就要对行为进行调整、修正，采取新的行为，或调整参照模型。

（2）社会性。个体生活在社会环境之中，处于一定的社会关系下，个体的任何行为都离不开社会。个体的理想、信念、价值观、需求和个性是在社会环境中形成的，受社会的影响，个体为实现自身目标也必须从社会中获取资源，获取帮助，同他人合作并产生各种社会关系。因此，人的行为不是能脱离社会的孤立的个人行为，而是一种具有明显社会性的行为。

（3）自主性。人的行为受外部环境的影响和制约，但人的行为不是自发的、被动的、盲目的行为，而是自觉自主的行为，人不仅可以认识世界，发现和揭示事物的本质，而且可以改变世界，影响和改变周围的环境，并根据周围的环境主动调节自身行为，以适应环境变化的需要。

（4）连续性。人的行为是一种持续不断的过程。人的行为受思想的支配，而思想观念一旦形成就具有相对稳定性。从一段相对长的时间看，人的行为具有连续性、一致性，管理者可以根据一个人的一贯表现分析判断他的思想、动机，掌握其思想特点，对症下药实施管理。

（5）持久性。人的需要是无止境的，旧的需要满足了，新的需要又会产生；低层次需要满足了，高层次需要又会出现。人的行为总是在不断地满足需要。同时，个人总是为实现一定的目标而学习、工作和生活，而且对这种价值目标的追求也是无止境的，小的目标实现了，还会追求新的更大的目标。

（6）可塑性。人的思想、观念不是一成不变的，人的精神状态也不是恒定的，受思想驱动的人的行为也会随着时间、地点、条件的变化而做出相应的改变。而且，由于主客观条件的限制，人的目标和需求不可能一次实现，人的能力不可能最大限度地发挥。因此，个体具有较大的潜能和可塑性，尤其是青年人受心理、生理条件的影响，其行为变化快、强度大，情绪起伏波动较大，其热情需要引导，思想需要教育，行为需要指导。

二、个体心理对行为的影响

个体心理过程包括感觉、知觉、思维和做出反应几个阶段，个体行为过程是需要—动机—行为的过程。个体心理包括知觉、动机、态度、价值观、个性、气质、情绪等，这些心理因素都直接或间接地影响着人的行为。

1. 知觉与行为

按照心理学的理论，当客观事物作用于人的感觉器官时，人脑中就产生了反应。这种反应如果只属于事物的个别属性，就称为感觉；如果是对事物各种属性的各个部分及其相互关系的综合反应则为知觉。知觉以感觉开始，以感觉为基础，知觉是人对客观事物的综合印象和解释。由于个体经验、价值观的差异，同样的事物会使不同的人产生不同的知觉。知觉对人的行为有着重要的影响。

人的行为往往是为了调整和适应客观环境，但是实际影响行为的不只是客观事物本身，也有人们对事物的知觉。因此，要使人们的行为更好地与客观环境相适应，增加自觉性，减少盲目性，就必须充分了解主客观不一致的原因，使人们的知觉尽可能如实地反映客观实际。行为科学的研究表明，引起知觉差异的因素很多，概括起来有两个方面：

（1）客观因素。一般来讲，知觉对象有以下特点：

1）知觉对象本身的特征。一般说来，洪亮的声音、鲜艳的色彩、突出的标志等都会引起人们的注意，使人们清晰地感觉到这些事物。

2）知觉对象和背景的差别。一般来说，在同一时刻，被人们清晰地感觉到的东西就成为该对象的背景，对象和背景的差别越大，越容易被感知。这一规律在工业企业、日常生活中的应用意义很大。比如，车床加工零件，零件是知觉的对象，车床是背景，扩大零件和车床的颜色差别，工人即可操作更方便，提高工效，保证质量。

3）知觉对象的组织结构。事物之间的相互联系，以及它同背景的关系，也容易使人产生错误知觉。此外，因环境不同，运动、心情等不同也会引起错觉。

（2）主观因素。影响人的知觉的还有主观因素，不同的人对同一事物往往会产生不同的知觉。这是因为：

1）选择性。人们的兴趣差异决定了知觉的选择性。人们把不感兴趣的事物排除在知觉之外，而选择感兴趣的事物。

2）需要。个人的需要不同，对客观事物有不同的知觉。

3）成见。

4）思想方法的错误。错误的思想方法是导致错误知觉的重要根源，在管理中常常有以下几种情况：

第一，第一印象的作用。在人对人的知觉过程中，给人留下的第一印象至关重要。

心理学家曾对两组人做过一个实验：看照片。看前，先告诉 A 组人说照片上的人是一个罪犯，对 B 组人说照片上的人是一个著名的学者，然后要他们分别说说照片上人的性格特征，结果回答截然不同。A 组说，深沉的目光隐藏着险恶，高高的额头表明死不悔改的决心。B 组说，深沉的目光表明他思想深刻，高高的额头表明他在探索科学的道路上无坚不摧的意志。这个例子说明了第一印象对社会知觉的影响。

了解第一印象有实际意义。一方面，管理人员在看待别人时应尽量避免受第一印象的影响而产生错误的看法；另一方面，企业领导者和管理人员也应注意在群众中留下良好的第一印象，这对工作的进一步开展是有好处的。

第二，晕轮效应。也称为“以点概面”效应。这是第一印象所产生的爱屋及乌的偏差。人们往往根据一个人的个别品质，对其做出全面的评价。如果对一个人印象好，对他的评价就会长处多于短处，如果对一个人印象欠佳，则往往忽视他的优点。在人才的选拔和利用方面要避免这种情况。

第三，优先效应和近因效应。优先效应是指一个人最先给人留下的印象，和第一印象的作用相同。近因效应和优先效应相反，是指最后给人留下的印象。

心理学家的研究表明，优先效应和近因效应在不同的条件下有不同的作用，一般来讲，在感知陌生人时优先效应的作用大，在感知熟悉的人时近因效应的作用大。在管理工作中，我们可以利用这两种效应来加强对人的影响。

第四，定型作用。定型是指人们头脑中存在的关于某一类人的固定形象。一个人看到他人时，常会不自觉地按其年龄、性别、职业、民族等特征对他进行归类，并将已有的关于这类人的固定形象作为判断的依据。

定型有时在某些条件下有助于对人做概括了解，把现实中的人加以归类，但是也容易使人产生把人看死的思想，说一个人好就什么都好，一个人有缺点就什么都不好。

2. 动机与行为

组织行为学认为，人的行为是由动机支配的，动机则是由需要引起的。行为的导向是寻求目标，满足需要。动机是指满足需要而进行活动的念头或想法，或者说是被意识到的活动或行为的诱因。它是行为的直接原因，它驱动人们从事某种行为，规定行为的方向。

动机和需要是紧密联系在一起的，但二者又有明显的区别。动机来源于需要，需要是主观的意向或愿望，当人们有某种意向时，虽然已意识到一定的行动方向，但却不明确行动所依据的具体需要以及用什么途径和方法来满足需要。

动机是激励人去行动的内在原因和直接动力。动机概括起来有如下机能（职能）：始发机能——驱使人们产生某种行为；选择机能——使行为朝着特定的方向、预期的目标进行；强化机能——行动结果的好与坏，会使动机重复或不再出现。

一般说来，持久的、长远的动机多产生于高级的需要，间断的、短暂的动机则多产生于低级的需要。由于低级需要的满足程度是有限的，而且往往又是比较直观的和具体的，是必需的和非弹性的，由此而产生的动机是比较强烈的，有迫不及待之感。然而这种需要容易得到满足，一旦获得满足，由此产生的动机就会消失，此时这些需要就不能成为激励行为的动机。所以，低级需要激起的动机叫个人性动机。高级需要的满足程度是无止境的，具有长久性和长远性。所以，高级需要激发的动机叫社会性动机。个人性动机是与个体自身的物质和精神需要相联系的动机，社会性动机是与社会需要相联系的动机。那些反映社会进步要求，符合社会利益的动机是高尚的动机；那些违反社会利益，具有反社会意识的动机是错误的动机。高尚的社会性动机比个人性动机有更大的动机作用，因此，如何更好地培养人们的高尚的动机，成为行为科学的重点课题。事实证明，在各种各样的动机中，高尚的社会性动机所产生的力量，有时甚至可以超过人的生物本能，突破人的生理极限。不同的动机对人可以具有不同的意义和推动力量。社会性最丰富的动机，表现出最大的力量。动机可以引起各种不同的行为，同一行为可以因各不相同的动机所引起。合理的动机也可能引起不合理甚至错误的行为，错误的动机有时会被外表积极的行为所掩盖。因此，一个人的外在表现与内在动机，可能一致，也可能不一致，我们不能一概地从行为推断动机，也不能绝对地由动机去测定行为，要具体问题具体分析，否则会打击人的积极性。

三、个体行为疏导

个体行为按性质可分为两类：正确的行为和错误的行为。其影响可分为：积极的影响和消极的影响。积极的影响是指个体行为与组织整体行为趋于一致，有利于组织目标的实现；消极的影响是指个体行为与组织目标不一致，有偏差或矛盾，会阻碍组织目标的实现。如何正确引导个体行为，使之与组织行为协调一致，纠正有消极影响的个体行为，是组织行为学要研究的问题。

1. 个体行为的预测与控制

行为是为了满足某种需要，也是为了达到一定的目标。目标是一种外在的对象，是行为的诱因。它可以是物质的对象，如一定的产量、质量、利润指标或奖金、奖品及其他各种物质奖励，也可以是精神的对象，如达到一定的文化水平、技术水平，得到荣誉、赏识，获得成就感等。人的目标不是采取一次行为就能实现的，而需要采取一系列的行为。行为科学把实现目标所采取的行为分为两部分，即目标导向行为和目标行为。

目标导向行为是指为谋求实现某种目标而做准备的行为，也可以说是实现目标之前的行为，即寻找目标的过程。通俗地说就是为做某种事事前做准备工作。如肚子饿了想吃饭，就得去买菜淘米等。目标行为是直接满足目标实现需要的行为，或者叫从事目标本身的行为。如饭做好了吃饭，疲劳了休息就是目标行为。

目标导向行为和目标行为对需要强度有不同的影响力。对目标导向行为来说，需要强度会随着这种行为的进行而增强，越接近目标，动机就越强，直至达到目标或受挫折为止。目标行为不一样，当目标行为开始后，需要强度就有减弱的趋势，一个饥饿的人，为了吃东西迫不及待地寻找食物，对食物需要强度增加，而当他得到了食物，随着不断进食，对食物的需求强度就降低，直至对食物的需求消失。

由于目标导向行为对需要强度有不同的影响力，因此要想把动机强度经常保持在较高的水平上，有效的方法就是循环交替地运用目标导向行为和目标行为。当一个目标达到时，马上提出新的更高的目标，并进入新的目标导向过程，使人的积极性保持在较高的水平上。同时，目标导向过程不宜过长，如果停留在目标导向过程的时间太长，会使人感到目标过于遥远，可望而不可即，产生泄气情绪，影响积极性的持久。还有，目标不能定得太低，要具有较大的挑战性，否则，人们会感到“平淡无奇”“唾手可得”，失去自豪感、成功感和胜任感，同样影响积极性的发挥。

从以上分析可以看出，人的行为是有规律的，如图3-2所示。

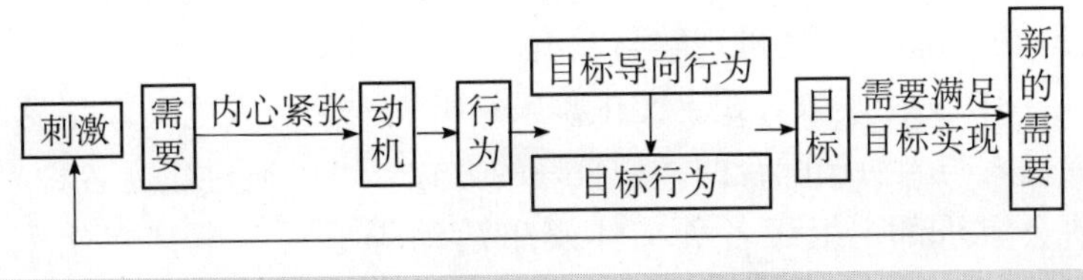

图3-2　需要—动机—行为过程

不难看出，只有了解了人们的切身需要，才能预测人们的动机行为。人的需要是各种各样的，不同年龄、不同阶层的人，其需要也是不同的。思想政治工作者和管理者，要把说服教育和解决人们的实际需要结合起来；了解需要，分清正当的需要和不正当的需要；同时，还要看到人们的需要是随着客观条件的变化而变化的。因此，说服或解决方案不可能一劳永逸。人们通过行为达到目标，需要得到满足，就会受到鼓舞，产生兴趣，激发情绪，增强信心，以至进一步扩大行为，迈向新的目标。创造一个鼓励、健康的环境，使人们的行为时常处于被激励的状态是十分必要的。鼓励、健康的环境能使正确的行为保持、发扬、强化，错误的行为收敛、改正、消除，压抑的环境会使正确的行为受到打击，错误的行为泛滥。行为是受种种因素影响的，行为是可以改造的。因此，了解需要、预测行为、控制行为是一种有效的管理方法。

2. 个体行为的引导

引导个体行为，必须从影响个体行为的心理因素入手，通过改变个体心理，从而改变个体行为。

首先，要引导个体知觉。要引导个体反复认识客观对象，了解对象的全貌、整体，并学会用辩证思想看待事物，既看到事物的正面，又看到事物的反面，从而完整、准确、辩证地认识事物。

其次，要充分发挥和创造个性。要引导个体参加社会实践，接受一定的培训和教育，不断增强自身能力；根据不同个体的特点，安排合适的工作，积极创造条件和机会，使其能力得到充分发挥。

再次，引导个体树立正确的态度。吸引成员参加各种组织活动，加强同他人的接触了解，通过角色扮演体会各种情境中人的感受。经常观察组织成员的态度，采取一定措施肯定正确的态度，通过教育使其改变不正确的态度。

最后，培养和塑造组织的价值观。在组织内部开展人生观、价值观和企业文化教育，使组织成员接受组织经营理念和正确的价值取向，从根本上影响和改变人的行为。

3. 个体行为的协调

（1）个体行为之间的协调。个体行为受主客观因素的影响，呈现出差异性，这种差异性造成组织内部个体行为之间的不协调甚至冲突，因此，必须对个体行为进行调节。调节的方式主要有：

1）信息沟通方式。在组织内部建立信息交流渠道，有条件的单位可建立信息系统，加强信息交流，实现资源共享，使人们相互学习知识和经验，促进交流，沟通感情，增进理解与友谊。

2）文化娱乐方式。文化娱乐是组织内人与人之间联络感情、增强相互了解、促进人与人协调配合的一种较好的方式。可以通过建立各种兴趣小组、建立各种协会俱乐部、组织各种文体娱乐活动等形式，丰富文化生活，密切人与人的联系。

3）思想教育方式。个体之间的协调既要靠感情交流，又要靠组织沟通。管理者要及时掌握组织成员的思想状况，了解组织成员间存在的问题，有针对性地做好思想疏导工作。

（2）个体与群体、组织之间的协调。

1）在组织或群体内部建立起崇高的理想、目标和价值观。通过文化整合和价值观统领，使组织成员的目标取向趋于一致，行为导向和谐，减少摩擦与冲突，使组织成员为共同的目标而奋斗。

2）鼓励和弘扬正确行为。组织内任何人的行为都对他人的行为具有影响和带动作用，组织要肯定和鼓励正确的行为，并使之发挥激励和示范作用；对错误的行为要及时纠正，并造成一种内在压力，在组织内形成弘扬正气、鼓励先进、推崇首创精神的良好氛围。

第 3 节　个体行为规律举例

近年来，芝加哥大学商学院终身教授奚恺元博士对人们的幸福感、满意度进行了有意义的研究，提出了很有价值的观点。

一、送礼比给员工奖金好

年终，公司想为每位员工送上一份礼。有三种选择：800 元现金红包、800 元提货单和 800 元上海高级时尚购物场所抵用券。送哪种好呢？按照经济学的观点，送现金更好。因为有了钱就可以买自己想要的东西。长期以来，人们都是这样认为，也是这样做的。

但是事实上情况恰恰相反，哪种选择能使接受礼物的人最开心呢？是送购物场所抵用券。如果你想送人礼物，那就不要去问对方需要什么，如果问了对方，对方一般会说是那些实用的东西，但得到实用的东西并不会让他（她）最开心。最让人开心的事情是去了那些自己想去但又没有借口去的地方，有了自己想要但不好意思去买去用的东西。这就是人的心理，说要的不如想要的。

二、涨工资不如发奖金

假如你现在的年薪是 10 万元，现在公司给你两个选择：第一种：保持你现在的工资水平，但每年不定期地给你几次奖金，奖金总额为 1 万元；第二种：把你的工资涨到 11 万元。你怎么选？一般人都会选第二种，但其实不定期给奖金反而会比涨工资更让员工开心。心理学告诉我们一种常见现象，叫作“适应性”：人一开始可能会对某事物敏感，但时间一长就适应了，也就是你对这东西敏感度降低了。比如刚进冲印照片的暗房时你可能会不习惯里面的红颜色，但过了一段时间你就不觉得什么了。每次给奖金，都给了员工一种刺激，特别是不定期地发奖金，带来的幸福更频繁更持久。第二种却是刚开始涨工资时开心，但时间长了就没什么感觉了。

说涨工资不如给奖金的另一个原因是，万一公司财务情况不好，你要降工资时员工就更不开心了。而给奖金有两个好处：给奖金时员工开心，不给时员工不至于那么痛苦。公司可以有回旋的余地。

但是如果你是行业中唯一一个发奖金不涨工资的公司，而别的公司普遍涨工资，往往会使你的员工流到别的公司去，因此最好的结果是不仅你的公司实行这种制度，而且整个行业都这样。可见，懂得人的心理规律是很有意义的。

三、工资公开不如不公开

为什么工资不能公开？首先，人往往都过于自信，总认为自己比别人好。比如很多人看自己的照片，总爱说自己“不上相”，这听上去像是谦虚的话，其实是过于自信的表现，潜台词是：我比照片漂亮。

在工资不公开的情况下，每个公司经理都会认为自己比别人干得好，往往高估自己相对于别人的工资。但是如果公司选择公开工资结果怎么样？每个经理都觉得自己贡献比别人大，但发现工资不是最高的，他会要求加工资。结果大家都去吵着加工资，最后虽然加了，但相对工资水平没有变化，公司多花了钱，大家还是不开心。

但是，这种方法要建立在市场经济完善、商业意识强的前提下。在小生产经济条件下，其实人们的心理是：我的红包里的钱比别人少，想办法也要打听出别人的数额。

四、小奖不如不奖

一般的观念认为：要人家做一件事，给物质刺激总比什么也不给强。其实，很多时候，给物质刺激不如不给任何东西，特别是当物质刺激小的时候。

有这样一个故事：一位老人住在乡村怡然自得，但有群孩子打扰了他的平静，孩子向他扔石头跟他捣蛋。老人很恼怒，但训斥仍赶不走他们。怎么办？老人想出了一个法子。孩子们一来，老人笑嘻嘻地说：“我挺喜欢你们来这里帮我解闷，这样吧，你们每次来，我给你们1元钱。”孩子们很开心，天天来。过了几天，老人对孩子们说：“我拿不出那么多钱了，以后你们每次来，我给你们5毛钱。”孩子们一听，打这么老远来才拿5毛钱，以后再也不来了。

做一件事，往往是有内在动力来推动的。孩子们来老人住地一开始是好玩，后来就是为了经济报酬了。而一件事一旦掺杂了经济利益，那就很难回到做这件事的初衷了。这时候，要激励他人做事，除非给予和这件事相匹配的激励，如果你给的外在刺激不大，甚至会一点一点拿掉，那还不如不给。

五、小罚不如不罚

有这样一则故事，幼儿园老师希望家长在下午三点之前把孩子接回家，但总有一些家长姗姗来迟。老师不开心，便向园长反映。园长想出的办法是：给晚来的家长一点象征性的惩罚。园长怕惩罚太重影响与家长的关系，所以确定下来的惩罚是：晚来一个小时，扣几元钱。结果怎样呢？晚来的家长反而增加了，因为多花几元钱就能让幼儿园帮忙多照看一个小时孩子，家长觉得合算。幼儿园发现决策做错了，连忙取消了这一惩罚，结果晚来的家长就更多了。“幼儿园免费为我照看孩子，何乐而不为呢？”家长们都这么想。

六、慢奖不如快奖

比如，如果要让狗做一件事，用骨头来奖励，这里奖励的有效性取决于两点：一是奖励多少根骨头；二是时间。如果狗帮你做了一件事后马上得到骨头，这和过一段时间奖励它骨头感觉是不一样的。三个单位时间里给三根骨头，不如一个单位时间里给一根骨头。也就是说奖励越快越好。这个道理也同样适用于对员工的奖励，如果员工有成绩，你应该马上小奖一下，不要把奖励都拖到年底。时间的把握在奖励中非常重要，而许多公司往往把它忽视了。

七、不给选择比给选择好

尽管不是所有情况下都如此，但在很多情况下，有选择反而使人患得患失。比如年终，一家公司给员工的奖励是去夏威夷度假，员工很开心；另一家公司的奖励是去巴黎，员工也开心；第三家公司是让员工在夏威夷和巴黎之间二选一。第三家公司有的员工去了夏威夷，有的员工去了巴黎，但选了夏威夷的人会想我放弃了去巴黎的机会，去了巴黎的人可能又会想去夏威夷，两拨人都觉得自己缺了点什么，不那么开心了。

八、晚说不如早说

如果允许你见一位明星，你是选择马上去，还是选择等一天？好的选择应该是：等一天。这是为什么呢？很多时候，快乐来源于对快乐的期待，如果选择等一天，你可以有一天的时间来做梦，想象与明星相见的幸福。旅游也是如此，最开心的时候是你听到这个消息以及期盼着去旅游胜地的那段时间。如果请人吃饭，不要隔夜告诉他（她），最好三个月前就告诉他（她），其间还提醒他（她）几次，让他（她）开心好多次。

九、大中之小不如小中之大

假如有两杯冰激凌：一杯是 10 盎司的杯子装了 8 盎司的冰激凌；另一个是 5 盎司的杯子装了 7 盎司的冰激凌。前者比后者量多，但是送礼的话，后者要比前者好，因为单独评价时，人们往往认为小杯的冰激凌更多。同样，送人一条价值400元的羊绒围巾和送一件价值500元的羊毛大衣，前者更让人开心。你要关注的是这个礼物在它所属的类别里面是不是昂贵。也就是说给人礼物，最好是送小范畴里的大东西，不要给大范畴里的小东西。

十、能用的不如不能用的

让我们再仔细想想送礼或给员工奖金的目的是什么。最根本的目的其实并不是要给接受礼物的人带来多大实用的价值，而是要让收礼的人愉悦，让人记着你，感激你。所以送礼时，送实用的东西不一定能让对方开心。那么送什么好？送那些用不掉、吃不掉、送不掉又扔不掉的东西，这样人家才能记住你。比如送你的老板一尊他的雕像；公司做一本精美画册送给员工，让每位员工写一句话，并签上大名；等等。

当然，以上这些现象，也会因个体的差异和环境的差异有所变化。但是，在日常生活和组织环境中有意识地运用和观察这些心理现象还是很有意义的。

◆ 关键术语

刺激—反应　个体行为规律　个体行为特征　知觉　第一印象的作用　晕轮效应　优先效应　定型作用

◆ 复习思考题

1. 华生主义与新行为主义各有什么特点？
2. 如何理解和应用人的行为规律？
3. 知觉的最大特点是什么？它受哪些因素影响？
4. 为什么说需要是行为的原动力？
5. 什么是目标导向行为？什么是目标行为？循环交替地应用目标导向行为和目标行为有什么意义？

◆ 自我诊断

你能正确认识他人的行为吗？

现代组织行为学家相信的是事实而不是感觉。组织行为学家发现和收集的数据是认识的基础。然而，我们对现实世界的许多认识并不是以这些数据资料为基础的。我们在做决策和评价别人时往往有自己的看法，有时存在偏见，有时凭预感，有时得到错误的结果。以下50道题就是测试你对人的行为的了解程度。请仔细阅读每一个句子，并填上“T”（正确）和“F”（错误）。答案附在题后。

1. 喝一杯酒实际上能改善一个人的驾驶能力。（　　）
2. 大学毕业成绩位于前三名的学生参加工作后挣的钱一定比普通毕业生高。（　　）
3. 天才和愚蠢紧密相连。（　　）
4. 因为人天性好斗，故战争不可避免。（　　）

5. 足智者体弱身虚。(　　)
6. 四肢发达则头脑简单。(　　)
7. 寡言者多智。(　　)
8. 一般说来，男性司机比女性司机技术高超。(　　)
9. 讲友谊就可化干戈为玉帛。(　　)
10. 所有的人生来都具有相同的取得成功的能力。(　　)
11. 高收入家庭成功者比例高，低收入家庭成功者比例低。(　　)
12. 读书越多，视力越差。(　　)
13. 一般说来，女性比男性智力水平略高。(　　)
14. 人的性格不是内向就是外向。(　　)
15. 从小就教孩子弹钢琴可以使他在这个领域内保持永久优势。(　　)
16. 学习之后，最初几小时忘记的东西比未来几天忘记的东西多。(　　)
17. 少量饮酒有助于学习。(　　)
18. 夜间开车好的司机一般白天开车都差。(　　)
19. “左撇子”比一般人更容易成为优秀运动员。(　　)
20. 女性的直觉比男性强。(　　)
21. 抽烟者比不抽烟者发病率高。(　　)
22. 50 岁的人比 20 岁的人更聪明。(　　)
23. 在美国总统选举中大都是高个子战胜矮个子。(　　)
24. 若要谴责某人的过失，最好的办法就是事发之后即进行。(　　)
25. 音乐爱好者具有遗传性。(　　)
26. 人的智商受到测验方法的影响。(　　)
27. 吸烟者善决策。(　　)
28. 矮个子女性更愿意和比自己高的男性结婚。(　　)
29. 学术能力差的人操作能力强。(　　)
30. 冒的风险越大取得的成绩越大。(　　)
31. 天才具有别人没有的特殊智慧。(　　)
32. 如果身体状况很好，智商可以改善 2%～5%。(　　)
33. 盲人强闻。(　　)
34. 高内聚力群体有高劳动生产率。(　　)
35. 一般员工都会承认，挣钱是他们工作的基本原因。(　　)
36. 贫穷者最虔诚。(　　)
37. 人受到挫折时容易产生攻击性。(　　)
38. 幼年的经历一般会影响以后的行为。(　　)
39. 神童成年后也具有优势。(　　)
40. 训练有素的心理学家能探知你的内心世界。(　　)
41. 成名者一般出身于虽然贫穷但父母努力工作的家庭。(　　)
42. 政治家有说服、影响其他人的强烈欲望。(　　)
43. 已取得成功的高层管理者对钱的欲望比对权的欲望大。(　　)

44. 每天锻炼身体有助于缓解工作紧张感，减少心脏病的发病率。(　　)

45. 大学教授比其他任何职业的人具有更强的自尊心。(　　)

46. 大多数生产线工人认为：他们更喜欢在小群体中工作，产生这种思想的原因是生产线工作单调枯燥。(　　)

47. 医生的自杀率比其他人高。(　　)

48. 大多数为政府工作的职员所冒的风险都很小。(　　)

49. 大多数有效的管理者都是以高度民主的办法管理员工。(　　)

50. 大多数大学教授并非智力超群，只不过受到了良好的教育。(　　)

答案

1. F	2. T	3. T	4. F	5. F
6. F	7. F	8. F	9. F	10. F
11. T	12. F	13. F	14. F	15. F
16. T	17. F	18. F	19. F	20. F
21. T	22. F	23. T	24. T	25. F
26. T	27. T	28. F	29. F	30. F
31. F	32. T	33. F	34. F	35. F
36. F	37. T	38. T	39. T	40. F
41. F	42. T	43. F	44. T	45. T
46. F	47. F	48. F	49. F	50. F

根据上述答案检查你自己的答案，看看做对了多少。多数人能正确回答30～40道题。对错多少不论，重要的是知道你对人的行为认识并不都是正确的。记住这些答错的题，你会发现，这些问题远远超出了人的常识。我们研究组织行为就是因为我们需要行为资料，而不是感觉和常识。和数学、物理等学科相比，组织行为学是软科学。但软科学也是科学。

资料来源：http：//www. baidu. com.

案例分析

本田营造自由的环境

本田公司负责新产品开发的研究所，决不强求员工“必须这样做”，或是要求其绝对服从既定的方案，而是营造自由的气氛，让每个人能随意发表对现有车辆的意见，并充分讨论。本田公司曾经发生过水冷气冷之争。因为当时政府颁布了控制车辆废气排放的标准，为了通过新的标准，年轻的技术人员认为必须用水冷方法。但本田固执己见，坚持采用气冷方式。当时正处于论证阶段，藤泽担负了说服本田的使命。是当技术人员还是管理者？最后藤泽迫使本田从二者中做出选择。结果，本田被其折服，同意采取水冷方式，从而开发出具有跨时代意义的低公害引擎CVCC。从这场争论中可以看出，年轻的技术人员即使面对创业立业的领导人，而且是引擎方面的最高权威，也能大胆地直抒己见。这种自由宽松的气氛才是本田飞速发展的真正动力，是人才成长的适宜环境。

组织是一个有机体，它由众多的群体组合而成，而群体由个体组成。个人、群体、组织三者之间存在着紧密的内在联系。个人是组织中最基本的构成单位，人力资源是最宝贵的资源，管理的意义在于充分地开发和利用人力资源，以实现组织目标。管理人员要研究组织和群体的心理和行为。研究人的积极性问题，必须首先研究个体心理和行为，了解一个人为什么要工作，有些什么爱好，在相同的工作条件下，为什么有人觉得很满足，努力工作，有的人感到沮丧，缺乏工作热情。因此，个体心理和行为研究应成为组织行为研究的逻辑起点。组织行为学对个体心理和行为的研究不在于描述这些心理行为，而在于揭示个体心理活动和行为的规律。

资料来源：Griffin R W，Moorhead G. Organizational Behavior：Managing People and Organizations. Published by South-Western Cengage Learning，Ninth Edition，USA，2010.

[分析]

1. 本田公司的管理说明了组织行为学的什么原理?
2. 本田成功的关键是什么?

第4章 个体差异及管理

本章重点

● 需要是人对事物的欲望和要求，它有以下特点：指向性、多样性、层次性、潜在性和社会制约性。

● 气质虽然在一个人的社会实践活动中不能起决定性的作用，但能影响一个人的活动性质和工作效率。

● 情绪好坏会直接影响人的活动能力和工作效率。

● 态度是指个体对一类人和社会事物所持有的评价和行为倾向，它包含认知、情感和意向三种成分。

● 价值观是一个人对周围事物的是非、善恶和重要性的评价、看法，是个人对某种特定的行为方式或存在状态的一种持久信念。

名人名言

我们对个性的形成、习得与行为、感知、动机及其他行为驱使因素已有所了解。我们做得不够之处是，在设计机构的政策、结构、培训和工作岗位时，未能利用这些知识。行为并不神秘，它通常都有可以找得出来的原因和目的。如果你能影响行为的原因，你就能改变行为本身。

——帕特利西亚·阿迪苏

引例

管理者的不同个性

总经理麦华手下有五个聪明能干、讨人喜欢的经理，他们常常在经理会上形成紧张的对抗。麦华信奉参与式管理，他要求员工在做出决定时意见要达成一致。问题是李凯和张雷很快就能拿定主意，于是便要进行下一个议程。乔新安则要求进一步讨论，要求有更多的资料，用更多的时间去思考。罗杰和玛丽讲话没有乔新安那样多，但他们支持乔新安。

麦华在日常的工作中细心观察这五个经理的个性，不久，他发现李凯和张雷行事有时有点鲁莽，乔新安则有点慢吞吞。所以，麦华通常不是迅速决定支持哪一方，因为两方都做出过高质量的决定。做这种决定时所需时间量和资料量的差异，确实反映了各人性格的不同。为了进一步提高管理水平，麦华通常根据任务的性质和经理的个性综合多方意见后才拿定主意。

第 1 节　需要与动机

组织行为学家认为，实现对人的管理，首先在于充分调动人的工作积极性与创造性。而人的积极性与创造性主要与人的需要、动机等心理因素有密切关系。所以，只有充分了解和满足人的正常需要，人的内在动机才能受到充分激发，才能使人自觉、愉快地将事情做好。

一、需要及其特点

需要就是人对事物的欲望和要求。需要具有以下特点：

1. 指向性

人的需要总是指向某种具体事物，即一定的客体或者一定的结果。人总是力求通过自己的行动去获得某种所需的具体对象。

2. 多样性

人类的需要是多种多样的。一个人在不同时期可以有多种不同的需要，即使在同一时期，也可以存在多种程度和作用不同的需要。需要分为自然性需要与社会性需要两种。自然性需要是指有机体为了维持生命和种族的延续所必需的一些需要，它是与生俱来的，是人类的低层次的需要。这种需要的特点：一是它产生于人的生理机制；二是它主要表现在以从外部获得一定的物资为满足；三是它多见于外表，容易体验与察觉；四是这种需要是有限度的，超过了一定限度反而有害。社会性需要是指个体在成长过程中，通过各种经验的积累所获得的特有的需要，它是后天形成的，是人的高级需要。这种需要的特点：一是它不是本能的，而是社会的发展条件决定的；二是它不易被人察觉；三是它产生于人的精神世界；四是它具有弹性，没有限度。

3. 层次性

一般来说，支配人们行为的需要是由低级向高级发展的，当低层次的需要得到满足以后就会产生更高层次的需要。由于决定人的行为的往往是其感觉最迫切的需要，因此，需要的层次应该是由其迫切性来决定的。在一定时期，只有那些表现最强烈、感觉最迫切的需要才会引发人们的动机，进而影响人们的行为。不同的人在同一时期，或者同一人在不同时期，感受最强烈的需要的类型是不一样的。

4. 潜在性

人一生中可能存在多种需要，但这些需要并非随时随地全部被其主体所感知和认识。有许多需要是以潜在的形式存在的。只是到了一定的时刻，由于客观环境和主观条件发生了变化，人才发现和感觉到这些需要。

5. 社会制约性

人的需要是在教育过程中，在社会活动中发展的，受社会历史条件的制约。

二、动机

动机就是激励人们去行动，以达到一定目标的内在原因。换句话说，动机就是推动人们去行动的内动力或内驱力。动机和人的需要有着密切的联系，二者在概念上甚至有着相似的含义。为了使二者在意义上有严格的区分，人们认为，需要是行为的原动力，动机是推动人们活动的直接原因。当人的需要具有某种特定的目标时，需要才转化为动机。需要产生动机，动机引起行为，行为使人产生客观现实的效果，但有时动机和效果之间可能是一致的，也可能是不一致的。有时好的动机引起好的效果，不好的动机引起不好的效果；但有时好的动机反而引起不好的效果，不好的动机反而引起好的效果。因此，要了解一个人的真实动机，往往有一定的困难。动机具有始发、指向、强化三种功能。

第2节　气　质

一、气质

气质是个体心理特征之一，主要表现为人在心理活动和行为方面的动力特点，这种动力特点是指个体的高级神经活动的兴奋过程和抑制过程在强度、均衡性、灵活性等方面具有的不同特点在人的行为方面的表现，它反映个体心理活动过程进行的速度、强度、稳定性和指向性及其外部表现，如知觉、记忆的速度、思维的灵活性、注意的稳定性、情感的强弱和心理活动的内外倾向性，以及一般动作的速度、强度和灵活性等。它使人的个性具有独特的色彩。一般人所谓的“性情”“脾气”是气质的通俗说法。

二、气质类型及其特征

每个人都有不同的气质特点，这些特点有规则地互相联系，从而构成一种特定的气质类型。心理学家通过观察研究，把人们表现出来的各种特点进行不同程度的组合，对人们的气质类型进行了划分。

最早提出气质分类学说的是古希腊医师、西方医学奠基人希波克拉底。他根据人体内血液、黏液、黄胆汁、黑胆汁四种体液哪一种占优势，把气质分为四种类型：多血质、胆汁质、黏液质、抑郁质。体液学说虽然早就被废弃，但他提出的上述名词已被西方各国语言所吸收并沿用至今。到了近代，俄国生理学家巴甫洛夫通过大量的实验，提出了关于高级神经活动类型的学说。他根据神经活动的强度、均衡性、灵活性这三种特性的不同组合，将气质划分为四种基本类型：活泼型、兴奋型、安静型、抑郁型，恰好分别相当于多血质、胆汁质、黏液质和抑郁质。

高级神经活动类型与气质类型的关系以及这些类型的行为特点如表 4－1 所示。

表 4－1

高级神经活动类型（气质类型）	强度	均衡性	灵活性	行为特点
活泼型（多血质）	强	均衡	灵活	活泼好动，反应灵活，好交际
兴奋型（胆汁质）	强	不均衡		攻击性强，易兴奋，不易约束和抑制
安静型（黏液质）	强	均衡	不灵活	安静，坚定，迟缓有节，不好交际
抑郁型（抑郁质）	弱			消极防御反应，胆小畏缩

多血质的特点是感受性低、耐受性高，反应速度快而灵活，情绪兴奋性高，有较大的可塑性，心理活动倾向于外部。日常生活中表现为精力充沛、活泼好动、善于交际，给人一种亲切感，但往往失于轻浮，热衷于表现自己，难有深交；机智灵活，工作效率高，但持久性稍差；兴趣爱好广泛，但容易转移。

胆汁质的特点是感受性低、耐受性高，反应速度快，情绪兴奋性高而不均衡。在日常行为中的表现是精力旺盛、动作敏捷、热情直率、易冲动，心境变化激烈，难以克制自己，心理活动倾向于外部世界。

黏液质的特点是感受性低、耐受性高，反应速度缓慢而稳定，有明显的内倾性。日常生活中的表现是情绪稳定、心境平静、不易波动；情感含蓄不外露，发生较缓慢，一旦形成则较为稳固深刻；安静稳重，不善交际；灵活性较低，动作缓慢；工作踏踏实实，任劳任怨，但易因循守旧，创新精神差；注意和兴趣持久而难以转移。

抑郁质的特点是感受性高、耐受性低，反应速度缓慢而不灵活，不能经受强烈的刺激，具有极鲜明的内倾性。日常生活中表现为郁郁寡欢、多愁善感，情绪体验深刻，但很少外露，不善交际，不愿在公开场合抛头露面，比较孤僻，易受伤害；行动迟缓，动作刻板，处事小心谨慎；思考问题比较全面、深刻、细致，善于觉察到别人不易觉察到的细小事物。

实际上，生活中只有少数人是上述四种气质类型的典型代表，多数人是介于上述各种类型之间的中间型或者混合型。气质类型本身并不能决定一个人活动的社会价值和成就的高低。历史证明，气质类型完全不同的人经过自己的努力都可以取得优异的成就。在许多杰出的人物当中，可以找到不同的气质类型的代表。同样，气质类型非常相似的人，由于各自的主观努力不同，可能在实践中会有天壤之别。而且，尽管气质是一种比较稳定的心理特征，但在一定的生活条件和教育的影响下，通过实践活动也是可以改变的。

三、气质对行为的影响

气质类型虽然在一个人的社会实践活动中不起决定性的作用，但往往能够影响一个人的活动性质和工作效率。由不同气质类型的人来承担不同的工作有可能取得更好的效果。例如，多血质和胆汁质的人比较适合从事要求做出迅速灵活反应的工作，而黏液质和抑郁质的人则较适合从事较持久细致的工作。因此，在组织管理活动中，了解和识别员工之间的气质差异，利用和扩大个人气质特征积极的一面，抑制和减少其消极的一面，对管理工作具有重要意义。

比如，一些特殊的工种，如飞行员、宇航员、电站集中控制室的调度员、高空带电作业人员等，这些工作者要经受高度的身心紧张，因而要求他们能做出灵敏快速的反应，具有冷静、理智、胆大心细、临危不惧的心理品质。特殊工种对人的气质特性提出了特殊的要求。在这种情况下，气质特性影响着一个人是否适合从事该种职业。为此，是否具有特殊工种所要求的特殊气质特性，应该成为职业选择和培训的重要根据之一。

而一些一般的职业如车工、纺织工、钳工、售货员、医生、教师、工程师等，原则上各自都要求人们具备某些相应的气质特点。但是，如果这些气质特点在某人身上表现较弱，其他气质特征将起到补偿作用。例如，纺织工要看管多台纺织机，这种工作既需要具有稳定的注意力以发现细纱的断头，又需要注意力能够迅速地转移，以同时看管多台纺织机。有些属于多血质的纺织工人，她们具有注意力迅速转移的灵活性，但缺乏注意力的稳定性，在工作中，她们利用动作的敏捷、灵活和注意力易于转移的特点补偿了注意力稳定性不足的缺陷，也很好地适应了工作。

第3节 情 绪

一、情绪的概念

人有喜、怒、哀、乐、惧等心理体验，这种体验是人对客观事物的态度的一种反映，称为情绪或情感。情绪和情感具有肯定和否定的性质。能满足人的需要的事物会引起人的肯定性质的体验，如快乐、满意等；不能满足人需要的事物会引起人否定性质的体验，如愤怒、憎恨、哀怨等；与需要无关的事物，会使人产生无所谓的情绪和情感。积极的情绪可以提高人的活动能力，而消极的情绪则会降低人的活动能力。情绪和情感的区别在于：情绪通常是人的天然生理需要是否得到满足而产生的态度和体验；而情感是人的社会需要是否得到满足而产生的态度和体验。情绪带有情境性和易变性，往往由事物的表面现象引起，带有冲动性，而情感的产生是与对事物的深刻认识相联系的，有较大的稳定性和持久性。情绪和情感的联系在于：情绪是情感的外在具体表现；情感的倾向性和深刻性制约着情绪的变化。情绪的实质是有机体特有的调节和监测生活过程与生命安危的一种信号系统，它具有自适应、动机性、组织性、交流性四种功能，并且具有放大作用，将内驱力的信息和能量加以放大，从而使实现目标的行动付诸实施。

现代情绪理论把情绪分为快乐、愤怒、悲哀和恐惧这四种基本形式。一些心理学家则应用不同的维度来描述情绪。例如施科尔斯伯格（H. Schlosberg）从愉快-不愉快、注意-拒绝、高激活水平-低激活水平这三个维度来描述情绪，每一种具体情绪都按照这三个维度分别处于其两极的不同位置上。

可以从不同的角度将情绪分为以下六类：第一类是原始的基本情绪，往往具有高度的紧张性，如快乐、愤怒、恐惧、悲哀。快乐是盼望的目的达到后，紧张解除时的情绪体验；愤怒是愿望目的不能达到、一再受阻、遭受挫折后积累起来的紧张的情绪体验；恐惧是在准备不足、不能处理和应付危险可怕事件时产生的情绪体验；悲哀是与所追求、热爱的事物的丧失，所盼望的事物的幻灭有关的情绪体验。第二类是与感觉刺激有关的情绪，如疼痛、厌恶、轻快感等。第三类是与自我评价有关的情绪，主要取决于一个人对于自己的行为与各种标准的关系的知觉，如成功感与失败感、骄傲与羞耻、内疚与悔恨等。第四类是与别人有关的情绪，常常会凝结成为持久的情绪倾向与态度，主要是爱与恨。第五类是与欣赏有关的情绪，如惊奇、敬畏、美感和幽默。第六类是根据所处状态来划分的情绪，如心境、激情和应激状态等。

二、有关情绪的理论

1. 詹姆士-兰格的情绪理论

该理论认为，情绪是由某一情境的变化引起自身状态的感觉。情绪产生的过程是：刺激引起个体的生理反应，如循环系统、消化系统、内分泌系统等的变化，由机体反应引起情绪体验。因此，情绪只是对于一种生理状态的感觉，是对机体内部和外部生理变化的意识。

2. 坎农-巴德的丘脑情绪理论

该理论认为，激发情绪的刺激由丘脑进行加工，同时把信息输送到大脑和机体的其他部位，到达大脑皮层的信息产生情绪体验，而到达内脏和骨骼肌肉的信息激活生理反应，因此，身体变化与情绪体验同时发生。

3. 巴甫洛夫的动力定型理论

该理论认为，人们在大脑皮层中按照刺激物的顺序形成了比较稳固的暂时神经联系系统，这种系统叫作动力定型，是人学习、习惯和需要的生理基础。当客观事物符合人们的动力定型时，其刺激所引起的皮质神经过程就会按原来的轨道运行，产生满意的情绪和情感。如果客观事物不符合动力定型，就会使旧的动力定型遭到破坏，产生消极的情绪和情感。人所建立的暂时神经联系有两个系统。由具体事物的影响所建立的暂时神经联系系统称为第一信号系统，由语言所建立的暂时神经联系系统称为第二信号系统。人们不仅通过第一信号系统产生情绪体验，也通过第二信号系统调节自己的情绪和情感。例如，当一个人遭遇不幸时，自己的情绪怎么也平静不下来，如果这时候有人劝慰几句，就可能平静下来，这就是第二信号系统的调节作用。

4. 行为学派的情绪理论

该理论认为，情绪只是有机体对特定环境的一种反应和一簇反应，因此经常从反应模式和活动水平两方面去描述情绪。行为主义的奠基人华生认为，情绪是一种遗传的反应模式，它包括整个身体机制，特别是内脏和腺体活动系统的深刻变化。在他之后，操作条件反射论者斯金纳特别注意从动物在个体生活中的习得行为研究情绪，发展了用条件反射技术来引发情绪的方法，并把挫折效应作为研究情绪的一个标准方法。

5. 精神分析学派的情绪理论

该理论的中心是焦虑问题。弗洛伊德提出，人有客观性焦虑、神经症焦虑和道德焦虑这三种焦虑，分别代表自我在对待现实、本我、超我对个人所提出的要求时采取的软弱态度。客观性焦虑源于人的“诞生创伤”——新生儿诞生时被来自新环境的大量刺激所淹没，是一种原发性的焦虑，它是以后个人生活中继发的焦虑反应的原型。当一个人面临一种创伤的可能性时，就会有一种与诞生创伤相联系的情绪的复现。例如人在焦虑时出现的紧张急促的呼吸、肌肉的颤抖、加快的心跳等特征都是模拟和重复新生儿的情绪特征。神经症焦虑产生于害怕自己的本能行为的客观后果，害怕从事被禁止行为所产生的社会后果。这种焦虑有两种形式，一是“自由漂浮”式焦虑，指个人不断地预料会有最坏的结果，把偶然的事件看成厄运的先兆，特别害怕模棱两可的情境；二是“特定恐怖”式焦虑，其范围有限，由特定的对象与情境（如打雷、疾病等）引起。道德焦虑来源于超我，而超我形成于童年时代父母的教诲和约束。害怕失去父母的爱和受到惩罚是产生道德焦虑的根源。神经症焦虑和道德焦虑能导致压抑，压抑本能的冲动以对付焦虑。

6. 达非的情绪激活理论

该理论认为，情绪涉及人们向自己预料到的情境去行动。情绪的发生完全是生理唤醒和神经激活的结果。无论积极的情绪状态还是消极的情绪状态，其驱动力都必然来自机体的能量供给，从而情绪变化也来自机体能量水平的变化。强烈情绪由高水平能量提供活力，微弱情绪由低水平能量提供活力。日常观察到的异常或紊乱反应，并不表明情绪有什么特殊的功能，不过是能量水平过高或不足所造成的。达非用生理激活来解释情绪，具有取消情绪概念的明显倾向。

7. 沙赫特的情绪三因素理论

该理论认为，任何一种情绪的产生都不是由单一因素决定的，而是由环境因素、生理因素和认知因素共同决定的。任何情绪的产生都同自主神经系统的神经激活相联系，但只有这种联系是不够的，只有在引起情绪的刺激和对这一情境的认知同神经唤醒相结合时才产生情绪。因此，三因素理论又称为认知-激活理论。在决定情绪的三种因素中，生理激活决定情绪的强度，认知决定情绪的性质，而情境刺激则是产生情绪体验的客观条件。在情绪实验中，被试者处于相同的生理唤醒状态并接受相同的环境刺激，却产生完全不同的情绪反应，这是因为被试者对生理反应的认知解释不同，产生的情绪体验也不同。认知因素在三因素中起主导作用，情绪情感是通过认知过程的折射而产生的。认知折射指人在过去经验中所形成的愿望、需求、预期、经验等内部心理结构对当前环境刺激的评估和判断，当符合自己的需要时就产生肯定的情绪情感，否则就产生否定的情绪情感。

8. 阿诺德与拉扎勒斯的认知-评价理论

该理论认为，第一，情绪是来自正在进行着的环境中好的或不好的信息的生理心理反应，它依赖于短时或持续的评价。在情绪发生之前，人要对刺激进行解释和评估，如果一个人对刺激做出肯定的评价，他就会接近它；否则，就会躲避它。这种评价与人的性格结构、过去的知识经验和当前对情境的知觉有关。第二，大脑对刺激做出某种评价后，信息通过皮下中枢丘脑及外周神经系统影响内脏器官及骨骼肌的生理反应，形成了一定的生理模式，这种模式反馈到大脑进行再评价，从而产生或强或弱的情绪体验，而情绪又诱导人选择合适的行为反应，于是情绪转化为动机，个体的适应行为就被情绪组织起来。第三，每种情绪都包括特定的评价、特定的生理变化和特定的活动倾向三种成分，任何情绪都不能由单一成分所决定，而是由三种成分相互作用而成，它们的不同组合模式是各种具体情绪的标志。

9. 汤姆金斯和伊扎德的动机-分化理论

该理论对弗洛伊德把本能当作动机的基本来源的观点提出了批评，认为情绪是比本能更强有力的驱动因素。人可以在没有本能信号的情况下被各种情绪激活，诸如快乐和悲伤、愤怒和恐惧、惊奇和羞愧这些情绪都足以使人做出某种行动，因为情绪可以调动有机体的生物化学能量，一方面使有机体处于高度唤醒的激活状态，另一方面为有机体的行为准备充足的能量。情绪信号比本能具有更为普遍的意义，可以单独发挥动机的作用。情绪的价值在于它能够扩大、加强或缩小、减弱生物需要的信息，保证对环境信息做出现时的反应，激起有机体的活力去应付变化多端的生存环境。

三、情绪智力

1. 情绪智力提出的背景

情绪智力（emotional intelligence，EI）就是识别和理解自己和他人的情绪状态，并利用这些信息来解决问题和调节行为的能力。在某种意义上，情绪智力是与理解、控制和利用情绪的能力相关的。

美国校园中不断增加的学生变得具有攻击性和产生沮丧心理的案例促使丹尼尔·戈尔曼（Daniel Goleman）对这一现象进行了研究。丹尼尔·戈尔曼对全世界121家公司与组织的181个职位的胜任特征模型进行分析后发现：67%的胜任特征与情绪智力相关。在1995年出版的《情绪智力》一书中，戈尔曼阐述了他的研究结果。他认为，人类的自我意识、自我约束、毅力和全情投入等能力对一个人一生的影响在大多数时间内都要比智商更为重要。戈尔曼宣称如果忽视了情绪智力因素，对我们自身发展是不利的，而儿童更应该在学校期间就开始接受情绪智力的教育。

2. 情绪智力的五种能力

作为通过培训方式进行辅导的心理学家，戈尔曼对哈佛大学的心理学家霍华德·加德纳（Howard Gardner，加德纳以开发多元智力理论而著称于世）和耶鲁大学的心理学家彼得·萨洛威（Peter Salovey）的思想进行了进一步延伸。在他的著作中，戈尔曼引用了萨洛威对情商所下的定义。萨洛威认为，情绪智力主要体现在以下五个方面：

（1）认识自身情绪的能力。认识自身情绪，就是能认识自己的感觉、情绪、情感、动机、性格、欲望和基本的价值取向等，并以此作为行动的依据。

（2）妥善管理自身情绪的能力。妥善管理自身情绪，是指对自己的快乐、愤怒、恐惧、爱、惊讶、厌恶、悲伤、焦虑等体验能够自我认识、自我协调。比如，自我安慰，主动摆脱焦虑、不安情绪。有人发现，当自己情绪不佳时，可用以下方法帮助调整情绪：1）正确查明使自己心烦的问题是什么；2）找出问题的原因；3）进行一些建设性引导。

（3）自我激励的能力。自我激励，指面对自己欲实现的目标，随时进行自我鞭策、自我说服，始终保持高度热忱、专注和自制。如此，使自己有高度的办事效率。

（4）认识他人情绪的能力。认识他人情绪，指对他人的各种感受，能设身处地、快速地进行直觉判断。了解他人的情绪、性情、动机、欲望等，并能做出适度的反应。在人际交往中，常从对方的语言及其语调、语气和表情、手势、姿势等来做判断。常常真正透露情绪情感的就是这些表达方式。故捕捉人的真实性情绪情感的常是这些关键信息，而不是对方“说的什么”。

（5）人际关系管理的能力。人际关系的管理，是指管理他人情绪的艺术。一个人的人缘、人际和谐程度都和这项能力有关。深谙人际关系者，容易认识人而且善解人意，善于从别人的表情来判读其内心感受，善于体察其动机想法。这种能力易使其与任何人相处都愉悦自在，这种人能充任集体情感的代言人，引导群体走向共同目标。

3. 正确解读情绪智力

拥有高情绪智力并不仅仅意味着“做个好人”，在关键的战略时刻，个体有时还得扮演“黑脸”的角色。

拥有高情绪智力并不意味着个体就可以放纵自己的情绪，相反要对情绪进行管理，使之能适宜、有效地表达，使人们能朝着共同的目标一起顺畅地工作。

在情绪智力上并不存在性别差异。女性在情绪智力上并不比男性更强。研究发现：女性一般能更清醒地意识到自己的情绪，更富有同情心，更擅长人际交往；男性则更自信，更乐观，更能适应环境，能更好地应付各种激变。客观地说，无论是男性还是女性，在情绪智力上均有其长处，也有其不足。一些人虽富有同情心，但缺乏处理自己苦恼的能力；一些人虽能敏锐地意识到自己情绪的细微变化，对别人的情绪反应却无动于衷。

情绪智力的水平并不是由遗传决定的，也不是在儿童早期阶段就已发展定型的。与智商不同的是（智商在十几岁以后就不太变化），情绪智力的水平在人的一生中能通过不断的学习而得以不断提高，它能从经验中不断地汲取营养。对人的情绪智力水平进行的一项追踪研究显示：随着个体越来越善于调控自己的情绪和冲动，更善于激励自己，以及共情能力的增强和社交技巧的不断丰富，人们在情绪智力上的能力表现也不断提高。用老套的字眼来形容这种变化就是“成熟”。

由于情绪智力可经由后天的学习和经验而不断提高，因此拥有高情绪智力并不是一件可望而不可即的事。要想成为一名成功人士，你不但应该学习相关领域的新知识、新技能，还应有意识地提高自己的情绪智力。企业则可以通过一些激励措施，开展相关的培训，提高员工的情绪智力。

4. 情绪智力对企业管理的影响

戈尔曼就情绪智力对个人和对职业的影响力进行了研究。他认为，在经常为冷冰冰的商业分析和理智所困扰的当代商业环境中，情绪氛围的营造对企业成功的影响比想象的更为重要。在 1998 年出版的《与情绪智力一同工作》一书中，戈尔曼提出，在明星企业中，建立在情绪智力基础上的工作能力要比其他的智力和技术因素在企业中发挥着更重要的作用。个人和企业都能够从培养这种能力的行为中获利。

他特别指出，对企业领导者来说，情绪方面的因素更为重要。处于有挑战性的高难度工作岗位的企业领导者通常具有高于常人的智商，这时候，拥有高超情商能力便可使某些领导者在工作中胜人一筹。在企业高级管理层中，是情绪智力而不是理性智力决定谁是真正的领导者。

戈尔曼对表现杰出的企业的调查显示，企业能够在同行业中拥有更为出色表现的原因有 2/3 应该归功于情绪智力，而只有 1/3 归功于可由智商衡量的智力因素和专业技术水平。

5. 情绪智力与职业生涯发展

为什么要参加各种培训，拼命学习？是因为我们对这个多变的社会把握不够，我们对自己职业生涯发展前景的把握欠缺，内心有一种恐惧感，这种恐惧感帮助我们老老实实坐下来学习。

喜悦、悲伤、愤怒、恐惧、焦虑这五种情绪影响着个人的职业生涯发展。

人的情绪如同季节，自然交替。情绪没有好坏之分，只有效果不同。职业生涯的发展快慢受情绪智力影响重大。那我们怎样把握自己的情绪、提高自己的情绪智力呢？什么是情绪智力？对于自己：了解自己的情绪，接受自己的情绪，控制自己极端情绪的能力。对于他人：理解他人的情绪，接受他人的情绪，陪伴他人的情绪，影响他人情绪的能力。情绪智力高的人不在情绪波动时做重大决定。我们要做情绪的主人，不做情绪的奴隶。情绪的奴隶是被动接受，受其左右；情绪的主人对各种情绪了解接受，加以利用。

我们有的时候恐惧，有的时候悲伤，有的时候焦虑，有的时候愤怒，这些都不是问题。问题是我们觉得有这些情绪是不对的，不应该的，不允许自己有这样的情绪，不允许自己的员工有这样的情绪，也不允许自己的孩子有这样的情绪，我们只认为笑才是最好的情绪。如果一个人悲伤的时候不会哭，生气的时候不会怒，紧张的时候不会害怕，有急事的时候也不焦虑，那将是个什么样的人？你愿意把自己变成那样的人吗？

在职业生涯发展过程中，许多极限是我们自己设定的，它们妨碍了我们的成功。一个人可以突破死亡极限，可以突破常规极限，但更多的时候是要突破自我极限。所谓的自我极限常常是心理极限，心理极限常常又表现为情绪极限。我受不了这种气，受不了这种窝囊，受不了就要逃避、退缩。我们应该这样想：突破心理极限就是接受自己以前所不能接受的情绪，接受并掌控了，你就成长了，你的职业生涯就可能有质的飞跃。

在职业生涯中，没有几次把体力、智力、心力用到极限，是难以成功的。精疲力竭、头疼欲裂都是突破极限的表现。工作场合应把自己的情绪和工作本身尽可能分开，我们接受自己和别人的各种各样的情绪，但是在工作上提高自己的职业化素质。一个情绪智力高的人，并不是一个不笑、不哭，不恐惧、不着急、不发火的人。一个敢笑、敢说、敢做，还要敢哭、敢急、敢怒，并把效果比动机看得更重要的人，才是一个情绪智力健全的人。

四、情绪劳动

1. 情绪劳动理论的提出

20 世纪 80 年代初期，社会学家阿莉·拉塞尔·霍克希尔德（Arlie Russell Hochschild，1983）针对达美航空公司空乘人员的情绪表达进行了深入的个案研究，首先提出了“情绪劳动”的概念，但在 1975 年的论文《感受与情绪的社会学：几种可能性》中，并未提出情绪劳动的字眼，只提出一个相关概念即“情绪工作”（emotion work），指个体必须根据情感规则来调整外在行为表达甚或内在情绪感受。这种情绪工作不仅见于日常交往中，也出现在各种工作角色与组织环境中。在这篇论文中，这个概念仅为触及，并不成熟。在 1979 年的《情绪工作、情感规则及社会结构》一文中，霍克希尔德致力于推广其“情绪管理的观点”（emotion management perspectives），认为情绪是可以根据环境的要求来进行管理的。其中对情绪工作概念的探讨，显然要比 1975 年的文章更加深入。霍克希尔德将情绪工作界定为个人“试图去改变情绪或感觉之程度或质量所采取的行动”。情绪劳动是指员工要在工作中表现出令组织满意的情绪状态，是与情感有关的一个概念。

2. 情绪劳动的重要性

情绪劳动对组织行为有重要的影响，是工作绩效的一个关键成分。情绪劳动尤其在强调人际交往的工作中十分重要。因此，在领导、销售以及其他需要频繁接触他人的岗位中，有效管理情绪的能力及情绪劳动的合理运用对这些岗位的成功十分重要。此外，我们应该看到当工作要求员工表达出的情绪与他们的真实的情绪感受不相吻合时，情绪劳动便面临困境。当前，在组织管理中，情绪劳动的重要性日益引起管理者的重视，运用情绪劳动培养员工对工作、顾客的肯定性情感，有助于形成爱岗敬业、顾客至上的观念，对提高组织绩效有积极作用。

3. 情绪劳动本质

情绪劳动本质上是个人根据组织制定的情绪行为管理目标所进行的情绪调节行为。根据个体努力程度的不同，情绪调节可以分为表层调节和深度调节。表层调节和深度调节的本质区别在于个体的情绪表达是否反映了其真实的情绪体验。情绪劳动是个体为了满足组织的要求而表现出一定的情绪行为，情绪劳动对个体和组织都会产生影响，这些影响既可能是积极的，也可能是消极的。如何有效地管理情绪劳动是当代人力资源管理需要思考的一个问题。

4. 应对策略

为了应对组织的要求，员工可能采取两种不同的情绪劳动策略：一种是浅层表演（surface acting），也就是装装样子，假装表现出需要的情绪，而不触及深层的感受。另一种则是深层表演（deep acting），采取这种策略的员工会努力调整内心的感受，以迎合组织的要求。从本质上讲，这两种策略都涉及对于情绪的矫饰，不过它们体现出的动机水平不同：前者可能仅仅是为了保住饭碗，后者则更加积极主动，希望表现得更加真诚。

五、情绪调节

你是否曾在情绪低落的时候试图让自己振作起来，或者在愤怒的时候努力使自己平静下来？如果你有过这样的经历，那就说明你曾调节过自己的情绪。情绪调节虽然属于情绪智力的范畴，但是越来越多的人开始将它作为一个独立的概念进行研究。情绪调节背后的中心思想是识别并调整你所感受到的情绪。最近有研究表明，情绪管理能力是预测某些工作绩效和组织公民行为的强有力的指标。

情绪调节领域的研究人员通常会研究人们在改变自己的情绪时所采用的策略。我们已经在本章讨论过的一种策略是浅层表演，或者更直白地说，就是在特定情况下“反映在脸上的”。但浅层表演不会真的改变情绪，所以这样的调节收效很小。或许正是由于表达虚假情绪要付出代价，最近的一项研究表明，与那些始终利用浅层表演的人相比，偶尔使用浅层表演的个体往往工作满意度更低，工作中的退缩行为更多。深层表演是我们提到的另一种策略，它的心理成本要低于浅层表演，因为员工确实是在努力让自己体会真实的情绪。深层表演虽然不像浅层表演那么“假”，但也很困难，因为它本质上仍然是一种表演。

因此，组织行为学领域的研究人员正在试图理解那些需要人们做出表演的策略，比如表达恰当的情绪，但要尽量让它看上去自然，再比如情绪衰竭和职场退缩。目的是给员工和管理者一种工具，用以监控并调整他们在工作情境中的情绪反应。

虽然这方面的研究还在继续，但从目前的结果来看，有效的情绪调节技巧包括承认而不是压抑我们对不同情况的情绪反应，并在事件发生后重新对其加以评价。最近的一项研究说明了对认知的重新评价具有巨大的潜在影响。看过有关巴以冲突的具有煽动性的信息后，那些愿意对形势做出重新评价的以色列人比对照组中的人更愿意考虑通过和解的方式来处理两国之间的问题，较少支持采用激进的方式；而且，这种效果不是暂时的，实验结束五个月后依然如此。这表明，重新评价认知的方法也许可以使人们改变自己的情绪反应，即便是对巴以冲突这样高度情绪化的问题。

另一种潜在的情绪调节方法就是发泄。研究表明，与压抑自己的情绪相比，公开表达情绪对个体更有利。但在这一过程中，必须小心谨慎，因为发泄或公开表达沮丧会影响到他人。实际上，发泄能否帮助“发泄者”缓解情绪，在很大程度上还要取决于倾听者的反应。如果倾听者不做反应（很多人都会拒绝对此做出反应），发泄者反而会感觉更糟。倾听者表达了支持或认可，发泄者才会感觉好一些。因此，如果我们要找同事发泄，就要选择那些可以对我们表示同情的人。朝那些冒犯你的人发泄，不但无法改善现状，还有可能加剧你的负面情绪。

你也许会认为，并非每个人都善于调节自己的情绪。神经质的人在这方面面临的困难更多，并且常常觉得无法控制自己的情绪。自尊水平较低的个体也不大可能去改善自己的不良情绪，也许是因为他们不像其他人那样认为好心情是他们应得的。

虽然从某些方面来看调节情绪有一定的好处，但研究表明，改变自己的真实感受也存在某些弊端。改变情绪就意味着付出努力，正如我们在讨论情绪劳动时提到的，这个过程可能会让人筋疲力尽。有的时候，试图改变某种情绪反而会使这种情绪变得更强烈。比如，说服自己不要害怕某个事物的同时，你也在强调它，这会让你更加害怕。从另一个角度来看，研究表明，回避消极情绪不太可能带来积极情绪，与其这样，不如主动寻求积极的情绪体验。比如，和朋友交流更有可能为你带来积极的心境，这比回避同事之间的不愉快交谈更有效。

虽然情绪调节方面的技巧可以帮助我们应对工作中的困难，但研究表明，调节的效果存在很大的差异。最近的一项研究发现，那些曾为粗鲁无礼的主管工作过的人表现出情绪衰竭和工作退缩的倾向，但由于采用不同的情绪调节策略，他们的这一倾向在程度上有所不同。这表明，我们需要通过更多的研究来帮助员工更好地利用情绪调节技巧。因此，情绪调节虽然有很大的发展空间，但为了营造积极的职场环境，最好的方式还是招收心态积极的员工，并训练领导者管理他们的心境、工作态度和表现。最好的领导者在管理情绪方面和完成工作任务时一样出色。

第 4 节　态　度

一、态度的概念

态度是指个体对一类人和社会事物（如事件、团体、制度以及代表具体事物的观念等）所持有的评价和行为倾向。个体对于上述对象会做出种种赞成或者反对、肯定或者否定、喜欢或者厌恶的评价，同时还会表现出一种反应的倾向性，即心理活动的准备状态。态度是个体经常有的情感、思想和行为的倾向，是引导和指引个体行为的一个比较重要的因素，是个体在其生理基础上，在一定的历史条件下，通过社会环境的不断影响逐步形成的。态度具有认知、情感和意向三种成分。其中，认知成分是具有评价意义的叙述，内容包括个体对某个对象的认识与理解、赞成与反对，这是形成态度的基础。情感成分是指个体对于对象的体验，对其喜恶情感的反应深度。情感伴随认知过程产生，并保持态度的稳定性。意向是个体对对象的反应倾向，即行为的准备状态，准备对态度对象做出反应。

二、态度的形成

态度不是与生俱来的，而是在后天的生活环境中通过自身社会化的过程，包括学习、模仿、体验等而逐渐形成的。态度的形成与一个人的社会化过程是一致的。在这个过程中，影响态度形成的因素主要有如下几点：一是欲望。实验证明，能够满足个人欲望的对象和帮助个人达到目标的对象，能使人产生满意的态度。相反，那些使欲望受到挫折和阻碍目标的达到的对象，会使人产生厌恶的态度。这种过程实际上是一种交替学习的过程。二是知识。个体对对象态度的形成，受他所拥有的对该对象的知识的影响。当然，外来知识必须与原来的态度进行某种调整后才能发挥作用。经过协调的过程，个体要么改造原有的认知体系，要么创造或歪曲新的知识。三是群体观念。个体的许多态度，往往受所属群体，如家庭、学校、社会团体的影响。这是因为，个体对群体的认同感使个体接受群体的规范；个体与群体其他成员接受相似的知识；个体无形中受到群体压力的影响。四是个性特征。群体意识虽然会使其成员具有某种相似的态度，但是成员之间由于个性的不同，在态度的形成过程中仍然存在个别差异。一般来说，具有独立性格的人，对待事物往往具有独到的见解；具有顺从性格的人，对待事物往往追随权威，容易接受他人的暗示和支配。一个性格外向的人往往认知敏感，喜欢交际，容易接受新事物；相反，一个性格内向的人，往往行为孤僻，反应迟钝，对新鲜事物往往持冷漠的态度。五是个体经验。实践证明，很多态度是由于经验的积累和分化而慢慢形成的。有时也会出现只经过一次戏剧性的经验就构成了某种态度的情况。

三、态度改变理论

态度形成之后比较持久，但并不是一成不变的，也会随外界条件的变化而变化，形成新的态度，这就是态度的转变。态度的转变有两种方式：一是一致性的转变，即只改变原有态度的强度，比如由极端反对转变为稍微反对；二是不一致性的改变，即改变了态度者的方向，例如由反对转变为赞成。态度的转变受到许多因素的影响，这些因素首先来自态度本身的特性。个体年幼时形成的态度、习惯上一贯较强的态度、较为极端的态度以及与个人的基本价值观密切关联的态度，都较难改变；原有态度所依赖的事实越多，越繁杂，就越稳固，越不易改变。其次是来自个体的个性特征。对于复杂的问题，智慧较高的人容易理解其中各种赞成和反对的论点，并根据这些论点决定是坚持还是改变自己的态度，其态度改变是主动的。智慧较低的人由于缺乏判断力，容易受到外界的各种影响而被动地改变自己的态度。此外，性格比较固执的人、自我意识较强的人以及自我防卫性较强的人，普遍有一种自我保护的倾向，不容易改变态度。最后，来自个体的群体观念。当个体对其所属的团体具有认同感和忠诚心的时候，要其采取与团体规范不一致的态度就很不容易。

西方的组织行为学关于态度改变的理论主要有以下三种。

1. 凯尔曼的三程序理论

该理论以满足人们的需要和期待有利于态度的改变为基础，提出态度改变过程有三个阶段——服从、同化、内化。服从是态度改变的第一阶段，是受外来的影响（包括团体规范和他人态度的影响）而产生的，是为了赢得好感而改变原有的态度。同化是态度改变的第二阶段，与服从相比前进了一步，不是受外界压力而被动产生的，而是从模仿中不知不觉地把别人的行为特性并入自身的个性特征中，逐渐改变原来的态度。但这种改变还不是信念和价值观上的，因而是不稳固的。内化是态度改变的第三阶段，是在同化的基础上真正从内心深处相信并接受一种新思想、新观念，自觉地把它纳入自己的价值观，彻底转变自己原有的态度。

2. 费斯汀格的认知失调理论

该理论把人的认知分成若干基本元素，包括思维、想象、需要、态度、兴趣、理想和信念等。其中任何两种元素的关系又分为协调、失调、不相关三种。失调主要来自两个方面：一是个人在多个有相似价值的方案中做选择的行为；二是与自己的态度相矛盾的行为。这种失调能够产生某种力量，使人们逐渐改变自己的态度。当个体发觉自己所持有的两种或两种以上的认知元素相矛盾时，便会出现认知失调，内心就会有不愉快和紧张的感觉，产生一种驱使个体解除这种不协调状态的动机。解除和减少失调状态的办法，一是改变某种认知元素，使其与其他元素间的不协调关系趋于协调；二是增加新的认知元素，以加强认知系统的协调；三是强调某一认知因素的重要性。

3. 勒温的参与改变理论

心理学家勒温在研究中发现，个体态度的改变同群体的规范和价值观密切相关。个体在群体中的活动性质能决定他的态度，也会改变他的态度。该理论认为，个人在群体中的活动可以分为主动型和被动型两大类。主动型的人主动地介入群体的活动，参与政策的制定，参与权力的实施，自觉遵守群体的规范等。被动型的人被动地介入群体活动，服从权威，服从别人制定的政策，遵守群体的规范等。对这两种类型的人进行的参与实验表明，主动参与群体活动的人的态度转变非常显著，速度也比较快；而被动参与群体活动的人的态度往往难以转变。因此，个体态度的改变依赖于其参与群体活动的方式和程度。

四、态度的测量及分析

要想对态度做更进一步的分析，就要对其进行客观的测量。态度与人、物、环境、机构以及行为和意见等多种因素有关，是一个很复杂的事物，在测量的过程中要考虑：(1) 倾向性，即肯定还是否定，赞成还是反对；(2) 深度和强度，即肯定或否定的程度，赞成或反对的程度；(3) 外显性，我们只能通过外在行为表现去判断和推测被试者的态度。对态度的测量就是要找出典型的、相关程度高的行为表现，记录下被试者的反应，并给这些定性资料配以适当的数值以便进行统计分析。

对态度进行测量的方法有两大类：一是量表法；二是自由反应法。

量表法是一种较为精确的测量工具，它给被试者提供一组相关联的陈述句或与态度有关的主题材料，通过被试者对这些材料的反应来推测他们的态度。量表法包括：

(1) 沙氏通量表。它常用于涉及内容广泛的一些重大问题的测量，其方法是首先收集大量与问题有关的肯定或否定的陈述句，让专家进行评价，筛选出足够数量的能够反映被试者对该问题态度的陈述句，要求被试者从中选择他们所同意的陈述，从而测量被试者对该问题的态度。

（2）利克特量表。它让被试者对一系列陈述做出“很同意”“同意”“无所谓”“不同意”“很不同意”之中的一个选择，从而测量其态度倾向和程度。

（3）语意差别量表。它通过一系列的两极形容词以及在两极之间若干个量级层次来测量被试者对某个给定对象的态度。

自由反应法能够定性地测量被试者的态度。它包括：（1）投射法。该方法通过一个刺激情境，使被试者有机会表达内心的需求，以及他对这一情境的特殊知觉和多种多样的解释，从而了解他内心深处的想象、愿望与要求。常用的有罗夏墨迹测验、主题统觉测验、画树测验等。（2）开放式态度测量法。施测者提出开放性的问题，让被试者自由回答，充分表述自己的态度。

通过态度测量所获得的信息必须经过分析，以形成对决策或管理有意义的结论，对态度测量往往运用统计分析方法进行解释，包括简单的描述性统计分析以及相关分析、判别分析、聚类分析、因子分析等高级统计分析。

五、工作满意度

当人们谈及员工态度时，他们通常指的是工作满意度（job satisfaction），它描述了人们对工作特点进行评估后产生的对工作的积极态度。如果一个人拥有较高的工作满意度，则说明他对工作持积极态度；对工作不满意的人则对工作持消极态度。

1. 工作满意度的测量

我们把工作满意度定义为：针对工作特点进行评估而产生的对工作的积极感觉。显然，这是一个很宽泛的定义，但这种界定是恰当的。一个人的工作不仅仅包括处理文件、撰写方案、等待客户、驾驶卡车等显而易见的活动。任何工作都需要与同事和上司互动、遵守组织的规章制度、达到绩效评价标准、忍受与理想有差距的工作环境等等。这意味着，员工对自己的工作是否满意，常常是对大量不同工作元素综合概括后的结果。那么，我们如何测量这个概念呢？

有两种常用的方法。单一整体评估法只要求个体回答一个问题，如“如果把所有因素考虑在内，你对自己的工作满意吗？”要求受访者从1～5所代表的分数等级中选出一个符合自己的数字，从“非常满意”到“非常不满意”共5个等级。另一种方法——工作要素综合评价法，更复杂一些。它首先需要确定工作中的关键因素，典型的要素包括：工作性质、监督与控制、当前收入、晋升机会和同事关系。受访者在标准化的量表上评估这些要素，数据累加起来就得到工作满意度的总分。

两种测量方法哪一种更好呢？直观上，综合性的考量似乎能够使工作满意度的评估更为精确。然而，研究结果却并非如此。“简单的方式与复杂的方式同样有效”，这样的例子并不多，但在这里，这两种方法的有效性是等同的。对这一结果最好的解释是，由于工作满意度的概念太宽泛，简单的问题反而抓住了它的本质。另一种解释是，综合评价法中一些重要的工作因素被遗漏了。这两种方法都是有效的。单一整体评估法耗时少，管理人员因此有更多的时间完成其他任务。综合评价法能够帮助管理人员找到问题的根源，也有助于管理人员更快、更准确地解决问题。

2. 哪些因素会带来工作满意?

想一想迄今为止最令你满意的一份工作。让你满意的因素有哪些？也许是因为你喜欢工作本身，并且喜欢与你一起工作的同事。如果一份工作能够提供培训、具有多样性、允许独立完成且拥有控制权，大多数员工会感到满意。欧洲最近的一项研究表明，工作满意度与生活满意度正相关；也就是说，你在生活中的态度和经历会反映到你的工作方法和经历中。即使在考虑工作本身的特点后，相互依赖、相互影响、社会支持和工作场所之外与同事的互动，仍与工作满意度高度相关。

或许你已经注意到，关于工作满意度的讨论总会涉及薪酬。对于贫穷的人或生活在贫穷国家的人来说，薪酬确实与工作满意度和整体幸福感相关。但是，一旦达到了宽裕的生活水平，这一关系就不存在了。换句话说，年收入为 8 万美元的人总体上并不比那些年收入为 4 万美元左右的人有更高的工作满意度。有研究者对《福布斯》名单中前 400 位最富有人士与东非地区马赛牧民的整体幸福感做过对比，并没有发现显著不同。

金钱对人们确实有激励作用，但是能对我们产生激励作用的因素未必会让我们幸福。最近的一项研究发现，在规模小于 100 人的公司工作的人、监督他人的人、工作内容包括照料他人的人、在技术行业工作的人以及不在 40 岁年龄组的人，更有可能对自己的工作感到满意。工作满意度不只是与工作条件相关，人格也在其中扮演着重要的角色。研究表明，具有积极核心自我评价（core self-evaluations，CSE）的人——相信他们的内在价值和基本能力的人——与具有消极核心自我评价的人相比，对自己工作的满意度更高。

3. 工作满意度对工作场所的影响

员工喜欢他们的工作时会发生什么？不喜欢的时候又会怎样？退出—建言—忠诚—怠工，这一理论框架将有助于我们理解不满意所带来的后果。

（1）退出（exit）。直接离开组织。包括寻找新的工作岗位或者辞职。研究人员考察了个体离职、集体离职以及组织在员工知识、技能、能力和其他特征方面的总体损失。

（2）建言（voice）。付出建设性的努力来改善工作条件。包括提出改进建议，主动与上级以及其他类型的团体一起讨论所面临的问题。

（3）忠诚（loyalty）。被动但乐观地等待环境有所改善。包括面对外部批评时站出来为组织说话，相信组织及管理层会做“正确的事”。

（4）怠工（neglect）。被动地放任事态变得越来越糟。包括长期缺勤或迟到、降低努力程度和增加失误率。

退出和怠工行为本身属于绩效变量（生产率、缺勤率和流动率）。但这一模型补充了员工的其他反应方式，如建言和忠诚。这些建设性行为可以帮助个体容忍不愉快的情境或者重新获得满意的工作条件。这将有助于我们理解各种情境，比如，加入工会的员工虽然对自己的工作满意度低，但离职率也低。工会成员经常通过劳资调解委员会的申诉程序或正式的劳资契约谈判等形式来表达他们的不满。这些建议机制使他们得以继续从事自己的工作，同时又让他们认为自己能够通过行动去改善环境。

这一理论框架很有用，还具有普遍性。接下来我们会讨论员工对工作满意或不满意所带来的具体结果。

（1）工作满意度与工作绩效。快乐的员工更有可能是高效的员工，曾经有研究者认为工作满意度与工作绩效之间的关系只是管理学中的一则谣言。但一个针对 300 项研究进行的元分析表明，这两者具有很强的相关性。从组织而不是个体的角度，同样可以发现满意度与绩效之间存在关系的证据。当我们为组织收集满意度与生产率方面的整体数据时会发现，员工满意度高的组织比员工满意度低的组织更高效。

（2）工作满意度与组织公民行为。工作满意度是员工组织公民行为（OCB）的一个决定因素，这种假设似乎是符合逻辑的。感到满意的员工更有可能以积极的心态谈论组织、帮助他人，所做的工作也比期望的更多，这也许是因为他们想要回报自己感受到的积极体验。与这种假设一致，有证据表明工作满意度与组织公民行为有中等程度的相关性；对工作更满意的人更容易表现出组织公民行为。为什么？对公平的感知有助于解释这种关系。那些感觉得到同事支持的人更倾向于从事有利于他人的行为，而那些与同事有敌对关系的人则不太可能这样做。拥有某些人格特质的个体会对自己的工作更为满意，因此他们愿意表现出更多的公民行为。最后，研究表明，当人们心情很好时，他们更有可能做出公民行为。

（3）工作满意度与客户满意度。在服务行业工作的员工常常要与顾客打交道。因为服务性组织的管理层需要关注顾客的满意度，所以，他们提出这样的问题显然合情合理：员工的满意度与积极的顾客结果之间有关系吗？对于那些工作在第一线、定期与顾客打交道的员工来说，这个答案是肯定的。工作满意度高的员工可以提高顾客的满意度和忠诚度。

很多公司都以此为行事准则。在线零售商 Zappos 的首要核心价值观是“用服务来感动客户”。公司鼓励员工“创造欢乐、古灵精怪”，并且为了使客户满意，他们有很大的空间可以自由发挥；公司鼓励他们发挥想象力，比如，向不满的顾客赠送鲜花。Zappos 甚至会给那些培训后的员工提供 2 000 美元来引诱他们辞职（以清除三心二意的人）。

（4）工作满意度与缺勤。我们发现，满意度和缺勤之间存在稳定的负相关，但这种相关为中低程度。尽管不满意的员工更可能旷工，这一点从理论上也是说得通的，但其他因素也影响着两者间的关系。组织在病假方面提供慷慨的福利待遇，实际上就是在鼓励所有的员工（包括那些满意度很高的员工）去休病假。即便你觉得对工作很满意，也仍然愿意多休息几天，享受一个连续 3 天的周末，只要这些假期是带薪的，而且不会受到任何惩罚。当存在大量的工作机会可供选择时，不满意员工的缺勤率较高，但是当他们别无选择的时候，缺勤率与满意的员工一样低。

（5）工作满意度与离职。工作满意度和离职的相关性比工作满意度和缺勤的相关性更强。有研究表明，管理者在确定谁可能会离开时，应该关注员工在工作满意度上的变化，因为满意度会随着时间变化。工作满意度下降也许就意味着有离开的打算。工作满意度也与环境相关。如果员工所在的工作场所总体的工作满意度较低，就会出现“传染效应”。这项研究表明，管理者在把新员工安排到某个位置上的时候，应该考虑到同事之间的这种影响模式。

满意度与离职的关系，同样会受到可供选择的工作机会的影响。如果员工拥有其他的工作机会，工作满意度对离职的预测作用就要大打折扣，此时员工更可能因为“拉力”（其他工作的诱惑）而不是“推力”（当前工作的不足之处）而离开。同理，当就业机会很多时，工作不满意很可能转换成离职，因为员工察觉到变动很容易。同样，当员工拥有高“人力资本”（高学历、强能力）时，工作不满意更可能转化成离职，因为他们拥有或者他们觉得自己拥有许多可供选择的工作机会。最后，员工对工作和社区的嵌入度可以帮助减少离职的可能性，尤其是在集体主义文化中。

（6）工作满意度与工作场所偏差行为。对工作不满和与同事的敌对关系会导致一系列不被组织欢迎的行为，如搞小团体、滥用办公用品、偷盗、怠工等。研究者将这些行为统称为工作场所偏差行为（或反生产行为、退缩行为）。如果员工不喜欢所处工作环境，他就会有所行动。确切地预测他们会做何反应并不是一件易事。有的可能辞职，有的可能在工作时间上网，有的可能把公家的东西挪为私用。简言之，那些对工作不满的员工，会采取不同方式进行“报复”，而且由于这些方式可能极具创造性，仅仅控制某种行为（例如实施缺勤控制政策）并不会消除这种行为的真正根源。要想有效控制员工因对工作不满而导致的不良后果，雇主应当消除问题的根源——员工对工作不满——而不是竭力控制员工表现不满的各种方式。

第 5 节　价值观

一、价值观的概念及其分类

1. 价值观的概念

价值观是一个人对周围事物的是非、善恶和重要性的评价、看法，是个人对某种特定的行为方式或存在状态的一种持久信念。价值观涉及范围广泛，包括深层潜意识成分。一个事物对人有无价值和意义，以及有什么价值和意义，并不是绝对的，而是取决于人的需要、兴趣、信念和世界观等个性倾向。人们对事物的评价，在心目中各有轻重主次之分，这种排列构成个人的价值体系，它是个人对其所偏爱的许多行为方式或存在状态的信念排序组合。价值和价值体系是决定人们态度和行为的心理基础。在相同的客观条件下，对于同一个客观事物，由于人们的价值观不同，会产生不同的态度和行为。有什么样的价值观就有什么样的行为方式（见表4-2）。人的价值观是在社会实践中逐步形成的。人的价值观虽然会随着生活经历的变化而变化，但有一些基本的价值观念会相对稳定，长期对行为起指导作用。

表4-2 价值观与行为方式的关系

价值观	行为方式
独立	依靠自己，充分自信
合作	与他人合作，为他人幸福而工作
竞争	力图超过他人
互爱	温柔，富有感情
顺从	有责任心，尊敬别人
负责	可靠，可信赖
进取	努力工作，朝气蓬勃
诚实	诚挚，真实

2. 价值观的分类①

价值观与社会、经济、文化的发展密切相关。不同的学者研究价值观的着眼点不同，因而形成了对价值观的不同分类。

（1）奥尔波特（Allport）的分类。奥尔波特等人根据德国哲学家斯普兰格（E. Spranger）《人的类型》一书中对人的性格的分类，将价值观划分为六种类型：

1）理论型：重视以批判和理性方法寻求真理。

2）经济型：强调有效性和实用性。

3）审美型：以协调匀称为中心。

4）社会型：强调对他人和群体的关心。

5）政治型：重视权力和影响力。

6）宗教型：中心是信仰。

奥尔波特编写了一份问卷，描述了大量的不同环境，要求被试者从一系列选项中选出最符合自己的答案。根据反馈的结果，研究人员分别界定这六种价值观对该被测者的重要程度，并由此确定每个被测者的价值观类型。通过这种方法，

① 李伟，张文慧，王淑红．组织行为学．武汉：武汉大学出版社，2012；袁凌，雷辉，刘朝．组织行为学．2版．北京：中国人民大学出版社，2015.

研究者发现，不同的工作环境下人们的价值观有很大的差异。比如，对于一位教堂牧师而言，宗教型价值观是最重要的；而对一个采购代理商来说，经济型价值观居于首位。

（2）格雷夫斯（F. W. Graves）的分类。行为科学家格雷夫斯曾对企业组织内部各种人员的行为方式进行调查，最终将价值观归纳为七类：

1）反应型：持这种类型价值观的人只对自己基本的生理需要做出反应，而不考虑其他条件，类似婴儿或脑神经受损的人。这种人在企业中极为少见。

2）忠诚型：这种价值观往往是从父母和上级那里学来的。持这种价值观的人喜欢按部就班地看问题、做工作，依赖成性，服从传统，习惯于权势，向往友好而专制的监督和家庭似的和睦集体。

3）自我中心型：持这种价值观的人信仰个人主义，为了获得自己所希望的奖酬，不惜一切手段。他们通常表现的是爱挑衅和自私，但会服从权力。

4）顺从型：持这种价值观的人具有忠诚和尽职的性格，勤勤恳恳，谨小慎微，偏好任务明确的工作，重视安全和公平的监督方式。

5）玩弄权术型：持这种价值观的人重视现实，好活动，有目标。乐于奉承"有奔头"的上级。他们喜欢通过摆弄他人、篡改事实达到个人目的，积极争取社会地位和社会影响。

6）社交中心型：持这种价值观的人重视工作集体氛围的和谐，喜欢友谊和平等的人际关系。把善于与人相处和被人喜爱看得比自己的发展还重要。

7）现实主义型：持这种价值观的人偏爱自由、富有创造性与挑战性的工作，重视学习成长的机会，把金钱、晋升等视为次要的。

在这种分类方法发表以后，管理学家迈尔斯等人就美国企业的现状进行了对照研究。他们发现，一般企业员工的价值观多属于忠诚型和现实主义型；管理人员的价值观过去多属于顺从型和玩弄权术型，现在逐渐倾向于社交中心型和现实主义型，并且这种趋势还在不断增强。

3. 价值取向的分类

（1）社会价值取向。根据个人对社会的态度，可分为亲社会价值取向和反社会价值取向。亲社会价值取向的特征是遵从社会道德标准与社会主导价值。在我国，就是以利他和服务社会作为自己的价值标准，在行为上表现为以社会主义事业与经济建设为己任，把服务他人和服务社会作为最主要的工作。反社会价值取向的特征是与社会道德标准和社会主导价值观相对抗，以极端利己和为社会制造麻烦作为自己的价值标准，在行为上表现为违法乱纪，反叛越轨，多见于犯罪分子。

（2）组织价值取向。根据一个人对组织的态度，可分为亲组织价值取向和反组织价值取向。亲组织价值取向的特征是遵从组织与群体的价值取向。在我国，就是以组织规范与利益作为自己的价值标准。在行为上视组织与群体为自己的归属，"厂荣我荣，厂耻我耻"，以主人翁的姿态对待工作。反组织价值取向的特征是破坏或阻挠组织或群体的价值取向。以背离组织规范、我行我素为价值标准。

在行动上表现为违反组织纪律，多为“害群之马”或与组织格格不入者。

（3）自我价值取向。根据一个人对自己的态度，可分为自我肯定价值取向和自我否定价值取向。自我肯定价值取向的特征是承认并肯定自己的价值，“天生我材必有用”。对自己的能力和作用有较高的评价，以自尊、自爱为价值标准，在行为上多表现为非常自信，肯定自己，有较强的独立性与创造意识。自我否定价值取向的特征是否定与抹杀自己的存在价值，对自己的能力和作用感到怀疑，以自卑、自我否定为价值标准，在行为上表现为否定自己，轻视自己，不尊重自己，独立性差，消极被动，依赖性强，常有孤独感和自卑感。

事实上，人的价值取向是多元的，经过排列组合，可以形成诸如“亲社会-自我肯定”“反组织-自我肯定”“亲组织-自我否定" 等价值取向，影响或直接导致个体形形色色的社会行为的发生。

二、价值观的测量

对价值观的测量，通常是以一些价值观的因素和维度作为量表中项目的内容，例如，可以理论的、政治的、经济的、审美的、社会的、宗教的这六个方面的价值观作为量表的主题，或者以马斯洛的需要层次理论中的生理、安全、自尊、爱、自我实现等需要为量表的主题，还可以某一价值观的取向作为主题形成某一价值观维度的专项量表。其中，应用比较广泛的量表有：莫里斯的 13 种生活方式量表、罗基奇的价值观调查量表、霍夫斯泰德的工作价值观量表、施瓦茨的价值观量表、个人主义量表等。这些量表被许多学者使用，已经成为较为稳定的价值观测量工具。

三、价值观对管理的影响

企业和组织要不断地做出决策，而任何决策都会受到组织中的人所持有的价值观的影响。其中，管理人员的价值观会影响到：（1）对其他个人及群体的看法，从而影响到人与人之间的关系；（2）个人对决策和问题解决方法的选择；（3）对个人所面临的形势和问题的看法；（4）关于道德行为的标准的确定；（5）个人接受或抵制组织目标和组织压力的程度；（6）对个人及组织的成功和成就的看法；（7）对个人目标和组织目标的选择；（8）用于管理和控制组织中人力资源的手段的选择。

在人力资源管理中，根据组织的总体目标、基本的价值观、对员工的看法等方面的不同划分，存在以下三种管理模式：

一是最大利润管理模式。它在 19 世纪和 20 世纪初广泛应用于美国企业中。经营的总体目标就是取得最大利润，以在市场竞争中求得生存和发展。一切管理决策和组织行动都服从这个唯一目的。与这种管理模式相适应的价值观是利己主义、适者生存、个人奋斗、竞争等。企业的员工仅仅是企业获取利润的手段而不是目的。领导方式是粗鲁的、个人专断的，组织考虑员工福利是为了组织取得最大利润。

二是委托管理模式。在生产资料的所有权和经营权分离之后，企业的经营者不仅要考虑企业投资者的利益，还要考虑员工、顾客、社会等各方面的利益。这时，企业员工既被看作手段，也被看作目的，而不再单纯是劳动力市场中任人雇佣和解雇的一种资源。它认为员工的权利必须得到承认，可以组织工会等员工团体来关注他们的利益。但是，它仍然有强烈的利润指标需求。因此，它是一种在谋取利润与社会道德之间进行调和的管理模式。

三是生活质量管理模式。它承认企业需要利润，但强调追求利润要合理，要考虑社会利益而不仅仅考虑公司所有者的利益，企业利益与社会利益是共存的，对社会有利的事情对企业也有利。利润更多地被看成是一种手段而不是目的，人本身在组织中及组织外部的全面自由发展被看成是比金钱、物质、技术更为重要的事情，人所拥有的生活质量成为组织所追求的目标。与此管理方法相适应的价值观是使利己主义、竞争和原始的自身利益转变成大家分享、合作和开明的自身利益。生活不再被看作“你胜就是我负”的你死我活的局面，而是“我成功你也成功”的双赢局面。在管理中强调了人本主义的倾向，每个员工的尊严和价值观都得到承认，注重充分发挥员工的技术和能力，使其参与管理，领导作风也倾向于民主和分权，管理者和员工互相沟通，彼此信任。

四、全球化价值观

近年来，以经济全球化和科学技术的迅速普及为主导的全方位的全球化运动，随着信息革命的兴起而愈演愈烈。在市场经济和全球化背景下，无论是在中国，还是在整个世界，文化价值观都处于深刻的转型过程中，而在这一价值观转型过程中，不同民族、国家之间的文化交流日益频繁，不同的文化与价值之间的冲突也越来越尖锐。

所谓全球化，从总体上说就是人类从以往各个地域、民族和国家之间彼此分隔的原始闭关自守状态走向全球性社会的变迁过程。自地理大发现以来，全球化至今已有了 500 余年的历史。在 20 世纪以前，全球化主要表现为世界贸易和世界市场在地域上的拓展以及世界交通运输网络在地域上的扩张。20 世纪初，全球化的方式开始向内在化亦即向全球范围内各个地域、民族和国家之间有机结合的方向发展，并由此促进了一个全球性社会的初步形成。21 世纪以来，全球化的方式变得更加内在化，当代人类的全球性社会正朝着更加有机化和高度组织化的方向发展。在全球化进程中，多元文化之间的冲突与融合，核心是价值和价值观的冲突和融合。这并不意味着全球认同的统一的文化体系的形成，而是指全球范围内文化的多元共存。在这样的文化格局中，不同国家和民族的文化相互尊重、相互交流、相互借鉴、共同成长，此即“各美其美，美人之美，美美与共，天下大同”。

在分析文化差异时，荷兰管理学家吉尔特·霍夫斯泰德于20世纪70年代末提出的观点是被广为引用的观点之一。对40个国家和地区的超过11.6万名IBM员工及管理者进行调查，了解其与工作有关的价值观后，霍夫斯泰德发现员工和管理者在有关民族文化的五个维度上存在差异。

● 权力距离。不同国家的人对于机构和组织内权力分配不平等这一事实的接纳和认可程度有差异。高权力距离强调等级和权威，低权力距离则意味着平等和机会。

● 个人主义和集体主义。个人主义（individualism）是指人们喜欢以个人为活动单位而不是作为群体成员进行活动的程度，个人主义者认为个人权利高于一切，集体主义（collectivism）则指人们生活在具有严谨架构的社会中，期待得到同一群体中其他人的照顾与保护。

● 阳刚气质和阴柔气质。阳刚气质（masculinity）指的是某种民族文化重视传统的男性角色（例如成就、权力和控制）的程度以及认为男女平等的程度。在阳刚气质维度上得分高意味着这种民族文化对男性和女性的角色有不同的界定，而且由男性占据社会的主导地位。与之相反，在阴柔气质（femininity）维度上得分高意味着这种民族文化支持男女平等。

● 不确定性规避。不确定性规避（uncertainty avoidance）指一个国家的人对结构或非结构化情境的偏好程度。在不确定性规避程度高的国家，人们对于不确定性和模糊性的焦虑水平更高。这种国家的文化重视法律、法规和控制，以减少不确定性。在不确定性规避程度低的国家，人们能够容纳各种意见，易于采取冒险行动，愿意接受变革。

● 长期取向和短期取向。长期取向（long-term orientation）文化中的人总是能想到未来，并且更看重节俭、持久与传统；短期取向（short-term orientation）文化中的人则更重视此时此刻，更容易接受变革，不把承诺视为变革的阻碍。

霍夫斯泰德同时发现，不同国家和地区在各文化维度上得分存在差异。例如，马来西亚的权力距离维度得分比其他国家都高，中国和西非在权力距离维度得分上也相对较高，美国和荷兰得分较低。许多亚洲国家都表现出较高水平的集体主义，美国、澳大利亚和英国则表现出更高水平的个人主义。日本、奥地利、委内瑞拉在阳刚气质维度上得分较高，丹麦、芬兰、瑞典则在阴柔气质上得分更高。在不确定性规避维度上，希腊的得分最高，美国的得分较低。

美国政治学教授罗纳德·英格尔哈特（Ronald Inglehart）也对全球化价值观进行了调查和研究。他发现，有很多的证据表明，在经济全球化条件下，价值观正在发生彻底的变化。在全世界，这些变化正在重塑经济、政治和社会生活。最重要的证据来自“世界价值观测量”（World Values Surveys）。1999—2000年进行了第四次世界价值观测量，共调查了60余个社会，囊括世界约75%的人口，覆盖了各种变量，包括从人均收入每年只有300美元的社会到人均收入30 000美元的社会，从一开始就实行市场经济的国家到正在向市场经济转型的国家。调查发现，个人信仰和其所在社会的特点之间有着强烈的相关关系，例如人们的价值观与其社会出生率之间的联系，或者政治文化与民主制度之间的联系。世界价值观调查还得出结论，人类的幸福与经济发展之间也是一种强相关关系。它们之间是一种曲线型关系。收入水平的提高伴随着幸福和生活的满意度上升，当超过一定的点时，曲线开始变成水平线。当我们从低收入国家转到高收入国家时，主观的幸福感大幅度上升。但是当人均收入达到 10 000 美元时，收入的影响便开始停止。超过这个点之后，收入和主观上的幸福之间实际上没有任何联系。与之相似，世界价值观调查发现，随着经济发展，人类预期寿命得到提高。在最贫穷的国家，甚至在今天，平均预期寿命也仅在 40 岁左右。在最富裕的国家，诸如日本和瑞士，平均预期寿命已达到 80 岁。但这种关系呈现曲线型。随着收入从生存线发展至每年几千美元，预期寿命快速提高，但是，到了先进工业社会的水准时，上升的幅度就变得较小。德国人的预期寿命与爱尔兰相差无几，尽管德国人的收入是爱尔兰的两倍以上。

无论从人的幸福还是从预期寿命上看，经济发展的早期阶段似乎都能够产生很高的回报率。但当超过某一个点，回报则趋于平稳，经济发展似乎不会产生太大影响。在先进的工业社会中，仍然有许多差异，但这种差异似乎反映的是生活方式因素，而非经济决定论。经济发展最终不仅在预期寿命方面，而且在人类幸福方面都达到收益递减的程度。这导致了先进工业社会人的基本价值观和目标的逐步进而根本的转变。

第6节　五种性格特征

五种性格特征是美国学者巴里和芒特（M. R. Barrie and M. K. Mount）1991 年提出的，受到理论研究者和实际工作者的青睐，被认为是最有效的人的性格差异的诊断方法。

这五种性格特征分别是外向与内向（extroversion and introversion）、情绪适应性（emotional adjustment）、易相处性（agreeableness）、谨慎程度（conscientiousness）、接受新经验的开放度（openness to experience），简称“大五”（Big Five）。

（1）外向与内向，是指有的人健谈，有的人沉默寡言；有的人开朗、直率、好交际，有的人则寡言少语、不合群。外向的人一边想一边说，他们所说的话实际上是出声的思想。内向的人则需要时间独自推敲。显然，内向外向都各有优点和不足，作为管理人员，就要不带偏见地看待这种情况，要承认性格上的差异是合理的，是现实存在的。管理者应该创造出一种可以让外向的人畅所欲言，又可以让内向的人深入思考的环境。

（2）情绪适应性是指情绪的稳定程度。在人群中，有的人沉着镇静、泰然自若，有的人焦虑不安、紧张亢奋。一个紧张、容易亢奋的人可以为工作带来所需要的能量。管理者的任务就是要让这些能量得到适当的释放。但是，一个神经系统能量多的人也许不能长时间集中精力做事，沉着镇静的人也许会显得缺乏项目或工作的紧迫感。当然，不能依一个人的紧张程度和镇静程度来判断他是否有紧迫感。但在现实中，容易紧张而感到压力的人往往受到更多的表扬，因为他们总是忙忙碌碌，而镇静自若的人恰恰相反。

（3）易相处性。在人群中，你也许会发现，有的人有合作精神、好脾气，有的人易怒、阴阳怪气。易于相处是不是只是优点呢？当然不是，易于相处到了极点的人，有一个明显的弱点便是不能积极抗争，容易随大流，人云亦云。脾气太好、太温和、太好合作与阴阳怪气、不合作、易怒，都是不好的。适应能力和灵活性，随形势而变化的能力，可能比任何性格特征都重要。

（4）谨慎程度这一性格特征，也有两个对立的方面。有的责任心强、过于小心谨慎、不屈不挠，有的大大咧咧、不大牢靠、不修边幅、好通融。显然，这两种类型的人在组织中都会引起麻烦。一个过于谨慎的人有可能成为迅速变革和做好事的真正障碍。比如说，一个追求尽善尽美的人，有可能将他的全部时间和精力都花在制定计划上而不去行动。当你有个项目需要尽快而不是完美地将其做好时，大大咧咧的人可能对你更有帮助。

（5）接受新经验的开放度也是一种很有趣的性格特征。对这种性格特征究竟用什么名字，研究者还不确定。一般来讲，这种性格特征也有两端，一端是那些富于理性、明白事理、优雅练达而且想象力丰富的人，另一端则是不明事理、缺乏反省、狭隘、粗鲁、土气、头脑简单和不含蓄等。显然，真正属于两端的人很少，绝大多数是介于两者之间的人。这种性格特征也可以理解为对新事物的接受程度，有的人开放、敏锐，善于捕捉新事物和机会，有的人反应迟钝，总是坐失良机。总之，开放度影响工作场所的人际关系和创新性。

故事与启示

明星推销员

在成长的过程中，杰里·斯莱特总是因为自己的独立而受到父母的奖励。上学时，他在课堂内外表现得都非常好。在学校他经常担任交通管理员和食堂班长这样的职位。但是他的父母开始担心他，因为他不能和同学很好相处。对此，杰里回答："是的，我并不需要他们。另外，我能够做的事情，他们并没有能力完成，我没有时间去帮助他们，我需要提高自己。"

杰里在高中和大学都非常出色，他的学习成绩总是名列前茅，他同时是田径队中优秀的长跑运动员。上大学时，他不愿意与别人住在一起，自己独住。毕业以后，他进入了一家大型保险公司，不久就成为公司最出色的销售人员。杰里非常自豪，在过去8年中的6年，他是公司最出色的5位销售人员之一。

在该保险公司总部，负责主要人员晋升的执行委员会正在讨论中西部地区销售经理职位空缺的问题。人力资源经理认为："中西部地区的业绩远低于其他地区，我们需要一个进取心很强的人来扭转这种局势。通过广泛的考察，我们建议让杰里·斯莱特担任这个职位。你们可以看到杰里的业绩是非常出色的，而且他的工作动机也十分强烈。我认为他就是这个职位最合适的人选。"

资料来源：鲁森斯．组织行为学：第 11 版．北京：人民邮电出版社，2009：195.

第 7 节　中国人的性格特征

中国人的性格特征，就是中国儒家文化的缩影，我们既积极生活，又不过分张扬；我们不争名利，但我们都要名利；我们孤芳自赏，我们也欣赏优秀。这就是中国儒家文化培养出来的中国人。现在我们的新一代开始成为愤青，我们应该允许他们，我们应该有更新的儒家文化，因为它会造就中国人新的性格特点。

中国社会现在许多人都较为浮躁，近几代人的性格特点表象都不同，且变化的周期在缩短，复杂性在加强，冲突性强，新的社会文化和潮流塑造了新的中国人的性格。性格是会变化的，但事物的发展有其恒定本质和基础，要了解一个人的基础性格，就看他小时候的环境和经历，及他心中先入为主的思想。要了解他现在的性格，可把他之前的性格基础和现有环境放到一起进行分析，便可得出相对客观的结论。一人如此，一国亦如此。

对中国人的性格的描述，仁者见仁，智者见智。美国传教士亚瑟·亨·史密斯以自己在中国生活 22 年的经历为基础所著的《中国人的性格》一书，翔实分析了中国人性格的多个侧面，有褒有贬。书中所列的诸如"缺乏同情""缺乏公心""漠视时间""相互猜疑""保全面子""因循守旧"等陋习至今在一些人中仍然存在。

◆ 关键术语

需要　动机　气质　情绪　态度　价值观　情绪智力

◆ 复习思考题

1. 需要有哪些特点？了解需要的特点有什么意义？
2. 为什么说气质能影响一个人的活动性质和工作效率？
3. 一个人情绪好坏的原因是什么？什么是情绪智力和情绪劳动？
4. 态度改变的理论有哪些？它们对人的管理有什么意义？
5. 如何判断和了解一个人的情绪智力状况？
6. 如何理解"适当的人做适当的事"这句话？
7. 如何理解中国人的性格特征？

◆ 自我诊断

关于你的气质特征

看完每句话后请立即做出你的选择，并在题号前打分。

计分方法：很符合——2 分

比较符合——1 分

介于符合与不符合之间——0 分

比较不符合——1 分

完全不符合——2 分

(　　) 1. 做事力求稳妥，不做无把握的事。
(　　) 2. 遇到可气的事就怒不可遏，把心里话全说出来才痛快。
(　　) 3. 宁肯一个人干事，不愿很多人在一起。
(　　) 4. 到一个新环境很快就能适应。
(　　) 5. 厌恶那些强烈的刺激，如尖叫、噪声和危险镜头等。
(　　) 6. 和人争吵时，总是先发制人，喜欢挑衅。
(　　) 7. 喜欢安静的环境。
(　　) 8. 善于和人交往。
(　　) 9. 羡慕那种善于克制自己感情的人。
(　　) 10. 生活有规律，很少违反作息制度。
(　　) 11. 在多数情况下情绪是乐观的。
(　　) 12. 碰到陌生人觉得很拘束。
(　　) 13. 遇到令人气愤的事，能很好地自我克制。
(　　) 14. 做事总是有旺盛的精力。
(　　) 15. 遇到问题常常举棋不定，优柔寡断。
(　　) 16. 在人群中从不觉得过分拘束。
(　　) 17. 情绪高昂时觉得干什么都有趣；情绪低落时，又觉得什么都没意思。
(　　) 18. 当注意力集中于一事物时，别的事很难让我分心。
(　　) 19. 理解问题总比别人快。
(　　) 20. 碰到危险情境时，常有一种极度的恐怖感。
(　　) 21. 对学习、工作、事业怀有很高的热情。
(　　) 22. 能够长时间做枯燥、单调的工作。
(　　) 23. 符合兴趣的事情，干起来劲头十足，否则就不想干。
(　　) 24. 一点小事就能引起情绪波动。
(　　) 25. 讨厌做那种需要耐心和细致的工作。
(　　) 26. 与人交往不卑不亢。
(　　) 27. 喜欢参加热闹的活动。
(　　) 28. 爱看感情细腻，描写人物内心活动的文学作品。
(　　) 29. 工作学习时间长了常感到疲倦。
(　　) 30. 不喜欢长时间谈论一个问题，愿意实际动手干。

(　　) 31. 宁愿侃侃而谈，不愿窃窃私语。
(　　) 32. 别人说我总是闷闷不乐。
(　　) 33. 理解问题常比别人慢。
(　　) 34. 疲倦时只需短暂休息就能精神抖擞，重新投入工作。
(　　) 35. 心里有话，宁愿自己想不愿说出来。
(　　) 36. 认准一个目标就希望尽快实现，不达目的，誓不罢休。
(　　) 37. 同样和别人学习和工作一段时间后，常比别人更疲倦。
(　　) 38. 做事有些莽撞，常常不考虑后果。
(　　) 39. 老师或师傅讲授新知识、技术时，总希望他讲慢一些，多重复几遍。
(　　) 40. 能够很快地忘记那些不愉快的事情。
(　　) 41. 做作业或完成一件工作总比别人花的时间多。
(　　) 42. 喜欢剧烈的体育活动或参加文艺活动。
(　　) 43. 不能很快地把注意力从一件事转移到另一件事上去。
(　　) 44. 接受一个任务后，就希望把它迅速解决。
(　　) 45. 认为墨守成规比冒风险强些。
(　　) 46. 能够同时注意几件事。
(　　) 47. 当我烦闷的时候，别人很难让我高兴起来。
(　　) 48. 爱看情节起伏跌宕、激动人心的小说。
(　　) 49. 对工作抱认真严谨、始终一贯的态度。
(　　) 50. 和周围人的关系总是相处不好。
(　　) 51. 喜欢复习学过的知识，重复做已经掌握的工作。
(　　) 52. 希望做变化大、花样多的工作。
(　　) 53. 小时候会背的诗歌，我似乎比别人记得更清楚。
(　　) 54. 别人说我“出语伤人”，可我并不觉得这样。
(　　) 55. 在体育活动中，常因反应慢而落后。
(　　) 56. 反应敏捷，头脑机智。
(　　) 57. 喜欢有条理而不甚麻烦的工作。
(　　) 58. 兴奋的事常常使我失眠。
(　　) 59. 老师讲新概念，常常听不懂，但弄懂以后就很难忘记。
(　　) 60. 假如工作枯燥无味，马上就会情绪低落。

兴奋型（胆汁质）2，6，9，14，17，21，27，31，36，38，42，48，50，54，58
活泼型（多血质）4，8，11，16，19，23，25，29，34，40，44，46，52，56，60
安静型（黏液质）1，7，10，13，18，22，26，30，33，39，43，45，49，55，57
抑郁型（阴郁质）3，5，12，15，20，24，28，32，35，37，41，47，51，53，59

如果一类得分显著超出其他类 4 分者，气质比较典型；相差一两分者为混合型。

不同气质的人处理问题的不同态度

不同气质类型的人，对待同一个事情，其态度和处理的方法显然不同。有人研究了具有四种基本气质类型的人是怎样对待看剧迟到这件事情的。

胆汁质的人与剧场门卫争执起来，企图进到自己的座位上去（按规定迟到者应在幕间入场，以免影响别人）。他争辩说，剧院的时钟走快了，他不会影响别人，打算推开门卫径直跑进去。

多血质的人立刻明白，人家不会放他到座位上去，但可以找办法溜进去。

黏液质的人看到不让入场，就想“反正第一场不会太精彩，我先去小卖部转转，等到幕间再进去”。

抑郁质的人说：“我老是不走运，偶尔来看一次，竟如此倒霉。”于是回家去了。

资料来源：根据网络资料整理。

案例分析

谁当总经理更合适？

某电子电器工业公司是一个由十几家小厂组成的专业公司，公司行政领导班子由一正三副四个成员组成。总经理由于年事已高即将退休，需要物色一个合适的新总经理。该公司的上级主管部门经过一段时间的研究考察，认为现任三位副总经理不宜晋升，新的总经理需从下面挑选。各方面的意见最后集中到从李厂长和王厂长中选一个。下面是有关他们的资料。

李厂长，男，39岁，文化程度大学本科（电子专业），中共党员，原是该厂技术员，高级知识分子家庭出身。“文革”中父母受到严重迫害，他也受到影响。党的十一届三中全会以后，他一反过去的消沉，工作积极努力，认真学习科学文化知识，并善于把学到的知识用于指导工作，为本厂的产品开发、产品的升级换代、提高质量、建立科学的检测手段等做出了重要贡献。他从技术科长晋升为厂长后，对厂里进行了一系列改革，加强科学管理，使工厂的面貌大为改观，大大提高了经济效益，年创利和人均创利都居本系统的首位，员工收入也大幅度增加。全厂精神振奋，一派欣欣向荣景象。

李厂长性格开朗，精力充沛。善言谈，好交际，活动能力很强，积极开展横向联系，在全国10多个省市开设了200多个经销点、30多个加工企业，效益都很显著。他认为，要发展就要靠技术，因此千方百计、不惜重金引进人才，至今该厂已有10多位外来的高级工程师和工程师。他还很重视产品的广告，每年要花几十万元广告费，电台、电视台、路边广告牌、电车、汽车以及铁路沿线都有该厂的广告，可谓“无孔不入”。他担任了市企管协会分会的理事，在协会中活动频繁，各方面关系融洽，对厂里工作也有促进。李厂长事业心强，一心扑在工作上，早出晚归，南来北往，一年到头风尘仆仆，不辞辛苦。该厂曾被评为市企业管理先进单位，李厂长获市优秀厂长称号，该厂的产品也被评为市优质产品。

但李厂长也有一个明显的缺点，就是骄傲自满，自以为是，常常盛气凌人，有时性情急躁，弄不好还会暴跳如雷，不太把公司的领导放在眼里，经常顶撞他们，公司的“指令”常常被他顶回去，公司领导对他这一点颇为不满。各科室也不大愿意和他打交道，他同公司下属的其他几个兄弟厂关系也不融洽。这些厂的厂长对他敬而远之，对上级表彰他颇有微词。他也不善于做思想工作，认为这是党支部的事。所以平时遇到思想问题，他都是作为“信息”告诉书记，要党支部去做工作，他和几个副厂长关系处理得也不太好，领导几次协调也无济于事。

王厂长，男，37岁，文化程度大专（企业管理专业），中共党员，有技术员职称，家庭出身小业主，在“文革”期间，他不参与任何帮派活动，而是偷偷学文化、钻业务，组建该厂时就担任了厂长，至今已近10年。他经历了该厂由衰到盛、几起几落的整个过程。对电子行业的特点非常熟悉，自己又有动手设计的能力。他最大的特点是精于企业管理，在学校学了计算机原理后，率先把计算机运用到企业管理中。他对全厂的机构设置、行政人员的配备、岗位责任以及各副厂长、科长、车间主任和各级管理人员的职责都做出了明确的规定，每年考核两次，奖惩分明。因此，平时大家各司其职，他却显得悠闲自在，常常上这个科室转转，到那个车间看看，以便了解情况，发现问题。公司及有关部门召开的会议，他从不缺席，而有的厂长常常忙得脱不开身。他似乎比别的厂长“超脱”，厂长们都很羡慕他。

王厂长性格内向，沉稳，不喜欢大大咧咧地发议论，对什么事情总要深思熟虑，三思而后行，人们说他“内秀”。他对自己厂今后 5 年的发展有一个远景规划，听起来切实可行，也颇鼓舞人心。对一些出风头的社会活动，他不太喜欢参加，对各种开阔思路的业务技术讲座却很感兴趣。他很善于做员工的思想工作，他认为企业员工的思想问题都是在生产过程中产生的，都和生产有关。一厂之长，要抓好生产怎么能不做思想工作呢。因此，对一些老大难问题，他从不推诿，都是亲自处理。他还要求各级行政干部做人的思想工作，并把它作为考核的内容。他和党支部、工会的关系都很好，积极支持它们的工作。他待人谦和，彬彬有礼，和公司上下左右关系都不错，公司有什么事，只要打一声招呼，他就帮助解决了。因此，他的人缘挺好，厂里进行民意测验，几乎异口同声称赞他。

和李厂长不同，他不喜欢花高价引进工程技术人员，他认为这些人中不乏见利忘义之徒，只能同甘，不能共苦，关键时刻还是要靠自己，宁愿多花些钱来培养自己厂里的技术人员，几年来，厂里也确实培养了一批技术骨干，有些人还很拔尖。他也不喜欢高价做广告。他说我们的产品质量自己有数。我不能干这边排队卖，那边排队修的事。他把做广告的钱用来购买先进的技术设备，为提高质量服务。他说等质量到经得起“吹”的时候再做广告。但实际上他们厂的产品质量还是不错的。开箱抽查，合格率达 98%。

该厂是市企业管理先进单位，区文明单位。工会是区先进职工之家，团支部是区先进团支部，他本人则荣获市优秀厂长和局优秀党员称号。

但也有不少人认为，王厂长缺乏开拓精神，求稳怕变，按部就班，工作没有多大起色。按照厂里的基础和实力，应该发展得更快些。可他们的效益都比不上李厂长他们厂。和李厂长比，他就显得保守、过于谨慎、处事比较圆通、不得罪人。王厂长听了这些议论，不以为然，依旧我行我素。

李厂长和王厂长谁当总经理更合适?

资料来源：根据网络资料整理。

[分析]

1. 依据有关个性理论，对两位厂长的能力、气质、性格进行分析、比较。

2. 通过对他们个性的分析比较，你认为谁当总经理更合适? 怎样才能做到扬长避短、人尽其才?

第3篇

激励行为

通过本篇学习，掌握激励原理及运用要点，学习激励需求的诊断方法，掌握各种有效激励理论的操作方式与技巧，熟悉激励机制建立的设计要点，从而提升企业整体绩效，提高竞争力。

第5章 激励理论与分类

本章重点

- 激励是组织行为学的重要内容、关键问题。
- 激励实际上体现了奖励与惩罚两方面。
- 研究激励问题和制定激励措施要考虑三个问题：一是激发人们行为的特殊因素以及这些特殊因素是如何激发人的行为的；二是激励对象为什么选择这种行为而不选择那种行为；三是怎样引导人们改掉错误和消极的行为，强化正确的行为。

名人名言

激励理论应该以人性而非兽性为本。

——亚伯拉罕·马斯洛

行我所愿，愿我所行是谓激励。

——赫茨伯格

引 例

独特的学习培训机制

丰田公司将员工视为珍宝，更重视对员工的培养和激励。(1) 现在丰田公司在全球的公司都实行ICT（Intra-Company Transferee）制度，也就是让世界各地的丰田员工到日本丰田公司总部进修，学习母公司好的管理经验和做法，带回当地，然后再结合当地的实际情况予以充分发挥和有效利用。同时，公司还根据不同岗位、职位要求，设计了各种培训，总之，使这些员工能够更好地得到培养。(2) 对于公司的员工，虽然每位员工都有均等的晋升机会。但是，并不是所有人都能自然而然地得到晋升。通常而言，为了更好地激励员工，将给工作业绩佳的员工培训的机会进而使其努力提高自身的能力并得到晋升。(3) 对于新员工的激励，主要采用入职培训，内容包括公司概况、规章制度、工作的基本方法、工作的礼仪等。对于刚进公司的员工来说，成长靠的不是坐在椅子上接受培训，而是从前辈身上学习企业的文化、理念、记忆工作的方式和方法。

第1节 激励概述

一、激励的意义

激励是组织行为学的重要内容、关键问题。不管是从事激励研究的学者，还是从事企业经营的管理者，都非常关注激励问题的研究。美国通用电气公司出版的《管理激励》中有这样一段话："当工作上有高度的生产效率，感觉到一种成功感及成就感，成为一个真正有贡献者的时候，关于你自己及别人你真正相信的是什么？将金钱——领取优厚薪资的欲望放在第一位吗？这是一种竞争本能——胜过别人的内驱力吗？恐惧是主要因素还是来自奖酬许诺的激励呢？它只是自我对于褒奖、嘉许、地位的欲望的本能吗？或者这是成为忙碌的、创作的、专家的团队一员的纯粹乐趣吗？这些都是行为科学家多年来专心研究的问题。"因为在企业对人的管理中，必须弄清楚在怎样的条件下，人会乐意按时来工作，会更愿意留在所分配的岗位上尽职尽责，会工作得更有效率。其实，人都需要激励，需要自我激励，需要得到来自同事、群体、领导和组织方面的激励。企业中的管理工作需要创造并维持一种环境，在此环境里为了完成组织目标，人们在一起工作，一个主管人员如果不知道怎样激励人，便不能胜任管理工作。

在未来的高科技条件下，激励更加重要，这是因为：

（1）国内外竞争的加剧，来自社会、经济、技术的外在压力，都迫使管理方面在方法和技巧上有所创新，以不断保证企业效率和效能的高水平，要求有效利用企业的各种资源。

（2）为了企业不断发展，必须关注人力资源。过去组织一般都将人力资源看成是取之不尽的储备库，只要有了人，似乎都应该满足所在岗位的需求，其实不然。知识爆炸，科技不断发展，企业必须加大对更新企业人员的知识结构和新知识的获得的投入，加强员工培训。

（3）员工的价值观念发生了重大变化。过去有些管理者认为对员工只用金钱激励就可以解决一切问题。对企业的管理人员来说，必须认清一个问题，员工的需要和要求是多方面的，包括工作挑战性、成就、晋升及金钱。

因此，在讨论组织行为和绩效时，研究激励越来越重要。有效的激励政策能够为企业营造良好的竞争环境，吸引大批的优秀人才来企业工作，同时还能够充分开发员工潜在的能力，让员工发挥自己的主观能动性。

二、激励的含义

1. 激励包括奖励和惩罚

行为科学认为，奖励是社会对人们的良好行为或取得的突出成绩以及做出的卓越贡献给予积极肯定，以促使人们保持和增强这种行为，加快人的自我发展、完善，为社会创造更大更好的效益；惩罚则是社会对人们的不良或不正确行为予以否定，以促使人们的行为变异，增强反应强度和内驱力，警诫他人，以规范人们的行为。显然，奖惩两者虽然方法不同，着眼点不同，但都反映了一个核心内容——激励。所以，激励实际上体现在奖励与惩罚两个方面。那么，究竟什么是激励？对此，智者见智，仁者见仁。

2. 激励的各种观点

琼斯（M. R. Jones）1955 年提出，激励涉及"行为是怎样发端，怎样被赋予活力而激发，怎样延续，怎样导向，怎样终止，以及在所有一切进行过程中，该有机体是呈现出何种主观反应的"。

约翰·瓦格纳（John A. Wagner）等在 1992 年的《组织行为管理》教材中说："激励是探讨关于影响人的行为的触发、指向和维持的因素。"

斯蒂芬·罗宾斯（Stephen P. Robbins）在 1997 年出版的《组织行为学》教材中是这样描述的："我们把激励定义为通过高水平的努力实现组织目标的意愿，而这种努力以能够满足个体的某些需要为条件。"

理查德·达夫特（Richard L. Daft）在 2012 年的《管理学》一书中指出，激励是指"存在于人的内部或外部，能够唤起人的热情和决心去执行某个行动方案的力量"。

托马斯·贝特曼（Thomas S. Bateman）和斯科特·斯奈尔（Scott A. Snell）2016 年指出，"激励是指鼓舞、引领和维持员工工作积极性的力量"。

国内学者对激励的解释也很多。

徐联仓 1996 年在其《组织行为学》教材中指出："激励是指有机体在追求目标时的意愿程度，是人类行为动机的激发力量。组织行为学所讲的激励主要是指人们在企业工作中的激励，也就是管理工作中如何调动和发挥人们的积极性、主动性和创造性的问题。"

赵振宇 1995 年在《激励论》一书中指出："所谓激励，就是系统的组织者采取有计划的措施，设置一定的外部环境，对系统成员施以正强化或负强化的信息反馈（借助一定的信息载体），引起其内部的心理和思想的变化，使之产生组织者所期望的行为反应，正确、高效、持续地达到组织预定的目标。"

孙志成 1999 年在其《组织行为学》教材中指出："激励，就是激发鼓励的意思，就是利用某种外部诱因调动人的积极性和创造性，使人有一股内在的动力，朝向所期望的目标前进的心理过程。"

陈维政、余凯成和程文文 2006 年指出，"所谓激励，从语义学上定义，便是激发人的行为动机，通俗地说，就是激发士气、鼓励干劲，也就是人们常说的调动积极性”。

芮明杰 2013 年指出，激励就是“激发人的动机，使人有一股力量，朝着所期望的目标前进的心理活动过程。从组织行为学的角度来看，激励就是激发、引导、保持、归化组织成员的行为，使其努力实现组织目标的过程”。据统计，激励的定义有上百种。这些定义似乎各执一词，但至少包括三个方面的因素：

（1）人们的行为是由什么激发并赋予活力的。人们自身有什么内在的追求或需求，能驱动他们以一定方式表现出某一特定行为，以及有哪些外在的环境性因素触发了此种活动。

（2）是什么因素把人们正被激活的行为引导到一定方向上去的。这指的是人的行为总是指向一定的目的物，并且总是有所为而发。

（3）这些行为如何能矫正、保持和延续，以及这种行为正在进行时，行为主体和客体的主观反应。

三、激励的一般过程模式

以上对激励的研究表明，激励过程是从个人需要出发的，激励的一般过程模式如图 5－1 所示。

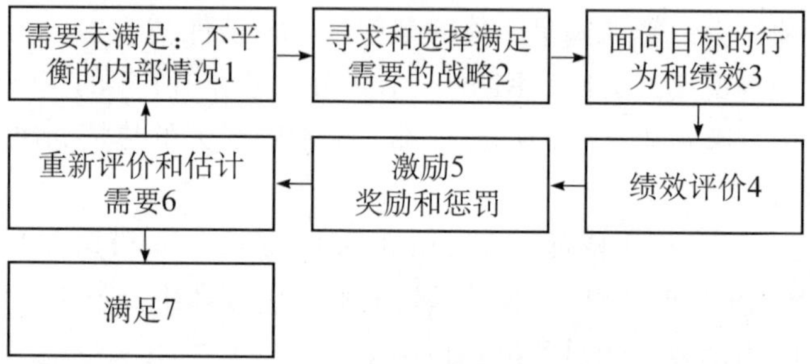

图 5－1　激励的一般过程模式

这个模式反映了激励的多个阶段。第一，需要的产生，在个人内心引起不平衡。第二，个人将寻求和选择满足这些需要的方法，以恢复他的平衡状况。第三，个人通过目标行为或工作，去满足需要。介于行为选择和实际选择之间的是一个需要的个人特点，即能力。这就是说，个人可能具备也可能不具备达到所选择的某一具体目标所必不可少的条件，如能力、技术、经验或知识基础等。第四，关于个人在实现目标方面的绩效成就，要由个人或别人来进行绩效评价。这可能满足一个人的工作胜任感。第五，根据对绩效的评价而给予奖酬或惩罚。第六，由个人来评价绩效和报酬，在多大程度上满足了最初的需要。如果这个激励过程满足了这个需要，这个人就会有平衡感和满足感。如果这个需要没有满足，激励过程就要重复，可能选择一个不同的行为。

激励过程的一般模式看起来简单而直接，但是在现实生活中，情况就不会这么直截了当了。

第一，动机是假设的，是看不见的。假设一个监工在观察两个木匠钉制包装大型发动机用的板条箱。他们两人的工作班次相同、能力相近，所造的板条箱规格也一样。钉好一只板条箱，木匠就把它放到传送带上，再收集木料做第二只箱子。观察这两个木匠干活一星期左右就会发现，其中一个木匠钉的板条箱数差不多是另一个木匠的两倍。这说明什么问题呢？既然绩效是能力和动机的乘积，而他们的能力相近，那么问题一定是在动机上。工作绩效的差异强烈表明他们的动机不同。当然，要想知道影响他们动机的原因，还要做更多的调查。

第二，激励的复杂性和能动性。无论何时，每一个人都会具有许多需要、愿望和期望，它们不仅会变化，可能还会互相冲突。比如管理人员在办公室加班加点来满足成就需要，结果发现，这种追求与家人团聚、享受天伦之乐的需要是冲突的。

第三，人们在取舍动机的方式以及追求这些动机的驱动力方面存在很大差异。不同企业制造的产品或提供的服务各不相同，同样，激励人们工作的因素也因人而异。比如，有的人主要为了赚钱，有的人是为了社交，也有的人喜欢工作带来的挑战，还有的人则同时为了好几种需要。许多组织都尝试运用各种方法激励员工，比较多的是安排有意义的工作，允许参与管理，执行奖金制度等，没有一种激励方法是适用于所有员工的。

第 2 节　激励机制的多学科视角

正如对激励含义持不同观点一样，不同学科的学者在激励机制的解释上也存在差异。

一、激励的心理学视角

1. 老行为主义激励理论

20 世纪二三十年代，在美国流行一种行为主义理论，创始人为华生。行为主义的基本原则是刺激—反应公式，用符号表示就是 S—R。依这个理论，就是从刺激来推测反应，或者反过来以反应来推测刺激。

将这个理论运用到管理措施上，激励手段的实质就是刺激，通过刺激手段，主要是金钱来诱发人的行为。在 20 世纪二三十年代的资本主义社会，资本家和工人的行为都是由金钱这个刺激物引起的。企业管理的主要任务，就是充分运用金钱这个诱因，以诱使工人积极工作。因此，在那个时候，激励的主要手段是物质刺激，于是在企业中主要搞计件工资制，以及超额的以高价计算的差别计件制。在这种理论的指导下，企业领导者的任务就是选择一套适当的刺激即激励手段，以引起工人相应的反应标准和定型的活动。

2. 新行为主义激励理论

新行为主义是在刺激—反应公式中加上了一个中间环节，用符号表示就是：S—O—R，其中S为刺激，R为反应，而O是一个中间变量，它主要指人们的主观因素，如意图、愿望、行为目的、印象和计划。根据这一理论，激励人的主要手段不能仅仅靠刺激变量，还要考虑到中间变量的存在。具体说来，激励手段中除了考虑金钱这一刺激因素外，还要考虑到劳动者的主观需求。所以，根据新行为主义的理论，激励手段复杂化了，主要包括：

（1）要从社会心理出发，分析需要的发展，需要既包括物质的，也包括精神的内容。

（2）要进行情境分析，由于人的思想经常会受到内外环境因素影响而发生变化，因此，要经常对影响人的情境进行动态分析，以便及时采取措施，使激励过程持续化。

（3）目标均衡。在个人与组织以及各种人际关系中会发生一些冲突和不协调。为此，调和矛盾，使目标均衡是很重要的。

3. 认知心理学派激励理论

认知心理学派认为，把行为简单地看成是人的神经系统对客观刺激反应的机械联结，这不完全符合人的心理活动的客观规律性。

认知心理学派的主要论点有：

（1）强调认知过程中的结构和组织原则。

（2）强调内部发生的过程。

（3）强调概念的驱动作用。

（4）强调认知反馈作用。

（5）强调认知方式上的个别差异。

二、激励的经济学视角

按照罗宾斯（Lionel Robbins）的定义，“经济学是研究人类行为的科学，这种人类行为表现在人类需求和具有不同用途的稀缺资源之间的关系上”。萨缪尔森则强调经济学的研究对象是经济资源的配置和利用。总体而言，经济学研究资源配置的目的是如何以最少的代价获取最大的效果，而实现这一目的，需要研究人类各种行为的不同结果，判断哪一种是最佳结果以及如何促进与最佳结果相应的行为发生。

作为关于人的行为的科学，经济学研究的是人们的经济活动规律。而其研究的人类社会各种经济关系和经济活动规律及其应用，就是研究经济活动的激励机制。在经济学看来，激发经济主体从事社会福祉的行为，是经济激励；激发经济主体从事个人福祉的行为，也是经济激励。亚当・斯密认为，竞争性机制（市场机制）的作用是在促进经济主体的个体福祉的同时增进社会福祉，即“每个人不断地努力为他自己所能支配的资本找到最有利的用途”。固然，他所考虑的不是社会利益，但他对自身利益的研究会在潜移默化中引导他选定有利于社会福利的方向。从这个意义上看，经济激励的机制是竞争性机制，即竞争性市场机制。

此外，弗兰克和伯南克在《微观经济学》中指出，激励原理是实证经济学的原理，它是指“当一项行动的收益上升时，人们（或企业、社会）更可能采取这个行为；如果该行动成本上升，则采取它的可能性变小”。从行为者的层面看，经济主体行为的激励机制是行为者的成本-收益权衡。

因此，经济学视角下的激励机制至少包含两个层面：一个是社会层面的竞争性市场机制；另一个是经济主体层面（包括个人层面、企业层面和政府层面）的成本-收益机制。

三、激励的管理学视角

在组织管理发展的不同阶段，对激励的认识和定义是不断变化的。

在科学管理阶段，泰勒将企业员工看成是“经济人”，认为员工只有对物质利益的简单追求。这个阶段的激励，主要表现在“A 使 B 做 A 希望 B 做的事”。显然，这种对激励的认识带有明显的使役性质。

行为科学理论产生以后，人们对人性的认识发生了很大的变化，认为员工不仅是“经济人”，还是有各种需要的“社会人”，激励开始涉及“行为是怎样开端的，怎样被赋予活力而激发，怎样延续，怎样导向，怎样终止，以及在所有一切进行过程中，该有机体呈现出何种主观反应”等问题。

工作生活质量阶段，对激励的定义进一步考虑到激励对象的合理要求和利益，认为“激励就是引导有各自需要和个性的一个人或一群人，为实现组织的目标而工作，同时也要达到他们自己的目标”。美国一些管理学家还认为，“激励必须研究一组自变量与因变量间的关系，这种关系在人的努力、技能和对任务的理解以及环境中的各种制约条件都相等的情况下，能说明一个人行为的方向、幅度与持续性”。

在管理学看来，激励是以管理者为主导的活动，是管理者通过满足员工的差异化需要从而激发其正确行为动机的行为。激励作用于行为的机制贯穿行为目标、行为过程和行为结果，以促使员工调整行为、不断朝符合管理者期望的方向行进。

第 3 节　激励理论与分类

一、内容型激励理论

内容型激励理论，是研究需要这个激励的基础的理论，是说明激励人们行为的特殊因素以及它们如何激起或引发人的行为，它着重对激励的原因及其激励作用的因素的具体内容进行研究。由于需要和动机是推动人们行为的原因，也是激励的起点和基础，因此，研究需要的内容和结构以及如何推动人们的行为是内容型激励理论的主要任务。

国外组织行为学研究最多的是内容型激励理论，包括马斯洛的需要层次理论、赫茨伯格的双因素理论、奥尔德弗的ERG理论和麦克利兰的成就需要理论。这些理论在理论研究和管理应用中受到了广泛的关注。

这四种需要理论着重对需要、内在满足、外在满足、成就欲望等进行了探讨。每一理论都试图从不同的角度去解释个体行为。这也说明，对组织管理者来讲，不存在一个激励个体行为的统一框架。尽管如此，人是有需要的，这对各种组织来说都是有意义的。

1. 需要层次理论

（1）需要层次理论的内容。需要层次理论是美国心理学家亚伯拉罕·马斯洛在对默里所著的《人格的探索》一书中列举的人类20种不同的需要进行分析归纳的基础上，于1943年在《动机激发论》一文中提出来的。马斯洛把人类的需要按其重要性和产生次序分为五个层次，也就是五个等级，如图5-2所示。

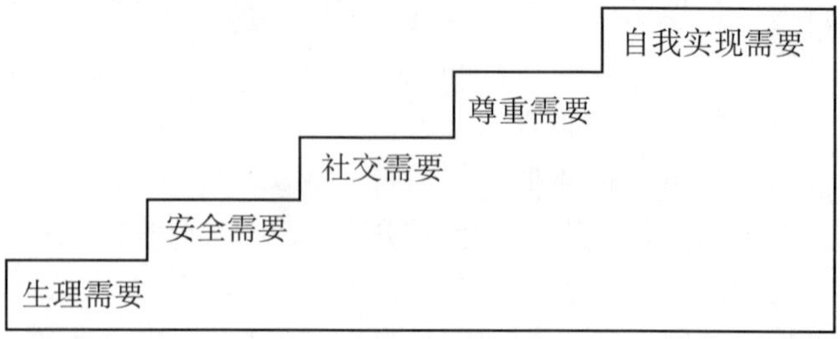

图5-2 马斯洛的需要层次理论

第一层：生理需要。这是人类最原始的基本需要，指衣、食、住、饥、渴、性等方面的生理机能需要。饥思食，渴思水，寒思衣，困思眠，疾病思医药。俗话说："吃、喝、拉、撒、睡，谁也少不了。"这些需要如果不能满足，人的机体就要萎缩，生命就会受到威胁。因此，这些需要是人类最强烈、最迫切、不可回避的需要，由此而产生的动力和效力也是很强大的。当一个人的基本生理需要占很大的优势时，其他的需要就会被放到次要地位。但是，生理需要也是有限的，如果这种基本需要得到相应的满足，则其推动力就要相应地减少，它的激励作用也会相对降低。

第二层：安全需要。当一个人的生理需要得到一定满足后，就自然会有安全的需要。安全的需要包括四个方面：1）经济上的安全，包括对疾病、职业危害、失业、财产剥夺等造成的经济生活贫困的担心；2）心理上的安全，包括希望解除严酷的监督和威胁，避免遭受不公平的待遇；3）劳动上的安全，包括不出事故，不患职业病，能胜任工作；4）环境上的安全，包括不受意外、天灾、地震、战争等危害。每一个现实生活中的人都有安全的需要。强调安全需要，是因为它直接影响到人们的工作情绪和态度。安全需要作为一种工作背景，它会影响到人们对工作的选择。安全且可靠的单位，员工的情绪稳定，工作热情高，无后顾之忧，人们就会有较高的工作热情。但是，还必须指出，个人如果过分地强调工作的安全性，进取心、创造性就可能会被抑制。

第三层：社交需要。当生理需要和安全需要得到相应满足后，就会产生社交需要。社交需要包括社交欲和归属感。社交欲说明人需要获得别人的同情、安慰和支持，需要友谊、伙伴和爱情，孤家寡人、离群索居是痛苦的。人们总是希望与别人保持友爱的关系，渴望互相信任和帮助。在一个冷眼相待、钩心斗角的人际环境里工作，心理不相容，行为不协调，就不可能激起人们正常的工作热情。归属感说明人渴望有所归属，希望成为某群体中的一员。人们在工作、生活中自觉不自觉地把有相同概念、相同倾向、相同思想的人结为一个无形的群体，以便在这个群体中得到相互关心和照顾，不感到孤独。

第四层：尊重需要。当前三层的需要获得一定程度的满足后，尊重需要就显得很重要了。尊重需要可分为自尊需要和他尊需要。1）自尊需要的表现：自信心、自豪感，如要求独立工作、自我成长、自我实现。人们都有一种表现自己重要性的需要，如这种需要受到挫折，则会损害自尊心，使人产生自卑感；如果这种需要得到满足，就会产生胜任感、自慰感。2）他尊需要的表现：希望获得他人的承认和尊敬，向往荣誉和地位，以致扩大自己的威望、权力和影响。威望是一种无形的力量，有了威望能引起他人的敬仰。人总是希望被别人看得起，受到别人的重视。荣誉是社会或别人给予他的较高的评价。人们一旦受到社会的承认和别人的认可，就有一种荣誉感。尊重需要是一种心理状态，因此，它难以辨析，不易捉摸，而且尊重需要是很难得到满足的。但是，它一旦成为行为的动力，就会保持长久的激励作用。所以说，尊重需要是一种不可忽视的需要。

第五层：自我实现需要。这是一种最高级的需要，是指人们希望完成与自己的能力相当的工作，使自己的潜在能力得到最充分的发挥，成为自己所期望的人。马斯洛说：音乐家必须演奏音乐，画家必须绘画，诗人必须写诗，这样才会使他们感到最大的快乐。是什么样的角色就应该干什么样的事。我们把这种需要叫作自我实现需要。这就是平时人们所说的一个人有理想、有进取心和创造性，其表现为有出色完成任务的欲望，喜欢承担挑战性的工作，把工作当作一种创造活动，有胜任感。同时，又希望通过努力工作取得成就，有成就感。

后三种需要的产生及其强烈程度与人的性格、志向、价值观及社会经历、文化程度、宗教信仰等存在紧密的联系，并在较大的程度上受其制约。

（2）自我实现者的人格特质。心理学大师马斯洛在研究了多个历史上伟人共同的人格特质之后，更详细地描绘出“自我实现者”（成长者）的画像。自我实现者有下列15个特质：

1）全面准确地知觉现实。自我实现者对世界的知觉是客观的、全面的和准确的，因为他们在感知世界时，不会掺杂自己的主观愿望和成见，或带有自我防御，而是按照客观世界的本来面貌去反映。与此相反，心理不健康者则是以自己的主观方式去知觉世界，他们试图使世界与自己的主观愿望、焦虑和担心相吻合。

2）接纳自然、自己与他人。自我实现者能够接受自然、自身及他人的不足与缺陷，而不会为这些缺陷忧心忡忡。当然，对于可以改造或可以调整的不足与缺陷，他们会以积极的态度来对待，而对那些不可改变的不足与缺陷，他们能顺其自然，不会跟自己、他人和自然过不去。

3）对人自发、坦率和真实。在人际交往中，自我实现者具有流露自己真实感情的倾向，他们不会装假或做作，他们的行为坦诚、自然。一般而言，他们都有足够的自信心和安全感，这就使得他们足以真实地表现自己。

4）以问题为中心，而不是以自我为中心。自我实现者热爱自己所从事的工作，献身于某种事业或使命，并能全力以赴。与常人相比，他们工作起来更刻苦、更专注。对他们来说，工作并非真正的劳苦，因为快乐恰恰寓于工作之中。

5）具有超然于世和独处的需要。自我实现者以自己的价值和感情指导生活，不依靠别人来求得安全和满足，他们依靠的只是自己。他们一般都喜欢安静独处。这样做并不是因为害怕别人，也不是要有意逃避现实，而是为了在减少干扰的条件下，更好地深思，更全面地比较，以便寻求更为合理的解决问题方案。他们平静安详，保持冷静，安然地度过或顶住各种灾难和不幸。

6）具有自主性，保持相对的独立性。自我实现者行为的动力主要来自自身内部发展和自我实现的需要，而不是来自因缺少某种物质或精神上的东西需要外部的补充，因而他们更多依赖自己而不是外部环境，能够抵制外部环境和文化的压力，独立自主地发挥思考的能力，实现自我引导和自我管理。

7）具有永不衰退的欣赏力。自我实现者能够对周围现实保持奇特而且经久不衰的欣赏力，充分地体验自然和人生中一切美好的东西。他们不会因事物的重复出现而习以为常，失去敏感性，相反，他们对每一个新生儿、每一次日出或黄昏，都感觉像第一次见到时那样新鲜、那样美妙。

8）具有难以形容的高峰体验。高峰体验是人感受到的一种强烈的、心醉神迷的狂喜或敬畏的情绪体验。当它到来时，人会感觉到无限的美好，具有极大的力量、自信和决断意向，甚至连日常活动也可以被提升为压倒一切的、妙不可言的活动。马斯洛认为所有人都具有享受高峰体验的潜在能力，但只有自我实现者更有可能、更常得到这种体验。

9）对人充满爱心。自我实现者所关心的不是局限于他们的朋友、亲属，而是扩及全人类。他们把帮助穷困或受苦的人视为自己的天职，具有同所有的人同甘苦、共患难的强烈意识，千方百计为他人着想。在自我实现者看来，他人的快乐就是自己的快乐，他们已经把自己从满足自身狭隘需求的牢笼中解放出来。

10）具有深厚的友情。自我实现者注重与朋友间的友谊，他们交友的数目虽然不多，同伴圈子比较小，但友情深厚和充实。就对爱的理解来说，他们认为爱应当是全然无私的，至少应当是给予爱和得到爱同等重要。他们能够像关心自己一样，关心所爱者的成长与发展。

11）具备民主的精神。自我实现者谦虚待人，尊重别人的权利和个性，善于倾听不同的意见。对他们来说，社会阶层、受教育程度、宗教信仰、种族或肤色，都不是重要的，重要的是他们是否掌握真理。自我实现者极少偏见，愿意向一切值得学习的人学习。

12）区分手段与目的。自我实现者的行为几乎总是表现出手段与目的界限。一般说来，他们强调目的，而手段必须从属于目的。自我实现者常常将普通人看成是达到目的的手段，把活动经历当作目的本身，因而比常人更能体会到活动本身的乐趣。

13）富于创造性。这是马斯洛研究的所有对象共同的特征之一，他们每个人都在某个方面显示出独到之处和创造性。虽然他们中某些人并不一定是作家、艺术家或发明家，但他们具有同儿童天真想象相类似的能力，具有独创、发明和追求创新的特点。

14）处事幽默、风趣。自我实现者善于观察人世间的荒诞和不协调现象，并能够以一种诙谐、风趣的方式将其恰当地表现出来。但他们绝不把这种本领用于有缺陷的人。他们对不幸者总是寄予同情。

15）反对盲目遵从。自我实现者对随意应和他人的观点和行为十分反感，他们认为人必须具有自己的主见，认定的事情就应坚持去做，而不应顾及传统的力量或舆论的压力。他们这种反对盲目遵从的倾向，显然不是对文化传统或舆论的有意轻视，而是他们自立、自强的人格的反映。

2. 奥尔德弗需要理论

美国心理学家奥尔德弗根据对工人进行的大量调查研究的结果，认为一个人的需要不是分五种，而是分三种：生存、相互关系、成长。他的三种基本需要理论，简称为 ERG 理论，E 为 existence（生存）的第一个字母，R 为 relatedness（相互关系）的第一个字母，G 为 growth（成长）的第一个字母。三种需要的含义如下：

（1）生存需要是最基本的。生存需要是指人在衣、食、住、行等方面的物质需要。这种需要只有通过钱才能满足。这些相当于马斯洛的生理和某些安全的需要。

（2）相互关系需要。相互关系需要是指个人在工作环境中与他人之间的人际关系。在人的生存需要得到满足以后，自然就会要求通过与别人分享和交流感情来满足相互关系的需要，这种需要类似于马斯洛的安全、社交和某种尊重的需要。

（3）成长需要。成长需要是指个人在事业、前途方面的发展。成长需要的满足，表现为个人所从事的工作能否充分发挥他的才能，以及通过工作能否培养新的才能。成长需要相当于马斯洛的自我实现和某些自我尊重需要。

奥尔德弗认为，作为一个企业管理人员，应该了解员工的真实需要。这种情况如图 5－3 所示。

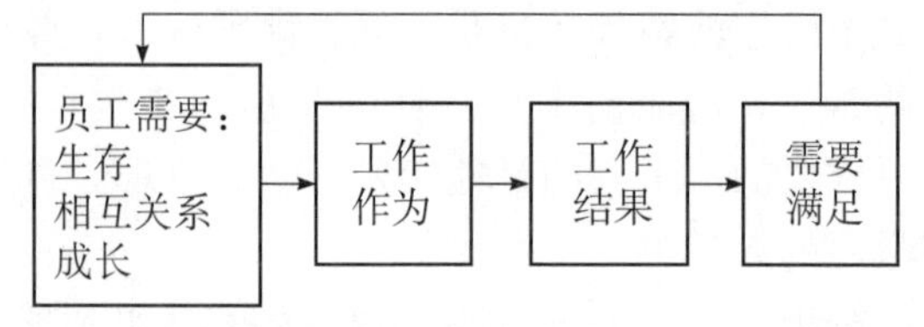

图 5－3　奥尔德弗的工作需要与工作成果的关系图

图 5－3 中员工需要可分为三类，每个人的需要是不同的。每个人不同的需要会导致他们工作中的不同行为表现，最终也决定了他们不同的工作结果。这些结果可能满足他们的需要，也可能不能满足他们的需要。管理人员要想控制下属的工作行为，首先要了解他们的真实需要，同时，通过控制工作结果使之成为能满足下属需要的东西和报酬，达到控制他们的工作行为的目的。如果管理人员不能控制那些对下属人员的需要起作用的工作结果，那么，他也就不能影响下属的工作行为。

ERG 理论是以三个主要论点为基础的：（1）某个层次的需要得到满足越少，则这种需要越为人所渴求；（2）较低级的需要得到较多的满足，对较高级的需要渴求就越强；（3）较高级的需要越是满足得少，则对较低级的需要的渴求也越多（即满足—上升、挫折—倒退的规律性）（如图 5－4 所示）。

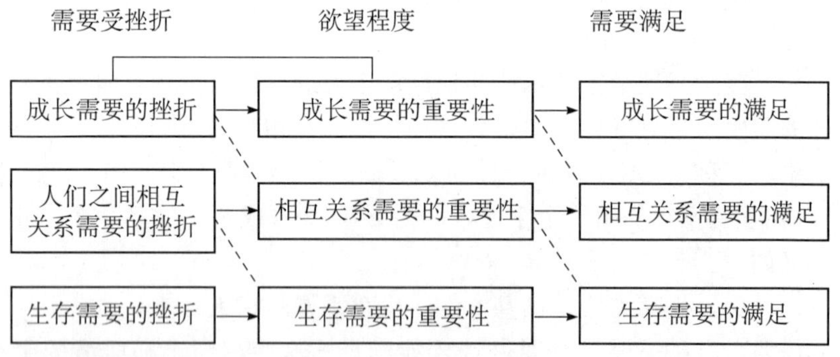

图 5－4　ERG 理论中的满足—上升、挫折—倒退图

3. 激励-保健因素理论（双因素理论）

双因素理论是美国心理学家弗雷德里克·赫茨伯格于 1959 年提出的。

20 世纪 50 年代末期，赫茨伯格在美国匹兹堡心理研究中心开始研究双因素理论，后来，他对 11 个企业中的 203 名工程师和会计师进行调查，他在调查时设计了许多问题，如："什么时候你对工作特别满意？""什么时候你对工作特别不满意？""原因是什么？"从调查所获得的资料中，他发觉使员工不满的因素与使员工感到满意的因素是不同的，不满意的因素往往是外界的工作环境所引起的，满意的因素通常是由工作本身所产生的。他在 1959 年出版的《工作的激励》一书中首先提出了这个激励观点。他在 1966 年出版的《工作与人性》、1968 年出版的《再一次，你如何激励员工?》中，对上述激励观点又做了进一步阐述。

以泰勒为代表的管理学家，大都认为激发人的积极性主要靠外部条件，靠金钱。赫茨伯格的双因素理论认为，调动人的积极性主要是从内部，从工作本身来调动人的内在积极性。双因素理论开创了激励的新观点。

赫茨伯格根据观察研究得出两个结论：

第一，有些出自工作本身的因素，可以构成对员工的很大强度的激励和对工作的满足感。这类因素的改善，能够激励员工的积极性和热情，从而推动生产率的增长，而且它具有较长时期的激励效能。赫茨伯格根据调查资料，把这类因素概括为六点：工作上的成就感；工作上得到认可和奖赏；工作本身具有挑战性；工作职务上的责任感；工作有发展前途；在工作上有得到发展和成长的机会。他认为，如果这些因素不具有，虽然也会引起员工的不满，但影响不是很大，不会构成很大的不满意。赫茨伯格把这类因素称为“激励因素”。

第二，有些来自工作环境的因素有缺陷或不具备时，会引起员工的不满意，改善这些因素，只能消除员工的不满，并不能使员工受到巨大的激励，不能促进生产率的增长。赫茨伯格根据调查，把这类因素概括为：公司的政策与行政管理；技术监督系统；与上级主管之间的人事关系；与同级之间的人事关系；与下级之间的人事关系；工作条件、薪金；个人的生活；工作的安全性；等等。他把这类因素称为“保健因素”，意思就是说只能预防疾病，不能医治疾病。这些外在因素的改善只能防止消极怠工，保持积极性，维持工作现状，当它们有缺陷或不具备时，就会引起人们的不满意。

赫茨伯格对调查结果按满意-不满意因素做了综合分析，如图 5-5 所示。

根据以上分析，赫茨伯格认为传统的满意-不满意观点（满意的对立面是不满意）是不正确的。满意的对立面应该是没有满意，不满意的对立面应该是没有不满意，激励因素和保健因素的满足程度具有连续性，如图 5-6 所示。

4. 成就需要理论

成就需要理论是美国哈佛大学麦克利兰教授 20 世纪 60 年代提出的。一般来讲，行为科学对人们态度转变的心理过程探索比较多，而对态度转变的教育培训研究比较少。麦克利兰及其同事在进行了二三十年深入的观察研究后，将人的需要分成三种：成就需要、友情需要和权力需要，并就成就需要理论做了大量的研究，还提出了一套实验、训练方法，为行为科学研究开拓了新的领域。

成就需要理论的基本要点是：

第一，具有强烈成就需要的人，把个人的成就看得比金钱更重要。一个人在工作上取得了成功或者攻克了难关，解决了难题，从中得到的乐趣和激奋会大大超过物质的激励。肯定、承认他的进步和成就，是对他最好的奖酬。

第二，具有高度成就需要的人对企业和国家都有重要的作用。一个公司拥有这类人越多，它的发展越快，获利越多。一个国家拥有这种人越多，越兴旺发达。

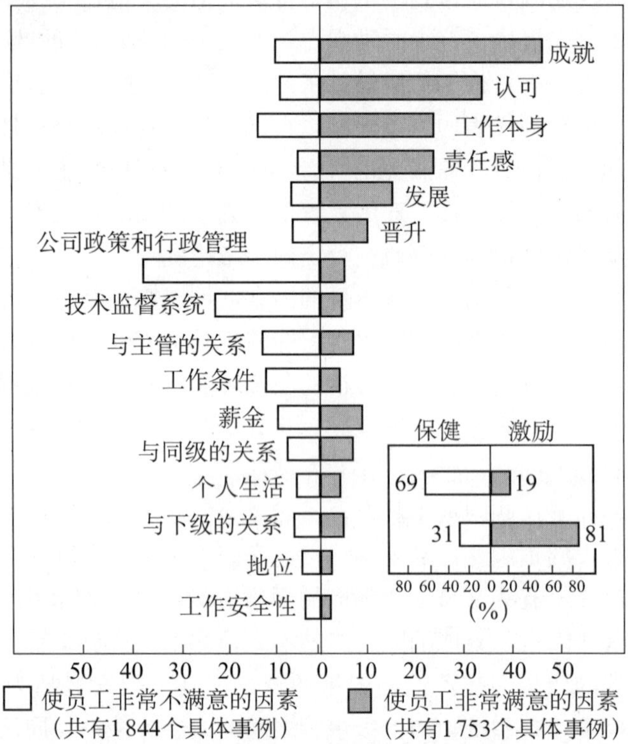

图 5-5 满意与不满意因素的比较

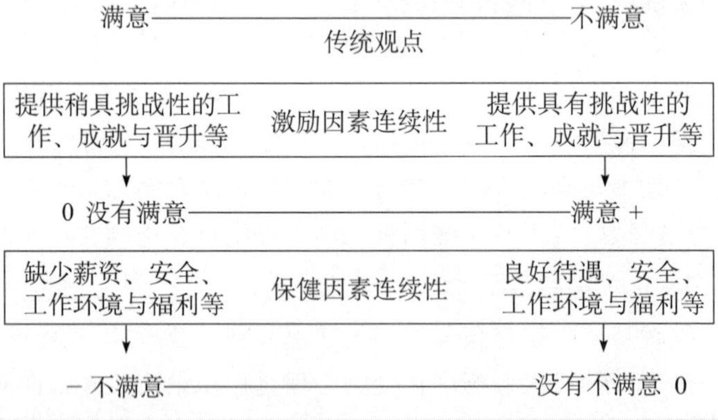

图 5-6 赫茨伯格的满意-不满意观点

据麦克利兰调查，英国在 1935 年国民经济情况很好，当时，英国具有高度成就需要的人数在 25 个国家中名列第 5 位。第二次世界大战后，英国经济走下坡路，1950 年再做调查，英国具有高度成就需要的人在 39 个国家中名列第 27 位。

第三，对于如何发现高度成就需要的人，麦克利兰等人进行了一系列的心理实验。比如，进行想象力实验，让被试者用很短的时间看一张照片，然后用 5 分钟的时间对照片中所暗示的内容写一个想象出来的故事，故事要反映这样几个问题：(1) 照片中发生了什么？(2) 照片中是什么？他正在想什么？(3) 将会发生什么事情？会产生什么结果？对同一张照片不同的受试者往往会有不同的反应，他们的回答很大程度上反映了他们各自的内心需要。分析者可以根据这些回答确定被试者的需要及其强弱程度。

第四，高成就需要的人是可以通过教育培养的。为此，麦克利兰在美国、墨西哥等地进行了培训实验。在联合国的帮助下，还在印度办过培训班，取得了很好的效果。

麦克利兰的研究发现，具有强烈成就需要的人具有以下三种品质：

（1）这种人喜欢能够发挥独立解决问题的能力的工作环境。如果不是独立地解决某一问题，他们就不会感到取得了成就；如果问题的解决是靠碰巧或者靠外界的帮助，他们会感到不满足。只有问题是靠他们自己的力量解决的，他们才会感到满足。因此，组织应该让这种人承担富有挑战性的工作，并给他们一定的自主权。

（2）这种人事业心强，有进取精神，也比较实际，敢于冒一定的风险，但不赌博。他们对成功有强烈的要求，也非常担心失败。他们为自己树立具有一定难度但又能达到的目标。他们对风险采取现实主义态度。如果目标太低，就没有多少成就可言，也不能满足他的成就需要；如果目标太高，难以达到，成就需要照样不能满足。所以说，他们大都是进取的现实主义者。

（3）这种人经常需要明确的不间断的关于进展的反馈。如果他们能够从上级得到嘉奖，提高工资，晋升职位，就会有莫大的成就感。

麦克利兰认为，不发达国家的经济之所以不发达，原因之一是缺乏具有高成就需要的人，因此特别需要这种培训。

二、过程型激励理论

激励的内容型理论是说明如何促使管理人员更好地认识激励员工行为的特殊因素。但是，这些理论不能使人理解人们为什么选择这种特殊的行为方式去完成工作目标。这个选择问题，是由激励的过程型理论来说明的。过程型理论着重探讨激励的心理过程以及行为的指向和选择，说明行为怎样产生、怎样朝一定方向发展、怎样保持下去以及如何结束的整个过程。它主要包括目标设置理论、期望理论和公平理论。

1. 目标设置理论

目标设置理论是从行为的目的性这一角度对行为动机进行研究的，它与目前国际上流行的目标管理有着密切联系。它为目标管理提供了理论依据，同时又发展了目标管理方法，自 20 世纪 60 年代末第一次提出来就受到了理论界和管理者的广泛重视。该理论由美国管理学家查尔斯·休斯和心理学教授洛克提出。

目标设置理论认为，目标是人们行为的最终目的，是人们预先规定的合乎自己需要的“诱因”，是激励人们的有形的、可以测量的成功标准。达到目标是一种强有力的激励，是完成工作的最直接动机，也是提高激励水平的重要过程。成长、成就和责任感的需要都要通过目标的达成来满足。从激励的效果看，有目标比没有目标好，具体的目标比空泛的、号召性的目标好，能被执行者接受又有较高难度的目标比随手获得的目标好。重视目标和争取达到目标是激发动机的重要过程。

要使目标能够影响组织成员的行为，目标必须具有三个重要标准（如表 5－1 所示）。

表 5－1 目标设置标准

	具体性	难度	可接受性
有效的例子	以后的 6 个月中，销售额增长 20%	明年实现市场份额增长 10%	这是我的目标，我个人关心目标的实现
无效的例子	在以后的一个短期内尽你最大努力增加销售额	明年完成市场份额增长 1%的计划	这个目标不可能达到和超过，看谁去实现目标？反正不是我

资料来源：阿诺德，菲尔德曼．组织行为学．北京：中国人民大学出版社，1990.

（1）目标设置的具体性。指目标必须能精确观察和测量（比如生产产品的数量单位、次品率、新销路或顾客投诉次数等），要规定实现目标的时间（比如一个月、半年或一年）。对目标的表达要避免含糊和一般化，摒弃“尽可能”、“尽你最大努力”和“在一定时间内”等模糊字眼。

（2）目标设置的难度。目标难度与激励之间有着清楚的关系，目标难度越大，激励和绩效水平越高。当设置的目标具有挑战性时，目标就能激发个体行为。如果设置的目标易于达到，那么人们就会按部就班地工作，目标设置就是无意义的；如果设置的目标难度太高，人们认为高不可攀，望而却步，目标也会失去激励作用。

（3）目标设置的可接受性。设置的目标必须为个人所接受，被个人内在化。要使个人感到参与了目标制定过程，感到目标是个人的投资和占有，鼓励下属自己设置目标，把管理者的目标变成下属自己的目标，让下属认同和关心它。

2. 期望理论

这个理论是由美国心理学家弗隆在 1964 年出版的《工作与激励》一书中提出的，受到西方管理学者的极大重视。

弗隆认为，每个人都有需要，需要引起行为达到一定的目标；有需要就有动力，当目标没有实现的时候，这种需要只是一种期望，而期望本身就是一种潜在的力量，能够激励人们的积极性。因此在弗隆看来，一个人被激发出来的力量与他所追求的目标和达到这个目标的可能性是有关系的。期望理论就是研究需要（期望）与目标之间关系的规律的理论。

期望理论是以三个因素反映需要与目标之间的关系的，也就是说，要能激励员工把工作做好，必须让员工明确：（1）工作能提供他们真正需要的东西；（2）他们所欲求的东西是和绩效联系在一起的；（3）只要努力工作就能提高他们的绩效。

需要________目标

↓

激发力量＝目标价值（效价）×期望概率（期望值）

用符号表示即为：

$M=V\times E$

目标价值（效价 V）是指某项工作或一个目标对于满足个人需要的价值。或者说，一个目标的价值在激发对象心目中的位置（或威望）。同样一个目标，由于每个人的需要和特征不同，所处的环境不同，目标在他们心中的效价也不同。目标价值存在正值、零值、负值之分，有大小、高低的不同。期望概率（期望值 E），是指根据一个人的经验判断一定的行为能够导致某种结果和满足需要的概率。过去的经验对一个人的行为有较大的影响。比如，一个孩子出生于音乐世家，这孩子可能也想成为音乐家，最初，他对当个音乐家的期望值很高，可是后来事实证明，他的音乐天赋比较差，只有经过多次失败后他才可能放弃当音乐家的目标。期望概率在 0～1 之间，最大为 1，最小为 0（没有可能）。因为期望的东西不等于现实的东西，期望值和现实之间往往是有差距、有矛盾的。大体有三种情况：一是现实大大超过期望值，结果喜出望外；二是期望值与现实差不多，结果是中间状态，预料之中；三是期望值大大超过现实，结果受到打击，垂头丧气。因此，管理者应该加强思想政治工作，减少第二种情况，避免第三种情况，促使出现第一种情况，使现实高于期望值，大大激发人的积极性。

显然，期望理论的含义是：当一个人对某个目标的效价很高，而且他判断出自己达到这个目标的可能性也很大时，这个目标对他的激励作用就大。

应当看到，目标价值和期望概率的不同结合，会有不同的激励力量，所以，目标价值和期望概率的不同结合会产生不同的激励作用，其情况有以下几种：

（1）E 高×V 高＝M 高；

（2）E 中×V 中＝M 中；

（3）E 低×V 低＝M 低；

（4）E 高×V 低＝M 低；

（5）E 低×V 高＝M 低。

由此可见，要使被激励的对象获得较大的激励力量，效价和期望值也必须高。只要效价和期望值中有一项的值很低，这件事对被激励对象来说就缺乏激励力量。

期望理论还可以用另一模式表示，如图 5－7 所示。

从图 5－7 中可以看出，这种模式是试图通过考察人们的努力与其所获的最终奖酬之间的因果关系来解释激励过程。这一模式体现三方面的内容：（1）做某种工作本身的内在效价，即工作绩效，也叫一级结果，是人们对工作本身的价值认识。（2）获取外在报酬的期望值，即对个体工作绩效的社会评价，如奖金、晋升机会、上级表扬等。一级结果是导致二级结果的因素，二级结果是由一级结果产生的结果。比如，一个企业，整体劳动生产率提高了，员工的经济收入也会提高。(3) 个体对外在报酬的主观评价，即工具性，也就是人们对一级结果与多种多样的二级结果之间关系的主观感受。

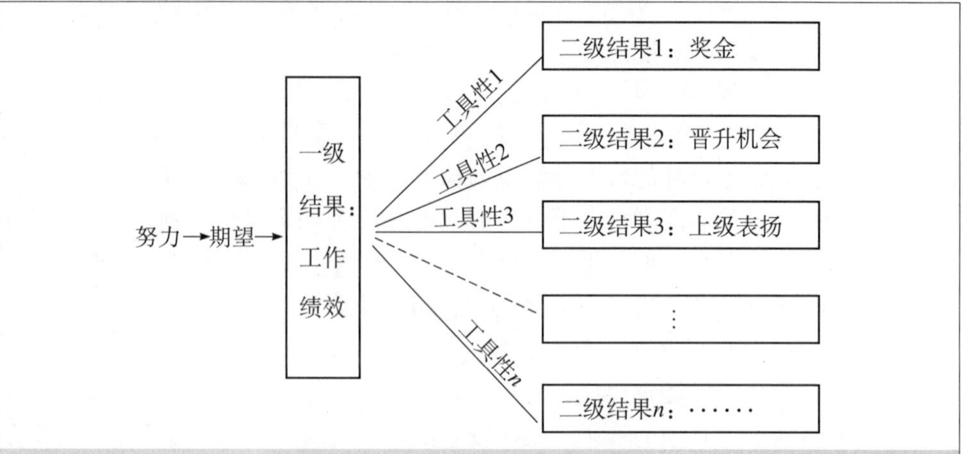

图5-7 期望理论导向结果模式

3. 公平理论

组织成员的激励不仅受绩效期望以及结果效价的影响，而且受组织对其他成员奖励情况的影响。期望理论只关注激励对个人自身的效价问题，没有考察个人与他人激励效果的比较。激励的公平理论帮助我们了解个人受到不公平对待对个人激励和工作绩效的影响以及所产生的后果。该理论由美国心理学家亚当斯于 1965 年提出，侧重研究工资报酬分配的合理性、公平性对员工生产积极性的影响。

公平理论指出，员工的工作动机，不仅受其所得的绝对报酬的影响，而且受其相对报酬的影响，即一个人不仅关心自己收入的绝对值（自己的实际收入），而且关心自己收入的相对值（自己收入与他人收入的比较）。每个人会不自觉地把自己付出的劳动所得的报酬与他人付出的劳动所得的报酬相比较，也会把自己现在付出的劳动所得的报酬与自己过去劳动所得的报酬进行个人历史的比较。当他发现自己的收支比例与他人的收支比例相等，或现在的收支比例与过去的收支比例相等时，便认为是应该的、正常的，因而心情舒畅，努力工作。当他发现自己的收支比例与他人的不相等，或现在的收支比例与过去的收支比例不相等时，就会产生不公平感，就会有满腔怒气。这里的相对值是个人同参照人比较的结果。参照人是个人在组织中选定的可以比较的一类人。个人用参照人进行比较和衡量时，既考虑投入要素或每个人对组织所做的贡献，又考虑各种成果或组织给予个人的奖励。这些投入要素和成果形式如表 5-2 表示。

表5-2 工作投入和成果举例

投入要素	成果
时间	工资
努力	晋升
教育	承认

续表

投入要素	成果
经验	安全
培训	个人发展
建议	津贴
能力	交往机会

公平理论认为，人们用投入对成果的比率把自己同参照人进行比较，如图 5-8 所示。

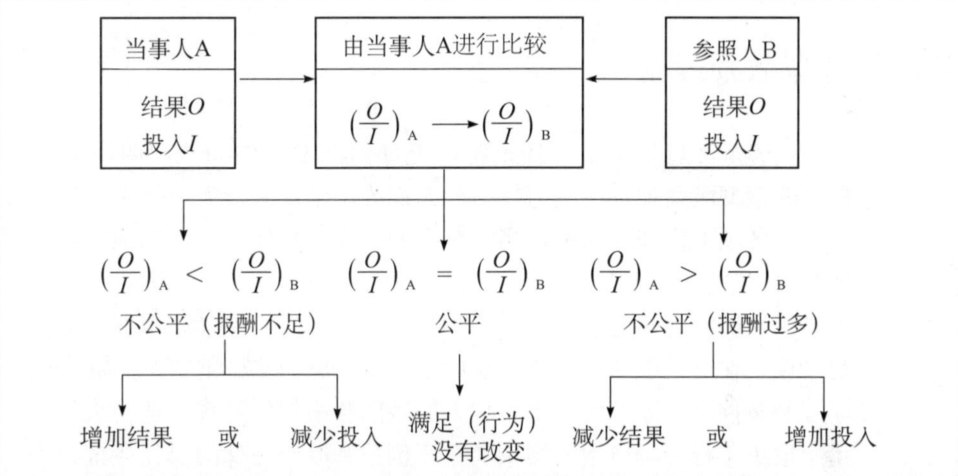

图 5-8　公平理论模式

在图 5-8 中，A 表示感到公平或不公平的个体，即当事人；B 表示与 A 有某种关系或 A 与之相比较的参照个体，即参照人；O 表示个人做某项工作所得的报酬或产出结果；I 表示个人对该项工作所付出的努力或代价。$\left(\frac{O}{I}\right)_A$ 与 $\left(\frac{O}{I}\right)_B$ 分别表示个体 A，B 的所得与付出之比。

A 在与 B 比较以后产生三种基本的心理状态：

（1）$\left(\frac{O}{I}\right)_A=\left(\frac{O}{I}\right)_B$，个人感到公平；

（2）$\left(\frac{O}{I}\right)_A>\left(\frac{O}{I}\right)_B$

（3）$\left(\frac{O}{I}\right)_A<\left(\frac{O}{I}\right)_B$

（2）（3），个人感到不公平。

不公平是工作不满意的原因之一。不公平感会让人不快并使人不安。个人通过下列途径来消除不公平感。

（1）改变投入。当 $\left(\frac{O}{I}\right)_A>\left(\frac{O}{I}\right)_B$ 时，增加投入，更努力工作；当 $\left(\frac{O}{I}\right)_A<\left(\frac{O}{I}\right)_B$ 时，减少投入，工作松懈。

（2）试图改变成果。个人通过要求增加工资或得到晋升来改变投入对成果的比率。

（3）调整心理。通过心理调节，自我解释，自我安慰，调整对投入成果的感觉。

（4）改变参照人。包括提高或降低参照人B的参照标准，选择投入成果比率比B高或低的人作为参照人。

（5）改变他人的投入或产出。说服他人（参照人）减少投入以达到心理平衡。

（6）改变环境。当自己无法改变投入、成果或参照人，长时间难以消除不公平感时，员工可离开现有环境，寻找新的更公平的环境。

三、改造型激励理论

内容型和过程型激励理论都研究如何激发人的动机，调动人的积极性的问题。改造型激励理论说明怎样引导人们改正错误的行为，强化正确的行为。

在各项工作和活动中，当一个人的行为对集体、社会和他人不利时，就被认为是错误的行为。怎样引导人们改变错误的行为？这就是强化理论（又称行为改变理论）研究的问题。该理论最早是由哈佛大学心理学家根据巴甫洛夫的条件反射学说，在对人们动机强化机能做了大量研究的基础上提出来的，它把心理学的学习和条件反应原理应用于影响人的激励和绩效的过程，认为人的行为在很大程度上取决于行为所产生的结果。只要创造和改变外部的操作条件，人的行为就会随之改变。

心理学家认为，任何相对持久的改变都是一种刺激—反应关系，这就是学习。学习有两种方式：通过传统式条件作用或通过强化条件作用。传统式条件作用如巴甫洛夫研究的刺激先于反应，而在强化条件作用中，反应先于并预示着刺激。这是强化理论的基础。

强化理论认为，动机引起行为，是动机的始发机能；动机使行为趋向一定目标，是动机的指向功能；动机能保持与巩固行为，是动机的强化机能。如果随着一些行为之后发生的某一事件使得这些行为在未来再发生的可能性增大，那么这一事件就称为强化。动机会因良好的行为结果而使行为重复出现并得到加强；动机会因不好的行为结果而使行为受到削弱、减少或不再出现。强化有四种不同的奖惩可能性类型，如表5-3所示。

表5-3　不同强化类型

	令人愉快或所希望的事件 正强化	令人不愉快或不希望的事件 惩罚
事件的出现	行为变得更有可能发生	行为变得更不可能发生
	令人愉快或所希望的事件 削减	令人不愉快或不希望的事件 负强化
事件的消除	行为变得更不可能发生	行为变得更加可能发生

正强化，也叫积极强化，是指在某种积极行为发生后，一些愉快或希望的事件就出现，这种愉快的事件（如表扬、增加工资、奖金、赞赏、休假等）强化了这种积极行为，使个体增加行为反应的频率。

负强化是指在某些行为出现以后，一些不愉快或不合意愿的情况减少或消失，如果以前发生的行为在将来逐渐减弱，那么这一事件就称为负强化因子。例如公司对员工的训斥使员工开始正确的行为。如果员工继续这种正确的行为，训斥及其导致的不愉快就消失。

惩罚是指在消极行为发生后，给予某些人不愉快的待遇，并使这种行为以后尽可能少地发生。例如，工厂对迟到的人给予批评，希望利用这种惩罚改变这些人的迟到行为。

削减是指在一种令人愉快的事件取消以后而导致某种行为以后不再发生。例如，有些企业新领导上任后停止和取消了前任领导对某些行为的奖励、支持，致使这些行为被削减。

强化理论在管理界的应用越来越广泛，这是由于强化理论具有特殊功能。管理者在运用强化理论实施激励时要做到以下几点。

1. 以正强化为主，奖惩结合

正强化对于影响行为来说是最省力和有效的工具，因为它促进了员工有效行为的发生。因此，在管理中，要以正面引导为主，以表扬为主。正强化能够使人产生积极的情绪，精神受到鼓舞，优点和长处能够得到肯定和强化，并能产生较强的驱动力。但是，有时候负强化也能起到正强化起不到的作用。

2. 管理人员在选择强化（激励）的时间间隔与频率上要精心设计

强化因子运用在不同的时间间隔、进度和频率上会产生不同的激励效果。强化方案的设计要根据工作性质、工作要求、岗位特点、组织目标等来确定。比如，惩罚的最好时机一般是：（1）错误事实已搞清楚；（2）领导的过激情绪已经消失，如果领导在气头上，就容易干出不理智的事来；（3）错误影响尚未扩大；（4）群众记忆犹新，如果时间拖得太长，就会减弱对当事人的教育效果。

3. 因人而异，形式多样

要根据不同的对象，采取不同的强化因素，不能搞“一刀切”。各人的心理特点不一样，对正负强化的反应也不一样。有的人爱面子，口头表扬就有作用；有的人讲实惠，希望有点物质鼓励。有的人脸皮薄，会上公开点名批评受不了；有的人相反，不狠狠批评，引不起他的心理震动。有的人害怕大会小会表扬他，人们表扬他，他反而觉得不自在。采用强化措施时，更要因人而异，尤其对青年人，他们敏感，自尊心强，更要注意他们的心理特点。比如，某厂团委针对不同对象的不同心理特征，采用不同的批评方法：

（1）对于惰性大、依赖心理强的人，采用触动式批评。这是一种用词明确、尖锐的批评方式。

（2）对于自尊心强的人，采用渐进式批评，逐步深入。

（3）对于反应快、脾气急的人，采用商讨式批评。

（4）对于性情机敏、疑心重的人，采用提醒式批评，即用暗示的方法提醒、启发对方。

（5）对不肯承认错误，事后又爱为自己辩解的人，采用即时式批评，根据事实，当场指出问题，冲破其心理防线。

（6）对经历少、不成熟的人，采用参照式批评，即借助他人他事，运用对比，使其认识到自己的错误。

（7）对性格内向、善于思考、比较成熟的人，采用发问式批评，通过婉转的提问，启发对方思考，认清是非。

4. 对期望行为的强调

这是行为科学中的一个用语，意指要注意表扬与批评、奖励与惩罚的目的性。通过表扬与批评，少出现或不出现不期望的行为。这就叫“对期望行为的强调”。当然，在进行批评和表扬时，要避免就事论事。期望行为的出现不是一朝一夕的事情，抓住需要解决的重要问题，有目的、有计划地围绕这些问题，进行正负强化，把员工的行为导向所期望达到的目标。

5. 及时反馈

所谓及时反馈，就是人们通过某种途径或形式，及时了解自己行为的结果。反馈，就是知道结果，它本身就有强化作用，能够给人以鼓励，鞭策他继续努力。比如，工厂每天公布工人的生产数量和质量，让工人知道自己的生产成果，据以估计当月能否完成任务。这样可以促使员工不断调整生产进度，寻找和改进提高产量的办法。因此，搞好反馈也是影响和改变行为的重要环节。如果领导漫不经心，视而不见，对好与坏、先进与落后都不做任何表示，则会好的得不到表扬，差的得不到批评。

6. 实事求是

正负强化都必须注意准确性。表扬、批评都必须在调查的基础上，做到实事求是，恰如其分，力求准确。在表扬时，不能添枝加叶，凭空拔高，为了突出某个人，把他人的功劳也贴到他身上，或者为了说明某个人的变化，就把他过去说得一无是处，这都起不到强化的作用。

故事与启示

有人做过一项实验，将一只凶猛的鲨鱼和一群热带鱼放在同一个池子里，然后用强化玻璃将二者隔开。最初，鲨鱼每天不断冲撞那块看不到的玻璃，奈何只是徒劳，它始终不能过到对面去，而实验人员每天都会投放一些鲫鱼给鲨鱼，所以鲨鱼并不缺少猎物，只是它仍想到对面去，想吃到那些热带鱼，它不断地冲撞那块玻璃，试了每个角落，每次都用尽全力，弄得伤痕累累，有好几次都出血了。鲨鱼的这种状态持续了很多天。玻璃一出现裂痕，实验人员马上换上一块更厚的玻璃。

后来，鲨鱼不再冲撞玻璃了，对那些斑斓的热带鱼也不再在意，好像它们只是会动的壁画，它开始等着每天固定会出现的鲫鱼，然后用它敏捷的本能进行狩猎，显露出在海中那不可一世的凶狠霸气，但这种表现只不过是假象，在实验的最后阶段，实验人员将玻璃取走，鲨鱼却毫无反应，每天只在固定的区域游。它不但对那些热带鱼视而无睹，甚至当鲫鱼逃到那边去，它也立刻放弃追逐，不愿过去。实验结束了，这只鲨鱼被讥笑为海里最懦弱的鱼。

资料来源：鲁森斯．组织行为学：第 11 版．北京：人民邮电出版社，2009：195.

第 4 节　激励的再思考——不当激励

不当激励是博弈论的集大成者诺贝尔经济学奖得主罗伯特·奥曼（Robert Aumann）提出的。他用浅显的例子解说了博弈论在商业、管理甚至人类行为中的作用。他沉湎于理性研究，对尘世亦充满关切，寄望于用良好的激励机制让这个世界步入正途。他认为，博弈论是研究交互决策（interactive decision-making）的理论。所谓交互决策，是说局中人，也就是各参与方的决策和行为是相互作用、相互影响的，所以，每个人在决策的时候，都必须考虑到对方的反应——要把对对方的决策纳入自己的考虑之中，还要把对方对于自己的考虑也纳入考虑之中……在这种迭代考虑的情形下做出的决策才可能对自己有利。

博弈论如果应用于管理，最重要的一点是向人们提供正确的激励机制。所以，从博弈论的角度来思考企业管理，首先要看你的目标是什么，然后再设计相应的激励机制。比如，什么才是一个企业管理者真正该做的？企业管理者不是经营经济的人，他们只是经济的一部分，他们的目标是发展壮大自己的企业。有了目标，我们所能做的就是叮嘱企业管理者，让他们时刻牢记激励机制的作用——这个举措产生激励了吗？产生了什么激励？这个激励能让我们更靠近自己的目标吗？

奥曼认为公司支付高管薪酬有个普遍做法，就是支付高管很高的薪金和股票期权，其实这并不是支付高管薪酬的最好方式。比如股票期权。股票期权是无价值的，除非该股票的价格上涨，否则就没有任何用处。如果股票价格一直不变，那么股票就不值钱，如此一来，支付股票期权又能产生什么激励呢？所谓激励，就是你希望股票价格能涨上去，为此你必须采取一些冒险的行动，做出一些高风险的投资。股票价格可能会上涨，但也可能会下跌。如果股票价格上涨，那么你可以兑现你的股票期权，如果股票价格下跌，你也不必在乎，因为你什么都没失去。所以股票期权说到底就是鼓励你去冒险，如果冒险成功了，你就赚到了钱；如果失败了，你并没有损失，因为你没有投入和付出。所以，对经理人正确的激励方式是，给付公司的股票，而不是期权。从现在到未来某段时间内，经理人的股票不能在市场上任意买卖，股票在其账户里，但在五年或两三年内不能交易，等过了这段时间才能进行交易。这样一来，对经理人的激励和公司的目标就是相符的。因为只有公司股价上涨了，经理人才能赚到钱；如果公司股价下跌，经理人就得亏钱。所以，经理人对待自己的决策会更加谨慎。企业管理者一定要想清楚：当自己将要采取某个行动时，这个行动会激发什么后果，它将驱使人们通往什么目标。

奥曼认为，一切悲剧都源于不当的激励。对于所有经济体，最根本的问题都出在激励机制上。在金融危机初期，各国（包括美国）就开始通过救助银行来救市，而这加剧了金融危机，这是非常错误的决策。这样救市，效果是短暂的，它不是长期有效的经济政策，所以现在也不再发挥作用了。救市政策错误地引导和激励了人们去冒险。人们会想：如果我成功了，我就将赚到钱；即使失败了，政府也会采取刺激措施救我。所以，所有形式的救市政策的效果都是短期的。因为政府救市，人们保住了工作，但从长远来看，这种不当的激励是不健康的，也不能持久。可以说，在许多方面，是激励机制问题导致了金融危机，并加剧了危机。

就像欧债危机，许多银行纷纷放贷给希腊，但希腊根本没有能力偿还，这些银行的钱是收不回来的。各大银行之所以这么做，是源于银行的政策及分析，它们以为到时候政府会出面救助银行。当它们谈论救助希腊危机的时候，其实不是在说救助希腊，而是在说救助在希腊投资的德国银行。从某种意义上说，错误的激励机制是此次金融危机的根源。不单是美国和欧洲国家，世界上大多数国家都遭遇了金融危机，要想走出金融危机，需要正确的激励机制。

博弈论对人性的假设是什么？人性究竟是竞争性多一点，还是合作性多一点？还有，基于你的假设，人类发展的基本驱动力是什么？我们都看到，这个世界乃至整个自然界正在遭到严重的破坏，而且破坏速度快得惊人。由于人类的各种活动，地球每年有超过 3 000 个物种灭绝，它们都是生命体，这是非常不幸的。这是一个很严峻的问题，它应该比世界上其他任何问题都更值得我们去关注。这些物种都有非凡的意义，一旦消失，我们就再也见不到它们了。如果想阻止物种灭绝，就必须提供合适的激励机制。人做每件事情都有自己的动机，而且大多是根据自己的意愿行事，大多数时候是为了一己之私。我们应该意识到是激励机制驱使人们去做事情的，所以应该想方设法让人们去做值得做的，而不是让人们破坏地球。比如，非洲每年有数以万计的大象被猎杀，而人们猎杀大象就是为了获得象牙。象牙交易当然是非法的，是被禁止的，不仅在非洲国家，在世界许多国家都是如此，任何形式的象牙进口都是被禁止的。但是，走私象牙的现象仍然存在，这是因为象牙市场的需求非常大。假如不采取行动，任由捕猎者猎杀大象，大象几十年内就将灭绝。人们对于象牙有需求，有需求就会有交易。如果政府只是宣传“大家不要那么贪婪，要爱护地球”，是行不通的，猎杀大象的情况还会持续，因为人们喜欢象牙制品，需要它。所以，应该想一个更好的方法。奥曼认为解决这个问题的方法也许是建一些大型的牧场来养殖大象，就像我们有养牛的牧场。世界各地的牧场有上亿头牛可供我们宰杀、食用。人类若想要象牙，可以建大象牧场，这样就既可以获取象牙，又不用去猎杀野生大象。这样也有效地抑制了非法交易。人们走私象牙是因为它稀少，买家通常会花大价钱来买象牙，这个生意有利可图。所以，我们可以通过增加象牙的供给使得价格回落，价钱便宜后，人们觉得这个生意不是那么有赚头了，猎杀自然会慢慢停止。

所以，要提供合适的激励机制，驱动人们去做你想让他们做的事，但与此同时，也要让他们能满足自己的需求。

◆ 关键术语

激励　需要层次理论　ERG 理论　双因素理论　成就需要理论　目标设置理论　期望理论　公平理论　对期望行为的强调

◆ 复习思考题

1. 激励理论的产生与发展与管理理论的产生与发展有什么联系？
2. 如何灵活有效地应用需要层次理论？
3. 员工的高层需要是什么？如何理解需要的满足—上升、挫折—倒退的规律性？
4. 结合实际谈谈激励因素、保健因素在管理中的应用价值。
5. 具有高成就需要的人有什么特点？如何造就高成就需要的人？
6. 目标设置理论的含义是什么？它对人有什么激励作用？
7. 什么是目标价值？什么是期望概率？它们在管理中有什么意义？
8. 如何用公平理论解释"端起碗来吃肉，放下筷子骂娘"的社会心理现象？
9. 对人的激励，为什么要以正强化为主，奖惩结合？
10. 举例说明不当激励带来的负面影响。

◆ 自我诊断

如何发现低绩效增强激励管理？

正规的绩效评估和反馈是确保组织中优秀工作表现的重要组成部分。下面的练习可以帮助你发现不良工作表现并加以克服。为每一题选择你认为适合的程度：完全同意、同意、基本同意、基本不同意、不同意、完全不同意。这些程度能够反映你目前的态度和行为。

当员工需要激励时：

1. 我首先要搞清楚表现不佳是因为缺乏动力还是能力不够。
2. 我有一套明确的工作表现预期标准。
3. 我会提供培训和资料，而不是亲自完成工作任务。
4. 我对于表现和晋升机会的评估反馈一向诚恳直率。
5. 我用各种奖励来维持优异表现。
6. 如需要训导和处分，我会找到症结，点明后果并阐述改正方法。
7. 我会设计有趣、有挑战性的工作任务。
8. 我会找到他最喜欢的奖励方式。
9. 我会确保员工被公正对待。
10. 我会确保受其不佳表现影响的各方给员工提供及时的反馈。
11. 在处分或改进之前我会很谨慎地了解表现不佳的原因。
12. 我总是帮助员工建立有挑战性、具体且有时效性的工作目标。

13. 不到万不得已，不会解雇或调动员工。

14. 我会确保好的工作表现一定得到有效的奖励。

15. 有不好的表现必纠。

16. 我会把不同的工作任务结合起来让员工的不同才能有所发挥。

17. 让员工参与团队工作，获得支持协助。

18. 确保公平性标准不会太严苛。

19. 一有改进即刻表彰认可。

20. 我总是去了解员工是否有足够的资源和支持以完成工作任务。

资料来源：Ricky W. Griffin. Gregory Moorhead. Organizational Behavior：Managing People and Organizations. Published by South-Western Cengage Learning，Ninth Edition，USA，2010.

案例分析

巴斯夫公司的五项基本原则

如何有效地生产粮食是人类一直面临的重大问题。据统计，世界每年有1/3的粮食因病虫和杂草危害而损失掉。1865年，巴斯夫公司创立于德国路德维希港，它一直为发现和生产各种农业化学品而孜孜不倦地努力着。目前，巴斯夫公司经营着世界上最大的化工厂，并在35个国家拥有300多家分公司和合资经营企业及各种工厂，拥有雇员约13万人。

巴斯夫公司已经有100多年的历史，巴斯夫公司之所以能够在百年经营中兴盛不衰，很大程度上归功于它在长期的发展中确立的激励员工的五项基本原则。具体地讲，这五项基本原则如下：

1. 给职工分配的工作要适合他们的工作能力。

不同的人有不同的工作能力，不同的工作也同样要求有不同工作能力的人。企业家的任务在于尽可能地保证所分配的工作适合每一位职员的兴趣和工作能力。巴斯夫公司采取四种方法做好这方面的工作：第一，数名高级经理人员共同接见每一位新雇员，以对他的兴趣、工作能力有确切的了解；第二，除公司定期评价工作表现外，公司内部应有正确的工作说明和要求规范；第三，利用电子数据库存储有关工作要求和职工能力的资料和数据；第四，利用“委任状”，由高级经理人员小组向董事会推荐领导职位的候选人。

2. 论功行赏。

每位职工都对公司的一切成就做出了自己的贡献，这些贡献与许多因素有关，如职工的教育水平、工作经验、工作成绩等，但最主要的因素是职工的个人工作表现。

巴斯夫公司的原则是：职工的工资收入必须视他的工作表现而定。他们认为，一个公平的薪酬制度是高度激励劳动力的先决条件，工作表现越好，报酬就越高。因此，为了激发个人的工作表现，工资差异是必要的。另外，公司还根据职工表现提供不同的福利，例如餐费补贴、住房、公司股票等等。

3. 通过基本和高级的培训计划，提高职工的工作能力，并且从公司内部选拔有资格担任领导工作的人才。

除了适当的工资和薪酬之外，巴斯夫公司还提供广泛的培训计划，由专门的部门负责管理，为公司内人员提供本公司和其他公司的课程。公司的组织结构十分明确，职工可以获得关于升职的可能途径的资料，而且每个人都了解自己在哪个岗位。该公司习惯于从公司内部选拔经理人员，这就保护了有才能的职工，因此，他们保持了很高的积极性，而且清楚有真正的升职机会。

4. 不断改善工作环境和安全条件。

一个适宜的工作环境对激励劳动力十分重要。如果工作环境适宜，职工们感到舒适，就会有更佳的工作表现。因此，巴斯夫公司在工厂附近设置各种专用汽车设施，并采用弹性工作时间。公司内有 11 家食堂和饭店，每年提供 400 万顿膳食。每个工作地点都保持清洁，并为体力劳动者设盥洗室。这些深得公司职工的好感。

巴斯夫公司建立了一大批保证安全的标准设施，由专门的部门负责，例如：医务部、消防队、工厂高级警卫等。他们都明白预防胜于补救。因此，全部劳动力都要定时给予安全指导，还提供必要的防护设施。公司提供各种安全设施，并全天候测量环境污染和噪声。各大楼每一层都有经过专门安全训练的职工值班，负责安全问题。意外事故发生率最低的那些车间会得到安全奖。所有这些措施，使公司内意外事故发生率降到很低的水平，使职工有一种安全感。1984 年，巴斯夫公司在环境保护方面耗资 7 亿德国马克，这相当于公司销售净额的 3.5%。

5. 实行持合作态度的领导方法。

巴斯夫公司的领导者认为，在处理人事关系时，激励劳动力的最主要原则之一是实行持合作态度的领导方法。上级领导者应像自己也被领导一样，积极投入工作，并在相互尊重的气氛中合作。巴斯夫公司给领导者规定的任务是商定工作指标、委派工作、收集情报、检查工作、解决矛盾、评定下属职工和提高他们的工作水平。

在巴斯夫公司，如果上级领导委派了工作，就亲自检查，职工本身也自行检查中期工作和最终工作结果。在解决矛盾和纠纷时，只有当各单位自行解决矛盾的尝试失败后，才由更上一级的领导解决。

巴斯夫公司给每一位领导者的主要任务就是根据所交付的工作任务、工作能力和表现评价下属职工，同时应让职工都感觉到自己在为企业完成任务的过程中所起的作用。如果将巴斯夫公司激励劳动力的整个范畴简单地表达出来，那就是“多赞扬，少责备”。他们认为，一个人工作做得越多，犯错误的机会也就越多，如果不允许别人犯错误，甚至惩罚犯错误的人，那么雇员就会尽量少做工作，避免犯错误。在这种情况下，最“优秀”的雇员当然是什么事情也不做的人了。

巴斯夫公司的多年经验表明，持合作态度的领导方法能使雇员更积极地投入工作和参与决策，因此是一个为达到更高生产率而激励劳动力的优越途径。

该公司由于贯彻了上述五项基本原则，近 10 年来销售额增长了 5 倍。目前，巴斯夫公司生产的产品品种达 6 000 种之多，每年还有数以万计的新产品投入市场。

资料来源：巴斯夫公司激励员工的五项原则．(2012－12－23). https://www.jobmd.cn/article/48141.htm.

[分析]

1. 巴斯夫成功的激励方法是否所有的公司都适用？为什么在巴斯夫公司能取得巨大的成功？

2. 从巴斯夫公司的案例中，你学到哪些成功激励方案的设计之道？

第6章 知识员工的激励与管理

本章重点

- 知识员工就是那些创造财富时用脑多于用手的人。他们通过自己的创意、分析、判断、综合、设计给产品带来附加价值。
- 21世纪是知识经济信息时代，知识是最重要的资源；拥有知识的人不再是一种成本或者一种工具，而是一种资源、一种人力资本。
- 知识共享不是自然的行为，而是在各种各样的影响因素作用下，由掌握知识的个体决定知识共享行为是否发生，以什么形式发生。
- 人力资本的资产专有性的特征在于人力资本和其所有人天然不可分离。
- 高度成就需要的人对组织对国家都是很有意义的。

名人名言

怎样提高知识工作者的生产力，怎样对知识工作者进行管理，是企业21世纪最大的挑战。

——彼得·德鲁克

没有高度信任，你不可能发掘最大的头脑潜力。因为财富的创造不是靠手，而是靠头脑。你的成功将不是依靠你管理生产的能力，而是在于你激发员工运用他们的创意、判断和努力。

——杰克·韦尔奇

引例

科技让工作和生活方式发生变化

你总能看见他们在努力地工作——不大的团队，睿智的成员在咖啡、手提电脑和手机前忙碌。在奥克兰市中心普华永道会计师事务所大厦的一楼右手边，有一家咖啡馆。错落的桌子和座椅间闪动着人们享受烟熏鸡肉卷的身影。在另一边，玻璃幕墙外的港湾美景让整个室内空间显得轻快优雅。成排的乳白色皮椅和沙发在宽敞的空间里形成一个个独立的群落。奥克兰的远程工作者就是在这样的地方做事的——地方宽敞，没人打扰；空间紧凑，可以和客户低声耳语。

阿里斯塔·华生是保险业猎头专家。他 11 点到咖啡馆，面试了两个人，喝了 4 杯咖啡。他的 Harrier 掌上电脑看起来更像是一部手机，能上网，有滑盖式键盘，能拍照和摄像，还可以下载文件及发送附件。猎头市场竞争激烈，华生在家里花了 3 天时间做调研、安排会面、让面试者挑选自己喜欢的咖啡馆。他解释说："让他们感到舒适很重要。"有的人不想去熟悉的地方，怕被同事撞见。有的人喜欢平价的地方，譬如星巴克。有的人则建议去一个与普华永道的环境相似的地方，像哥伦布咖啡馆或者肖兰街的维罗大厦。华生说："这一行日常开销很低。"他两年前放弃了迪尔沃斯大厦那间昂贵但使用率不高的办公室。那里的日常费用大约是一周 450～500 美元。华生的掌上电脑和家里的手提电脑是同步连接的，包括支付账单。他刚刚从每月 800 美元的拨号上网转成了宽带。电信公司保证每月的费用不超过 550 美元。远程工作只适合那些有胆识的人。华生说："如果你要远离办公室生活，你必须有充分的自信并且对你的生意毫不犹豫。如果你喜欢按部就班的步调，你就不适合远程工作。我不会按时收费，我以项目收费。重点是你的成就是什么。"他的周围大概有三四个类似的人，做着类似的工作。就像他说的："谁会不高兴来参加这样的面试？唯一让我不爽的是他们不卖啤酒。"

32 岁的史蒂夫·麦克米兰把佳能数码相机作为他的工作利器之一，这让他可以随心所欲地在摄影、新闻和大企业的公关客户之间周旋。他说："我的诺基亚手机就是我的办公室。新闻发布信息和各种文件就在手提电脑里。"麦克米兰在位于庞森比的兰蕾丝咖啡馆和客户见面。如果有紧急的工作，他就去北岸合作伙伴的媒体传送平台登录宽带网络。他说："用 Photoshop 工作非常快捷。我得赶工，没必要开车一个小时回家去做。这样很自由，是很棒的生活方式。"

尼古拉斯·布尔只有 24 岁，专营从日本出口二手豪华欧洲车。他的工作地点包括日本、西奥克兰的家以及奥克兰众多的车行。在大多数时间里他的工作都依靠安装有沃达丰 3G 网卡的大功率手提电脑和一部高档的 3D 视频移动电话。他说："我用电脑作为搜寻工具，我日本的员工就是我的耳目，他们去做质检。而我的视频电话让我可以和他们直接在车中通话。我自己可以检查那些在拍卖网站上看不到的细节。"他的新西兰客户在下订单前也常常通过视频电话检查车辆，因为布尔经手的都是像保时捷、宝马和奔驰这样的奢侈品牌。这种档次的通信交流是昂贵的。布尔的沃达丰账单每月在 2 000 美元左右，有时候会到 2 500 美元。但是布尔说："客户不会感受到地域的差异。他们打的是同一个号码，和同一个人交谈。他们不知道我在哪里。"布尔经常在夜间通过无线网络参加日本的汽车拍卖会，没有他那些精密的设备可不行。

资料来源：Ricky W. Griffin，Gregory Moorhead. Organizational Behavior：Managing People and Organizations. Published by South-Western Cengage Learning，Ninth Edition，USA，2010.

第1节 知识员工管理的重要性

管理大师彼得·德鲁克说，企业管理就是人力资源管理。在知识经济信息时代，可以说人力资源管理就是知识员工管理。

知识管理是多年来最重要的管理思想之一。1998年的一项调查显示，知识管理出现在CEO们评选的最重要趋势列表上的频率惊人地高，被调查的300名CEO把知识管理放在第二重要的位置，仅次于全球化趋势。管理大师彼得·德鲁克、瑞典企业家与财经分析家卡尔·爱立克·斯威比、日本管理学教授野中郁次郎（Ikujiro Nonaka）、美国波士顿大学教授托马斯·达文波特（Thomas H. Davenport）等是在知识管理领域做出贡献的时代大师。有人认为知识管理是近20年来管理科学发展的重要成果之一，把它称为新的管理科学，不会像业务流程重组（BPR）等概念那样成为短暂流行的“管理时髦”。事实上，从学术界到管理技术产业界，对知识管理的原理、概念、职能和实际应用等多个方面已经进行了广泛的研究。知识员工管理是知识管理的重要内容，也是人力资源管理的核心。

21世纪，人类进入了一个以知识经济为主宰的全新时代，其特点是以高速信息网络技术为基础设施，以高科技产业为支柱，强调经济的协调发展和可持续发展，强调教育和学习的极端重要性。与农业和工业经济相比，知识经济以科技和信息作为经济发展的“原材料”，建立在对人类智力或智能充分发掘与利用的基础之上。由于创造知识价值的最重要的生产资料不再是设施和工具，而是人的知识密集型的智力，智力密集型的劳动越来越成为经济发展的基本力量，从事创造知识价值阶层的人逐渐增多，知识价值的创造者——知识员工既是生产资料的拥有者，又是创造价值的劳动者。

知识经济时代的到来，使科学技术、社会经济、政治文化变革的广泛性、快速性、复杂性和不确定性等特征日益显现，企业的生存方式和管理模式发生了深刻的变革，企业的核心竞争力转向知识和科技。在知识经济中，知识员工作为知识的载体，扮演着最关键的角色。在知识经济条件下，如何管理知识员工是一个富有挑战性的话题。以前，如果在人际交往时询问别人在做什么，得到的回答往往是“我在××单位上班”，现在你听到的可能是“我是软件设计师”“我给企业做管理咨询”等诸如此类的话。很显然，知识员工自我认同的对象已不再是雇佣机构，而是自己专精的知识领域。

知识员工主要是通过自己的创意、分析、判断、综合、设计给产品带来附加价值。管理人员、专业技术人员以及销售人员都属于知识员工的范畴。美国的有关调查显示，知识员工已占美国人才市场的59%。在中国，这个比例也在逐年增长。如何管理和激励知识员工，了解他们的需求，激发他们的创造性，成为新商业经济时代人力资源管理首要考虑的问题。知识员工是一种智力资本，包括他们的版权、研究成果、运作良好的数据库、品牌忠诚等。知识工作也叫智慧资本，它的创造过程很大程度上依赖于知识员工的专业判断、主动性和创意等。因此，知识工作有复杂、不明朗、不确定和风险高等特征。这样的工作性质根本无法按照传统企业的组织方式，把工作切块由相关部门按照工作惯例来完成。所以，知识员工的管理给传统的结构化组织管理带来了巨大的挑战，同时也给企业的各层次管理带来了新的问题。因为在传统的组织管理体系中员工被假设为一个被动的执行者，管理就是对执行者分配任务和考评。这样一来，员工的创造性就难以发挥，知识员工就难以创造价值。要发挥知识员工价值创造的积极性就必须变革传统的管理方式。

知识员工管理的未来发展趋势如何？这不仅是理论问题，更是许多企业领导面临的重要人力资源管理现实问题。正确地处理这些问题，将有助于增强企业人力资源管理能力，提高企业中知识员工的生产力，改善企业的文化，最终能够为企业创造更多的比较优势，提升企业的核心竞争力。

第2节　知识员工的特点

管理大师彼得·德鲁克的《21世纪的管理挑战》一书对知识工作者生产率做了考察，他认为在20世纪，管理所做的最重要也是唯一的贡献，就是把生产过程中体力劳动者的生产率提高了50倍；在21世纪，管理需要做出的最重要的贡献，是使知识员工的生产率得到同样的提高。这也是他首次提出“知识员工”的概念，他认为知识员工是指：一方面能充分利用现代科学技术提高工作的效率，另一方面本身具备较强的学习知识和创新知识的能力。知识创新力是知识员工最主要的特点。此外，知识员工的工作主要是一种思维性活动，知识的更新和发展往往随环境条件的变化而有所适应，具有很大的灵活性。所以，知识员工兼具知识性、创造性、灵活性等方面的特征。加拿大著名学者、优秀基金评选主审官弗朗西斯·赫瑞比（Frances Horibe）认为：“简而言之，知识员工就是那些创造财富时用脑多于用手的人。”他们通过自己的创意、分析、判断、综合、设计给产品带来附加价值。当然，创造过程中用到手，但只是用手将数据输入计算机而不是用肩扛一个50磅重的麻包。现在我们已经进入21世纪，而21世纪属于知识经济的时代，知识是最重要的资源；拥有知识的人不再是一种成本或者一种工具，而是一种资源、一种人力资本。知识员工与体力员工相比，概括起来有如下特点：

一是有较强的自主性。他们从事的大多为创造性劳动，倾向于拥有宽松的、高度自主的工作环境。注意强调工作中的自我引导、自我发挥和自我管理。过度严格的管理会被他们看作不尊重和侮辱。

二是具有独特的价值观。与一般员工相比，知识员工更在意自身价值的实现，因此他们热衷于具有挑战性的工作，把攻克难关看作一种乐趣，一种体现自我价值的方式，从工作中获得满足感。

三是具有较强的成就动机。追求卓越，不满足现状，一旦选准目标就会持之以恒，不达目的决不罢休。

四是有高度的使命感。一旦他们认同自己的企业，就会将企业的生死存亡看作自己的历史使命，会渴望为企业做出自己的贡献，同时实现自己的人生理想，获得企业的认可和尊重。

五是有强烈的个人发展与流动意愿。出于对职业兴趣、感觉和发展前景的强烈追求，知识员工具有较强的流动意愿，他们希望在流动中展现价值和实现价值。

六是蔑视权威，不迷信、重真理。学习型组织与知识智力资源的出现，将会淡化金字塔形的等级管理模式，对纯等级式的权威产生蔑视的心态，更倾向于全方位的信息沟通管理模式，信服知识和能力强的引导型管理者。

七是忠于职业多于忠于组织。他们留在一家公司并不仅仅是物质需要的满足，而是他们的一种职业兴趣的选择，对特定的行业易形成路径依赖。

八是知识员工的劳动过程难以控制。这是因为随着信息技术的发展和互联网的出现，电脑成了重要的生产工具，独立操作，隐性化劳动，有时分不清是在为公司工作还是在干私活，有形的规章制度是无法约束他们的行为的。

九是劳动成果难以控制。思维创造无形，劳动过程无形；每时每刻和在任何场所，工作没有确定的流程和步骤，对其业绩很难发现和考核，这就是知识产权纠纷案越来越多的原因。

十是知识员工具有较高的创造性。知识员工不是简单地重复固定的工作，而是在多变和不确定的系统中充分发挥个人的灵感和才智。他们能够将自我知识和工作实践进行高度的凝练和整合，从而可能实现突破性创新，为企业赢得更多的经济效益。

第3节 知识员工的激励与管理

鉴于知识员工不同于体力员工，对他们的激励和管理也有很大的不同。

一、创新管理

创新是未来人力资源管理的主旋律。研究证明，提升生产率的真正动力，不是信息技术，而是人力资源的竞争和创新。随着技术水平的不断提高，知识员工在企业中的地位越来越重要，满足知识员工工作和生活质量的要求将成为21世纪人力资源开发管理的核心内容之一。知识员工不仅要得到公平合理的报酬，得到发展自我的机会和条件，而且要得到职业安全保障。企业终将意识到员工需要的不是工作，而是职业。要改变传统的企业人力资源管理工作中作业性的内容，如考勤、绩效考评、薪资福利等行政性和总务性的工作。要更加重视战略性项目，包括人力资源政策的制定、完善；员工的教育、培训；组织发展规划和为业务发展开发提供人才支持；等等。企业应该营造一个宽松自由的创新环境，树立崇尚创新、鼓励创新的风尚，让企业的每一个成员都成为创新的源泉。

二、目标管理

伴随着互联网在企业管理中的应用，目标的确定、实施和评价将成为企业与知识员工之间建立战略伙伴关系的关键。面对知识员工，“没有高度信任，你不可能发掘他们最大的头脑潜力”。在当代，财富的创造不是靠手，而是靠头脑。公司的成功将不是依靠管理生产的能力，而是在于激发员工运用他们的创意、判断和努力。管理过程和管理目标是明确的，具有强制性的，但管理又是柔性的和弹性的。员工要了解企业的目标，企业也要了解员工的目标。企业明确的战略目标既是对员工的吸引，也是企业成功的行为导向。企业是一个利益共同体，员工首先是对自己在企业的利益的认同，进而才有对企业目标的认同。

三、员工关系管理

和谐的员工关系也是生产力。和谐的员工关系有利于增强员工士气，提高员工工作的积极性和主动性，最终提升企业服务质量；和谐的员工关系有利于鼓励员工参与，充分发挥企业人力资源的潜力，提高企业科学决策及民主管理水平；和谐的员工关系有利于避免劳动纠纷。员工关系管理对知识员工来说更为重要。

四、人本管理

在知识经济信息时代，经济已经由以生产为基础转变为以消费为基础。它已经由理性的范畴升华到理想的国度，从客观变迁为主观，到达心理的王国。这就意味着在当今世界上，“了解人”、“满足人”、“发展人”、以人为本确实是成功的关键所在。那么，为什么还有很多企业仍然将“人本管理”挂在嘴上，放在文档里呢？有四个原因：一是企业经营者没有明白企业存在的价值到底是什么。企业是经济组织，追求利益最大化天经地义，但是并不意味着就可以不关心人，不把企业当作员工价值实现的地方。世界知名的长青企业的案例是最有力的佐证。二是企业经营者没有认识到劳动者具有对自己劳动力的所有权。人不是商品，但劳动力是商品。只有个人有对自己劳动力的所有权和使用权。劳动力是人的体力和脑力的综合。劳动力不是用人单位所有，用人单位只有合同所规定的对劳动力的使用权，而没有所有权。劳动者有自由选择工作地点、工作类型、工作单位的权利。人对自由的需要是不可抗拒的。员工流动、人才跳槽，这是很自然的现象。三是一些企业经营者将“趋利避害”等同于人人都是自私的，既然是自私的，当然要严加管制。趋利避害是人的本性，但并不意味着人人都是自私的。四是一些企业经营者将人力资源管理仅仅当作人力资源管理部门的事，如果是这样，怎么可能在全公司实现人本管理呢？过去对体力员工的管理就好像管理一座大坝，而今天对知识员工的管理则更像是疏导一条河流，其目标不是阻止水的流动，而是控制水流的方向和速度。知识经济不是以知识为本，而是以人为本。尊重知识、尊重人才不等于尊重人。仅仅尊重人才，不利于人的聪明才智的发挥，只有将人当作自由的、自立的个人加以尊重，人才能发挥出自己的聪明才智。最适合人性的管理才最有利于激发人的创造力。

五、组织人管理

从组织的人到人的组织，尽管这像是一句绕口令，却有着截然不同的意义，前者将员工看成是组织的工具，后者则是为员工搭建发展的通道。企业需要的不是一个个人，而是组织人。按照人力资源管理的观点，首先人才与企业要有一个正式合同，然后需要与企业有个心理契约，最后对所在企业的文化有高度的认同感。只有这样，企业招来的人才是组织人，才能真正成为企业的核心竞争力。一位管理大师曾说，企业主可以买到一个人的时间，可以雇一个人到固定的工作岗位，可以买到按时或按日计算的技术操作，但你无法买到热情，买不到创造性，买不到全身心的投入。一个人只有把自己当成组织的人，才能成为企业有用的人才。

六、团队管理

在复杂多变的社会环境中，团队比传统的部门结构或其他形式的稳定性群体更灵活，反应更快。团队的优点是：可以快速地组合、重组、解散；团队适合担任需要多种技能、经验、创新性强、紧迫的工作任务；团队实现了真正的独立自主，它不仅注意问题的解决，而且执行解决问题的方案。显然，团队很适应网络时代的组织结构的要求。因此，实行团队管理是需要认真研究的问题。

七、权变管理

管理者所面对的被管理的人是千差万别的，所处的环境是千变万化的，所以管理的风格也要变化，这就是权变管理之意。管理者究竟要用哪种管理方法对员工实施管理，要考虑两方面因素：一是当事人的个性特点；二是环境因素。当工作任务模糊不清，员工无所适从时，工作型管理方式更有效；如果是日常性工作，目标和达到目标的途径都很明确，关系型管理可能更合适。所以，管理是一种情境艺术，管理者虽然不应试图改变知识员工的个性特征，但可以帮助他提高素质。最强有力的经理就是那些能适应特定环境和特定情况的经理。灵活和适应性是管理的灵魂，权变管理是网络时代知识员工管理最有效的管理模式。

八、参与管理

要想让知识员工对工作充满热情、有很高的积极性，有多种激励方式，比如高薪、优厚的福利、晋升、表扬等，但是知识员工参与管理却有可能是最经济、成本最低的方式。知识员工都有参与管理的要求和愿望，企业要创造和提供一切机会让知识员工参与管理。通过参与，形成员工对企业的归属感、认同感，可以进一步满足自尊和自我实现的需要。企业应该为他们安排恰当的工作，并尽可能地丰富工作内容，增加工作的挑战性，同时要授予他们与其职责相适宜的决策权和行动权，并及时对他们的工作效果进行反馈，让他们感觉到自己的工作是重要的，有发展前途的，这样，他们会乐在其中，热爱自己的工作，千方百计地把工作做得完美出色。知识员工对高层次的需要比较迫切，在工作中对自我成长的需要很强，企业可以通过培训满足他们自身成长的需要。培训可以提高知识员工的知识和技能，激发他们的工作热情和积极性。在培训时，应充分考虑知识员工的特点，提高其知识技能和创新能力，并注意把知识员工强烈的成就感和自豪感与企业或组织的目标联系在一起，使员工在自我发展的同时不至于偏离企业的发展方向，通过全方位的培训，使知识员工的知识技能得到更新，创新能力显著提高。职业发展作为内在激励因素，对知识员工具有很大的激励作用，因为很少有哪种需要会像实现自己的梦想、实现自身价值这种需要那样强烈。知识员工十分关注自身的发展，有发挥自己的专长、成就事业的追求，企业要对知识员工实施科学的职业生涯管理，重视知识员工的个体成长和职业生涯设计。企业如不能为知识员工提供个人发展的机会，就难以激发其工作热情，甚至有可能导致优秀人才外流。企业文化是无形的，但其激励作用是巨大的。企业要有凝聚力和精神动力，要在众多企业竞争中取胜，就必须创立自己独特的企业文化。知识员工要成长、发展和自我实现，需要一个健康和谐的工作环境和积极向上的企业文化氛围，所以，为了企业的持续发展，为了确保企业目标的顺利实现，为了更好地激励知识员工，企业要努力建立公正公平、自由和谐、肯定个人价值、鼓励创新、信息通畅、知识分享的企业文化氛围，形成强大的企业文化。

九、开发管理

人力资源开发是指资方为了提高员工的敬业精神、工作热情、业务能力和组织绩效而在政策、使用和培养方面进行的一种有计划、连续性的工作。它是组织发展的要求，也是组织发展的基础和动力。但是在现实中，人们对人力资源开发的理解有个误区，认为人力资源开发就是培训。培养性开发很重要，培养性开发不仅可以使员工获得目前工作所需的知识和能力，而且可以使员工获得未来所需的知识和能力。政策性开发和使用性开发也是开发的重要内容，它更适合知识员工。所以，培养性开发、政策性开发和使用性开发，对知识员工的职业生涯都非常重要。对知识员工必须进行开发管理。

十、自我管理

在新经济时代，以个体为主的行为将会愈加突出。市场经济为人的自由发展营造了空间，互联网为人际自由交往提供了便利。在这样的时代个体既是自己的领导者，又是自己的被领导者，也就是说，无论是在团队活动中，还是在个体的自主行为中，个体都要靠自我来管理。因此，自我管理是知识员工管理中必须关注的问题。自我管理与其他管理相比有什么特点，自我管理应包括哪些内容，自我管理有什么方法，不同的人自我管理有什么差别，等等，都需要我们去探讨。管理发展的趋势将是人对自身的管理。

第4节　知识员工管理的相关研究

知识员工成了管理的主要对象，为组织行为学和人力资源管理提出了很多值得探讨的问题。

一、知识贡献评价问题

由于知识员工的劳动过程和劳动成果难以控制，因此对知识员工贡献的科学客观评价越来越重要。在知识经济时代，知识和信息已成为生产力和经济增长的核心资源和加速力量。基于此，传统的分配模式必然被打破，按“知”分配方式应运而生。按“知”分配就是按知识（智力）贡献价值分配的一种新型分配方式，其核心建立在现代知识分工与共享基础之上，以知识（智力）资源的占有、配置、开发和使用为分配的核心要素，并以此来衡量其贡献大小与所得价值的多少。这一新型分配方式，是人类经济发展和社会发展全方位进步的显现，是经济升华、知识物化的结晶。在按“知”分配方式中，知识贡献成为一种有形与无形相结合的资本。按“知”分配与传统分配模式的显著区别，在于对复杂劳动的知识贡献价值的重新认识与取向。按照传统的经济理论，价值的创造主要是两个基本要素——资产（资本）与劳动。由此也只有两种最基本的分配形式——按劳分配和按资分配。显而易见，这两种分配形式在特定的时代背景下都是公平合理的。在知识经济时代，由于知识员工创造价值的方式发生了重大革新，知识的占有、创造、配置、使用成为创造价值的主要手段和重要途径，只有按知识贡献和能力大小来进行分配的机制才能更加有效地体现这一时代的必然要求。按“知”分配，其分配的方式在这里发生了根本性的变革：既不是财富制衡权力的模式，也不是权力制衡财富的模式，而是依托知识员工掌握、运用、开发知识的手段和贡献所创造的价值来进行分配，从而第一次使知识贡献与价值分配明确地结合起来。按“知”分配所获得的“高报酬”，不仅意味着薪水，还意味着特殊贡献和良好的工作环境，以及为个人提供的发展条件，这是对知识贡献所创造价值的全方位的衡量与首肯，是对知识贡献者再创新价值的驱动与激励。

二、知识共享问题

知识共享问题是个理论问题，也是个现实问题。理论研究学者和知识的直接应用者对此都很关注，但实际应用问题更突出。比如：知识共享与著作权保护问题；知识共享组织创建许可内容的数据库问题；使用知识共享许可协议授权的作品是否可以进入公共领域的问题；知识共享组织的权威性、公正性问题；谁来组建知识共享组织问题；知识共享主要解决的问题是什么；获取知识共享协议许可的知识和工具应该如何付费问题；知识共享组织代表谁和为谁服务问题；等等。

从知识共享理论研究来看，一般认为，知识共享不是自然的行为，而是在各种各样的影响因素作用下，由掌握知识的个体决定知识共享行为是否发生，以什么形式发生。不同领域的学者分别从经济学、社会学、社会心理学、计算机科学等不同的学科视角对这个问题展开了探索。那么，哪些因素影响知识共享呢？显然，有关知识共享影响因素的研究，不仅涉及个体层面，还涉及群体层面、组织层面，甚至联盟组织层面。但是，由于组织中绝大部分知识是个人知识，并且以隐性知识的形式存在，因此，从个体层面来研究知识共享的影响因素更多。基于个体知识共享决定的直接因素是个体动机，所以，根据动机理论中的需要理论来探讨知识共享决定时，必然有其内在需要的驱使。具体来说，个体要满足自己的三种需要：第一，经济需要，对应于 ERG 理论的存在需要，看重经济需要的个体希望通过知识分享、避免受到惩罚、获得物质上的报酬以及职位上的晋升等。第二，社会需要，对应于 ERG 理论的相互关系需要，看重社会需要的个体希望通过知识分享获得和谐的人际关系、互惠的人际关系、建立优质的社会资本等。第三，心理需要，对应于 ERG 理论的成长需要，着重心理需要的个体希望通过知识分享来实现自我价值和完善自我道德等。尽管可以把个体的内在需要分为三类，但实际上，很少有人仅仅从单纯的某一种需要出发做出知识分享的行为，左右人们行为的往往是多种需要共同作用的结果。

三、人力资本的资产专有权问题

有关知识员工的热点问题，如知识共享、绩效贡献评价等都与知识员工的人力资本的资产专有权有关。

资产专用性理论主要由威廉姆森等人创立（Williamson et al.，1975，1979，1985）。威廉姆森认为资产专用性指的是为支持某项特殊交易而进行的耐久性投资。卡斯珀（W. Kasper）和斯特里特（M. E. Streit）则把资产专用性定义为生产性资产的一种状态，如一件资本设备或一套专门知识，这种状态不允许将资产转用于其他用途。而伯努斯（H. Bonus）采用交易专用性资源的说法，即一旦被用于某种交易中，就无法在不发生巨大损失的条件下转移到其他交易中的生产性资源。专用性资产大约可分为五类：（1）位置所致的专用性。（2）设备的专用性。也就是该资产的设计具有特殊用途而无法转用他处。（3）知识的专用性。也就是人力资本的资产专用性，通常以“干中学”的方式出现。（4）奉献资产的专用性。奉献资产是因应某个消费者的吩咐或要求而做的投资。（5）招牌资产的专用性。企业或个人拥有的特种招牌资产可能在人们的心目中成为一种形象，难以转换，形成招牌资产的专用性。也就是说，专用性资产大体上可以分为物质资本和人力资本两类。

人力资本的专用性是指工作中有些人才具有某种专门技术、工作技巧或拥有某些特定信息。人力资本的资产专有性特征在于人力资本和其所有人天然不可分离，这导致了只有人力资本所有者可以操纵其拥有的人力资本，而委托人无法实现这一点。相对于物质资本而言，人力资本有以下特性：（1）人力资本是主动性资产。人力资本的所有者完全掌握着人力资本开发和利用的控制权，一旦人力资本的产权受到限制和侵害，人力资本所有者就将相应的资产关闭起来。（2）不完全的可抵押性。与物质资本与其所有者的可分离性相比，人力资本和其所有者天然不可分离，有限理性和机会主义倾向使得经济人的选择受到约束，而且机会主义行为要受到道德、声誉等方面的约束，所以人力资本具有一定的可抵押性。（3）人力资本的社会特性。由于有限理性和信息不对称的存在，人力资本总是处在特定的社会关系中，而人力资本的产权行使要受到社会关系的制约。在这种社会约束下，人力资本的所有者不得不理性地选择与他人合作。（4）人力资本包含一个学习过程。也就是说，随着工作时间的延长，人力资本所有者可能通过一种学习机制来积累人力资本，并且这种积累过程是和其他人力资本所有者相互促进的。

人力资本与其所有者不可分离还意味着它在使用过程中，外界约束无法对它在量上和质上进行有效或准确的测量与控制。这就使任何性质的关于人力资本使用过程的合约不可能完善。“偷懒”是人天生的权利，外在监督的效果是非常有限的。在人力资本使用过程中，他人对其质和量进行观察和控制的困难注定了在人力资本的交易过程中对人力资本的使用进行一次性直接定价的困难。而且，因为交易双方的信息不对称，人力资本交易过程本身也会增加这种困难，逆向选择问题在人力资本交易中表现得更严重，甚至这一点足以导致取消人力资本市场交易本身。

所谓权力是指一个人（A）影响另一个人（B）的能力，这种影响使B做在其他情况下不可能做的事。权力是依赖的函数，因此人力资本做出了专用性资产的投资后，企业对其产生了依赖性，而人力资本则相应地拥有了权力。

这种依赖性越强，则在他们的关系中相应的权力就越大。B 对 A 的依赖程度越高，则 A 对 B 拥有的权力就越大。企业对于员工的依赖性越高，则员工相应拥有的权力就越大。因此，当员工拥有了企业需要的某种专用性资产，而且是该资产唯一的控制者时，他就拥有了对企业的权力。更重要的是，我们注意到人力资本天然具有与其所有者不可分离的特性，使得他对企业的权力可以很大。

人力资本的资产专有性问题，不仅给组织和人力资源管理增加了难度，还为其增加了研究的广度和深度。

四、工作-家庭平衡问题

知识员工从事的是生产、传播和应用知识的工作，这种抽象和富有创造性的工作通常会消耗知识员工大量的认知资源。而且，和非知识员工相比，知识员工的工作生活边界会更为模糊。因此，工作-家庭平衡对于知识员工而言非常重要，它能最大化员工的工作资源投入，从而推动知识员工创新。以往许多公司认为员工工作和个人生活是零和博弈，一方的增加必然意味着另一方的减少。所以，很多管理者沿用这种传统观点决定如何分配员工的工作和生活。他们通常认为工作-家庭计划仅仅是一种生活福利，认为员工获取个人利益，公司的利益就会受损失；员工在办公室里做的事都是公司的事，下班后做的事是自己的事，老板总认为员工应该把公司的事放在第一位。但是，知识经济时代的到来，知识员工尤其是女性知识员工越来越多，这促使人们越来越关注工作-家庭平衡问题。基于此，新一代的公司经理人正在尝试使用一种新策略，通过与员工合作的形式，争取让员工的工作和家庭生活达到共赢。

企业可以通过很多有效手段来帮助知识型员工减轻压力，为其完成家庭义务提供正式的组织支持措施。第一，观念先行。对于知识员工，组织要摒弃“工时越长，效果越好”的落伍观念，优秀的组织从不向员工过度地索取，而是尽可能地确保员工在不过度影响工作的前提下看待工作中的责任。第二，实行弹性工作制。实行弹性工作制使员工拥有平衡工作与生活的自主权。弹性工作制蕴含着相互信赖，给予员工较大的工作自主权，充分体现了企业对员工的尊重和爱护，能够极大地调动员工的工作积极性。它的操作形式包括在家工作、工作分享、部分工时、弹性上班时间等。例如，IBM 在充分考虑员工的实际需求后，设立了八点、八点半、九点三个早上到岗时间，相应的下班时间为下午五点、五点半和六点，员工可根据自己的情况自由选择。如果员工的主管同意，员工甚至一周内可以有几天在家办公。此外，IBM 的员工还可自由调配工作与个人时间，可以提前回家，料理家事，照顾孩子，和孩子吃完晚饭后，再打开计算机，大人与小孩一起“做作业”。在联邦信号公司（Federal Signal Corporation），刚休完产假归来的女性员工可以半天工作，直到调整适应了全日制工作为止。第三，实施员工支持计划。大多数世界一流企业制定了各种各样的员工支持计划，通过安抚和稳定员工的“后院”，帮助员工从生活琐事中解放出来，从而全身心投入工作之中。员工支持计划的范围很广，包括员工的身体、心理、财务、育儿或家庭生活的照顾等。第四，关心员工的身体健康。关心员工的身体健康，对员工进行健康投资。员工身体健康，组织才能平平安安。现在，更多的组织不再停留在定期体检、给员工报销医药费等传统做法上，而是主动对员工进行健康投资。有些公司的高管身体力行，带头参加各种有益健康的活动。如强生公司 CEO 韦尔顿每周都邀请员工走到户外，与 CEO 步行一小时；美国包括《财富》200 强公司在内的许多公司的 CEO，正通过“CEO 健康表率活动”积极推动保健与疾病防治方面的研究和教育工作。

总之，随着知识浪潮的兴起和深入，越来越多优秀的企业开始关注知识员工的工作。在 2006 年选出的 100 家最佳企业中，有高达 92%的公司提供员工工作家庭冲突支持方案。企业提供的这些组织支持策略迎合了当下知识员工的所需所想，有利于增强他们的组织承诺，从而促使其为企业福祉贡献力量。

◆ 关键术语

知识员工　知识员工的特点　知识员工的激励　知识共享　知识贡献评价　人力资本的资产专有权

◆ 复习思考题

1. 什么是知识员工？为什么说人力资源管理就是知识员工管理？
2. 与体力员工相比，知识员工有什么特点？对知识员工的管理和激励有什么不同？
3. 对知识员工的研究有什么新的发展？
4. 如何有效地实施工作-家庭平衡计划？

◆ 自我诊断

你知道你的成就倾向吗？

一、请仔细阅读下列各句，并在右边适当的数字上画圈，以表示你对每一句子同意或不同意的程度。各选项数字含义如下：

A＝非常同意

B＝很同意

C＝基本同意

D＝有点同意

E＝不知道

F＝有点不同意

G＝基本不同意

H＝很不同意

I＝坚决不同意

1. 在工作中，我通常是以完成计划来结束工作的。　A　B　C　D　E　F　G　H　I

2. 我在一个新的不熟悉的情境下工作有困难。　A　B　C　D　E　F　G　H　I

3. 我对我的职业前途非常乐观。　A　B　C　D　E　F　G　H　I

4. 对于那些别人发现有困难的问题我一般也不去解决。　A　B　C　D　E　F　G　H　I

5. 工作中需做重要决策时我总是犹豫不决。　A　B　C　D　E　F　G　H　I

6. 拼命奋斗到达顶点的观念对我来说是不存在的。　A　B　C　D　E　F　G　H　I

7. 我宁愿选择重要的、充满困难的并有 50% 的可能性会失败的职业，也不愿去干虽然比较重要但不困难的职业。　A　B　C　D　E　F　G　H　I

8. 我通常尝试去承担更有责任的工作，而愿意放弃最初的工作。

A　B　C　D　E　F　G　H　I

9. 不得不去承担新的工作的想法使我感到头疼。　A　B　C　D　E　F　G　H　I

10. 当去完成一项需要付出极大努力的重要工作时我就会特别满足。

A　B　C　D　E　F　G　H　I

11. 在压力之下我无法工作出色。　A　B　C　D　E　F　G　H　I

12. 我相信只要自己拼命努力，就一定能够达到生活的目标。

A　B　C　D　E　F　G　H　I

13. 我对自己的职业感到自豪。　A　B　C　D　E　F　G　H　I

14. 学习一种新的技术不会使我非常兴奋。　A　B　C　D　E　F　G　H　I

15. 我在工作中做出的努力，仅仅是在我不得不那样做的程度上。

A　B　C　D　E　F　G　H　I

16. 我常常为自己建立非常困难的目标。　A　B　C　D　E　F　G　H　I

17. 我喜欢那种一旦学会就几乎不需要做什么努力的工作。

A　B　C　D　E　F　G　H　I

18. 我雄心勃勃。　A　B　C　D　E　F　G　H　I

19. 我喜欢小型的日常目标而不喜欢长期的目标。　A　B　C　D　E　F　G　H　I

20. 我非常喜欢那种与克服障碍连在一起的工作。　A　B　C　D　E　F　G　H　I

21. 对于能够发现自己长处和短处的机遇我是非常高兴的。　A　B　C　D　E　F　G　H　I

22. 对于需要拼命努力的工作我感到不满意。　A　B　C　D　E　F　G　H　I

23. 这些日子在工作中我几乎看不到有什么机遇，除非我能有一个好运气。

A　B　C　D　E　F　G　H　I

24. 解决一个简单的问题远远不如解决一个困难的问题使人感到满足。

A　B　C　D　E　F　G　H　I

25. 我喜欢需要有创造性见解的工作。　A　B　C　D　E　F　G　H　I

26. 我喜欢那种不需要做冒险决策的工作。　A　B　C　D　E　F　G　H　I

27. 我之所以工作是因为我不得不做。　A　B　C　D　E　F　G　H　I

28. 我对于自己建立的重要目标一般都能成功地达到。　A　B　C　D　E　F　G　H　I

29. 在我最终完成了一项困难的任务后我感到松了一口气而不是感到满足。

A　B　C　D　E　F　G　H　I

30. 在竞争情境中我能表现出色。　A　B　C　D　E　F　G　H　I

31. 坚持不懈地努力以达到目标不是我生活的信念。　A　B　C　D　E　F　G　H　I

32. 与我确信自己一定能完成较容易的任务相比，我更倾向于承担更困难的，然而无法确信一定能完成的任务。 A B C D E F G H I

33. 我只有在工作中胜过其他人才会感到满意。 A B C D E F G H I

34. 我不喜欢有那种处理困难情境的责任感。 A B C D E F G H I

35. 我愿意我的工作中充满具有挑战性的任务。 A B C D E F G H I

36. 在我的工作中，我为自己建立了高标准，而不管别人是怎么做的。 A B C D E F G H I

37. 我试图预料与躲避具有中等程度失败可能性的情况。 A B C D E F G H I

38. 我愿做一些我感到有信心并且很放松的事，而不愿去做那些挑战性的困难的事。 A B C D E F G H I

二、评分方法。

成就倾向个体差异测试表（IDIAT）分为两个分量表，即追求成功动机分量表和避免失败动机分量表。

追求成功动机分量表包括 1，3，7，8，10，12，13，16，18，20，21，24，25，28，30，32，33，35，36。

避免失败动机分量表包括 2，4，5，6，9，11，14，15，17，19，22，23，26，27，29，31，34，37，38。

各选项的赋分方法为：非常同意为 9 分，很同意为 8 分，基本同意为 7 分，有点同意为 6 分，不知道为 5 分，有点不同意为 4 分，基本不同意为 3 分，很不同意为 2 分，坚决不同意为 1 分。

每个分量表的得分为所属题目得分的总和。

成就动机总分 = 追求成就动机得分 − 避免失败动机得分。得分越高，说明成就动机越高。

资料来源：根据网络资料整理。

案例分析

俞敏洪的创业团队

随着电影《中国合伙人》的热播，新东方总裁俞敏洪的创业故事进一步为大家熟知。事实上，俞敏洪和他的团队一直是大家茶余饭后的话题，从一个简陋的培训班到今天的新东方教育集团，俞敏洪带领的新东方团队功不可没。

1993 年，俞敏洪创办了新东方培训学校，创业伊始，俞敏洪单枪匹马，仅有一个不足 10 平方米的办公室，在零下十几度的天气，他还要自己拎着糨糊桶到大街上张贴广告，招揽学员。

俞敏洪喜欢教书，他说："我这辈子什么都可以离开，就是不可以离开讲台。"困难对俞敏洪来说真算不了什么，正如他常对学生们说的那样："绝望中寻找希望，人生终将辉煌！"在这样的逆境中，俞敏洪凭着毅力和智慧使新东方不断发展，到 1994 年，新东方已经有几千名学员，在北京小有名气。

随着新东方规模的扩大，俞敏洪感到仅凭一己之力不能有效管理这家规模逐渐扩大的公司，于是他开始打造自己的新东方教育团队。

一、聚集人才

在新东方创办之前，北京已经有三四所同类机构，参加新东方培训的人多是以出国留学为目的。新东方能做到的，其他机构也能做到。就当时的大环境而言，出国热以及人们在工作、学习、晋升等方面对英语的多样化要求，使得国内掀起了学习英语的热潮，越来越多的优秀教师加入英语培训行业。如何先人一步，取得自己的竞争优势，把新东方做大做强？俞敏洪认识到英语培训行业必须要具备一流的师资。在这种情况下，俞敏洪需要找到更多的合作伙伴来帮他管理公司，这样的人，不仅要有过硬的专业知识和能力，更要和俞敏洪本人有共同的办学理念。

这时他想到了北大的同学王强和徐小平等人，这些人不仅符合业务扩展的要求，专业基础扎实，更重要的是这些人作为自己在北大时期的同学、好友，在思维上有着一定的共性，肯定比其他人能更好地理解并认同自己的办学理念，合作也会更稳定和长久。

1995 年俞敏洪亲自去国外找了徐小平和王强。俞敏洪讲述了新东方的创业和发展、未来的构想、自己的理想、对人才的渴望，并希望徐小平和王强回国加入。徐小平和王强回到国内加盟了新东方。后来杜子华、胡敏、何庆权、包凡一等人陆续加入，新东方就像一个磁场，迅速聚集了一批海外归来的精英。这群年轻人身上积蓄的需要爆发的能量在新东方充分得到释放。

二、团队建设

在新东方组建的过程中，俞敏洪一直在考虑如何让这支高精尖的队伍最大限度地发挥作用。新东方团队这么多年能够不断发展壮大，一靠新东方优秀的企业文化，二靠新东方独特的利益分配方式。

1. 鼓舞一代人——新东方精神

俞敏洪常对学生说：“绝望是大山，希望是石头。只要你能从绝望的大山上砍下一块希望的石头，你就有了希望。”这句话就是新东方精神的写照，在新东方最困难的时候，是新东方精神一直鼓励着俞敏洪把学校办下去，而后，这一精神逐渐发展成为新东方的企业文化，一直鼓励着每一个在新东方学习和工作的人。优秀的管理理念，切实的让利行为又让每一个新东方人找到了自己的价值，踏实工作。从新东方的身上可以看到文化的力量，看到企业精神对企业的深远影响。

2. 制胜的法宝——让利

俞敏洪说：“公司发展时期的三大内涵，第一是治理结构。公司发展的时候一定要有良好的治理结构。第二是要进行品牌建设，品牌建设不到位，公司是不可能持续发展的。第三是利益分配机制一定要弄清楚，不进行分配是不可能的，人才越聚越多，怎么可能不分配呢。”在一个团队的建设过程中，利益分配是重中之重，俞敏洪深知这一点。新东方创业之初，为了提高团队成员的斗志和凝聚力，俞敏洪提出了他的利益分配方式：让利。“让利于学生，让利于教师，让利于管理者，让利于社会。”这个浅显的道理却是取胜的真谛，是俞敏洪成功的基础，也是新东方管理文化的精髓。

副校长徐小平曾经说：“一个人能创造多大的价值？所以我们需要合作，合作的基础当然不能仅仅基于友情，更重要的是利益的协调，智慧的相互完善，还有人格的魅力和必要的妥协。”在新东方，你有足够的舞台展示自己，个人的才能可以得到最大的发挥，个人的报酬也能得到充分的体现。在新东方，只要你有实力，到处都是机会。

对管理者的让利使得俞敏洪周围形成了新东方强大的管理团队，也使新东方能够迅速发展。这个团队在全国是数一数二的，他们之间的矛盾绝不少，但从没有“散伙”或“集体辞职”之类的事情发生，这样的团队才能保障新东方事业的未来。

同时，俞敏洪秉承“比别人多做一点，比别人做得好一点”的朴素的创新思维，合理构建自己的团队，寻找和抓住英语培训市场上别人不能提供或者忽略的服务，使新东方的业务体系得以不断完善。

其中，徐小平开设的“美国签证哲学”课，把出国留学过程中一个大家关心的重要程序问题，上升到一种人生哲学的高度，让学员在会心大笑中思路大开；王强开创的“美语思维”训练法，突破了一对一的口语训练模式；杜子华的“电影视听培训法”已经成为国内外英语教学培训极有影响力的教学方法。很多新东方的老师都形成了自身独有的特色，并根据自己教学中的经验和心得著书立说，新东方成了一个有思想、有创造力的地方。

俞敏洪的成功之处是为新东方组建了一支年轻又充满激情和智慧的团队。这群年轻人鲜明的个性让新东方总是处在一种不甘平庸的氛围当中。

三、团队的领导者——俞敏洪

俞敏洪作为新东方团队的领头人、中国英语考试的“教父”，对新东方团队发展的作用是毋庸置疑的。

“没有俞敏洪就没有新东方”，这话一点儿也不夸张，从东方大学的外语培训部到那个简陋的临时办公室。再到眼前这个屡创辉煌而全国闻名的新东方学校，无不渗透着这位传奇校长坚韧的个性、闪光的智慧、执着的追求和脚踏实地的奋斗精神。俞敏洪拎着糨糊桶到处贴广告已经成为一段佳话，它已成为一部在逆境中勇于实现自我的绝好教材，在课上或演讲时，他总会将这些亲身感受说给大家听。最吸引人的绝不仅是学习英语的技巧和方法，更重要的是在他身上能感受到的那股来自灵魂的力量，这股力量注入每一个学员，注入整个新东方！

俞敏洪自己也承认：论学问，王强出自书香门第，家里藏书超过五万册；论思想，包凡一擅长冷笑话；论特长，徐小平梦想用他沙哑的嗓音做校园民谣。他们都比俞敏洪厉害，但是俞敏洪自身的包容和坚韧的性格让他能够包容管理这支高精尖的队伍。他从来不搞个人英雄主义，把新东方的成功归为团队的力量。直到现在，新东方上上下下都称俞敏洪为“俞老师”，没有人喊他老板。俞敏洪说：“我唯一能做到的是不管会议上大家讨论得多么激烈，不管意见多么不一致，最后我都能够把大家的意见综合起来，采纳中间最好的东西，再重新整合成新东方的战略、文化和发展前景，继续带着大家往前走。”这恰恰是一个优秀的领导者必须具备的素质。

四、团队中的“孙悟空”

在一次活动中，牛根生客串主持人，向马云和俞敏洪提出了这样一个问题：《西游记》中由唐僧率领的取经团队被公认为是一支“黄金组合”的创业团队。四个人性格各不相同，各自却又同时有着不可替代的优势，如果只能从这四个人中挑选出两个人作为创业成员的话，你会挑选哪两位？

马云选择了沙僧和猪八戒，俞敏洪不赞同马云的选择，他认为猪八戒不适合当一个创业伙伴，猪八戒是很能搞活气氛，让周围的人轻松起来，但是缺点也很突出，就是不坚定，需要领袖带着才能往前走，而且猪八戒既然没信念，哪好就会去哪，哪有好吃的就往哪去，很容易在创业过程中发生偏移，而孙悟空就不会这样，他是一个很理想的创业成员。

俞敏洪列举了他选择孙悟空的理由：第一，有信念，知道取经就是使命，不管受多少委屈都要坚持下去。第二，有忠诚，不管唐僧怎么折磨他都会帮助他一路走下去。第三，有头脑，遇到困难会不断想办法解决。第四，有眼光，能看到别人看不到的机会和磨难。

当然，孙悟空也有很多小毛病，会闹情绪，撂挑子，所以需要唐僧念念紧箍咒。但是，在取经路上，孙悟空所起到的作用是至关重要的。如果将西天取经比成一次创业过程，孙悟空就是其中不可或缺的创业成员。

新东方的创业团队有些类似于唐僧的取经团队，徐小平、王强、包凡一这些人个个都是能人、牛人，所以，新东方最初的创业成员，个个都是"孙悟空"，每个人都很有才华，个性却都很独立。俞敏洪坦承："新东方大量的人才在这个领域中的思想要比我先进，比如陈向东老师是经济学博士毕业，所以在经济领域、宏观领域我根本就没法跟他比。像徐小平、王强他们在国外待过好多年，所以在中西文化的理解方面，尤其是西方文化的理解方面我永远都没法跟他们比。"俞敏洪敢于选择这帮牛人作为创业伙伴，并且真的在一起做成了大事，成就了一个新东方传奇，从这一点来说，他是一个成功的创业团队领导者。他知道新东方人多是性情中人，从来不掩饰自己的情绪，也不愿迎合他人的想法，打交道都是直来直去，有话直说。因此，新东方形成了一种批判和宽容相结合的文化氛围，批判使新东方人敢于互相指责，纠正错误；宽容使新东方人在批判之后能够互相谅解，互相合作。这就是新东方人的特点：大家互相之间不记仇、不记恨，只计较到底谁对谁错。

这种源自北大精神的自由文化，是俞敏洪敢用"孙悟空"，而且是多个"孙悟空"的前提条件，是新东方成功的关键因素之一；而另一个关键因素就是俞敏洪本人所具备的包容性，帮助他带领着一帮比他厉害的"牛人"，不仅将新东方从小做大，还完成了让局外人都为之捏了一把汗的股权改制。最令人意料不到的是，俞敏洪居然还将新东方带到了美国的资本市场，成为中国第一个在海外成功上市的民营教育机构。

资料来源：龙立荣．组织行为学．3 版．大连：东北财经大学出版社，2016.

[分析]

1. 要想保持团队高校运作，你认为俞敏洪应该做些什么？

2. 假如你要创建一个团队，并在《西游记》里的师徒四人中选择一个作为你的创业伙伴，你会选择谁，为什么？

第 4 篇

群体行为

群体是一种社会现象。它是介于个体与组织之间的一种特殊关系体，是众多个体为了某种需要而结合在一起的一种集合体，人们加入群体是要完成某项任务或是满足自己的社会需要。群体中个体的行为大于单个人行为的总和。组织是由许多正式群体和非正式群体组成的。群体发展具有阶段性，群体不是静止的，而是不断变化和发展的。群体在组织中发挥着特殊的作用。认识群体对解释组织行为具有重要意义。

第7章 群体及群体功能

本章重点

- 群体是指为了实现某个特定的目标，由两个或更多的相互影响、相互作用、相互依赖的个体组成的人群集合体。
- 正式群体是指有明文规定的，由一定社会组织认可和组织结构确定的、职务分配明确的群体。
- 非正式群体是指没有明文规定，没有正式结构，不是由组织确定，而是在成员的某种共同利益基础上，为满足社会交往的需要，在工作环境中自然形成的群体。
- 角色的社会过程是指群体成员适应角色要求、接受群体行为规范、符合群体发展需要的过程。
- 群体具有完成组织任务和满足群体成员心理需求两种功能。

名人名言

在所有组织系统中没有一个人能够对任何后果完全承担责任，绝对必然的是一切努力都是集体的努力，所有的成就都是集体的成就。

——詹姆斯·海因斯

引 例

被处罚的张先生

张先生是一位有五年工龄的模具工，工作勤奋，爱钻研。半年前，张先生利用业余时间独立设计制作了一套新型模具，受到设计部门的嘉奖。为了鼓励张先生的这种敬业精神，当时的生产部主任王先生特别推荐他上夜校学习机械工程学。从那以后，张先生每周有三天必须提早一小时下班，以准时赶到夜校，这也是经原生产部主任王先生特许的，王先生当时曾说过他会通知人事部门。

然而，上周上班时，张先生被叫到现任生产部主任陆先生的办公室进行面谈。陆先生给了他一份处罚报告，指责他工作效率低，尤其批评他公然违反公司的规定，一周内三次早退。如果允许他继续这样，将会影响其他员工。因此，陆先生说要对他进行处罚，并警告说，照这样下去，他将被解雇。

张先生接到处罚报告后，感到十分委屈。他曾试图向陆先生解释原因，然而，每次陆先生都说太忙，没时间与他谈，只告诉他不许早退，并要求他提高工作效率。张先生觉得这位新上司太难相处，心情十分沮丧。

资料来源：康青．管理沟通教程．2 版．上海：立信会计出版社，2005.

第 1 节　群体及其分类

一、群体的概念

1. 群体的定义

群体（group）是指为了实现某个特定的目标，由两个或更多的相互影响、相互作用、相互依赖的个体组成的人群集合体。组织、群体和个体是不可分割的整体。群体介于组织与个人之间。管理部门所面对的群体不是散漫的个体。作为群体的一个显著标志是群体内成员在心理上是否有一定的联系，是否有共同的需要和共同的目标。

2. 群体的特征

（1）群体拥有一定的行为规范，群体成员要遵守这些行为规范，他们在行为上相互制约。

（2）群体成员相互联系，相互影响，直接接触，相互作用。

（3）群体成员相互依赖，形成一个整体，具有群体意识和归属感，意识到自己是群体的一员。

（4）群体成员在群体内占有一定的地位，扮演一定的角色，为完成共同的目标而分工协作，具有组织性。

3. 群体的心理效应及行为趋向

由单个的个体组成的群体具有不同于个体的心理和行为特征，形成群体的心理效应和行为趋向。

从心理效应看，群体成员间的相互影响会产生以下三个方面的心理效应：

（1）群体价值观。群体成员在长期的活动中会逐步形成共同的价值取向，即以共有的价值评价为基础看待组织中的人和事。这种群体价值观一经形成，将对群体成员产生无形的巨大影响，群体成员受群体价值观的制约和指导。

（2）群体凝聚力。群体一经形成，将对群体成员产生一种吸引力，也就是群体成员对群体的向心力，它是群体价值观和行为准则一致的反映，是群体得以存在和发展的必要条件。这种凝聚力来自群体成员的归属感（群体成员彼此体会到同属某一群体，一致对外，为共同的荣誉而高兴，与共同的敌人做斗争）、群体认同感（群体成员对一些重大原则问题所持有的共同的认识和评价）、群体角色感（群体内某一成员因长期担任某种角色而逐步形成的特有的心理习惯，其言谈举止、思想方法均打上“角色”的烙印）、群体力量感（群体对其成员行为的正强化使其正确行为得到鼓励而产生力量感）。

（3）群体责任感。群体成员在实现群体目标中逐步形成的对群体生存与发展的责任观念和对所担任角色的明确认识，在行动上表现为认真履行职责，关心群体，为群体发展贡献力量。

从行为趋向看，群体对群体成员行为方式产生四个方面的作用：

（1）社会助长作用，即生活在群体中的个体在与其他成员交往过程中有助于消除单调、沉闷的心理状态，有利于激发积极的工作及活动动机，提高工作和活动效率。

（2）社会致弱作用，即个体在大众面前感觉不自在，感到拘谨，有所顾虑，从而影响行为效果。

（3）行为趋同作用，即生活在群体中的个体在个性差异方面逐步变小，受群体规范的影响其行为逐步趋向于同一标准。

（4）行为遵从作用，即个体按照社会要求、团体规范或别人的意志而做出的行为。这种遵从行为来自两个方面情况的影响：一是在一定的有组织的团体规范影响下的遵从；二是对权威人物的遵从。

二、群体的分类

群体的类型很复杂，按照不同的标准可以对群体做出不同的分类。

（1）按群体构成的原则和方式，可以把群体分为正式群体和非正式群体。正式群体（formal group）是指有明文规定的，由一定社会组织认可和组织结构确定的职务分配很明确的群体。非正式群体（informal group）是指没有明文规定，没有正式结构，不是由组织确定，而是在成员的某种共同利益基础上，为满足社会交往的需要，在工作环境中自然形成的群体。

再进一步细分，正式群体可分为命令型群体（command group）和任务型群体（task group）。命令型群体是指直接对某主管负责、向某主管报告工作的下属同其主管之间构成的群体。比如工厂厂长与各部门负责人之间、车间主任与所属各班组长之间、各班组长与工人之间、医院护士长与各职能护士之间所构成的群体，都是命令型群体。任务型群体是指为完成某项工作任务或课题而在一起工作的群体。它也是由组织结构决定的，由来自组织各个部门、各个层次的人员组成。如为筹备一个大型的会议而成立的一个会务组，下设文秘处、接待处、宣传处、医疗处、安保处等，因而该会务组吸收了办公室、公关部、安保部等单位或部门的人员参加。如对一个破产企业进行清算而成立的清算小组，由来自财务、审计、设备管理、法院等方面的人员组成。

非正式群体可分为利益型群体和友谊型群体。利益型群体（interest group）是指为了某个共同关心的特定目标而走到一起的人。如失业自救群体，是由一群为摆脱失业寻找就业机会相互提供帮助而走到一起的人组成的。友谊型群体（friendship group）是指那些因为兴趣、观点等相同或相近而走到一起的人，如摄影小组、书画协会等群体。

（2）按联系的紧密程度及发展的水平划分，可以把群体分为松散群体、联合体和集体（集合体）。松散群体是指人们只在时间和空间上结成群体，但群体成员之间并没有共同活动的内容、目的和意义，如同一车厢的乘客、同一病房的病人、同一商店购物的顾客等。松散群体进一步发展可能成为联合体。联合体的特点是参加这种群体的成员有着共同活动的目的，但这种共同活动都只有个人意义。集体是群体发展的最后阶段，其重要特征在于，集体的存在不仅对个人有意义，而且对整个社会有意义。它的目的与社会要求的根本利益一致，对社会对人类都有积极有益的作用。集体的活动具有广泛的社会意义，真正的集体应该兼顾个人、集体和国家三者的利益。因此，集体具有组织性和心理上的团结一致的特点。任何集体都是群体，但不是任何群体都可称为集体。

（3）按群体的开放程度划分，可以把群体分为开放型群体和封闭型群体。开放型群体的成员变动频繁，来去自由，成员间的权力与地位不稳定，与外界联系较密切，内部联系相对松散。封闭型群体的成员相对稳定，变动较少，内部权力与地位明确，成员等级关系严格。一般来说，封闭型群体思想相对保守，对外界新事物接受较慢，有的甚至有抵触情绪；而开放型群体吸收新思想和新人才较快，对外部环境的适应性较强，但不适于完成长期任务。

（4）按群体在社会上发挥作用的大小，可以把群体划分为参照群体和一般群体。参照群体又称标准群体或示范群体。这种群体的标准、目标和规范可以成为人们行为的指南，成为人们努力追求达到的标准和学习的榜样。如以某英雄模范人物命名的班组、车号，或某些英雄模范群体，这些群体起着无形的典型示范作用，人们会把自己的行为与这些群体的标准进行对照，如果不符合这些标准，就改正自己的行为。参照群体在社会上发挥着表率作用，其标准和目标成为人们的向往和追求。相对于参照群体而言，一般群体是指那些大量存在于社会上的不足以成为人们行为楷模的普通群体。

（5）按群体规模的大小，可以把群体划分为大群体和小群体。这种划分具有相对的意义。车间相对于工厂是小群体，相对于班组是大群体。一般地，大群体包含许多小群体。小群体更多是指成员有直接的、个人间的、面对面的接触和联系的规模较小的群体，这些群体的成员容易在感情上和心理上接近。

（6）按群体是否实际存在，可以把群体划分为假设群体和实际群体。所谓假设群体是指实际并不存在，只是为研究、分析问题的需要划分出来的群体，所以也叫统计群体。假设群体可以按照不同的特征来划分，比如，按年龄划分，一个单位的成员可以划分为青年人、中年人、老年人三种群体。同年龄的人可能没有直接交往过，甚至互不相识，但共同的年龄特点可能使他们有共同的社会心理特征。所谓实际群体是指客观存在的群体，群体成员之间有着直接或间接的联系，由共同的目标和活动而结合在一起，如同一班级的学生、同一班组的工人。

三、正式群体与非正式群体

把群体划分为正式群体和非正式群体，对研究组织行为具有特殊的意义。正式群体和非正式群体是根据群体建立的原则和方式来划分的。这种划分最早是由美国心理学家梅奥在霍桑实验中提出的。

正式群体是一个具有明确的共同目标、专门分工和部门分工，并在有意识的协调体系和固定结构的形态下，由相互作用和相互依赖的人员组成的群体。正式群体具有目标明确性、组织结构严密性、权力的强制性、工作的高效性、步调的一致性、人员的替代性等特点。其构成要素包括职位、部门等。

正式群体有以下几个系统：第一，职能化系统，人们有可能实行专业分工；第二，有效的激励系统，引导成员自觉地做出贡献；第三，权力（权威）系统，导致集体成员去接受管理者的决定；第四，决策系统，为组织的发展指引方向。

非正式群体是一种未经官方规定的自然形成的无形群体，其成员之间也有一定的相互关联的结构和准则，不过，它不是由外部力量规定的，而是由群体内在因素约定的。成员的行为受群体内部自然形成的常规调节。其形成可能是由于在一定时期内，某些人有某种共同的利益、共同的观点、相同的社会背景，有类似的生活经历或生活在邻近地区，也可能是由于有相同的爱好和兴趣，等等。总之，它是利益、情感、爱好、信仰、友谊、亲缘的产物。非正式群体具有形成的自发性、活动的自觉性、相互关系的自由性等特点。这种群体一般有不成文的群体规范，影响着群体成员的行为；有自然形成的领袖人物，在成员中享有影响和威望；有有效的奖惩办法，违反者会受到群体的冷落、蔑视和排斥；有一条灵敏的迅速传播信息的渠道；有较牢固的情感纽带，有明显的情绪色彩；有自卫性和排他性；有相对的不稳定性。

在任何一个组织里，在正式的法定关系下存在着大量非正式群体，从而构成更为复杂的社会关系体系。非正式群体对于生产效率、工作满意都具有强大的影响。无论是正式的还是非正式的群体，对于一个组织的活动都是不可或缺的，恰如车之两轮、鸟之两翼，缺一不可。

非正式群体的存在是客观的。从其性质和作用来看，既有积极的，也有消极的甚至破坏性的。从积极的方面看，非正式群体可以作为正式群体的补充，满足人们交往、归属、友谊等心理需要，满足群体成员及时了解组织内外情况、沟通信息的需要，可以发挥实际的影响力，成为正式群体凝聚力的填充剂。从消极方面看，非正式群体容易对组织产生抵触情绪，甚至形成与正式群体相对立的群体力量；可能由于同组织目标不一致而影响组织目标的实现，影响工作效率；容易传播小道消息，甚至制造谣言；容易形成小圈子、小团体、小帮派，不利于组织的团结和组织机体的健康发展。

组织领导要像重视正式群体一样重视非正式群体。既不能回避、拒绝，让非正式群体自生自灭，也不能简单地禁止、取缔，而是要分清不同情况，对积极的，支持、提倡、鼓励；对中间的，注意引导；对消极的，密切注视，采取措施，防止质变、恶化；对破坏性的，要打击主要成员，教育他人。对非正式群体中的领袖人物，要善于运用其长处，通过诱导、创造条件，使非正式群体的目标与组织目标相一致。实践证明，如果正式群体的领导者同时也是非正式群体的领导者，往往会收到良好的效果。

第 2 节　群体发展和群体功能

一、群体的发展

群体不是静止的，而是不断变化发展的。20 世纪 40 年代末以来提出了不少关于群体发展的理论，其中比较完善的是塔克曼（Tuckman）在 1965 年提出的观点。塔克曼认为群体发展要经历四个阶段：形成阶段、风暴阶段、正常化阶段、发挥作用阶段（见图 7－1）。

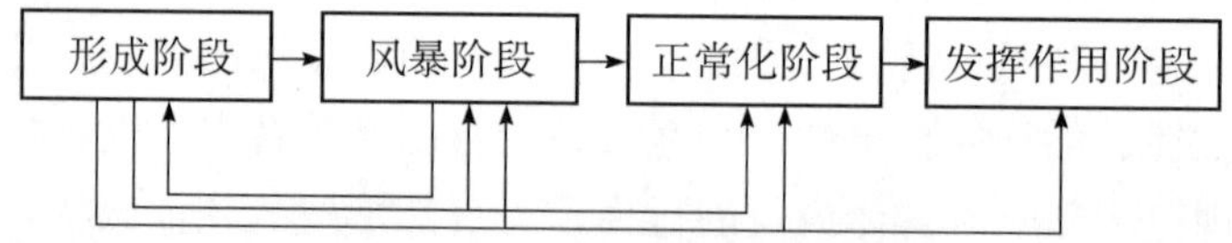

图 7－1　塔克曼群体发展阶段

还有人把群体发展归纳为五个阶段：形成阶段、震荡阶段、规范化阶段、执行任务阶段、中止阶段（见图 7－2）。

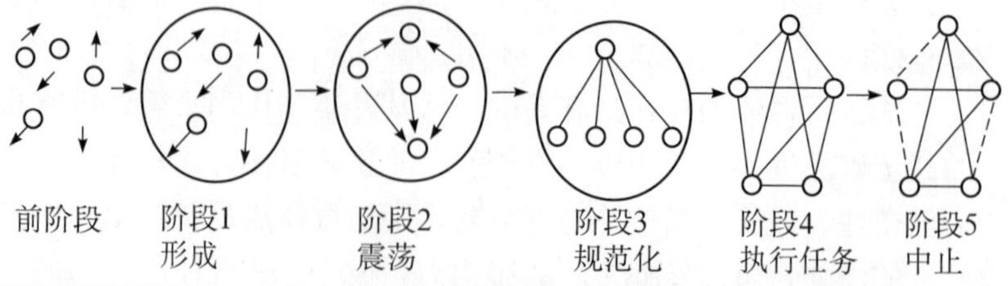

图 7－2　群体发展五阶段论

第 1 阶段：形成（forming）阶段。群体的目的、结构、领导都不确定。群体成员各自摸索群体可以接受的行为规范，关心什么样的行为能被群体所接受，什么样的行为不能被接受，他们开始互相熟悉，了解彼此的特点。

第 2 阶段：震荡（storming）阶段。群体成员接受了群体的存在，但对群体加给他们的约束仍然予以抵制，成员因为权力和地位的分配而产生分歧和敌意，领导者的意图很难顺利贯彻。

第 3 阶段：规范化（norming）阶段。这时群体成员之间开始产生亲密的关系，群体表现出一定的凝聚力。群体成员交换信息，分享感受，分享成功的喜悦。群体结构相对稳定。这一阶段群体容易陷入“群体意识”，即群体由于内聚力过高而对反对意见置之不理，根本不考虑其他可供选择的行动方案，群体认为它本身完美无缺、不可取代，因此可能导致犯错误和群体绩效下降。如果这个阶段群体成员在感情上相互支持，在思想上允许争鸣，那么群体就可以避免群体意识，同时又保持内聚力。这样的群体将很有绩效。

第 4 阶段：执行任务（performing）阶段。这时群体成员彼此相互依赖、相互合作，彼此能进行顺利的沟通，群体成员相互关心，又各抒己见，体现出既有民主又有集中，既有批评又有心情舒畅的良好风气。群体成员了解自己对群体应尽的职责和所起的作用。这时的群体是一个成熟的、充分发挥作用的群体。

第 5 阶段：中止（adjourning）阶段。在这一阶段，高绩效不再是压倒一切的首要任务，群体准备解散，成员的注意力放到了群体的收尾工作上。群体成员的反应差异很大。

在这五个阶段中，每个阶段都可能产生高绩效。在某些情况下，高水平的冲突可能导致较高的群体绩效。比如第 2 阶段的绩效有可能超过第 3 和 4 阶段。上述五个阶段并非总是依次进行，有些阶段可能同时进行；群体也并非总是从一个阶段向前发展到另一个阶段，而是有可能退回到前一阶段。

在群体的发展过程中，群体成员也逐渐经历着角色的社会化过程。角色的社会化过程是指群体成员适应角色要求、接受群体行为规范、符合群体发展需要的过程。任何一个群体成员在群体中都担任着群体赋予的一定的角色，群体成员在群体中所处的地位以及与这种地位、身份相一致的一整套权利义务的规范和行为模式，是群体对具有特定身份的人的行为期望，构成了群体的基础。社会群体就是由群体角色间的相互联系构成的。

在群体内，成员适应角色、接受群体行为规范、行为模式的过程就是群体的社会化过程。它包括两个方面：一方面是个体自身在群体中适应环境，学习群体文化，学习担任社会角色，把自己同所在的群体、组织一体化，成为符合群体要求的社会成员的过程；另一方面是群体要生存与发展，必须使群体新陈代谢，使新的成员不断接受群体价值观念，学习各种知识、技能和行为规范，使群体具有向心力和凝聚力。

角色定位的社会化内容包括以下几个方面：

（1）教给群体成员知识、技能。使群体成员接受促进群体生存、发展所必需的生产、经营、管理技能，使群体成员具有适应环境的能力，掌握为群体做贡献所需的知识和本领。

（2）教给群体成员社会规范。通过各种形式的教育培训和舆论力量，使成员逐渐形成群体所要求和倡导的信息、习惯、传统，用以约束自己的行为，调整个人与组织、个人与个人、群体与群体之间的社会关系。

（3）使群体成员明确群体发展目标。通过群体成员间的相互影响和系统教育以及成员自己的社会实践，逐步接受群体发展目标，使个人自身发展目标同群体发展目标统一起来。

（4）培养群体成员的社会角色。这是社会化的最后成果，指为组织培养符合组织要求的群体成员，使其在组织生活中担任一定的角色，肩负一定的职责，按照组织的规范行事，完成组织交给的工作任务；同时，敢于创新，具有开拓精神，在群体和组织中发挥重要作用，做出自己的贡献，促进群体与组织顺利发展。

二、群体的功能

由于群体是介于组织和个体之间的人群结合体，因此，它的功能也表现在两大方面：一方面是完成组织任务，另一方面是满足群体成员的心理需求，制约成员的行为和沟通、激励成员。

完成组织赋予的任务是一个群体对组织来说最主要的功能。一个组织为了有效地达到目标，必须将任务分配给有关的群体去执行。群体为完成组织任务，就要设立工作目标，收集资料与意见，订立工作实施方案，进行决策，从事人力协助，进行可行性研究和工作检查。

人具有社会性，每个人在一定的群体中生活和工作，都有得到群体评价的欲望，都有一种对群体的依赖和归属感。群体可以满足成员下列心理需求：

● 获得安全感。个体在群体中可免于孤独、寂寞、恐惧感等。

● 满足自尊的需要。个体在群体中的地位，如受人欢迎、受人尊重、受人保护、承认他的存在价值等，能满足个体自尊的需要。

● 增强自信心。在群体中通过成员交换意见得出一致的看法，可使个体将某些不明确、没有把握的看法弄明白，从而增强自信心。

● 增加力量感。个体在群体中与其他成员相互支持，相互帮助，相互依存，能够使个人具有力量感。

群体还可以成为进行有效信息沟通的窗口。在群体里，人们可以利用各种正式和非正式渠道，互通信息，交换情报，沟通与各方面的联系。

群体还能协调人际关系，促进成员间的相互激励。群体可以有针对性地做好成员的思想工作，化解隔阂和矛盾，促进成员间思想和感情的交流，激发成员你追我赶、奋发向上、团结互助地完成组织目标。

群体还有制约个体行为的功能。心理学的有关研究认为，改变个体的不良行为，如果单纯从个体出发，往往效果不佳，要改变一个人的行为，可以借助群体的影响和压力，从外在舆论、环境上改造人的行为。

第 3 节　群体动力理论

库尔特·勒温提出了群体动力理论。该理论认为，个体的行为（B）是其内在需要（P）和环境外力（E）相互作用的结果，可以用函数式 $B=f(P,E)$ 来表示。

所谓群体动力理论，就是论述群体中的各种力量对个体的作用和影响的理论。勒温及其后继者通过实验研究，发现了以下群体动力的存在和作用。

1. 群体领导方式动力

群体的领导方式不同，表现为专制型、民主型、自由放任型，其成员的行为表现也不同。勒温认为在专制型领导方式群体中，成员多有攻击性言行、引人注目的出风头行为，使用“我”而不是“我们”的频率高，有推卸责任、做给领导看的行为，对群体活动缺乏满足感；在民主型领导方式群体中成员的表现则相反，而且同一个成员一旦从专制型领导方式群体调入民主型领导方式群体，其行为就立即发生变化。

2. 群体组织形式动力

勒温及其追随者发现，在欧洲战场上被德国人俘虏的美国士兵，反抗情绪和逃跑率都很高；而在朝鲜战场被中国人俘虏的美国士兵，反抗情绪和逃跑率都很低。心理学家沙因于 1956 年对此进行研究，认为这种行为反差是由群体组织形式造成的。在中国战俘营中，看守人员与战俘的伙食、医疗条件平等，战俘经常调动而组成新的战俘群，有意识地让被俘士兵管理被俘军官，战俘被提审后不再回原来的战俘群。在纳粹德国的战俘营中，组织管理方法与中国的恰好相反，因此导致了战俘行为的不同。这一现象在管理领域也有借鉴意义。

3. 群体结构性质动力

威尔逊等人将 36 名大学生分成两组进行实验，甲组成员都是以安全需要为优先需要而自尊需要较低的学生，乙组则是注重自尊需要而安全需要较低的人。结果表明，甲组在平等型群体中的生产率低，而在层次型群体中的生产率高；乙组生产率的高低则正好相反。可见，成员行为取决于个人需要类型和群体领导方式如何搭配。

4. 群体公约动力

勒温 20 世纪 40 年代曾就公约改变人们行为态度的有效性做过一系列实验，如怎样改变美国家庭主妇不喜欢用动物内脏做菜的习惯。试验结果表明，群体的公约规则，比一般性的宣传说服更能改变群体成员的行为。

5. 群体多数动力

社会心理学家阿什（S. E. Asch）于20世纪50年代通过多次实验证明：对于用来做实验的问题，如群体中只有一个成员故意给出错误答案，就会产生群体压力，被试者接受错误答案的比例达13.6%；若有3个成员故意答错，被试者接受错误答案的比例就上升为31.8%。

故事与启示

“习惯”的从众行为

一位名叫福尔顿的物理学家，由于研究工作的需要而测量出固体氧的热导率。他运用的是新的测量方法，测出的结果比按传统理论计算的数字高出500倍。福尔顿感到这个差距太大了，如果公布它的话难免会被人视为标新立异、哗众取宠，所以他就没有声张。没过多久，美国的一位年轻科学家，在实验过程中也测出了固体氧的热导率，结果同福尔顿的完全一样。这位年轻的科学家公布了自己的测量结果以后，很快在科技界引起了广泛关注。福尔顿听说后以追悔莫及的心情写道：“如果当时我摘掉名为‘习惯’的帽子，而戴上‘创新’的帽子，那个年轻人就绝不可能抢走我的荣誉。”

资料来源：王永泉，方宏，李桃．组织行为学．长沙：湖南大学出版社，2015.

第4节　群体行为及群体性事件

当前，我国的社会发展在面临新机遇的同时也面临诸多新挑战。社会矛盾日益凸显与公民权利意识日渐觉醒相互交织，引发了一些群体性事件，已成为影响社会稳定最突出的社会问题。探讨群体性事件发生的成因，研究预防和减少群体性事件的对策，已经成为当前乃至今后一个时期维护社会稳定的重要课题。

一、群体行为

群体行为是人们无意识地以“集体规范或多数人意见”为准则进行一致行动的现象。群体行为普遍存在于社会生活的各个领域，比如网民追捧“犀利哥”等社会群体性事件，就是群体行为的例子。股市泡沫或大崩盘中，投资者跟随其他人一起不顾一切地买入或抛售股票，完全不顾股票本身的价值，就形成了疯狂的股票交易群体行为。群体行为的两个突出特点是“少数跟随多数”和“无意识”。前者指个人在群体决策中失去独立判断力，以一种从众的心理跟随大多数人行动；后者指个人跟随群体的行动并不是有意的，而是失去独立思考能力后陷入一种无意识状态。对于群体行为的“无意识”，德国文学家弗里德里希·席勒曾评价说："任何一个人，作为个体来看，都是足够理智和通情达理的，但是如果他作为群体中的一员，立刻就成为白痴一个。"人们为什么会放弃自己的想法，甘愿像白痴一样服从大多数人的意见呢？主要有两个原因。首先是为了"合群"，怕被群体抛弃。自然界中弱者都有集体行动倾向以团结力量抵抗更高物种的进攻，如"羊群""马群"等。作为社会性动物的人也不例外，天生具有与大多数人行动一致以寻求安全性的合群心理。其次是信息不足，觉得别人可能掌握自己没有的信息，因而效仿大多数人的做法更保险。不管你是学者、商人、政客、士兵还是平民，都会在特定的情形下成为群体行为的一员，这在心理学、社会学等诸多领域都得到了印证。群体行为的无意识带来一种冲破压抑、胆大包天、法不责众的快感。

二、群体性事件的性质和类型

1. 性质

群体性事件有理性的积极的一面，也有非理性的消极的一面。群体的非理性事件具有如下特点：数量快速上升；严重性在上升；影响力在上升；维稳的成本也在大幅度上升。

2. 类型和特点

根据参与者的身份特征、事件发生机制、发展逻辑及社会后果等方面，可以将群体性事件分为三大类。

第一类是事关民众权利和利益纠纷的。如提升劳动福利待遇、提高移民补偿标准、抗议企业污染环境、追究医疗责任、要求查明亲属死因、抗议涨价等。在群体性事件中有 80%以上是权益维护型的。这类群体性事件有四个特点：一是争利不争权，是利益之争不是权力之争。二是反应性大于进取性。一般来说，就是你不找它的麻烦，它就不会找你的麻烦，它不会主动找碴。三是目标的合法性与行为的非法性共存。这种群体性事件的行为处于一种灰色地带，即合法与非法之间，你说他合法，他有可能堵塞交通，但一般很少有打砸抢烧的行为；但你说他不合法，也不尽然。

第二类是社会泄愤事件。这是目前中国群体性事件中一种较为特殊的类型。民众有愤怒情绪，有暴力行为，但并没有政治口号，没有政治上的诉求，只是为了发泄。其基本表现就是：大多数参与者与事件本身没有直接的利益关系，主要是表达不满，是以发泄为主的一种"泄愤冲突"。这类群体性事件也有四个特点：一是没有明确的组织者，找不到磋商对象。你不要看它一下子来了一两万人，但是并不是有组织的动员。绝大多数参与者与最初引发的事件并没有直接利益关系，主要是借题发挥，表达不满。二是参加的人并没有明确的利益诉求，只是说为了维护社会治安、为了公正等。三是因一些偶然事件引起，没有个人上访或行政诉讼等征兆，突发性极强，失实或错误信息的传播使事态扩大。四是没有规律意识和底线，有打砸抢烧等违法犯罪行为发生。社会泄愤事件的发生具有复杂的群体心理原因，事件过程中存在明显的借机发泄、逆反、盲从、法不责众等心理。

第三类是社会骚乱型事件。其最大的特点就是它的目的是无辜的。如 2008 年 9 月底，在湘西发生的非法集资引发的动荡就具有骚乱性质。不仅把政府机关的牌子砸了，还把与案件根本无关的商店抢了。骚乱最大的特点是针对的目标无关性。在这一类群体性事件中，有一种是敌对性的。如乌鲁木齐“7·5”严重暴力犯罪事件。从某种意义上说，群体性事件是一种反社会行为，它能在一定时间、一定范围内打破社会活动的有序性和社会关系的协调性，使社会生活处于波动之中，进而破坏社会的和谐稳定。

3. 群体性事件的深层原因

群体性事件是多种因素造成的。

（1）民怨太深。冰冻三尺，非一日之寒。事实上，一些群体性事件突然爆发出来，实乃多年矛盾蓄积而致。2009 年 12 月 21 日，中国社科院发布 2010 年《社会蓝皮书》，指出 2009 年群体性事件仍然保持着多发的态势，这是因为一些地方在加速发展和转型的过程当中，积累了很多历史上的矛盾和问题，这些问题得不到及时解决，造成的民怨太深。“民怨”一词首次出现在社科院年度报告上，而且用了“太深”作修饰，绝不是危言耸听。那么，怨民因何而生呢？首先是社会机制突变时，执政思维跟不上变化。对于中国社会的急剧转型，一些地方未能充分估计到这种社会矛盾，政府职能不做调整，社会结构因循守旧，管理方式一成不变，结果出现了社会分配不公、贫富差距拉大，民众深陷社保、住房、教育、医疗“四座大山”的体制性短缺重压之下，由个别不满转变成集体心理，出现“端起饭碗吃肉，放下筷子骂娘”的怪现象。其次是没有解决好科学发展观的问题。一些地方大搞 GDP 崇拜，以物为本，把“发展是硬道理”搞成了“增长是硬道理”。最后是民众的利益和权益受到了侵犯。比如在企业改制、房屋拆迁、土地征用、集资等方面，一些部门欠了民众很多债。欠债无疑会让民众生怨。

（2）利益分配关系失衡。城乡差距、地区差距、贫富差距明显，这是目前引发群体性事件很直接的原因。一些地方政府的公共政策天平发生了倾斜，弱势群体的发言权越来越小、声音越来越微弱。

（3）利益诉求渠道不畅。中国人民大学毛寿龙教授认为，“群体性事件发生的根本性原因在于个人无法找到协商机制和利益维护机制”。

（4）“小事拖大，大事拖炸。”不少地方苛求基层“不能出事”，不发生群体性事件、无大规模上访等就叫“稳定”，评价干部能力和政绩也以此为重要指标。所以，在矛盾初显时基层谁都不敢主动向上暴露问题、讲真话，拼命把负面消息压住，直至事情闹大了才向上级报告。“稳定”如果变成了一种“社会控制”，在实际操作中就成了“搞定就是稳定，摆平就是水平，无事就是本事，妥协就是和谐”。这必然导致群体性事件“小事拖大，大事拖炸”。

（5）事情闹大才有人管。老百姓通过正常渠道反映问题，有时得不到重视。只有矛盾积累，事情闹大，问题才能得到解决。

（6）政府角色定位出现偏差。现代政府的角色定位，应如著名行政学家罗伯特·登哈特所说："服务而不是掌舵"，应该是公共利益的捍卫者、公共服务的提供者和公共秩序的维护者，能够公平、合理地处理利害相关者的矛盾和冲突。但现实中有些基层政府的决策随意性大，对涉及拆迁征地、企业改制、移民安置、收入分配等事关群众切身利益的大事，常常是暗箱操作，不尊重民意。还有些基层政府没有摆正自己的位置，在市场经济的利益博弈中严守"政府中立"原则，反而把自己和强势集团捆绑在一起，"执政为民"的宗旨被异化为"为老板服务""为资本服务"，漠视了群众的正当权益。更有甚者，有的基层政府官员把自己当作商人，不惜采取各种手段与民争利，追求垄断利益、部门利益和个人利益的最大化。这种状况，必然是官官相护、官商勾结，严重损害了公众利益和公平正义法则。

（7）信息不畅。在贵州瓮安县"6.28"事件中，关于一个女学生死因及死亡事件处理的各种半真半假的信息，通过现代传播手段四处流传。不明真相的群众聚集起来，最后酿成群体性事件。

湖北石首事件几乎重演了瓮安事件。湖北某青年厨师跳楼死亡，政府宣布是非正常死亡，但是群众通过网络等各方面的渠道质疑到底是自杀还是他杀。后来政府通过尸检确认为是自杀，家属不相信，然后开始护尸行动，长达30个小时。开始时地区检验不行，然后到省里进行检验，最后也是酿成了上万人的群体性事件，发生了烧毁楼房、汽车事件，发生了严重的警民冲突。

（8）滥用警力，激化矛盾。一些地方官员在应对群体性事件时，倾向于走极端，延续"寻找敌人"的专政思维，简单粗暴地"扣帽子，揪辫子，打棍子"。面对危机，他们首先想到的不是努力化解矛盾，而是上升到"政治高度"，对事件超前定性，把群众利益诉求"泛政治化"：要么认定"一小撮别有用心的人挑唆煽动"，要么认定为"有黑恶势力操纵"，然后把公安机关推上一线，采取高压手段解决问题。

4. 预防和减少群体性事件的发生

群体性事件不仅造成经济损失，对社会秩序、人们的思想信念也会造成很大影响。更严重的是，当群体性事件此起彼伏时，政府的治理能力和治理方式将会受到拷问，政府的合法性也将受到极大伤害。因此，要采取妥善的对策，从根本上预防和减少群体性事件的发生，就要针对以上产生的原因，及时化解矛盾；采取切实措施，解决困难群众的实际问题；畅通民众的诉求渠道；加强法制教育，提高公民的法制意识；建立社会稳定风险评估机制；加强对政府官员的问责；提高舆论引导水平；慎用警力等。

◆ 关键术语

群体　正式群体　非正式群体　角色　社会化　群体的功能　群体动力　群体性事件

◆ 复习思考题

1. 什么是群体？群体有哪些类型？重视非正式群体在管理上有什么意义？

2. 如何理解角色的社会化过程？
3. 群体的功能是什么？如何有效地发挥群体的功能？
4. 群体动力理论的内容是什么？
5. 简述群体性事件及其产生的原因。

◆ 自我诊断

你知道你的工作群体社会化状态吗？

每个人入职后都有个群体社会化的过程，下面 10 句话是对群体社会化程度的表述，看看你自己和周围的同事的社会化状态。选择非常不同意、很难说和非常同意这三个选项中的一个来形容适合你的情况。

1. 资深人员把劝告和训练新进人员视为他们在公司中的主要工作职责。
2. 借由观察资深的同事，我清楚了解到自己在公司中所应扮演的角色。
3. 就工作而言，我没有从资深人员那得到很多指导。
4. 在公司中，我很难接触到曾经担任过我目前职位的人。
5. 通常我都得自己去找出在公司中恪尽职守之道。
6. 公司曾让我觉得我所具备的技术与能力对他们来说是非常重要的。
7. 我觉得几乎所有同事对我都很支持。
8. 我曾经为了在公司中被别人接受而必须调整自己的态度及价值观。
9. 我的同事曾不遗余力地帮助我适应这个公司。
10. 我觉得公司中的资深同事在我符合他们的期望之前，与我保持一定距离。

资料来源：Ricky W. Griffin，Gregory Moorhead. Organizational Behavior：Managing People and Organizations. Published by South-Western Cengage Learning，Ninth Edition，USA，2010.

案例分析

CCTV2《劳动与就业》栏目中的招聘事件

事件的经过是这样的。

三个女孩应聘一个职位，这三个女孩分别为小段、小周和小王。节目分三个阶段。

阶段测试 A：三个女孩都没有经过培训，分别为客人做茶道表演。

A 阶段观众评分：小周高；小段中；小王低。

A 阶段三人互评：小周给小段和小王每人 5 分。小段给小周 0 分，给小王 10 分。小王给小周 0 分，给小段 10 分。

（这期间，小段跟小王表现很亲密，两人都疏远小周，小周在主持人问及互评情况时，说出了小段跟小王对她有排斥心理，但被小段和小王否定。）

阶段测试 B：三人共同经过培训后，再次为客人表演茶道。

B 阶段观众评分和三人互评，都跟上个阶段一样，但是观众评分小周虽还是高于小段，但差距有所减小。而且小王跟小段明显结成了一个小集团（也就相当于我们日常工作中存在于正式群体中的非正式群体），并排斥小周于这个小集团之外。小周虽希望减少这种排斥，但明显无奈。

阶段测试 C：三人组成促销小组，轮流做小组长，按照自己的计划进行一次茶叶的促销活动。

（1）先是小段做组长，小段和小王一起做促销，招揽顾客，小段吩咐小周在一旁弹古筝，小周曾问小段她还要做什么，小段说随便，其间，小段跟小王不断耳语，有时冲小周努努嘴，并继续耳语。

（2）接着小周做组长，她给小段和小王分别布置了任务，让小王在附近发传单，小段在自己旁边给大家介绍茶叶，小周自己一边弹古筝招揽顾客，一边过来帮小段介绍茶叶。小周显然弹古筝时静不下心来，后来她发现小王发传单走出了自己的视线，就吩咐小段把她找回来。

（3）最后是小王做组长，大致重复小段做组长那一幕，而且小段和小王更亲密地咬耳朵。

C 阶段，主持人让三人互相指出其他两个人的缺点：小段和小王还是首先指出小周不信任她们和其他缺点，对另一个的缺点都是轻描淡写地说一下。小周则指出小段跟小王对她布置任务不合理，她自己主动要任务也没什么结果。

然后是 C 阶段专家点评，专家并没有同情小周，有一个评委还指出小周官不大，布置任务时还有官架子。然后给小段比较好的评价，小王得到的专家点评最次。

招聘结果是小段胜出。

资料来源：根据网络资料整理。

［分析］

1. 大家对这种工作中存在的正式群体（工作群体）中的非正式群体（小集团）问题是怎么看的?

2. 如果你就是节目中的小周，你有什么好办法改变自己在这种小集团中的被动地位?

3. 如果你是领导，你的手下有这种小集团，你怎么对待和处理?

第8章 群体人际关系与冲突

本章重点

- 社会中的个体或群体中的成员之间相互交往和联系的状态称为人际关系。
- 人际关系对群体、对工作效率和对人的身心健康都有影响。
- 洞察别人的需求与情感的能力是可以通过训练培养的。
- 管理者不应该压制冲突，而应该允许适当的冲突存在，恰当地处理冲突。
- 商业不仅仅是竞争，也不仅仅是合作，协同竞争才是最好的选择。

名人名言

一个组织是一部美妙的乐曲，不过，它不是单个人的音符，而是由人们之间的和声关系所谱成。

——彼得·德鲁克

引例

爱通公司里的员工关系

明娟不再和阿苏说话了。从明娟第一天到爱通公司上班，她就注意到了阿苏，阿苏总是表现得冷漠疏远。一开始，她认为阿苏是忌妒她的工商管理硕士学位、她在公司的快速晋升或者是她的雄心壮志。但是，明娟决心同办公室里的每一位同事都处好关系，因此她邀请阿苏出去吃午饭，一有可能就表扬他的工作，甚至还同阿苏的儿子保持联络。

但随着中西部地区营销主管的任命，所有这一切都结束了。明娟一直盯着这个职位，认为自己有很大的可能得到这个职位。她与同一级别的另三位管理人员竞争这个职位。阿苏不在竞争者之列，因为他没有研究生文凭，但阿苏的意见被认为在高层有很大的影响力。明娟的资历比竞争者要浅，但是她的部门现在已成为公司的核心部门，而且管理高层多次对她进行褒奖。她相信，若阿苏好好推荐的话，她能得到这个职位。

但马德最后得到了提升，明娟很失望。她未能得到提升就够糟的了，使她无法忍受的是选中的竟然是马德。她和阿苏曾戏称马德为“讨厌先生”，因为他们都受不了马德的狂妄自大。明娟觉得马德的中选对自己来说是一个侮辱，这使她对自己的整个职业生涯进行了反思。当传言证实了她的猜测——阿苏对决策的做出施加了重大影响——之后，她决定把同阿苏的接触降到最低限度。

办公室里的关系冷了下来，持续了一个多月，阿苏也很快就放弃了试图同明娟修复关系的行动，他们之间开始互不交流，仅用不署名的小便条进行交流。最后，他们的顶头上司威恩无法再忍受这种冷战气氛，把他们两人召到一起开了个会，“我们要待在这，直到你们重新成为朋友为止，”威恩说道，“至少我要知道你们究竟有什么别扭。”

明娟开始时不承认，她否认同阿苏之间的关系有任何变化。后来她看到威恩是严肃认真、誓不罢休的，只得说道：“阿苏似乎更喜欢和马德打交道。”阿苏惊讶地张大了嘴，吭哧了半天，却什么也说不出来。

威恩告诉明娟：“部分是由于阿苏的功劳，马德被安全地踢走了，而且以后你们谁也不用再想法对付他了。但如果你是对那个提升感到不满的话，你应该知道阿苏说了许多你的好话，并指出如果我们把你埋没到中西部去，这个部门会变得有多糟。加上分红的话，你的收入仍然与马德一样多。如果你在这儿的工作继续很出色的话，你就可以去负责一个比中西部地区好得多的地方。”

明娟感到十分尴尬，她抬头向阿苏看去，阿苏耸了耸肩，说道：“你想不想来点咖啡？”在喝咖啡的时候，明娟向阿苏诉说了在过去这个月里她是怎么想的，并为自己的态度向阿苏道歉。阿苏向明娟解释了她所认为的疏远冷漠实际上是某种敬畏：他看到她的优秀和效率，结果他小心翼翼，唯恐哪里阻碍到她。

第二天，办公室又恢复了正常。但是一项新的惯例建立起来了：明娟和阿苏在每天的 10 点钟一起去喝杯咖啡休息一下。他们的友好状态使周围工作的同事也从高度紧张中放松下来。

第 1 节　人际关系

一、人际关系及其重要性

生活在社会中的每一个人都要同他人发生各种各样的关系，这种关系经常受到各自的职务、心理特征的制约，并伴随一定的心理体验和反应。这种个体或群体成员之间相互交往和联系的状态称为人际关系。人际关系本质上是一种社会关系，这种特殊的社会关系不仅影响人们的心理状态，而且对社会群体的社会实践具有很大作用。正确处理人际关系，对于缓解紧张情绪，提高群体士气和工作效率，具有重要意义。

1. 人际关系对群体的影响

人际关系是群体的基础。人际关系是否协调反映出群体的好坏。群体内成员之间、成员与领导之间以及领导与领导之间的人际关系好，这个群体的内聚力就强；相反，人际关系紧张，矛盾重重，摩擦不断，群体就会涣散。

2. 人际关系对工作效率的影响

人际关系好，人与人之间感情融洽、心情舒畅，群体士气就能提高，成员就能发挥工作的积极性和创造性，从而提高工作效率。相反，人际关系不好，人与人之间关系紧张、互相猜疑、彼此戒备，就会影响工作效率。

心理学家克尔涅夫的实验提供了有说服力的例证。他在一家精密电子仪器厂选择了两个装配小组，其中一个是最差的班组（A），一个是先进班组（D）。把先进班组与落后班组比较后发现，在人际关系方面两种状态的班组存在很大的不同，如图 8－1 所示。

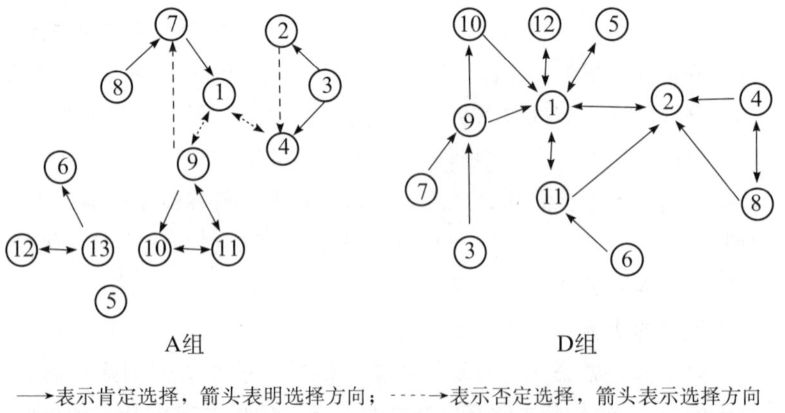

图 8－1　克尔涅夫的人际关系测量结果

A 组由 13 人组成。这个组生产指标一直很低，经常完不成生产计划。其人际关系状况十分糟糕。一是班组成员之间感情上互相排斥，彼此做了大量的否定选择（表示厌恶），而肯定的选择（表示好感）极少。这说明组内人员之间关系不好，矛盾重重。二是组长与组员之间关系紧张。组长①只得到一票的肯定选择，他自己没有对组内任何人做出肯定选择，却对⑨④做了两个否定的选择。三是组内存在排他性的小圈子。从图中可以看出，⑨⑩⑪三人之间做了相互肯定的选择。

D 组由 12 人组成。这个组在车间里情况是最好的。调查显示其人际关系是良好的：组内成员之间做了大量的肯定选择，没有否定选择。得票最多的是①和②，①是组长，②是共青团小组长，他们两个也彼此做了肯定的选择，这表明组内领导受到成员的爱戴，领导之间合作也很愉快。

3. 人际关系对人的身心健康的影响

我国著名心理学家丁瓒教授曾经指出：人类的心理适应，最重要的就是对人际关系的适应。所以，人类的某些疾病，如神经衰弱、高血压、偏头痛等，都与人际关系的失调有密切关系。人际关系环境协调了，心理疾病会不治而愈。在原始社会里，原始人主要同自然搏斗，人际关系单纯，所以，原始人很少患心理疾病。随着生产力的发展，社会组织结构层次增多，人际关系复杂，人们不仅体力和智力上要适应工作环境，心理上也要适应社会环境，所以，人们的心理疾病也越来越多。好的人际关系使人心情舒畅，身体健康，工作效率大增。管理人员必须重视改善人际关系，为群体成员创造一个轻松愉快的人际环境，这既有利于提高工作绩效，又有利于员工身心健康和自我发展与提高。

二、影响人际关系的因素

在群体中人与人之间关系的紧密程度有很大的差别，有的关系密切，不论大事小事，群体成员总要在一起交谈；而有的除了工作联系，其余时间互不往来。影响人际关系的因素主要有：

1. 人际因素

包括人与人之间的距离、交往频率及相似性等。地理位置越接近，越容易发生人际关系。同在一地居住，同在一个学校读书，同在一个单位工作，同在一栋楼房生活，彼此容易认识和了解，感情上也容易接近。

交往次数越多，越便于沟通信息，交流思想，进而联络感情，增进友谊，协调关系。如果“鸡犬之声相闻，老死不相往来”，自然不能建立亲密的人际关系。当然，不必要的交往也会使人感到厌烦，正像人们常说的“久聚难为别，频来亲也疏”。

人与人之间有着共同的理想、信念、信仰、喜好，或有相同的经历、遭遇、兴趣和对事物的态度，或双方可以满足对方的需要，也是形成人际关系的重要原因。

2. 社会因素

社会因素是影响人际关系的客观外在因素。社会经济发展水平、人们的生活方式及价值观念、社会风气、道德风尚等都直接或间接地影响人际关系。一般来说，社会经济文化繁荣，人民生活富足，社会风气好，人际关系就密切；相反，如果社会动荡，人心不稳，金钱至上，道德沦丧，你争我夺，人际关系就会恶化。

3. 组织文化因素

一个组织是工作型还是关系型；是强调做好工作，实现组织目标，还是强调搞好关系，形成和气的团体；是重视政绩和能力，鼓励通过扎实工作、勤劳创新来获得组织认可，实现自我价值，还是重视处理人际关系，靠拉票联系感情来获得认可，都会对人际关系产生不同的导向作用，也直接影响人们处理人际关系的方式。

4. 个人因素

在群体中，一个性格开朗活泼、心胸开阔坦荡、性情和善宽厚、富有同情心、能体谅他人的人，易受到其他成员的欢迎，因而也易同他人建立良好的人际关系。相反，一个性格孤僻、古怪、固执、高傲自大、目空一切、敏感多疑或感情贫乏、麻木不仁的人，就很难与人相处，难以形成良好的人际关系。

三、人际关系对个体行为的影响

人际关系建立的目的在于满足个人的种种需要，因此，人际交往也是为了通过彼此的交互作用来影响对方的态度，改变对方的行为以符合自己的愿望。比如，商品推销员与顾客建立人际关系，是为了想办法让顾客购买他的商品；管理人员与员工保持良好的人际关系，其目的是调动员工的工作积极性，实现组织目标；教师和学生建立良好的人际关系，是为了教书育人，教学相长。

人际关系的性质不同，对对方行为影响的有效性也有差异。美国芝加哥大学行为科学家莱维特研究指出，人际关系有以下几种类型，每种类型对行为的影响也不同。

1. 长期与短期的人际关系

人与人之间的交互关系依其时间的长短，可分为长期的和短期的人际关系。长期的人际关系如父母与子女、老师与学生、领导与群众的关系等；短期的人际关系如商品推销员与顾客、交通警察与违反交通规则者的关系等。

一般来说，在长期的人际关系中，彼此之间的影响作用出自彼此的依附关系，父母需要子女，子女也不能没有父母，而且相互影响的结果可以在长期的交互过程中随时得到反馈，因此，其影响的效果既深入又持久。比如，父母对子女行为的影响，正像俗话所说，“有其父必有其子”；老师的治学态度，可能会影响学生的一生，这叫“师承效应”。短期人际关系的影响作用则多源于外在因素，如法律、契约等，只能改变表面行为，不能影响其基本的态度。在商业关系中，老客户总比新客户对市场的开发和稳定更有利。

2. 交互双方力量的大小

人际关系是互相依赖的，但相互依赖的程度不同。若甲能满足乙需求的程度大于乙能满足甲者，那么甲对乙就会有较大的影响。比如，子女小时候，其生理与心理的需求依赖父母多，因此，父母对其子女的影响力就会大。现实中，为什么有的“近墨者黑”，有的“出於泥而不染”呢？这就是交互双方的影响力孰大孰小的问题。

3. 行为的规则

有关交互双方的行为规范，若有契约或法律明文规定，则对行为的影响就大。比如，一个人和某用人单位签订了合同，这个人的行为就要受到该单位规则的限制。夫妻之间有法律上的婚姻关系，夫妻对彼此的行为影响的程度就不同于只是订婚关系的男女。在一间教室里的老师和学生如果没有共同遵守的规则（如老师按时上课，学生认真听课等），相互之间行为影响的效果就会差。

4. 社会角色

个体在社会上扮演的角色极大地决定了谁对谁有较大的影响作用。比如，父母影响子女，老师影响学生，领导影响群众，一般被认为是适当和合理的。因此，个体的角色一旦有了改变，其影响的关系也会随之改变。

5. 个人与非个人的关系

交互双方的人际关系是以个人的私人关系为中心，还是以非个人的工作关系为中心，对于彼此有不同的影响作用。比如，以工作为中心的人际关系，若不加入个人的感情，从工作出发，事情就好办，一旦加入个人关系，事情就会变得复杂起来。但如果一方具有内在的影响力，则有时也可使事态顺遂，让对方信服。

另外，仪表影响也是融洽人际关系的一个因素。朴素、大方、整洁，能给人留下良好的印象，浓妆艳抹或邋邋遢遢常给人一种距离感。

四、改善群体人际关系的方法

群体成员之间良好的人际关系是增进群体效率的主要原因之一，而对人认识的正确与否直接影响着人际关系的好坏。尤其是领导者，如果不能洞察团体成员之间的真正需求与感情，就无法建立团体内良好的人际关系。观察团体中的成员可以发现，有些人善解人意，有些人往往只关心自己的地位和安全。还有些人只想引人注意，影响别人以至于与人交往时不能听取别人的意见，这样就容易导致误解，有意无意地伤害别人。

洞察别人的需求与情感的能力是可以通过训练培养的。下面介绍国外心理学家提出的有一定效果的几种方法。

1. 感受性训练法

感受性训练法有不同的叫法，如敏感性训练法、实验室训练法等，是指希望经由无结构性（即非标准化）的团体互助，来改变行为的一种方式。

训练方法不尽相同，一般是把受训者十二三人集中到远离日常工作场所的某个地方，配一名指导者（通常为行为科学家），但他和一般的教授角色不同，他要经常保持缄默，让所有参与者在没有地位高低的情况下都能自由地讨论。时间通常为两周。对受训者不布置特别的任务，没有一定的议程，只让他们自由交谈有关此时此地所发生的事，但不涉及工作上以及思想观念上的问题或自我差距。

因为训练采取非指导性，因此受训者开始不知何去何从，逐渐陷入不安、焦躁、厌烦、不快等情绪状态。让受训者从观察与参与中学习，而不只是说。专业指导者为参与者创造机会，让他们尽量表达意见。

通过训练，受训者体会到：在此时此地的情绪混乱状态中，慢慢会发现自己的本来面目，而平时对自己的愤怒、不安等情绪都不太愿意承认，或压抑不表露出来。了解了自己，同时也看到周围其他人跟自己一样陷入痛苦的情绪状态，慢慢就能够体会到别人的感情。

2. 角色扮演法

这种方法是要人们设身处地地去体会别人。在人际交往的过程中，假如每一个人都能站在别人的立场上多替别人着想，势必可以减少很多不必要的误会与冲突，维持彼此和谐的人际关系。角色扮演法，就是模拟某些现实的问题场景，让一个人扮演各种不同的角色，站在不同的立场处理事情，以期了解别人的需求和感受，从而改变待人的态度。比如，一个领导扮演群众的角色，听从他人的指挥，执行任务，有助于他了解运用权威的命令口吻将使人感到不愉快，进而改变说话的语气。

3. 会谈训练法

会谈训练法，即我们常说的对话，是指会谈者双方面对面意见沟通形成双向沟通系统。通过会谈，会谈者对对方的语言、行为、态度、反映的问题有所了解，为进一步开展工作提供依据，同时又增进了双方的人际关系。

会谈是一种艺术，它的客观评估标准很难确定。为了提高会谈效果，会谈者应该注意以下会谈技能：

（1）应放松自己。紧张的会谈者会影响对方的情绪。

（2）避免过度兴奋热心。过度兴奋热心的会谈者会给人一种华而不实的感觉，会影响对方的信赖感。

（3）鼓励对方吐露真情。有经验的会谈者一般都是少说多听，不时给予对方一些信息，比如点头表示同意，“说下去，这问题很有趣”，“放心告诉我”等。会谈者的真诚会换来对方的真言。

（4）采取缩小会谈范围的技术。所谓“缩小会谈范围的技术”，就是从谈论一般性问题开始，渐进谈论特定的问题。

（5）建立亲密友善关系之后，再询问引起争论的问题。有经验的会谈者，一般都是开始只谈论没有争议的问题，在会谈双方有了共同语言，建立了一些友善关系后，再谈论可能引起争论的问题。

（6）多提开放性的问题。开放性的问题容易引起对方的思考，而不只是简单地回答“是”或“不是”。比如，“你为什么关心社会问题?”要比“你关心社会问题吗?”更有效。

（7）避免多余的忠告。会谈者给予对方不必要的忠告，可能会引起对方的愤怒和反感。一般来讲，交谈双方都以平等、理解的身份交谈，会增强双方的情感。

（8）避免匆忙草率的判断。会谈者草率过早地下结论，会伤到对方的自尊心，加深双方的隔阂。

（9）利用“反射概要”，促进进一步会谈时的意见交流。所谓“反射概要”，就是对对方提出的问题，能解决的当面解决，不能解决的也要说明情况，而不失信于对方。

（10）应以建设性的语言结束会谈。良好的人际关系实践证明以积极的语言结束会谈，会给对方留下良好的印象。

第 2 节 群际关系及冲突

一、群际关系

群际关系是指群体与群体之间的关系。它是连接两个不同组织群体的桥梁。群际关系的效果和质量会显著影响到一方甚至双方的群体工作绩效以及成员的工作满意度。因此，我们不仅要研究群体内部的关系与冲突，而且要研究群际关系。

1. 影响群际关系的因素

影响群际关系的因素很多，找到这些因素，就可以对症下药，改善和优化群际关系，解决群际冲突，提高组织内部的整体实力。影响群际关系的因素主要包括：

（1）目标。目标是指所希望达到的最终状态，它表示了决策人的相对倾向性。不同群体的目标对群际关系产生强有力的影响。每一个群体或部门都有自己的目标和目标系，而这些目标都是为实现组织所规定的更大目标的子目标或辅助目标，每个群体或部门要实现自己的目标，需要其他一个或几个部门或群体的协作。比如，市场营销部门要实现营销目标，必须得到生产部门、财务部门、人事部门、研发部门的配合和支持。如果某一群体或部门同整个组织目标、同其他部门或群体的目标完全一致，那么各方就会通力合作，互相关心，互相帮助。这种情况对各方都有利。但事情往往并非如此，目标之间会存在冲突或暂时不一致的情况。比如市场营销部门的目标是吸引顾客，培养顾客忠诚，这就要求生产部门生产出质优价廉的商品，而生产部门的目标是降低成本，减少开支，以尽可能少的资源生产尽可能多的商品，这就不能保证产品质量。这样，生产部门同市场营销部门之间就产生了目标冲突。

（2）相互依赖性。群体之间具有关联性，每一个部门或群体都是同其他部门或群体相互依赖的。在一个组织内部完全不依赖于其他部门的群体或部门几乎不存在，只是这种依赖性的大小不同而已。而这种相互依赖性要求群体、部门之间相互协作，相互体谅，相互支持，否则就会产生冲突。比如，生产部门希望采购部门尽可能地多备货，以便在需要时能及时获得所需的原材料。而采购部门希望尽可能减少存货，以降低仓储费用。再比如，各部门的文档需要打字室又快又好地打印出来，但打字室人手有限，时间有限，他们需要休息，需要放松，不可能在任何时候、任何情况下都能满足其他部门的需要。

（3）资源。在一个组织内部，群体和部门不可能都去配备每种资源，而会共用一些公共资源，这样可以减少开支，提高公共财力的使用效率。但在使用公共资源时会出现谁先谁后、谁多一点谁少一点的矛盾。比如在很多单位并不是每个部门都配备汽车，汽车是公用的，根据各部门的需要派车。但是每一个部门都是站在本部门的立场上强调自身地位、任务的重要，强调自己的事更急。而在汽车有限的情况下不可能同时给每个用车部门派车，给谁派车就成了十分棘手的问题。类似的问题还有很多。如果这些问题得不到妥善处理，就会直接或间接地影响群际关系。

2. 管理群际关系的方法

群际关系分为纵向群际关系和横向（平行）群际关系。平行群际关系是指两个或两个以上相互依存、相互影响，但不是上下级关系的群体之间的关系。纵向群际关系指管理当局（行政当局）同员工群体之间的关系。对于纵向群体的管理方法，主要有选举工会代表通过工会反映与交涉、工人自治、设立行政主管接待日、实行共同协商和集体协商制度等。

对平行群际关系的管理方法主要有：

（1）制定规则。处理群际关系大量涉及规范化、程序化的问题，对于这类问题的处理，依据的是事先制定的各种规则，按既定程序操作。这是一种减少不确定性与费用开支和提高处理效率的简便方法。这种方法无法应付非规范、非程序化条件下发生的突发性的、意外的问题。

（2）层级管理。这种方法是指通过共同的上级、更高层次的主管协调两个以上群体之间的关系。当运用规则无法处理两个群体之间的关系时，可以将问题向上层主管汇报，由分管领导进行协调、干预和处理。这种办法可以节省处理问题的时间，但增加了上级主管负担。如果所有的问题都用这种方法解决，行政主管可能会陷入处理群际关系的烦琐事务之中。这就要求行政主管提高处理问题、协调关系的能力和水平。

（3）制定计划。主要是系统地制定各群体、部门的工作目标以及实现工作目标的步骤，进行有组织的系统的反馈，按既定步骤、办法执行计划，实施决策。群体按照工作计划，按既定方针、决策操作，可以减少群际摩擦，保持工作的衔接、连贯和一体化。但如果工作团体目标不清晰，或群体间密切联系在一起，或者不确定性增加时，仅靠计划就远远不够了。

（4）设立协调员（联络员）。协调员（联络员）是一种特殊的专门化的角色，其主要职责是促成两个或两个以上相互依存的群体之间的交往和解决问题。设立协调员可以当成一种克服层级管理和计划管理弱点的促进一体化的增长机制，它有利于同时了解两个部门的状况，运用两个群体的语言，站在公正客观的立场做出让两个部门都比较满意的决定。这种协调机制的最大挑战是对协调员的个人能力要求很高，他必须在交流信息、协调关系、做出决策方面都很出色。

（5）设立工作组。这种工作组是依据出现的问题，由相互依存的群体推出代表组成的一个特别的临时性的群体。工作组解决涉及几个部门的综合性问题，问题得到解决后，工作组即解散，工作组成员回到各自的工作岗位。这些工作组成员在一起交流和传递信息，提出解决问题的意见并共同做出决策。工作组方式有利于解决涉及面广的、复杂的、需要集中解决的综合性问题。

（6）设立综合协调部门。如果群体间的关系过于复杂，前面的协调手段又难以奏效，或者遇到了经常出现的处理时间长、沟通涉及范围广的大问题，就需要综合协调部门作为常设机构，以处理群体冲突，分配稀缺资源，应付突发事件。这种部门费用较高，通常只用于庞大且群体较多的组织，或是针对某些特殊的棘手问题。

二、冲突及其管理

1. 冲突的概念及有关冲突的观点

冲突是社会生活中普遍存在的各种矛盾的反映，指两个或两个以上的社会单元在目标、利益、认识上互不相容或互相排斥，产生心理或行为上的矛盾，从而导致抵触、争执或攻击事件。

传统观念认为冲突总是坏事，有消极和破坏作用，会导致管理人员分心，影响员工士气，造成压力、困扰、紧张和破坏性后果，是管理不善的表现。

现代组织管理理论认为，冲突是任何组织都不可避免的，既有消极的一面，又有积极的一面，既有破坏性冲突，又有建设性冲突。凡有利于达成组织目标的冲突，是建设性冲突；凡对达成组织目标有阻碍作用的冲突，是破坏性冲突。冲突在给组织造成潜在消极后果的同时，也可能成为组织变革的催化剂，它促使组织重新评价组织目标，发现那些过去一直忽视的问题，并促使组织打破现状，革新创造。对冲突的长期压制会导致矛盾激化，使人们暗地里互相拆台，削弱对方，造成内耗，不利于问题的解决。管理者不应该压制冲突，而应该允许适当的冲突存在，恰当地处理冲突。

2. 冲突的类型及其原因

从冲突发生的范围看，有三种类型的冲突：个人的心理冲突、群体中个人之间的冲突以及群体之间的冲突。

（1）个人的心理冲突。个人的心理冲突是指当一个人面临两种互不相容的目标时，感到左右为难的一种心理体验。心理学家勒温按照接近和回避这两种倾向的不同结合，把个人心理冲突划分为四种类型。

1）接近-接近型冲突。这是指一个人同时想达到两个相反的互相排斥的目标。由于这两个目标本身背道而驰、不可兼得，所以它们不可能同时实现，这就会引起内心的矛盾。这种冲突的基本模式如图 8－2 所示。

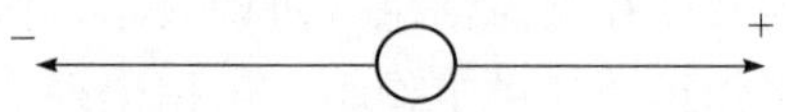

图 8-2　接近-接近型冲突

说明：“○”代表个人，“+”“-”代表目标，箭头表示一个人想达到或接近目标的方向。下同。

2）回避-回避型冲突。当一个人面临两个需要同时回避的目标时，会产生回避-回避型冲突，在这种情况下，这个人认为两种目标都是他人或社会强加的，都不愿接受。这种冲突的基本模式如图 8-3 所示。

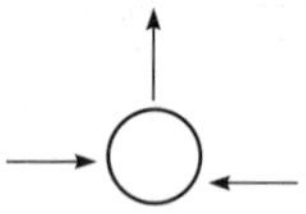

图 8-3　回避-回避型冲突

3）接近-回避型冲突。当一个人想要接近一个目标，而同时又想回避这一目标时，即产生这种冲突，即既希望获得，又担心遇到风险，害怕承担责任或付出代价。这种冲突的基本模式如图 8-4 所示。

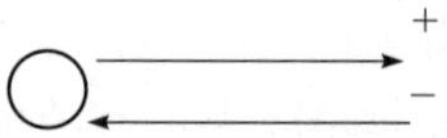

图 8-4　接近-回避型冲突

4）双重接近-回避型冲突。它是两种接近-回避型冲突混合而成的一种复杂模式，如图 8-5 所示。

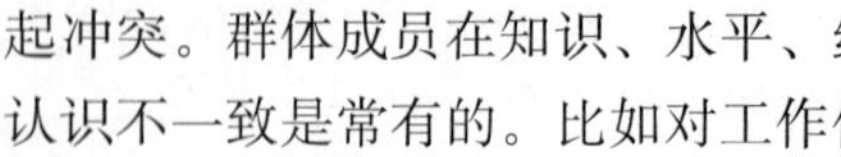

图 8-5　双重接近-回避型冲突

（2）群体中个人之间的冲突。群体中个人之间的冲突多种多样，冲突方式不尽相同，原因错综复杂。

不同的认识可能引起冲突。群体成员在知识、水平、经验、经历等方面都存在差别，对同一问题的认识不一致是常有的。比如对工作任务的分配、目标的设立意见不一致都会造成冲突。

群体成员的价值观不同可能引起冲突。价值观是人们对周围事物的是非、好坏、善恶的评价。在同一群体内，有的成员注重荣誉地位，有的注重工作成绩，有的以经济实惠为重。不同的价值观可能在如何处理某个问题上发生冲突。

信息来源不同引起冲突。由于信息来源不同，掌握信息的多寡不同，对信息的理解不同，可能引起冲突。比如，行政主管掌握的信息一般多于其他成员，在做出决策时由于掌握信息的程度不同，可能造成做出的判断和决策不一致。

思想意识不同可能引起冲突。群体成员由于思想观念、生活方式、自身地位和职责、所关心的利益、兴趣各不相同而产生意见分歧甚至冲突。

心理行为习惯的不同引起冲突。人的心理习惯是多种多样的，每个群体成员都有独特的心理习惯，有的内向，有的外向，有的性格暴躁，有的性格温和，有的爱静，有的好动。他们之间难免存在冲突。

（3）群体之间的冲突。各部门、各群体由于任务不清、职责不明、奖惩不公等，常常互相牵制、埋怨和扯皮，从而导致群体之间的冲突。造成群体之间冲突的原因主要有：

1）工作原因。主要包括两个相互关联的群体在前后相继、上下相连的环节上，一方的工作不当会造成另一方工作的不便、延滞；或者一方的工作质量影响另一方的工作质量和绩效；或者由于职责不明造成职责缺位，出现谁也不负责的真空，造成互相推诿甚至敌视；或者双方因工作目标、对时间的看法和人际关系等方面的差异造成群体难以有效合作，甚至造成意见分歧和冲突。

2）资源原因。组织在分配资源时不会平均使用力量，总是按各部门的工作性质、岗位职责、在组织中的地位以及组织目标等因素分配资金、人力、设备、时间等资源，不会绝对公平，部门之间在资源的分配如预算分配、人力资源分配等方面会产生分歧和矛盾。

3）奖励原因。奖励是为了调动部门和群体的工作积极性。但奖励也会有失公平。比如，有些部门靠牺牲其他部门的利益来实现自己的目标，比如生产部门削减成本、降低费用会得到奖励，但这会造成销售部门难以向顾客提供令其满意的产品和服务，妨碍销售部门目标的实现。再比如，销售部门为了扩大销售额和市场份额而大幅降价，但大幅降价可能会影响财务部门利润指标的实现。

4）沟通原因。群体之间的目标、观念、时间和资源利用等方面的差异是客观存在的，而如果沟通不够或沟通不成功，会加剧隔阂和误解，造成群体间的对立或使矛盾加深。

3. 冲突的管理与解决

管理和解决好冲突，第一，要分清冲突的性质。对于建设性冲突，由于双方目标一致，都希望寻求实现目标的最佳途径，都愿意取长补短，因而对这类冲突应因势利导，使之成为工作的动力。对于破坏性冲突，由于双方目标不一致，双方关心胜败的最终结果，往往听不进对方的意见。对这类冲突要谨慎处理，做好矛盾的转化工作。第二，要针对不同类型的冲突采取不同的措施。对于个人的心理冲突，要比较优劣，尽快选择，从烦恼中走出来。解决群体中个人之间的冲突，要使群体成员敢于发表意见，使上下左右信息畅通，沟通方便，增进了解和友谊。防止和减少群体之间的冲突，要做好群体教育和疏导工作，提倡顾全大局和协作精神，反对本位主义。要制定较高目标，动员各群体同心协力地为实现目标而努力工作；要加强信息沟通，增进彼此了解，达到谅解与信任；要公平待人，增强奖励、评价与利益分配的公正性。同时，在冲突发生时，可以通过双方协商、请第三方仲裁或请主管部门出面从组织上消除矛盾，解决问题。

如果发现人员流动率低，缺乏新思想、缺乏竞争意识，对改革进行阻挠等情况时，管理人员需要挑起冲突，包括委任态度开明的管理者，摒除高压专制，允许反对意见；鼓励竞争，对个人和集体增加工资和奖金；重新编组，调动人事，改变沟通路线，对原有陈规陋习提出挑战，形成新的价值观和思维方式，增强组织活力。

第3节　竞争与合作

随着群体的不断发展，资源分配不一致的现象加剧，群体内竞争也逐渐涌现，其中地位竞争就是典型的表现形式。当一些社会特征被区分为含有不同价值、资源的状态时，就会被赋予某种地位。高低地位预示着群体成员掌控着不同的资源，而这些资源能够带来不同的权力和威望。地位及其背后的资源促使群体成员进行社会比较，从而逐渐形成群体内部的竞争氛围。在企业中，个体会同时拥有正式地位和非正式地位，正式地位是指正式组织职位所赋予的权力和威望，而非正式地位是指由那些非官方指定但是受到所有成员认可的特征（如年龄、绩效等）所赋予的声望和肯定。但无论是正式地位还是非正式地位，地位本身都与成员身份和成员资格感知息息相关，任何群体成员都渴望实现高地位而避免低地位。由于群体资源有限，地位竞争在所难免。

但群体又有着实现合作的基础。一方面，群体内共同的任务目标能让成员们达成一致的愿景。在任务相依性很强的群体内部，共同目标对合作的驱动作用尤为明显。另一方面，当群体成员面临强大的外部威胁时，成员间也容易达成合作。群体通常不是单独运行的，它会和周围的主体产生交换和碰撞。资源和利益的难以调和导致群际竞争加剧，而这通常会让群体内部凝聚起来，一致对外。此外，组织的奖励体系也会对群体内部合作产生影响。现在很多企业都采用了基于团队的奖励方式，这种组织奖励体系背后的依据很简单，即由于为团队绩效做出贡献而获得奖励的员工会把自己的精力更加集中在团队的绩效上。因此，这种考核方式能够有效促进团队内部合作。

虽然竞争和合作看似不可调和，但是认识到竞争和合作可能会同时发生是很重要的。换言之，人们可能有混合动机，即合作动机和竞争动机同时产生。例如，球员会为了个人成绩而相互竞争，但又会一起精诚合作来同另一个球队比赛。因此，“协同竞争”的思维能够使群体跳出竞争的困局，有效调动多方资源，使绩效最大化。近年来，“协同竞争”逐渐被很多企业所接受。正如诺维尔网络公司（Novell）的创始人雷·努达（Ray Noorda）所说，“你必须同时竞争与合作”。这一结合所带来的关系比“竞争”与“合作”分别带来的关系更具活力。

商业不仅仅是竞争，也不仅仅是合作，“协同竞争”这一革命性的思维方式，应纳入经营企业的重要战略思考。

◆ 关键术语

人际关系　感受性训练法　角色扮演法　会谈训练法　冲突　竞争与合作

◆ 复习思考题

1. 组织行为学为什么要重视人际关系的研究？影响人际关系的因素有哪些？
2. 如何改善和应用人际关系？
3. 冲突和矛盾是客观存在的，如何有效地进行冲突管理？
4. 如何正确处理竞争与合作的关系？

◆ 自我诊断

人际关系状况

每一个问题下面都有 A、B、C 三种选项，请你按照自己的真实情况任选其一。

1. 在人际关系中，我的信条是（　　）。

A. 大多数人是善良的，可与之为友的

B. 人群中有一半是狡诈的，一半是善良的；我将选择善良者而交友

C. 大多数人是狡诈虚伪的，不可与之为友的

2. 最近我新交了一批朋友，这是因为（　　）。

A. 我需要他们

B. 他们喜欢我

C. 我发现他们很有意思，令人感兴趣

3. 外出旅游时，我总是（　　）。

A. 很容易交上新朋友

B. 喜欢一个人独处

C. 想交朋友，但又感到很困难

4. 我已经约定要去看望一位新朋友，但因为太累而失约了。在这种情况下，我感到（　　）。

A. 这是无所谓的，对方肯定会谅解的

B. 有些不安，但又总是在自我安慰

C. 很想了解对方是否对自己有不满意的情绪

5. 我结交朋友的时间，通常是（　　）。

A. 数年

B. 不一定，合得来的朋友能长久相处

C. 时间不长，经常更换

6. 一个朋友告诉我一件极有趣的个人私事，我是（　　）。

A. 尽量为其保密，不对任何人讲

B. 根本没有考虑过要继续扩大宣传此事

C. 朋友刚一离去，随即与他人议论此事

7. 当我遇到困难时，我（　　）。
A. 通常是靠朋友去解决
B. 要找自己可信赖的朋友商量着办
C. 不到万不得已，决不求人
8. 当朋友遇到困难时，我觉得（　　）。
A. 他们大都喜欢来找我帮助
B. 只有那些关系密切的朋友才来找我商量
C. 一般都不愿意来麻烦我
9. 我交朋友的一般途径是（　　）。
A. 经过熟人介绍
B. 在各种社交场合
C. 必须经过相当长的时间，并且还相当困难
10. 我认为选择朋友的最重要的特质是（　　）。
A. 具有能吸引我的才华
B. 可信赖
C. 对方对我感兴趣
11. 我给人的印象是（　　）。
A. 经常会引人发笑
B. 经常启发人去思考问题
C. 和我相处时别人会感到舒服
12. 在晚会上，如果有人提议让我表演或唱歌，我会（　　）。
A. 婉言拒绝
B. 欣然接受
C. 直截了当地拒绝
13. 对于朋友的优缺点，我喜欢（　　）。
A. 诚心诚意地当面赞扬他的优点
B. 会对他提出批评意见
C. 既不奉承，也不批评
14. 我所结交的朋友（　　）。
A. 只是那些与我的利益密切相关的人
B. 通常能和任何人相处
C. 有时愿与自己不相投的人和睦相处
15. 如果朋友和我开玩笑（恶作剧），我总是（　　）。
A. 和大家一起笑
B. 很生气并有所表示
C. 有时高兴，有时生气，依自己当时的情绪和情况而定
16. 当别人依赖我的时候，我是这样想的（　　）。
A. 我不在乎，但我自己却喜欢独立于朋友之中
B. 这很好，我喜欢别人依赖我

C. 要小心点！我愿意对一些事物的稳妥可靠持冷静清醒的态度

评分标准，各题的计分标准如下：

（1）A3B2C1

（2）A1B2C3

（3）A3B2C1

（4）A1B3C2

（5）A3B2C1

（6）A2B3C1

（7）A1B2C3

（8）A3B2C1

（9）A2B3C1

（10）A3B2C1

（11）A2B1C3

（12）A2B3C1

（13）A3B1C2

（14）A1B3C2

（15）A3B1C2

（16）A2B3C1

根据你所选择的答案，找出相应的分数，将 16 道题的得分累加起来，总分数值可以大致评价你的人际关系是否融洽。

38～48 分，说明你的人际关系是很融洽的，在广泛的交往中很受人欢迎。

28～37 分，说明你的人际关系很不稳定，有相当数量的人不喜欢你。

16～27 分，说明你的人际关系是不融洽的，你的交往圈子实在太小了。

资料来源：根据网络资料整理。

案例分析

竞争与合作

如果商业是场游戏，那么谁是游戏者？他们的角色又如何呢？游戏者分为四种类型：顾客、供应商、竞争对手和辅佐商。图 8－6 所示的任天堂的价值网描绘出了所有的游戏者和他们之间的相互关系。

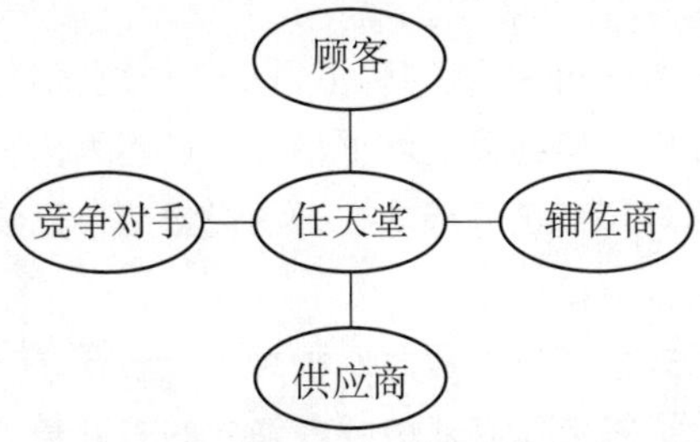

图 8－6 任天堂的竞争与合作关系图

图 8－6 中的垂直方向是顾客和供应商，水平方向是竞争对手和辅佐商。如果顾客拥有其他公司产品后比他们仅拥有你公司的产品时更看重你公司的产品，这家公司即是你公司的辅佐商。例如，有芥末时，人们比没有芥末时更喜欢热狗。找出辅佐商的方法是：站在顾客的角度想一想，然后问自己还有哪些产品顾客购买后会增加我的产品在他们心目中的价值。竞争对手正好相反，如果顾客拥有某公司的产品后不如他们仅拥有你公司产品时看重你公司的产品，这家公司即是你公司的竞争对手。可口可乐公司和百事公司即是经典的竞争对手的例子。例如，如果你刚喝完一瓶可口可乐，就不太会喜欢百事可乐，除非你还很渴。可口可乐不会为百事可乐增添生机。找出竞争对手的适当方法同样是把自己放在顾客的位置上设想，还有哪些产品顾客购买后会降低我的产品在他们心目中的价值？

价值网揭示了商业游戏中的两种基本对称关系。在垂直方向，顾客和供应商互相对应；在水平方向，竞争者和辅佐商相互呼应。在价值的创造过程中，它们的地位相等。

在一次劳工谈判中，人事关系部主任大叫：“我必须让员工明白，顾客是第一位的。”但看了价值网后，他改变了想法，开始进行更有建设性的会谈。最终，大家都意识到了共同的目标：创造一个更大的馅饼。要实现这个目标，没有谁是第一位的。如果某位顾客有某种特殊要求，如特快送货，却不愿支付足够费用来弥补工人因此而失去同家人共度周末的快乐，满足这种需求就不会增加价值，实际上只会破坏价值。顾客并不总是对的，员工同样也有权利。

通常，同一个游戏者在价值网上占有多重角色。企业战略专家哈默尔（Gary Hamel）和普拉哈拉德（C. K. Prahalad）在《逐鹿未来》（*Competing for the Future*）一书中举例道：“在任何一天中，AT&T 公司都可能把摩托罗拉公司当作自己的供应商、购货商、竞争对手或伙伴。”

任天堂通过建立“效力网”独霸 8 比特的游戏机市场。有一段时间，来自竞争对手的威胁成不了任何气候。但任天堂价值网中的其他游戏者仍要分一杯羹。对任天堂来说，只能通过实力竞争来限制它们的扩张，但不能消灭它们。举例来说，为了控制顾客对玩具反斗城的购买力，任天堂实施了一种精明的库存政策。它的游戏节目总是缺货。这样，虽然任天堂会因此丧失一些销售机会，但更重要的是一些零售商无法拿到货。随着“任天堂热”的白热化，消费者就会在商店外排起长队，零售商也吵着要求得到更多产品。任天堂通过使游戏节目处于供不应求的状态，刺激了购买者的欲望。

一、博弈论游戏的几个概念

博弈论将游戏分成几个主要组成部分：游戏者（P）、附加值（A）、游戏规则（R）、战术（T）及游戏范围（S），简称 PARTS。

游戏中的每个因素都是改变游戏的工具，也就是说，这五个因素中的任何一个都提供了一种方法，将现有的游戏转变成一种崭新的游戏。改变 PARTS 中的任何一个，也就改变了整个游戏。

为何要改变游戏呢？中国有一句古谚：“种瓜得瓜，种豆得豆。”有时这句话很对，有时却并非如此。你可能游戏玩得很好，但结果仍然很糟。这是因为你参与的游戏不对。你必须改变它。即使是好游戏也能变得更好。真正的成功在于积极塑造自己参与的游戏，制造自己期望的游戏，而不是被动地接受游戏。

（1）游戏者：找出其相互关系。游戏者有四种类型：顾客、供应商、竞争对手和辅佐商。

（2）附加值：一张馅饼。了解谁在游戏中权力最大的关键是“附加值”这一概念。附加值衡量了每位游戏者带进游戏中的东西。先看看你和所有游戏者都参与游戏时馅饼有多大，再看看你不参加时其他游戏者能制作多大的馅饼。其中的差别即是你的附加值。

要想从游戏中得到比自己的附加值更多的东西很困难。直观来看，你能从游戏中拿走的东西受限于你带到游戏中的东西，而你带来的就是你的附加值。

如果你没有竞争对手，你的附加值就有保障。此时的战略就是需不需要限制其他游戏者的附加值以及如何去做。大多数时候，竞争对手不少。此时的挑战就是如何建立自己的附加值。建立附加值是基础业务中的重头戏。企业要么千方百计地在缓慢增加的成本中改善质量，如美国环球航空公司（TWA）的舒适舱，要么在不过多降低质量的条件下降低成本。比这种聪明的取舍更好的，是找到我们称为“互用”的东西，即同时提高质量并降低成本。

竞争对手也是这样做的。他们费尽心思进行类似的精明取舍或互用。这种机理会降低你企业的附加值。为了保护好自己的附加值，企业需要同顾客和供应商建立关系。这种关系保证了企业产品的独特性，产品中有一部分就是企业自己。美洲航空公司（American Airlines）的常客项目即是建立这种关系的典范。此活动通过奖赏创造了忠诚。

（3）游戏规则：细节至关重要。一谈到改变游戏，人们马上就会想到改变游戏规则。但具体到应改变哪些规则、如何改变，却是伤脑筋的事。毕竟，商人所遵循的规则多是一些根深蒂固的法则和惯例。

但对其他一些规则却可以做合理的改变。这些规则大多包含于合同中。同顾客和供应商签订的合同会深深影响与这些游戏者的交易。仅仅是一个条款就可以令权力天平朝着对企业有利或不利的方向倾斜。这些合同在建立了企业同顾客和供应商关系的同时，也建立了企业同竞争者的关系。为确保企业参与的游戏有利可图，必须确保合同中包含恰当的规则。

同游戏者或附加值的改变相比，规则的可能变化会极大地改变游戏结果。换言之，一旦涉及商业规则，细节即是一切。

制定新规则没有固定程式，这是创造性行为，但仍可从一些地方获得有关新规则的灵感。其中一种方法就是寻找在某种情况下有效的规则，看看在不同情况下是否仍然有效。

自由改变规则是一把双刃剑。不要盲从他人的规则，同样也别期望别人会盲从你的规则。正如你可以改变规则或制定新的规则一样，其他人也可以这样做。

（4）战术：认知就是一切。商业游戏迷雾重重，因此在任何游戏中，认知都是基本要素。无论准确与否，认知都能驱使行为。把握并建立竞争对手的认知也就成了商业战略的重要组成部分。

建立人们的认知属“战术”范畴。战术是游戏者为建立其他游戏者的认知所采取的行为。有些战术是为了拨开迷雾，有些是为了留住迷雾，还有一些则是为了制造新的迷雾。

1990 年，Sensor 剃须系统还是一种创新产品。吉列公司当时的问题是如何令顾客认可这一事实。顾客凭什么相信它呢？

为了拨开迷雾，吉列公司发起一场品位很高、震撼人心的广告活动。广告称赞了 Sensor 剃须系统的技术优势。更重要的是，这种活动给人们灌输了这样的想法：“吉列公司推出这种产品一定是花了大钱的。它肯定确信这种产品会成功。我应该试试看。”

消费者的想法是正确的。吉列公司为推出这种产品花了 1 亿美元。除非吉列公司确信人们在试用过 Sensor 剃须系统后会改用这种剃须刀，否则它永远也不会这样做。吉列公司的判断也很正确：人们喜欢 Sensor 剃须刀。公司在全球的剃须刀销量不久便上升了 70%。

在某种意义上，任何事都是一种战术。你所做或没做的任何事都是一种信号。这些信号形成了人们对游戏的认知。而多数人对游戏的集体认知就成了游戏本身。只有考虑到人们的认知，才能真正了解自己参与的是什么样的游戏，掌握好改变游戏的控制权。

（5）游戏范围：广阔无垠，全凭连接。任何游戏都不是一座孤岛。即便如此，人们还是划分界线，将世界划分成许多相互分离的游戏区。一个很容易犯的错误就是孤立地分析这些相互分离的游戏，认为不存在范围更大的游戏了。问题是这种假设的界线并不存在。每一个游戏都与其他游戏连在一起。一个地方的游戏会影响其他地方的游戏，今天的游戏也会影响到明天的游戏。

任何游戏，即便是单独进行、自成气候的游戏，也只是大游戏中的一个组成部分而已。从定义上讲，这个神秘的庞大游戏没有界线，没有固定的范围。因此，游戏者、附加值、游戏规则和战术这四个要素，构成了这个神秘的大游戏的主要因素。如此一来，PARTS 也就成了对游戏间的联系进行分类的方法。

首先说游戏者。当你的游戏中有一个游戏者同时又是另一个游戏中的游戏者时，这两个游戏就有可能相连。这个双重游戏者可以是价值网中的任何人。要想确定这两个游戏是否相连，你必须审查一遍 PARTS 中的其他因素。

如果顾客或供应商涉足一个以上的市场，就会产生附加值的联系。福特汽车公司意识到了这种联系，决定参与信贷游戏。福特汽车信贷公司（Ford Motor Credit）提高了福特在汽车销售游戏中的附加值。另外，游戏规则限制了游戏者的行为，而这些限制却能把原本分离的游戏结合在一起。举例来说，最惠顾客条款不允许销售商将与顾客进行的两个原本独立的谈判视为互为分离的游戏。

最后，两个游戏间之所以有联系，只是因为有人认为它们之间有联系。因此，战术通过改变认知，就可以改变游戏间的联系。例如，威胁和援引先例即是通过在游戏间建立联系而奏效的战术。

从竞争和合作的角度来考虑问题，可以看到商业关系远不是单一的。因此，这种关系有时会自相矛盾，但这正是协同竞争之所以成为如此强有力的思维方式的原因之一。它乐观而不天真。它鼓励大胆行为却又帮你避开陷阱。它鼓励你对其他游戏者采取友善的态度，同时又令你百折不挠，保持清醒的头脑。

协同竞争揭示了通往新机遇的道路，因而能激发创造性。它强调改变游戏，促使企业向前看。它想方设法把馅饼做得更大，使企业更有利可图，也令个人更有满足感。它挑战现状，指出一切都可以采取不同的方式做得更好。

二、竞争与合作中的态度定式

态度定式是指两个或两个以上群体之间对对方的思想和感情。人们常常把对另一个群体抱有僵化和明显态度定式的群体称为抱有“定型偏见”的群体。

1. 原因和结果

一个群体对另一个群体的态度定式既可以是它们之间关系的行为和结果的起因，也可以是结果。群体间的动态特征开始时就可能是彼此信任、合作和坦诚。此时这些态度就会影响目标，消除不确定性、可替代性、工作关系和资源分享等其他群体动力特征因素。例如，彼此信任的群体就有可能更多地考虑对方的观点，在出现问题时避免责怪对方，在做出互有影响的决策前进行磋商。如果群体间的动态特征开始时就是相互猜疑、竞争、保密和互不来往，必然会产生相反的结果。

群体间的态度定式也可以是群体间动态特征其他因素的结果。例如，如果组织只是根据在其他群体中查出了多少错误并把它们汇报给上层管理部门来评价审计小组，则其他群体对于审计小组的态度就是不信任、竞争和封锁，而且这种态度在上层管理部门利用审计小组的报告去惩罚其他群体而不是改进它们的工作时更加盛行。这些群体也许表面上愿意同审计小组合作，坦诚交往，而实际上并非如此。

2. 合作态度定式与竞争态度定式

对其他群体抱有的态度定式往往会导致定型偏见。定型偏见反映了一个群体对另一个群体的规范化的简单评价。把相互关系基本上定型为合作的或竞争的群体中会产生许多可能的态度和行为，如表 8－1 所示。

表 8－1　群体间动态特征的某些态度和行为

合作	尺度	竞争和冲突
信任	└┴┴┴┴┘	不信任
灵活	└┴┴┴┴┘	僵化
坦诚	└┴┴┴┴┘	欺诈
容易做出反应	└┴┴┴┴┘	毫无反应
共同利益和目标	└┴┴┴┴┘	各自的利益和目标
友好或中立	└┴┴┴┴┘	敌对状态
讲求实际	└┴┴┴┴┘	缺乏现实精神
交往频繁	└┴┴┴┴┘	交往很少
相互倾听	└┴┴┴┴┘	拒绝倾听
愉快	└┴┴┴┴┘	痛苦
乐观	└┴┴┴┴┘	悲观
有成就感或归属感	└┴┴┴┴┘	权力和压制
互相控制	└┴┴┴┴┘	拒绝互相控制
合作或妥协	└┴┴┴┴┘	强制和逃避
满意	└┴┴┴┴┘	不满

表 8－1 总结了某些沿着尺度变化的结果。在极端的竞争关系中，各个群体间倾向于互不信任和停止反应，只强调自身利益，仅仅在需要时才互相往来，拒绝相互影响或控制。而高度合作的群体相互关系是彼此信任，互有反应，强调互利，容易并经常往来接触，接受相互影响或控制。群体之间的动态特征很难处于某种极端。

如果群体之间的关系中合作特点多于竞争特点，就会有较高的解决问题效率，尤其是在组织内部的群体之间关系方面。此时效率的标准是根据该组织整体而言适合什么来确定的。然而，有些迹象表明，在更广泛的美国政治和经济场所，某些群体的特点是越有竞争性就越可能实现目标，如贸易公司、企业集团、行业团体、改革团体和政治团体等，因而最好的群体之间的关系并非只有一种。有关群体的目标和观点可能会影响到各种关系的适用性和群体间效率的定义。

3. 对管理的重要意义

无论合作还是竞争的态度定式，都能影响两个群体为达到组织的目标而一起工作的能力和意愿。如果群体间是相互依存的，竞争的态度定式会导致完成目标程度的降低。因为一个群体力图去赶超另一个群体必然会消耗更多的时间和精力。

三、改变游戏的自我检查清单

下面这份按 PARTS 模式排列的自我检查清单可以帮助你有效地改变游戏。

1. 游戏者

- 你是否为你的企业组织画了价值网，注意到了尽可能包括所有游戏者?
- 在与顾客和供货商、竞争者和辅佐商的关系中存在哪些合作与竞争的机会?
- 你是否希望改变游戏者的构成? 希望增加哪些新游戏者?
- 如果你参与游戏，谁有所失? 谁有所得?

2. 附加值

- 你的附加值是什么?
- 如何增加你的附加值? 你能否培养忠诚的顾客和供货商?
- 游戏中其他游戏者的附加值是什么? 限制他们的附加值是否对你有利?

3. 游戏规则

- 哪些游戏规则对你有利? 哪些对你有害?
- 你希望有哪些新的游戏规则? 你希望同顾客和供货商签订怎样的合同?
- 你有无能力制定这些新规则? 别人有无能力推翻它们?

4. 战术

- 其他游戏者对游戏的认知如何? 这种认知对游戏的进行有什么影响?
- 你希望保留什么样的认知? 改变哪些认知?
- 你是否希望使游戏透明化?

5. 游戏范围

- 游戏的现有范围如何? 你是否希望做些改变?
- 你是否希望将目前的游戏同其他游戏联系起来?
- 你是否希望取消目前的游戏与其他游戏的联系?

［分析］

该案例对你有何启示?

第 9 章 群体行为与沟通

本章重点

- 群体沟通好像人体的血液循环。群体沟通通过人与人之间的沟通来实现。
- 正式沟通指通过组织明文规定的渠道进行的与工作相关的信息传递和交流。
- 非正式沟通指在正式沟通渠道以外进行信息传递和交流。
- 有效沟通的技能包括有效反馈的技能、有效授权的技能和有效训导的技能等。

名人名言

管理者的最基本功能是发展和维系一个畅通的沟通管道。

——切斯特·巴纳德

企业管理过去是沟通，现在是沟通，未来还是沟通。

——松下幸之助

引 例

吉姆和经理的对话

下面是吉姆和经理碰面时的谈话。

经理：吉姆，我想跟你谈谈你的工作，你能到我办公室来吗？

吉姆：噢，好的。我这就跟你走。

经理：开门见山地说吧，你的工作近来很差劲，你的生产率下降了，而且在三个截止日期之前你都没有完成任务。

吉姆：我干活和过去一样棒。

经理：我不是说你工作好坏，我是指你干了多少以及你干得多快。

吉姆：但是，自从我们采用新程序以后，没有人能干得和以前一样多。

经理：吉姆，在我们确立新程序之前，部门的每个人都参加了协商，包括你在内，没有人表示不同意。如果你想谈谈别人的生产情况，先看看这张生产表。

吉姆：噢，好吧，他们都干得不错。是新程序把我抛在后面了。

经理：吉姆，在我们开始新程序之前，你的产量就开始下降了。

吉姆：噢，好吧，他们都干得不错。但是新程序……反正，俗话说，老狗记不住新路。

经理：难道你们组长没有向你全面说明新程序吗?

吉姆：她说了，但是我想我没弄懂。

经理：她告诉我，她给你讲了好几个小时。

吉姆：是的，也许我太笨了。

经理：我们会给你理解新程序所需的任何帮助。如果必要的话，我会在你的生产线上做相应的安排。现在你能不能在最后期限内完成任务？吉姆，这是另一个问题。

吉姆：能，但是我也许不能适应这些变化。

经理：吉姆，你能够想办法使自己工作效率更高。我会尽我所能排除你实现绩效的障碍，我会再安排一次会面，和你一同归纳帮助你达到生产标准的积极办法。

第1节　沟通及其分类

群体沟通好像人体的血液循环。群体沟通通过人与人之间的沟通来实现。以上这个案例是经理与下级的沟通，显然，他们之间的沟通并没有达到目的。吉姆一开始就采取了自我保护和自我否定的态度，双方都没有运用有效反馈和倾听的原则。经理以批评吉姆的工作开始，这就触发了防御性沟通过程。看来，沟通技巧是很重要的。

一、沟通及其过程

现代企业组织是一个开放的社会技术系统，为了自身的生存和发展，需要不断地研究和了解复杂多变的外部环境，在内部则需要正确地确定目标、做出决策，并科学地对生产过程进行组织、指挥、协调和控制，使企业能正常有序地运转。所有这些都离不开信息沟通。沟通对于组织来讲，就像神经系统对人体一样不可缺少，它是人们之间传达思想和交流信息的过程。

在组织行为中，沟通可以定义为通过一套公共符号系统进行思想交流的过程。在这个过程中，必须具备三个要素：信息的发送者、信息的接收者、所传递的信息。需要被传递的信息首先被信息的发送者进行编码（转化为信号形式），然后通过媒介物（或称信道）传送给信息的接收者，由信息的接收者对收到的信号进行解码（转译回答理解的形式），并做出反应反馈给信息的发送者。在信息的编码和解码过程中，会受到人的知识、技能、态度和社会文化系统的影响。这就是信息沟通的基本过程。

二、沟通的类型

沟通，可以是通信工具之间的沟通，如通信卫星与地面接收站之间的沟通；可以是人与机器之间的沟通，如人机对话；也可以是人与人之间的沟通，如直接对话。沟通的形式或类型是很多的，可以按照不同的依据即从不同的角度进行分类。

1. 正式沟通和非正式沟通

正式沟通指通过组织明文规定的渠道进行的与工作相关的信息传递和交流。如组织与组织之间的公函往来，组织中上级的命令、指示按系统逐级向下传达，下级的情况逐级向上报告，以及组织内部规定的会议、汇报、请示、报告制度等。正式沟通的优点是效果较好，有较强的约束力，易于保密，重要的信息一般都采用这种沟通方式。其缺点是：因为依靠组织系统层层传递，所以速度较慢，而且不够灵活。

亚利克斯·贝弗拉斯于 1948 年进行了用交流网络来模拟大群体沟通过程的研究，把沟通网络分为五种类型：链式、Y 式、轮式、环式、全通道式。

链式表示信息逐级传递，可以向上或向下传递，遵循正式的命令系统。

Y 式表示四级层次，类似于领导通过秘书向其他成员传递和得到反馈的沟通形式。

轮式表示有一个领导者居于中心地位，和其他成员有密切的联系。

环式表示没有领导者，所有成员都处于相同的层次。

全通道式表示所有成员相互之间都有联系，权力分散，沟通速度快。

在一个特别推崇森严等级和权威性管理模式的组织中，会有一种强烈的倾向，使得整条联系纽带以链式和 Y 式网络的方式垂直地连接在一起。但任何组织的内部又必然存在部门之间的协调和合作问题。因此，正式组织也有许多平行沟通，但这一般会导致公司畸形发展或低效率，其原因是：

（1）伴随着平行沟通，将产生权力或地位的不确定而引发的问题；

（2）不同部门经常不能理解其他部门的任务和问题；

（3）不同部门工作人员观点的差异会引发诸如生产与营销、专业人员与非专业人员之间的冲突等。

值得注意的是，公司中的信息流在以下情况中的运行似乎是最有效的：

（1）地位是获得尊重的一种手段，而不是简单地“归于某人”；

（2）很难绘制出一张正式的固定的组织结构图；

（3）管理层次少，信息链上的交点少。

在现实的组织中，正式的结构图上绘制的只是真正信息网上的一部分。例如，正式的结构图无法标出销售经理在与人事经理产生不和的情况下，只能通过与跟其上司相处不善的人事副手套近乎而从侧面获得必需的人事信息；也无法描述员工喝咖啡时所形成的工间小憩式的交流网，正是通过类似的沟通渠道，组织中的信息得以自由地从一个人传到另一个人。这便是非正式沟通。

非正式沟通指在正式沟通渠道以外进行的信息传递和交流。如员工之间私下交谈，传播小道消息等。它不受团体监督的约束，自行选择沟通的渠道和内容，一般是建立在团体成员人际关系上，通过人际关系的疏密程度来决定沟通的形式和内容，具有不稳定性、随机性和不负责任等特点。非正式沟通的优点是沟通方便、内容广泛、方式灵活、速度快，而且由于在这种沟通中比较容易表露思想、情绪和动机，因而能提供一些正式沟通中难以获得的信息。其缺点是信息的准确性和可靠性较差，容易歪曲事实、以讹传讹。

非正式沟通一般有以下几种渠道形式：

（1）单线式。通过一传一直到最后的接收者。

（2）流言式。消息由一个人主动传递给其他人。

（3）机遇式。消息由一个人偶然传递给另一个人，又随机传给其他人。

（4）集束式。一个人将消息有选择地传给一个朋友，他的朋友又选择性地传给别人。

2. 口头沟通和书面沟通

口头沟通指运用口头表达的方式进行的信息传递和交流。如谈话、讨论、会议、对话、演说、口头指示和汇报、电话等。其优点是比较灵活、简便易行、速度快、有亲切感，双方可以自由交换意见，便于双向沟通，而且在交谈时可借助手势、体态、表情表达思想，有利于对方更好地理解信息。其缺点是受时空限制，人数多的大群体无法直接对话，沟通过后保留的信息较少。通常用于传递一般性、暂时性、有关例行工作的信息。

书面沟通指用书面形式进行的信息传递和交流，它使口头商定的内容成为正式的文本形式，尤其是大量口头商定所无法表现的复杂细节的书面化使得双方都有了安全感。如文件、简报、信函、布告、会议记录、合同授权书等。其优点是具有准确性，比较正式，信息可以长期保存，便于查看核对，可减少因一再传递、解释所造成的信息失真。其缺点是不够灵活，难以获得及时反馈，不便于随时修改。通常用于传递重要的、需要长期保存的信息。

3. 语言沟通和非语言沟通

语言沟通指借助语言符号系统进行的沟通。包括口头语言、书面语言等。

在面对面的直接交往中，通常用的是口头语言，是由“说”和“听”构成语言交流情境的。

非语言沟通指借助非语言符号系统进行的沟通。研究结果显示，在面对面的成功交流中，言语本身远非信息沟通的主要部分。实际上，成功的信息沟通中只有7%与语言有关，35%由语音语调所致，剩下的都是非语言符号系统的功劳，如身体动作（手势、表情、体态）、目光接触（眼神、眼色）、空间运用（身体距离）、图像（办公室内的陈设、悬挂的证书、肖像）等。

朱尔德通过自己在不同国家进行的调查研究提出了一份有趣的报告。通过对在不同地区的咖啡屋喝咖啡的情侣的研究，发现他们在每小时的亲昵触摸率为：盖斯维尔（佛罗里达州），2 次；巴黎，110 次；圣胡安（波多黎各首都），180 次；伦敦，0 次。至于体态，在表达时有一些最基本的规则。但要注意，单独的体态在很多时候是毫无意义的，必须结合具体的环境才有意义。下面列出了一些体态的基本意义：

- 说话时捂嘴（说话没有把握或撒谎）。
- 摇晃一只脚（厌烦）。
- 把铅笔等物放到嘴里（需要更多的信息，焦虑）。
- 没有眼神交流的沟通（试图隐瞒什么）。
- 脚朝着门的方向（准备离开）。
- 擦鼻子（反对别人说的话）。
- 揉眼睛或捏耳朵（疑惑）。
- 摸耳朵（准备打断别人）。
- 触摸喉部（需要加以重申）。
- 紧握双手（焦虑）。
- 紧握拳头（意志坚定、愤怒）。
- 手指头指着别人（谴责、惩戒）。
- 坐在椅子的边缘（随时准备行动）。
- 坐在椅子上往前移（以示赞同）。
- 双臂交叉置于胸前（不乐意）。
- 小腿在椅子上晃动（不在乎）。
- 坐在椅子上（支配性）。
- 背着双手（优越感）。
- 脚跟交叉（收回）。
- 搓手（有所期待）。
- 手指叩击皮带或裤子（一切尽在掌握之中）。
- 无意识地清嗓子（担心、忧虑）。
- 有意识地清嗓子（轻责、训诫）。
- 双手紧合指向天花板（充满信心、骄傲）。
- 跷二郎腿（舒适、无所虑）。
- 眨眼过于频繁，不停地做吞咽动作，冒虚汗，频繁地耸肩（撒谎）。

同样，面部表情也能反馈对方所说的信息，例如，眉毛的动作可以提供以下信息：

- 全部抬起（不信任）。
- 半抬起（惊讶）。
- 正常（没有意见）。
- 半低垂（疑惑）。
- 完全低垂（生气）。

三、沟通的功能

在社会或家庭中，缺少沟通交流会导致生气、不满、沮丧和紧张的关系。在商业领域也同样会出现这种情绪，会降低一个组织的工作效率，降低的幅度取决于这种情绪的强烈程度或是带有这种情绪工作的人的工作性质。组织内部沟通的最终目的是激发人们的行动以达到成功，否则行动将会按原路直接返回沟通的起点。

在群体或组织中，沟通有四种主要功能：控制、激励、表达情绪和提供信息。

沟通可以控制员工的行为。通过让员工遵守组织中的权力等级和正式指导方针等沟通规则，实现对员工的控制。比如，员工要首先与直接上级主管交流有关工作方面的不满和抱怨，要按工作说明书工作，要遵守公司的规章制度等。此外，非正式沟通也控制着员工的行为。比如，当工作群体中某个人十分勤奋并使其他成员相形见绌时，其他人会通过非正式沟通的方式控制该成员的行为。

沟通可以通过告诉员工做什么、如何做，若没有达到标准应如何改进的方式来激励员工。组织中具体目标的设置、实现目标过程中的持续反馈以及对理想行为的强化等过程都有激励作用，而这些过程都离不开沟通。

第2节　沟通的障碍

一、空间的设计

工作场所的空间设计会影响员工的沟通模式。如果某个组织想要促进员工个体间的关系，就该在空间上将员工安排得紧密一些。一般来说，近距离的员工有更多接触的机会，易于形成较持久的关系。显然，无论你是办公室职员、大学教授，还是战斗机驾驶员，你与其他人距离越近，则与他们进行的沟通就越多。

对于不同国家的人而言，空间距离有着不同的意义。一个英国人与人交谈时希望保持一定的距离；阿拉伯人在与人交谈时几乎可感觉到对方的鼻息；而日本人在大笑时总是要捂住嘴以免口气触及对方。在任何可能的情况下，要尽量从这一文化背景出发，在沟通时使对方感到亲切。考虑到文化背景的不同而区别对待固然重要，但是，在沟通中考虑到个体的差异并灵活应变更为重要。

有时候，区分实际的物理距离和心理距离是有必要的。有的建筑空间的设计会造成心理上的沟通障碍。而另一些设计，诸如接待室、室内喷泉、电梯等，可以将来往的人流吸引到某个公共空间，从而促进沟通。

现在许多组织都采用了开放式办公室的设计以增进组织成员间沟通的数量和

质量，但这种开放式的设计有时也会导致员工间过多的接触。员工在需要交流的同时，也有对私人空间的需要，组织没有看到开放的空间设计往往是以员工满意度和生产率的牺牲为代价来换取员工间的沟通。

二、当事人的信度及权力

无论沟通的目的是告知还是说服，信息的可信度都将在很大程度上决定该信息是否会被接收者接纳。信息的可信度是指信息源发出的信息可以被相信的程度。它取决于两个因素：一是信息源对于该信息所涉及领域所具有的专业知识；二是信息接收者信赖信息源（不带有任何隐藏目的）的程度。

在任何组织中，维护自己的可信度是个体获得长期成功的关键。一旦个体丧失了可信度，就失去了对他人施加影响的能力，而且会处于被孤立和受攻击的地位。表 9-1 列出了一些影响可信度的因素和增加可信度的技巧。

表 9-1　影响可信度的因素和增加可信度的技巧

因素	建立于	强调初始可信度	加强后续可信度
身份地位	等级权力	强调头衔和地位	将自己与高地位的人联系起来（如共同署名或进行介绍）
良好意愿	个人关系，长期记录	运用值得信赖的长期记录，承认利益上的冲突，做出合理评估	通过指出听众利益来建立良好意愿
专门技术	知识，能力	强调经历和简历	将自己与听众认为是专家的人联系起来或引用其话语
外在形象	吸引力	强调听众认为有吸引力的特质	通过认同听众的利益来树立形象；运用听众认为活泼的非语言沟通
共同价值	理想，标准	在沟通开始时就建立起共同点和相似点，将信息与共同价值结合起来	

信息发送者和接收者之间权力的不平衡也会阻碍沟通。例如，组织中的上级对下级所具有的奖惩权力会影响垂直传递的信息的沟通。其中，自上而下的信息沟通叫下行沟通，尽管现在有不少成功的企业高级主管会抽出时间与一线员工交流，大部分情况下信息还是沿着组织的权力等级逐级传递的。可以想象，信息在这个过程中有多次被曲解的可能，因此，信息源经常对信息被接收的情况做检查和监控是非常必要的。

在上行沟通中，下级往往是受限制的。在上级的权力面前感到不安的员工会有一种报喜不报忧的倾向，于是上级无法获知真实情况。类似的情况是，对工作有疑问的下级因为害怕自己会在上司面前显得缺乏能力，不愿意要求指导和援助，从而使上级难以对下属的能力做出准确的评估。

此外，在轮式沟通（在一个相对处于边缘地位的成员（如新来的员工）和处于中心地位的成员（如非正式群体的中心人物）之间进行的沟通）中，这个新到者如果不愿暴露自己对于中心人物的无知，就会产生沟通障碍。而中心成员长期形成的共同知识和语言也会使新到者感到难以理解，从而导致沟通障碍。

三、当事人的价值观及参照视角

信息接收者的信念和价值观影响着他译解信息的模式。一个很在乎自己的表现的人会很重视任何积极的反馈信息。信息接收者的参照视角也会影响沟通的进行。研究表明，当管理者把外界环境视为危机时，会较少地提问，较少地洞悉他人的异议，较少地关心他人的意见。危机感导致沟通通道的压缩，而当沟通必须迅速完成时这种趋势更加明显。

当沟通发生在不同的职能部门之间时，各部门成员所采用的截然不同的参照视角会使沟通过程变得很复杂。例如，销售部门往往从收入的角度分析信息，而生产部门从成本的角度分析信息，不同的参照视角使他们把注意力集中于不同的信息，从而需要花费更多的时间沟通。

四、行话

不同的职能部门不仅有不同的参照视角，还有着不同的“语言”。许多专业部门有各自的行话。这些行话极为有用，它们利用使用者共有的训练和经验，在最短的时间内传递最多的信息。例如，一个橄榄球队教练会让四分卫告诉他的队员“左41外上3”，这条简短的信息向其他人传递出丰富具体的行动指示。行话还能避免局外人对信息的解读，这在某些情况下是必要的。例如，一个四分卫可能要在对方球员的听力范围内告诉自己的队员放弃一次进攻并组织发起一次新的进攻。

正因为行话能排斥缺乏共同训练和经验的人，它也会成为不同部门之间沟通的障碍，并减少个体进入其他职业的机会。

五、过滤

过滤指信息发出者有意操纵信息，以使信息对接收者更为有利。当信息向上传递给高层管理人员时，下属常常压缩或整合这些信息以使上级不会因此而负担过重。在进行整合时，将个人的兴趣和自己对重要内容的认识也加入进去，这便使信息被过滤。一个组织的结构中纵向层级越多，过滤的机会就越多。

六、选择性知觉

选择性知觉指接收者会根据自己的需要、动机、经验、背景及其个人特点有选择地去看或听信息。接收信息是知觉的一种形式，而知觉是具有选择性的，它使人习惯于接收某一部分信息而排斥其他的信息，并把自己的兴趣和期望带进信息之中。

七、语言及情绪

同样的词汇对不同的人来说含义是不一样的。年龄、教育和文化背景是影响一个人的语言风格以及他对词汇的界定的主要因素。在一个组织中，员工常来自不同的背景，有着不同的说话风格。另外，部门的分化使得专业人员发展了各自的行话和术语。在大型组织中，成员分布的地区也很分散，而每个地区的员工有着该地区特有的术语或习惯用语。如果成员间互不知道自己与他人的语言风格的差异，认为自己所用的词汇或术语与他人相同，就容易导致沟通问题。

在接收信息时，接收者的情绪也会影响到他对信息的解释。不同的情绪会使个体对统一信息的解释截然不同。极端的情绪体验，如狂喜或悲痛，会阻碍有效的沟通。因为这种状态常常使我们无法进行客观而理性的思维活动，而是代之以情绪性的判断。

第3节　有效沟通的技能

一、有效反馈的技能

无论是管理者还是被管理者，对积极反馈的感知都比对消极反馈的感知要快和准，而且，积极反馈几乎总是被接受，而消极反馈往往遭到抵制。这是否意味着应该避免提供消极反馈呢？不，这意味着应当认识到这种潜在的抵触，并学会在易于接受的情境下使用消极反馈。研究表明，当消极反馈来源可靠或形式客观时，较易被接受，也即由硬数据（如数字、具体事例等）所支持的消极反馈很有可能被接受。以下是使反馈更有效的几个技巧：

第一，强调具体行为。反馈应该具体化而不是一般化，针对具体行为，告诉接收者因何遭到批评或受到赞扬。

第二，使反馈对事不对人。尤其是消极反馈，应该是描述性的而不是判断和评价性的。无论管理者如何失望，都应使反馈针对工作。说某人“很笨”或“没能力”等，常会激起极大的情绪反应，而这种反应往往会使人忽视工作本身的错误。

第三，使反馈指向接收者和你的共同目标而不是别的。如果你不得不说一些消极的内容，应该保证这种消极反馈确实有助于你们达到所追求的目标。因此，在说话之前，首先问问自己到底希望通过反馈帮助什么人或促进什么事。

第四，把握反馈的良机。接收者的行为与获得对该行为的反馈相隔时间越短，反馈就越有意义。

第五，确保理解。要注意你的反馈是否足够清楚和完整，以使接收者能够全面准确地理解你的意思。必要的话，应该让接收者复述反馈内容，以了解你的本意是否被完全领会。

第六，使消极反馈指向接收者可以控制的行为。让他人记住那些自己无法左右的缺点是毫无意义的。消极反馈应该指向接收者可以改进的行为和可以控制的方面，最好还同时指明如何做才能改进现有问题。这不但减弱了批评造成的伤害，而且给那些知道自己存在问题但不知如何解决的接收者提供了指导。

二、有效授权的技能

1. 分工明确

你要确定授权的是什么以及授权给谁，提供明确的信息，明确告知给予他什么权力，你希望得到什么结果，以及你对时间及绩效方面的要求。除非别无选择而只能使用某种专门方法，应该只在要做什么以及期望获得什么结果上达成协议，而让被授权者自己决定采用什么方法。着眼于目标，并且给下属充分的自由，使他们对如何达到目标做出自己的选择与判断，可以增进你与员工之间的相互依赖，激励员工的工作积极性，强化对结果的责任感。

2. 具体指明授予的权限范围

每一授权活动都是与限制相伴随的。你所下放的是在某些条件下处理问题的权力，你应该明确指出这些条件是什么，使下属明确地知道其权限范围。成功地表达这一信息，可以使你和下属对被授予的权限范围及未经进一步许可能够走多远达成共识。

3. 允许下属参与

确定完成某项工作必须拥有多大权力的最好办法，是让负责此项任务的下属参与决策。但要注意，参与中会存在一系列潜在问题，下属在评估自己能力时可能会带有自利偏见，某些下属的人格特点可能倾向于扩张自己的权力，使其超出需要的范围。

4. 通知其他人授权已经发生

不仅管理者和被授权的下属要明确知道授权的内容，与授权活动有关联的其他人，包括组织内外的人员，都应当被告知。尤其需要通报的信息包括授权给谁、任务与权力大小。不通知其他人很可能造成冲突。

5. 建立反馈控制机制

这样做使下属能够及时汇报工作进展情况以及遇到的主要困难。控制机制可以监督下属的工作进程，增加尽早发现重大问题的可能性，保证任务按预期的要求完成，还可以确保下属不滥用权力，正确执行组织的决策。

三、有效训导的技能

训导是指为了强化组织规范和规章，由管理者从事的活动。引起训导的员工行为有旷工、迟到、滥用病假、不服从领导、不使用安全设施、欺骗上级、虚报信息等。我们知道，处罚可以减少或消除不良行为，却并不一定会导致好行为的出现。然而，惩罚和训导的负面影响并不能成为取消它们的充分理由。很多管理实践表明，对问题员工的处理，使用训导手段有时是很必要的。要使训导更加有效，可以采用以下几个技巧：

第一，用平静、客观、严肃的方式面对员工。在平时，管理者通过自由、放松、非正式的方式可以促进许多人际交往活动，因为这样的环境能使员工感到无拘无束。然而，训导的实施与这些情境完全不同，应该以平静、客观、严肃的语气来表述你的意见，同时避免愤怒和其他情绪反应，但也不要以开玩笑或聊家常的方式来减弱紧张的压力。这类举动会使员工感到困惑，因为它们传递了相互矛盾的信息。

第二，具体指明问题所在。当面对员工时，指出你有具体针对其问题的记录，向他出示违规发生的时间、地点、参与者及其他任何环境因素。要确保使用准确的语言界定过失，而不是仅仅引证公司的规章制度和劳动合同。你应该表达的并不是逾越规则这件事本身，而是违规对工作集体的绩效造成的影响。具体阐明它对员工个人的工作绩效、对单位的工作效果以及对其他同事造成的不良影响，以此作为这类行为不应该再度发生的理由。

第三，对事不对人。批评应该指向员工的行为而不是人格特征。

第四，允许员工陈述自己的看法。无论你拥有什么样的事实支持你的谴责，正确的工作程序应该是：给员工一个机会陈述自己的看法。即从他的角度来看，发生了什么事，为什么会发生，他对规则、条例和环境的理解是怎样的。如果你与员工在这方面的分歧极大，恐怕你要做进一步的调查。

第五，保持对讨论的控制。在很多人际交流活动中，你希望鼓励开放式的对话，希望抛开控制而制造一种双方平等的沟通气氛。但在实施训导时不能这样。为什么？因为违规者会利用一切机会。换句话说，如果你不进行控制，他就会控制。训导的定义指出，对员工的训导是在权力基础上的活动。要想巩固组织准则和规程，管理者就必须进行控制。让员工从自己的角度陈述所发生的事情，以便抓住事实真相，但不要让他们干扰训导或使你偏离目标。

第六，对今后如何防范类似错误达成共识。训导应当包括对改正错误的指导。要让员工谈谈他们今后确保违规过失不会再犯的计划。对于严重的违规，让他们拟定一个改进行为的分步计划，然后安排以后见面的时间表，以评估他们每一次的进步。

第4节　沟通中的现实问题

一、个体差异

在现实的组织中，每个单位都有一些不善于沟通，但具有极佳思想能力的员工，大致可分为以下三种类型：

（1）具有专业技术的看上去很孤傲的员工。由于“专业能力决定报酬”的观念植根于心，这些“运用技能”的工作者时常埋头于自己知道的事情，偶尔开口也只是讲几句简单的话。这类人过去一直被鼓励的就只是忠于自己的工作而已，通常未曾学习过人际关系的技巧。他们对于工作本身的忠诚，比对组织的忠诚还要强烈，因为他们关心的只是“工作是否完成”。例如，电子资讯处理专家总是与公司以外的其他电子计算机专家保持密切关系，但对公司的销售情形却很少关心；公司研究中心的科学家、工程师、会计师和许多其他专家也都只关心他们的专业并和他们的同业保持关系，而很少关心公司的营业状况。他们被公司雇佣的只是专业能力，这种情形可能使他们在组织内的任何层级上均与其他工作人员保持一段距离。

（2）常常被忽略的人。他们之所以无法贡献更多的心力，是因为他们是“热心但沉默的一群”。对于这种类型的人，我们可以用“大智若愚”这个词来形容。

（3）视多言如蛇蝎的人。他们认为只有言简意赅才有价值，其他任何多余的话都是在浪费时间和生命。结果他们不愿表达任何废话般的意见，但这些意见可能在公司的讨论会中极富价值。这类人之所以沉默是因为他们相信沉默是行动的正确方式，因此他们可能是最容易被改善的一类人。可以向他们解释，他们的沉默对别人而言表现了兴趣或行为的缺乏。当然，他们可能永远也不能认识到他们的沉默在某些状况下是一种障碍。

作为管理人员，你必须要求他们更广泛地参加讨论，或是要求他们在某些状态下更细微和深入地提出建议并将这些建议付诸实施。当他们参与组织的任何层级的活动增加后，应给他们热烈的赞许和鼓励。

此外，以下几方面的因素也会导致个体在沟通上的差异：

（1）遗传特征。个人的基因构成会影响其沟通的能力。

（2）种族。不同族群的沟通方式有很大差异。

（3）家庭。不同的家庭促成其成员形成不同的处事观念。

（4）个体经历。个人在社会中的地位，包括受教育的机会以及独特的生活经历都会影响其沟通的能力和方式。

二、性别

不同性别的人对于有效沟通的标准是不尽相同的。

在语言表达的技巧上，女性通常比男性更胜一筹。女孩子很早就开始相互谈论她们自己，谈论人们如何行事并开始分辨各种感情，因而总是有更多的时间和机会来尝试语言表达的技巧。所以，在长大以后她们对如何沟通总是很有一套。而这对于那些仅希望能够说清事件，却不管什么情感和想法的男孩子而言就显得太难了。男性不太善于把握别人的情感，因为他们常常很难注意到一些细微的暗示和线索。

许多女性在成长过程中被教育不要显露自己的愤怒和不满，而很多男性则被告知要隐藏自己痛苦和脆弱的一面。“我让他们怎么办，他们就应该怎么办，要知道这里究竟谁是老板，谁说了算!”这是一种男子气十足的说话方式。而诸如“我的确很在乎你怎么看我”则显得女性化一些。因为女性对于情感的把握总是很自如，而且常常希望别人能够与她分享，而男性往往不善于把握情感，而且不愿分担别人的情感。

男性与女性之间存在沟通障碍吗？黛伯拉·泰兰博士对此进行了研究。研究表明，女性使用的语言是建立联系和亲密性的语言，强调融洽和共性；男性使用的语言是建立地位和独立性的语言，强调不同和差异。对于大多数男性来说，交谈主要是保护独立性和维持自己在社会格局中等级地位的手段。而对于大多数女性来说，交谈则是寻求融洽关系的谈判。这导致男性与女性在沟通中存在很大差异。

三、修辞

在沟通时词汇是主要手段，绝大多数人都知道如何委婉恰当地使用词汇。但同时，委婉恰当的语言对有效沟通构成了新的障碍。如果在使用词汇时除去那些过分委婉的词汇，我们就能以清楚、准确的方式传达信息。大多数情况下，发送者和接收者使用的词汇越多，信息传递的精确性就越高。如果从词汇库中删去某些词汇，则加大了准确沟通的难度。如果进一步用那些意义不易理解的新术语替代这些词汇，则信息符合原意的可能性就更低了。我们必须注意自己使用的词汇是否会冒犯他人，但同时还应注意，不要把语言的清理工作推向极端，以至于阻碍了沟通的准确性。我们还没有一种简单的办法来处理这种两难困境，但应该意识到在二者之间保持平衡的重要性，并要找到一种恰当的平衡做法。

四、文化差异

跨文化因素也增加了沟通困难的潜在可能性。以下是在跨文化沟通中存在的四个具体问题：（1）语意造成的障碍。不同人所理解的词汇意义是不同的，对于来自不同文化的人来说尤其如此。例如，有些词汇无法在两种文化中进行互译。（2）词汇含义造成的障碍。在不同语言中，同一词汇的意义可能不相同。（3）语调差异造成的障碍。有些文化的语言是规范的，有些文化的语言却是不规范的。在一些文化中，语调的变化取决于交谈的环境，在不同环境中，人们说话的方式也是不同的。（4）认知差异造成的障碍。使用不同语言的人看待世界的方式也不一样。

因此，在和来自不同文化的人进行沟通时，应该注意以下几点：

（1）在没有证实彼此之间的相似性之前，先假设存在着差异。大多数人常常自认为他人与自己非常相似，但实际情况却是来自不同国家的人常常是非常不同的。因此，在未得到证实之前，应先假设彼此之间有差异，这样做会减少误解的可能性。

（2）重视描述而不是解释和评价。相比描述来说，对某人言行的解释和评价更多是在观察者的文化和背景基础上进行的。因此，应该留出充足的时间，根据文化因素调整自己进行观察解释的角度，在此之前不要急于做出判断。

（3）设身处地。传递信息之前，先把自己置身于接收者的立场上；接收信息时，先确认发送者的价值观、态度、经历、参照点、教育、成长和背景。

（4）把自己的解释作为一种假设。当你对新情境提出一种见解，或者站在对方异国文化的角度思考问题时，把自己的解释作为一种还有待进一步检测的假设。仔细评价接收者提供的反馈，看看它们能否及时证实你的假设。对于重要决策，你还可以与文化背景相同的同事一起分析检查，以保证你的解释是正确的。

五、电子媒介

20 世纪 80 年代起，新型的电子技术极大地改变了组织中的沟通方式。这些技术手段有：传呼机、传真机、录像会议、移动电话、电子会议、电子邮件、语音信箱等。

电子沟通使人们不必局限于工作单位或坐在办公桌前。无论何时以及身在何处，传呼机、移动电话以及个人通信装置都能使人们保持联系。员工的工作生活与非工作生活之间的界限被打破了，从理论上说，在电子时代每个员工可以全天 24 小时待命。

电子沟通使组织的界限越来越模糊（电子沟通与传统纸介质沟通的比较见表 9－2）。计算机网络使员工在组织中可以跨越纵向层级工作，可以在家中工作，而不一定要在组织提供的场所中工作，可以与其他企业的员工相互交流。传统的地位等级（在很大程度上取决于层次等级及是否可以接近）名存实亡。尽管电话早已使人们能够迅速传递口头信息，但直到最近书面信息才能以同样速度传递。20 世纪 60 年代中期，绝大多数组织依靠办公室之间的备忘录进行内部信息传递，用有线服务系统和邮政系统进行外部信息传递。而后，邮政的快递业务和传真设备出现。今天，几乎所有的组织都引进了电子邮件，并在网络中对员工提供大量的访问入口，书面信息的传递速度可以和电话一样快。

表 9－2　电子沟通与传统纸介质沟通的比较

<table>
<tr><th>纸张</th><th>传真</th><th>电子邮件</th><th>电子会议系统（EMS）</th></tr>
<tr><td>永久并容易得到记录</td><td>能传达到地理上分散的读者</td><td>速度快</td><td>比口头沟通用词更为精确并能表明较多细节</td></tr>
<tr><td colspan="2">读者参与程度较低</td><td colspan="2">读者或听众参与程度较高</td></tr>
<tr><td colspan="2">反应慢</td><td colspan="2">反应快</td></tr>
<tr><td colspan="2">对于信息是否收到或何时收到缺乏控制</td><td colspan="2">能立即收到信息并能较好地控制</td></tr>
<tr><td colspan="2">显得保守</td><td colspan="2">不大受约束</td></tr>
<tr><td colspan="2">如果质量好，表达更为清晰</td><td colspan="2">如果质量好，可能更富有创造性</td></tr>
<tr><td colspan="2">通常更符合语法规范和逻辑</td><td colspan="2">有可能产生乱码</td></tr>
<tr><td colspan="2">信息传递费用较高</td><td colspan="2">信息传递费用较低</td></tr>
<tr><td colspan="2">通常需要更多准备时间</td><td colspan="2">所花准备时间少</td></tr>
<tr><td colspan="2">信息传递中不太可能与组织中各层次的人接触</td><td colspan="2">可能与组织中各层次的人员接触</td></tr>
<tr><td colspan="2">无非语言沟通</td><td colspan="2">可使用“—>”等“情感”符号来传递非语言信息</td></tr>
<tr><td colspan="2">保密性强</td><td colspan="2">可能比纸介质沟通的保密性差</td></tr>
<tr><td colspan="2">传递较慢</td><td colspan="2">传递较快</td></tr>
</table>

电子沟通从根本上改变了信息在即时输出和即时回收方面的能力。但是电子沟通不能像面对面的会议那样提供非语言沟通线索，也不能像电话交谈那样在传递语言意义的同时传递细腻的情感差别。另外，虽然录像会议和电子会议都能提供工作支持，却缺少传统的会议所能提供的两个人们不易觉察的目标服务：满足群体归属需要和作为一个任务完成情况的仲裁机构。因此，对于在社会交往方面有较高需要的人来说，过分依赖电子沟通可能会导致较低的工作满意度。

此外，高级的管理信息系统可以取代某些信息交流方式，尤其是许多以前只有通过面对面交流才能获得信息的方式。现在，管理者不必到现场，就能得到及时准确的信息。然而，面对面的交流方式可以有其他用处，将仍然被采用，但是其价值已经改变了。这里有一个很好的例子。1989 年春季，埃克森公司的总裁受到了广泛的谴责，因为该公司的一艘油轮在阿拉斯加的威廉王子海湾触礁，泄漏了上百万加仑的原油，而这位总裁并没有亲自到阿拉斯加的事故现场。事实上，他并不需要到现场就能处理泄漏事故，可以通过现代通信方式与阿拉斯加的管理人员保持联系。但他的行为被许多人视为不关心此事。因此，即使有现代通信媒介，管理者仍然需要深入工厂车间，需要与雇员进行面对面的谈话并了解他们的问题。只不过，这些沟通行为的功能已经发生了改变，与原先的“了解信息”的功能相比，更多的是为了体现管理者的关心。

故事与启示

有一个秀才去买柴，他对卖柴的人说："荷薪者过来！"卖柴的人听不懂"荷薪者"（担柴的人）三个字，但是听得懂"过来"两个字，于是把柴担到秀才前面。秀才问他"其价如何？"卖柴的人听不太懂这句话，但是听得懂"价"这个字，于是就告诉秀才价钱。秀才接着说："外实而内虚，烟多而焰少，请损之"（你的柴外表是干的，里头却是湿的，燃烧起来，会浓烟多而火焰小，请减些价钱吧）。卖柴的人因为听不懂秀才的话，担着柴就走了。

资料来源：陈迎雪，陈小华．团队建设与管理．成都：电子科技大学出版社，2015.

第5节　沟通的视窗理论

沟通的视窗理论是由约瑟夫（Joseph）和哈里（Harry）在20世纪50年代提出的。视窗理论将人际沟通的信息比作一个窗子，它被分为四个区域：开放区、隐秘区、盲目区、未知区，人的有效沟通就是这四个区域的有机融合。开放区是自己知道别人也知道的信息。例如你的家庭情况、姓名、部分经历和爱好等。开放区具有相对性，有些事情对于某人来说是公开的信息，对于另一些人可能会是隐秘的事情。在实际的人际交往中，共同的开放区越多，沟通起来就越便利，越不易产生误会。盲目区是自己不知道别人却可能知道的盲点。例如性格上的弱点或者坏的习惯，你的某些处事方式，别人对你的一些感受，等等。反思现代社会，为什么那些地位和权势越高的人，越难听到关于自己的真话？就是因为围绕在这些人周围的往往都是一些阿谀奉承的人和话，沟通单向而闭塞。一旦当事人没有博大开放的胸怀容纳敢于对自己讲真话的朋友或善于直言的下属，他的盲目区就有可能越来越大。因此，作为企业管理者，不断缩小自己的盲目区，才是走向成功的必由之路。

下面分析视窗理论的运用技巧。

在开放区，他的信息他知道，别人也知道，这会给人什么样的感觉呢？善于交往的人、非常随和的人。这样的人容易赢得大家的信任，容易和他进行合作性的沟通。要想使你的开放区变大，就要多说，多询问，询问别人对你的意见和反馈。这从另一个侧面告诉我们，多说、多问不仅是一种沟通技巧，同时也能赢得别人的信任。如果想赢得别人的信任，就要多说，同时要多提问，寻求相互的了解和信任，因为信任是沟通的基础，有了基础，就不难建高楼大厦。

如果一个人的盲目区很大，他会是一个什么样的人？是一个不拘小节、夸夸其谈的人。他有很多不足之处，别人看得见，他却看不见。盲目区太大的原因就是他说的太多，问的太少，他不去询问别人对他的反馈。所以在沟通中，你不仅要多说而且要多问，避免盲目区过大的情况发生。

如果一个人的隐秘区很大，那么关于他的信息，别人几乎不知道，只有他一个人知道。这是一个内心封闭的人或者说是个很神秘的人。这样的人我们对他的信任度是很低的。如果与这样的人沟通，合作的态度就会少一些。因为他很神秘、很封闭，往往会引起我们的防范心理。

如果一个人的未知区大，就意味着关于他的信息，他和别人都不知道。这样的人，不问别人对自己的了解，也不主动向别人介绍自己。封闭使他失去很多机会，能够胜任的工作可能就从他身边悄悄溜走了。所以每一个人要尽可能缩小自己的未知区，主动通过别人了解自己，主动告诉别人自己能够做什么。

◆ 关键术语

沟通　沟通的类型　沟通的功能　沟通的障碍

◆ 复习思考题

1. 什么是群体沟通？它对管理有效性有什么意义？
2. 如何有效发挥沟通的功能？
3. 影响沟通的障碍有哪些？如何克服这些障碍？
4. 提高有效沟通的技能有哪些？
5. 结合自己谈谈对沟通的视窗理论的理解。

◆ 自我诊断

知道你的倾听能力吗？

有效的沟通需要好的倾听技能，但是这一点往往在沟通分析中被忽视。以下的问卷将有效地评估你的倾听技能。回想一下你的上几次会议或聚会，对每个问题做出如实回答。

是/否

____ 1. 我经常试图同时注意好几个不同的对话。
____ 2. 我喜欢别人只给我提供事实，我自己做出解释。
____ 3. 我有时候会假装倾听。
____ 4. 我自认为很精通非语言交流的解读。
____ 5. 我通常在别人说话之前就知道他们想说什么。
____ 6. 如果引不起我的兴趣，我会用转移注意力的方式结束对话。
____ 7. 我常用点头、皱眉等方式让谈话者了解我的反应。
____ 8. 当对方说完后，我通常会立即做出反应。
____ 9. 倾听的同时我会做出判断。
____ 10. 通常对方还没有说完，我就已经想好如何应对。
____ 11. 说话者的表达方式经常会影响我聆听内容。
____ 12. 我通常会问对方说的什么意思，而不是自己猜测。
____ 13. 我和对方一起努力来理解他们的观点。
____ 14. 我常常听到我想听到的，不管他们怎么说。
____ 15. 即使不能达成共识，大多数人也知道我理解他们的观点。

根据沟通理论，答案如下：

否—1，2，3，5，6，7，8，9，10，11，14

是— 4，12，13，15

如果你只答错了一两个，你的倾听习惯很好。作为经理，你很快就会成为优秀的倾听者。如果错了三四个，你对自己的倾听效率有所怀疑，在如何倾听方面需要提高。如果错误超过五个，你的倾听方式大概比较失败，你的朋友和同事可能不会认为你是个好的听众。努力吧！

资料来源：Ricky W. Griffin，Gregory Moorhead. Organizational Behavior：Managing People and Organizations. Published by South-Western Cengage Learning，Ninth Edition，USA，2010.

案例分析

家电公司对信息沟通做法的改进

20 世纪 30 年代，罗伯特·盖茨在底特律创办了一家收音机制造厂，这家小厂逐渐发迹而成为雄踞全美的最大的收音机、电视机和同类产品制造公司。1965 年其销售额达 3 亿美元，雇员 1.5 万人，拥有 10 个加工制造厂。在该公司整个成长过程中，创始人始终保持了公司积极、富有想象力和主动进取的风格。在创办初期，每个主管和工人都认识盖茨，而盖茨也能叫出其中大多数人的名字。即使公司壮大到具有相当规模以后，员工们也觉得他们了解公司创始人和最高主管。这个事实说明：公司的员工对公司怀有强烈的忠诚感，与公司有着密切的关系。

但是，随着公司的繁荣和发展壮大，盖茨开始担心公司正在丧失“小公司”精神，他也担心公司的信息沟通受到阻碍，公司员工不理解他的目标和哲学。因为对公司其他部门的工作无知，造成了大量无效的重复劳动，其结果是新产品的开发和市场营销活动都遭受损失。同样，他还担心自己失去同员工的接触与联系。

为了解决信息沟通问题，他聘用了两位信息沟通主任并让他们报告有关情况。这两人弄清了其他公司正在使用的各种信息沟通手段并加以运用：在每个办公室和全美各地的工厂设置公告栏；办了一份刊载影响各个经营点的大量公司新闻和个人新闻的生机勃勃的公司报；发给每个员工《公司实况》一书，提供关于公司的重要信息；定期公布利润分配报告；公司主办信息沟通课程；在公司总部每个月举行一次有 100 名高层主管人员参加的例会；在名胜地每年举行为期 3 天、有 1 200 名各层次主管参加的例会；为讨论公司事务而召开大量特别委员会会议；等等。

在付出了大量时间、精力和费用以后，盖茨感到非常失望。他发现在公司的信息沟通和与子公司的感情增进方面依然存在问题，而且他的计划执行结果看起来并不理想。

资料来源：时巨涛，马新建，孙虹．组织行为学．3 版．北京：北京师范大学出版社，2017.

［分析］

1. 你认为公司在信息沟通方面真正的问题是什么？
2. 为改进公司的信息沟通，你有什么建议？

第10章 团队建设

本章重点

● 团队是由一群不同背景、不同技能、不同知识的人所组成的一种特殊类型的群体，它以成员高度的互补性、知识技能的跨职能性和信息的差异性为特征。

● 高绩效团队的特征之一是团队成员之间相互高度信任。

● 是否选择团队组织，关键是具体的任务是否经常变化。变化大的任务更适合选用团队组织。

名人名言

30%的人永远不可能相信你。不要让你的同事为你干活，而让我们的同事为我们的目标干活，共同努力，团结在一个共同的目标下面，就要比团结在你一个企业家底下容易得多。所以首先要说服大家认同共同的理想，而不是让大家来为你干活。

——马云

团队像人一样，应不断进步成长，是一个生命体。团队进步的基本条件是能持续地学习、反思、沟通，有自我批评的承受力和能力，团队中有不断找出自身不足的文化，这是团队成熟和信心的表现。能学习、反思的团队表现了对大目标的深刻理解和执着，也表现了对实现目标的过程的坚韧，特别是有对过程中遇到的困难和挫折的应对能力和奋斗精神。在这样的团队中，沟通的速度快，成本低；信任多，抱怨少；团队成员中想到的、说到的、听到的、做到的有高度的统一。

——宁高宁

引例

这里的每个人都有可能死亡

如今，为200名雇员的一次团队建设活动而花费200多万美元似乎有些奢侈，但是每年世界顶尖的硬盘驱动制造商希捷科技都会把200名雇员从硅谷的总部派向世界的各个小角落进行为期一周的团队建设。员工们可以在马来西亚和泰国的大街小巷骑自行车，也可以到或近（美国的科罗拉多和加利福尼亚）或远（中国和瑞士）的地方去远足。

去年，希捷科技的团队建设活动选择在新西兰的崇山峻岭之中进行，那里是电影《指环王》的取景地。新西兰是世界上最多山的国家之一，超过75%的国土由山脉和丘陵组成。因此，尽管这个团队中的工程师、管理者和研发人员都是受教育程度高、聪明而且自信的家伙，但是当团队领队、公司 CEO 比尔·沃特金斯（Bill Watkins）告诉成员说他们每个人都会面临死亡的威胁时，有些成员还是会感到紧张。

为什么希捷科技每年都要把如此多的精力投入这项昂贵且让人痛苦的活动中呢?尽管每年有2 000名员工申请参加团队建设活动的200个名额，但沃特金斯仍然否认这仅仅是一项激励："我在挑战你们的生活。"另一位组织者说："这是一种行为矫正。"在新西兰的那个星期，参与者要完成在山中穿行40千米的竞速赛，在沼泽地跋涉17千米以及骑自行车穿越18千米的山区。尽管这些活动已经非常辛苦，但沃特金斯关于死亡危险的评论更主要是要求参与者思考自己在生活中的抉择。沃特金斯会问："你是否在做你生活中真正想做的事情?"

沃特金斯和希捷科技认为团队和团队建设对公司的成功具有至关重要的作用，因此有必要进行这种团队建设性的冒险活动。"对于硬盘驱动器，最吸引人但有时也让人感到万分沮丧的就是任何人都不知道怎么制造它，"沃特金斯说，"这需要来自不同学科和不同文化背景的人精诚合作。"在沃特金斯看来，通过让队员们在一种大多数人都不熟悉的环境中齐心协力、同舟共济，这40个五人小组在工作之外获得了终身受益的经验，而且他们也很愿意将这些经验带回到工作中。

资料来源：罗宾斯，贾奇．组织行为学：第14版．北京：中国人民大学出版社，2012.

第1节　团队及其分类

一、团队及其特点

团队是由一群不同背景、不同技能、不同知识的人所组成的一种特殊类型的群体，它以成员高度的互补性、知识技能的跨职能性和信息的差异性为特征。首先，团队成员之间有高度的相互依赖性，往往是处于复杂的互动之中。其次，一个团队内应具有执行不同职能的成员，从而使这个团队成为跨职能的群体。最后，由于成员间在背景、训练、能力、所接近的资源方面的差异，一个团队的成员在技能、知识、专长及信息的分配上是不平均的。再者，它需要拥有两三个独立的个体，他们之间有社交活动（面对面，或是通过网络视频这种虚拟的方式）；

因为相关的任务而组织在一起；在面对工作、目标和最终成果时互敬互助；拥有不同的角色和责任；处在一个共同的组织体系中。

团队与传统的部门结构或其他形式的稳定性团体相比所具有的优点主要在于：(1) 它可以使不同的职能并行进行，而不是顺序进行，从而大大节省了完成组织任务的时间；(2) 它可以迅速地组合、重组和解散；(3) 它可以由团队成员自我调节、相互约束，促进员工参与决策过程，增强组织的民主气氛，并且削减组织中的某些中层管理职能；(4) 它拥有实现这些目标所必需的权力、自治和资源；(5) 团队成员需要依靠各自的知识和技能来完成这个目标，这就需要他们在工作上亲近互助，并且相互支持。

二、团队与群体比较

团队是一种特殊类型的群体，所有影响团体的因素都会影响团队。但是，并不是所有的群体都是团队，团队的绩效还受其他类型的团体所不具有的因素的影响。团队作为一种特殊类型的群体，与其他类型的群体相比，主要的区别在于：(1) 目标不同。前者是为了获得协同效应，即团队追求的是大于个体成员绩效总和的绩效，而后者只是个体成员绩效的简单加总。(2) 互动性质不同。前者的各成员之间是一种积极的、有创造性的互动配合，而后者的配合只是例行公事性的配合。(3) 责任不同。前者的责任既是具体化到每个成员身上的，又是团队共同的责任，而后者的责任是个体化的。(4) 技能不同。前者的各成员的技能是高度互补的，而后者是随机的。因此，仅仅把工作群体换一种称呼，改称团队，而不从深层次上对组织进行改造，并不能提高组织的绩效。

三、团队的类型

根据团队的存在目的，可以对它们进行分类。在组织中，有三种类型的团队比较常见：问题解决型团队、自我管理型团队、多功能型团队，如图 10－1 所示。

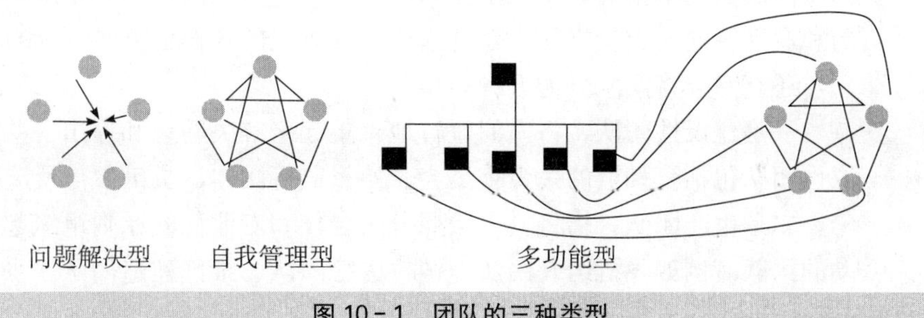

图 10－1　团队的三种类型

1. 问题解决型团队

这种团队一般由来自同一个部门的 5～12 个钟点工组成，他们每周用几个小时的时间聚在一起，讨论如何提高产品质量、生产效率和改进工作环境等问题。在问题解决型团队里，成员就如何改进工作程序和工作方法互相交换看法和提供建议。但是，这些团队几乎没有权力根据这些建议单方面采取行动。

20 世纪 80 年代，应用最广的一种问题解决型团队是质量圈。这种工作团队由职责范围部分重叠的员工及主管人员组成，一般是 8～10 人。他们定期相聚，讨论质量问题，调查问题的原因，提出解决问题的建议并采取有效的行动。

2. 自我管理型团队

问题解决型团队的做法行之有效，但是在调动员工参与决策过程的积极性方面还显不足。这种欠缺导致企业努力建立新型团队，即一种真正独立自主的团队。它们不仅注意问题的解决，而且执行解决问题的方案，并对工作结果承担全部责任。自我管理型团队通常由 10～15 人组成，他们承担着以前自己的上司所承担的一些责任。一般来说，他们的责任范围包括控制工作节奏、决定工作任务的分配、安排工间休息等。彻底的自我管理型团队甚至可以挑选自己的成员，并让成员相互进行绩效评估。这样，主管人员的重要性就下降了，甚至可以被取消。

对自我管理型团队的效果的总体研究表明，实行这种团队形式并不一定能带来积极效果。比如，在这种团队中，员工的满意度有所提高，但成员的缺勤率和流动率偏高。

3. 多功能型团队

多功能型团队由来自同一等级、不同工作领域的员工组成，他们聚到一起完成一项任务，任务完成后再回到各自的部门。

许多组织采用跨越横向部门界限组建任务团队的形式已有多年。例如，在 20 世纪 60 年代，IBM 为了开发卓有成效的 360 系统计算机，组织了一个大型的任务攻坚队，攻坚队成员来自公司的多个部门。任务攻坚队其实就是一个临时性的多功能型团队。多功能型团队是一种有效的方式，它能使组织内（甚至组织之间）不同领域的员工之间交换信息，激发出新的观念，解决面临的问题，协调复杂的项目。当然，多功能型团队在其形成的早期阶段往往要消耗大量的时间，因为团体成员要学会处理复杂多样的任务。在成员之间，尤其是那些背景不同、经历和观点不同的成员之间，建立起信任和真正的合作也需要一定的时间。

还有专家将团队分为五种类型：

一是建议性团队，将人们短暂地聚集起来解决问题和提出一些建议方案。建议性团队包括管理层的决策委员会、质量监管团体、员工参与及选拔委员会。

二是生产团队，指将员工按照分工合作和专业化的原则组织起来从事生产活动的团队。例如飞机组装团队、销售医疗团队、维修建造团队、采矿团队及商业航空团队。

三是服务团队，包括协作处理有关顾客的事务的团队。例如飞机乘务员、维修和通信销售团队。

四是管理团队，是指员工共同规划、协商决策、共同商讨预算、裁员及后勤问题。其中包括公司主管团队、地区指导委员会及其他管理部门。斯托克指出管理团队会处理一些有关公司总体运行情况的战略性问题。

五是项目工作组，也称为特别小组。小组成员组织起来完成一项具体的、限时的工程，任务一完成，他们就会被解散。大体上说他们是跨功能团队，员工来自不同的部门，例如工程部和产品研发部。

故事与启示

秋去春归的大雁在飞行时往往结队为伴，队形一会儿呈“一”字，一会儿呈“人”字，一会儿又呈“V”字，它们为什么要结队飞行呢？

据专家解释，鸟结队飞行能产生一种空气动力学的作用，25 只编成“V”字队形飞行的鸟，要比具有同样能量而单独飞行的鸟多飞 70%的路程，也就是说，结队飞行的鸟能飞得更远。

大雁结伴飞行给我们以启示：一盘散沙难成大业，握紧拳头出击才有力量，任何单位、企业、团队，成员之间必须团结一致，心往一处想，劲往一处使，才能无往而不胜。

资料来源：姚裕群．团队建设与管理．北京：首都经济贸易大学出版社，2006.

第 2 节　团队有效性

一、采用团队形式的好处

一项对全美 476 家大公司的调查发现，有 7%的员工是在团队这种形式下工作的。按照这一比例，全美共有 800 万～900 万人在团队形式下工作。这一调查还发现，这些公司中有半数以上打算在不久的将来大幅度增加这种工作团队的组织方式。为什么要采用团队这种形式呢？对于目前出现的这种趋势众说纷纭，采用团队形式的好处有以下几点：

（1）团队精神。团队的成员希望也要求相互之间的帮助和支持，以团队方式开展工作，促进了成员之间的合作并提高了员工的士气。团队规范在鼓励其成员追求卓越的同时，还创造了一种增加工作满意度的氛围。

（2）使管理层有时间进行战略性的思考。采用团队形式，尤其是自我管理工作团队形式，使管理者得以脱身去做更多的战略规划。当工作以个体为基础设计时，管理者往往要花费大量时间监督他们的下属和解决下属的问题，而很少有时间进行战略性的思考。采用工作团队，能让管理者把注意力集中到诸如长期发展计划等重大问题上来。

（3）提高决策速度。把一些决策权下放给团队，能使组织在做出决策时有更大的灵活性。团队成员对与工作相关的问题常常比管理者知道得更多，因为他们离这些问题更近。因此，采用团队形式，决策常常更加迅速而准确。

（4）促进多元化和创意。由具有不同背景和经历的人组成的群体，看问题的广度比单一性质的群体要大。同样，由风格各异的个体组成的团队所做的决策，往往要比个体所做的决策更有创意。

（5）提高绩效。上述各因素组合起来能使团队的工作绩效明显高于个体的工作绩效。工作团队方式可以减少浪费，减轻官僚作风，促进工作改进建议的提出，并加快工作进度。

二、高绩效团队的特征

团队的形式并不能自动地提高生产力，它也可能使管理者失望。近来有研究提出了高绩效团队的主要特征，总结如下：

1. 清晰的目标

高绩效的团队对所要达到的目标有清楚的了解，并坚信这一目标有重大意义和价值。而且，这种目标的重要性还激励团队成员把个人目标升华到群体目标中去。在高绩效的团队中，成员清楚地知道希望他们做什么工作，以及他们怎样共同工作以完成任务。

2. 相关的技能

高绩效的团队是由一群有能力的成员组成的。他们具备实现理想目标所必需的技术和能力，相互之间有能够良好合作的个性品质，从而能出色地完成任务。后者常常被人们忽视，却尤其重要。有精湛技术的人不一定就有合作技巧，高绩效团队的成员往往必须兼而有之。

3. 相互信任的氛围

通过团队学习而形成的组织文化和管理层的行为塑造，对形成相互信任的群体内氛围很有影响。如果组织崇尚开放、诚实、协作的办事原则，同时鼓励员工的参与和自主性，它就比较容易形成信任的环境，从而能帮助管理者建立和维持信任的行为。

4. 良好的沟通

团队成员通过畅通的渠道交流信息，管理层和团队成员之间有健康的信息反馈机制，并经常进行以获取超过个人水平的见解为目的的深度会谈，鼓励成员将他们认为最困难、最复杂、最具冲突性的问题放到团队中来讨论，自由地表达各自的观点并加以验证，使彼此真诚相对，让每个人以真实的想法在交流中碰撞出火花。

5. 不断地探索和调整

以个体为基础进行工作设计时，员工的角色由工作说明、工作程序、工作纪律以及其他一些正式文件明确规定。但对于高绩效的团队来说，其成员角色具有灵活多变性，总在不断地进行调整。这要求成员有充分的准备，持续面对和应付团队中时常变换的问题和关系。

6. 恰当的领导

有效的领导者能够让团队成员跟随自己共同渡过最艰难的时期，因为他能为团队指明前途所在。他向成员阐明变革的可能性，鼓舞成员的自信心，帮助他们更充分地了解自己的潜力。高绩效团队的领导者往往担任的是教练和后盾的角色，对团队提供指导和支持，但并不试图去控制它。对于那些习惯于传统方式的管理者来说，这种从上司到后盾的角色转换，即从发号施令到为团队服务，实在是一种困难的转变。现在，许多管理者已经发现了这种新型的权力共享方式的好处，或通过领导培训逐渐意识到它的益处。

7. 内部支持和外部支持

从内部条件来看，高绩效的团队应该拥有一个合理的基础结构，包括适当的培训，一套公平合理的用以评估员工绩效的测量系统，以及一个起支持作用的人力资源系统。从外部条件来看，管理层应该给团队提供完成工作所必需的各种资源。

第 3 节　团队的适用范围

一、采用团队设计的先决条件

采用团队设计的先决条件是：应有一项持续性的使命，其具体的任务是经常变动的。如果没有持续性的使命，也可以有临时性的团队，即任务型的团队，但这种团队不是长期性的组织结构。如果具体的任务不会有变动，就没有采用团队组织的必要了，现有的组织设计就足以完成常规性的任务。

二、团队形式的优点及限制

团队具有组织有效性的优点。在团队里，每一个人都能知道整个团队的工作，做到相互默契配合，并对整体负责，使团队整体易于接受新观念和新的工作方式，因此，团队具有极大的适应性。

但团队工作有赖于持续地关注其管理，注意其成员之间的关系，注意其职务之间的分配，注意解释、筹划、沟通等。因此，所有成员都要耗费大量精力，以维持业务的正常进行。此外，虽然团队中的每个成员都能了解整个团队的共同任务，却不一定能了解其自身的具体任务。

团队常常因为其成员疏于自律和疏于负责而失败，而且失败率很高。因此，团队的成功要求成员有极强的自律。

三、团队组织的适用范围

团队组织的适用范围取决于工作的性质。一般来说，对于高层管理工作，采用团队设计最为恰当。对于创新性工作，团队组织也是一种最佳的设计。而对于一般作业性工作，仅有团队组织是不够的。团队组织多是作为职能组织的一种补充。团队组织作为职能组织的补充，能产生最大效益的领域是组织中的“知识部门”。很多知识工作者，在机构里是一个职能成员，同时又与别的部门的知识工作者同属于某个工作团队。

第4节　团队绩效的影响因素

一、规模

由于团队是一种特殊形式的群体，我们先考察群体规模对群体绩效的影响。事实表明，小群体完成任务的速度比大群体快，且善于完成生产性任务。但是，如果群体的目标是调查事情的真相，大群体更有效。因此，成员在7人左右的群体在执行任务时会更有效。有关群体规模的研究得出两个结论：第一，成员总数为奇数的群体比成员总数为偶数的群体更好，因为成员总数为奇数时，可以避免投票时出现僵局。第二，5～7人群体在执行任务时，比更大一些的群体或更小一些的群体都更有效，因为这样的群体足以形成大多数，允许发表各种不同意见，同时又可以避免与大群体相关的一些弊端，如多数人占据绝对统治地位，形成小帮派，禁止某些成员参与决策，在决策时拖延时间等。因此，最好的工作团队规模一般比较小。如果团队成员多于12人，就很难顺利开展工作，在相互交流时也会遇到许多障碍，且很难在讨论问题时达成一致。一般来说，如果团队成员很多，就难以形成凝聚力、忠诚感和相互信赖感，而这些正是高绩效团队所不可缺少的。所以，管理人员要想塑造富有成效的团队，就应该把团队的成员人数控制在12人之内。如果一个自然工作单位本身较大，而又希望达到团结的效果，可以考虑把工作群体分成几个小的工作团队。

二、能力

要想有成效地运作，一个团队需要三种不同技能类型的人。第一，需要具有技术专长的成员。第二，需要具有解决问题和决策的技能，能够发现问题，提出解决问题的建议并权衡这些建议，然后做出有效选择的成员。第三，团队需要若干善于聆听、反馈，具有解决人际关系问题技能的成员。

如果一个团队不具备以上三类成员，就不可能充分发挥其绩效潜能。对具备不同技能的人进行合理搭配是极其重要的。一种类型的人过多，另两种类型的人自然就少，团队绩效就会降低。但在团队形成之初，并不需要完全具备以上三方面的成员。在必要时，一个或多个成员去学习团队所缺乏的某种技能，从而使团队充分发挥其潜能，这样的事情并不少见。

三、角色互补

我们知道，人格特质各有不同，如果员工的工作性质与其人格特质一致，其绩效水平容易提高。就工作团队内的位置分配而言，也是如此。团队有不同的需求，挑选团队成员时，应该以员工的人格特点和个人偏好为基础。

高绩效团队能够给员工适当地分配不同的角色。例如，长期使球队保持赢势的篮球教练知道如何挑选有前途的队员，识别他们的优势和劣势，并把他们安排到最适合他们发挥才能的位置，使他们能为球队做出最大贡献。这种教练能够认识到，一个想获胜的球队需要具有多种技能的成员，如控球手、强力得分手、3分球投手、后卫等。成功的球队具有能够胜任关键位置的球员，并能在了解球员技能和爱好的基础上，把他们配置到各个位置上。一系列研究已经证明，在团队中人们通常扮演 9 种潜在角色，如表 10－1 所示。

表 10－1　团队内的 9 种角色

1. 创造者-革新者：产生创新思想。
2. 探索者-倡导者：倡导和拥护所产生的新思想。
3. 评价者-开发者：分析决策方案。
4. 推动者-组织者：提供结构。
5. 总结者-生产者：提供指导并坚持到底。
6. 控制者-核查者：检查具体细节。
7. 支持者-维护者：处理外部冲突和矛盾。
8. 汇报者-建议者：寻求全面的信息。
9. 联络者：合作与综合。

以下简要描述这 9 种角色，并考察他们对于塑造高绩效团队的意义。

（1）创造者-革新者。一般来说，这种人富有想象力，善于提出新观点和新概念，他们独立性较强，喜欢自己安排工作时间，按照自己的方式、节奏工作。

（2）探索者-倡导者。他们乐于接受、支持新观点，在创造者-革新者提出新创意之后，他们擅长利用这些新创意，并找到资源支持新创意。他们的主要弱点是不一定总有耐心和控制才能来使别人追随新创意。

（3）评价者-开发者。他们有很强的分析技能。在决策前，如果让他们去评估、分析几种不同方案的优劣，是很合适的。

（4）推动者-组织者。他们喜欢制定操作程序，以使新创意成为现实。他们会设定目标，制定计划，组织人力，建立起种种制度，以保证按时完成。

（5）总结者-生产者。与推动者-组织者相似，他们也关心活动成果，但他们的着眼点主要在于：坚持必须按时完成任务，保证所有的承诺都能兑现。他们引以为荣的是：自己生产的产品合乎标准。

（6）控制者-核查者。这种人最关心的事情是规章制度的建立和贯彻执行。他们善于核查细节，并保证避免出现任何差错。他们希望核查所有事实和数据，希望保证任何细节没有错漏。

（7）支持者-维护者。这种人对做事的方式有强烈的信念。他们在支持团队内部成员的同时，会积极地保护团队不受外来者的侵害。他们对团队而言非常重要，因为他们能够增强团队的稳定性。

（8）汇报者-建议者。他们是很好的听众，不把自己的观点强加于人。他们愿意在做出决策之前得到更多信息。因此，他们在鼓励团队做决策之前充分收集信息，在决策方面起着非常重要的作用。

（9）联络者。最后一种角色与其他角色有重叠。联络者倾向于了解所有人的看法，他们是协调者，是调查研究者。他们不走极端，而是尽力在所有团队成员之间建立起合作关系。他们认识到，其他团队成员可以为提高团队绩效做出各种不同的贡献，尽管可能存在差异，他们会努力把人的活动整合在一起。

如果强迫人们去承担以上各种角色，多数人能够承担得起任何一种角色，但非常愿意承担的通常只有两三种。管理人员有必要了解个体能够给团队带来贡献的个人优势，根据这一原则来选择团队成员，并使工作任务分配与团队成员偏好的风格相一致。通过把个人的偏好与团队的角色要求适当匹配，可以使团队成员和睦共处。开发这种框架的研究者以为，团队不成功的原因在于具有不同才能的人搭配不当，导致在某些领域投入过多，而在另一些领域投入不够。

四、对目标的认同

有效的团队有一个大家共同追求的有意义的目标，它能够为团队成员指引方向、提供推动力，让团队成员愿意为它贡献力量。例如，苹果电脑公司设计开发麦金托什计算机的团队成员几乎都承诺要开发一种方便可靠的机型，这种机型将给人们使用计算机的方式带来一场革命。土星公司的生产团队的推动力和凝聚力来自这样一种共同目的，即制造出一种美国汽车，在质量和价格上都能与最好的日本汽车进行成功的竞争。

成功团队的成员通常会用大量的时间和精力来讨论、修改、完善一个在集体层次上和个人层次上都被大家接受的目标。这种共同目标一旦为团队所接受，就像航海学知识对船长一样——在任何情况下，都能起到指引方向的作用。

成功的团队会把它们的共同目标转变为具体的、可以衡量的、切实可行的绩效目标。目标会使个体提高绩效水平，也能使群体最大限度地发挥潜力。具体的目标可以促进明确的沟通，还有助于团队把自己的精力放在达成有效的结果上。例如，1990 年秋，瑟茂斯公司组建了一个多功能型团队，其具体任务是设计、制造一种新型烤肉架。团队达成协议，这种烤肉架外形要美观，像一件家具，不需要使用木炭之类会带来污染的燃料，烤出来的食物要美味可口。完成各项任务的期限定得很死。他们要赶在 1992 年 8 月举行的大型国家级五金博览会之前完成任务，这样，他们实际上只有不到两年的时间计划、设计和制造新产品。他们顺利完成了任务，他们发明制造的瑟茂斯电子烤肉架获得了 4 项设计奖，成为公司历史上开发的最成功的新产品。

五、管理者协调

目标决定了团队最终要达成的结果。但高绩效团队还需要领导和结构来提供方向和焦点。例如，确定一种大家认同的方式，就能保证团队在达到目标的手段方面团结一致。在团队中，对于谁做什么和保证所有的成员承担相同的工作负荷的问题，团队成员必须有一致的意见。另外，团队需要解决的问题还有：如何安排工作日程，需要开发什么技能，如何解决冲突，如何做出决策和修改决策，决定成员具体的工作任务内容，并使工作任务适应成员个人的技能水平……所有这些，都需要团队的管理者协调团队结构来发挥作用。有时这些事情可以由管理者直接来做，也可以由团队成员通过扮演探索者-倡导者、推动者-组织者、总结者-生产者、支持者-维护者、联络者等角色自己来做。

六、责任心

当个体在群体中的贡献无法直接衡量时，该个体就可能成为社会惰化的一员。成功的团队必须使其成员在集体层次和个人层次上都承担责任，并各自和共同地为团队的目的、目标和行动方式承担责任。团队成员彼此应该明确哪些是个人的责任，哪些是大家共同的责任。

对于一个团队来讲，成功的关键是成员对于团队目标和利益的忠诚和责任心。任何一个团队都有它自身的目标，同时，其成员又有着各自的兴趣和目标。那些不成功的团队的一个共同表现就是：团队成员只关注自己所在的专业领域和自己在该领域的表现，却不关注团队整体的表现。这导致团队成员只是热衷于从事那些有助于提升自己形象的事情，却无视团队的整体利益。

七、公平的绩效评估

一个与群体整体行为有关的最重要发现是社会惰化。所谓社会惰化，是指一种倾向，即一个人在群体中工作不如单独一个人工作时努力。这个发现表明：一个整体的群体的生产力小于群体成员个体生产力的总和。这与一般人认为的群体精神会激励其成员更加努力地工作，从而提高群体的整体生产力的观点是背道而驰的。研究表明，个人绩效与群体规模的增大是负相关的。就总的生产力来讲，4人群体的整体生产力大于1人或2人的生产力之和，小于3人的生产力之和。随着群体规模的增大，群体成员个体的边际生产力却降低了。导致社会惰化的原因是：第一，群体成员认为其他人懒惰、无能或没有尽到应尽的职责，就会降低自己的努力程度，以使自己感到更公平；第二，群体活动的结果不能归结为具体某个人的作用，即个人认为自己的贡献无法衡量时，也会降低自己的努力程度。因此，管理人员要想提升群体或团队的绩效，就必须提供有效地衡量个人努力程度的手段，在此基础上进行公平的绩效评估、利润分享、奖酬等。

八、相互信任

高绩效团队的一个特点是团队成员之间相互高度信任。也就是说，团队成员彼此相信各自的正直、个性特征、工作能力。但是，从个人关系中不难知道，信任是脆弱的，它需要很长时间才能建立起来，却又很容易被破坏，破坏之后要恢复会很困难。另外，因为信任会带来信任，不信任会带来不信任，要维持一种信任关系就需要管理人员处处留意。最近的研究把信任这个概念区分为五个维度：

（1）正直：诚实、可信赖。

（2）能力：具有技术技能和人际关系知识。

（3）一贯：可靠，行为可以预测；在处理问题时，具有较强的判断力。

（4）忠实：愿意为别人维护和保全面子。

（5）开放：愿意与别人自由地分享观点和信息。

研究发现，这五个维度的重要程度是相对稳定的，通常其顺序是：正直、能力、一贯、忠实、开放。而且，正直程度和能力水平是一个人判断另一个人是否值得信赖的两个最关键的特征。一般地，人把正直看得很重，因为如果对别人的道德和基本的诚实缺乏把握，信任的其他维度就没有意义了。其次，能力水平也被看得很重，因为团队成员为了顺利地完成各自的任务，需要与同伴相互配合。

管理人员和团队领导对于团队的信任气氛具有重大影响。因此，管理人员和团队领导之间首先要建立起信任关系，然后才是团队成员之间的相互信任关系。下面总结了可以用来培养信任感的方法：

（1）表明你既是在为自己的利益工作，也是在为别人的利益工作。我们每个人都关心自己的利益，但是，如果别人认为你利用他们，利用你的工作，利用你所在的组织为你个人的目标服务，而不是为你的团队、部门、组织利益服务，你的信誉就会受损。

（2）成为团队的一员，用言语和行动来支持你的工作。当团队或团队成员受到外来者攻击时，维护他们的利益，这样做能说明你对你的团队是忠诚的。

（3）开诚布公。人们所不知道的和人们所知道的都可能导致不信任。如果你开诚布公，就可能带来信心和信任。因此应该让人们充分了解信息，向他们解释你做出某项决策的原因，对于现存问题则可坦诚相告，并充分发布相关的信息。

(4) 公平。在进行决策和采取行动之前，先想想别人对决策和行动的客观性和公平性会有什么看法。在进行绩效评估时，应该客观公平、不偏不倚、奖罚分明。在分配奖励时，应该注意平等性。

(5) 说出你的感觉。那些只是向员工传达冷冰冰事实的组织管理人员与团队领导容易遭到员工的冷漠与疏远。说出你的感觉，别人会认为你是真诚的、有人情味的，他们会借此了解你的为人并更加尊敬你。

(6) 表明指导你进行决策的基本价值观是一致的。不信任来源于不知道自己面对的将是什么。花一定时间来思考你的价值观和信念，让它们在你的决策过程中一贯地起到指引作用。一旦你了解了你的主要目的，你的行动相应地就会与你的目的相一致，而你的一贯性能够赢得信任。

(7) 保密。人们信任那些可以相信和信赖的人。因此，如果别人告诉你一些秘密，他必须确信你不会同别人谈论这些秘密，或者说，不泄露这些秘密。如果人们认为你会把私人秘密透露给不可靠的人，他们就不会信任你。

(8) 表现出你的才能。表现出你的技术和专业才能以及良好的商业意识，能引起别人的仰慕和尊敬。应该特别注意提高你的沟通、团队建设和其他人际交往技能。

第 5 节 虚拟团队

一、虚拟团队及特征

20 世纪末，以计算机网络通信技术为主的信息技术革命及互联网的崛起将人类社会带入网络时代，极大地改变了整个世界的运行方式。这就是电子商务的核心，即运用现代计算机网络技术进行的一种社会生产经营形态的变革，目的是提高企业生产效率、降低经营成本、优化资源配置，实现社会财富的最大化。随着经济全球化的发展，一些组织开始引进虚拟团队，以适应外部环境的动态变化。在虚拟团队中，其成员空间分散，主要通过电子信息沟通技术（电子邮件、视频会议等）协调工作。而且，新的沟通技术的发展，例如互联网等，加速了这种趋势。目前，虚拟团队已经应用于许多领域，比如研发、客户服务、科学研究等。赫特尔和盖斯特等人（Hertel & Geister et al.，2005）认为虚拟团队包含以下几个方面：两个或两个以上的成员；为了一个共同的目标而相互合作；至少有一个成员位于不同的地点、时区或组织；通过电子媒介（电子邮件、传真、电话、视频会议等）沟通和协调。

对虚拟团队的研究始于 20 世纪 90 年代初期，1995 年以后得到蓬勃发展。其研究范围已经从虚拟团队的概念和定义探讨、虚拟团队的探索性研究发展到对虚拟团队的影响因素、团队过程和团队结果的研究，并取得了丰硕的成果，研究方法也从理论探讨、定性研究转向定量和实证研究。

综合相关的研究，我们可以看出，虚拟团队有四个方面的特征：（1）团队成员具有共同的目标；（2）团队成员地理位置的分散性；（3）采用电子沟通方式；（4）宽泛的组织边界。

二、虚拟团队的作用

科技沟通技术的发展使得传统面对面的团队面临在虚拟环境下运作的压力，以及对分布于各地区团队成员进行协调活动的压力。因此，虚拟团队作为一种新的组织结构形式出现，得到了信息和沟通技术的支持，能满足新工作背景下解决新问题的要求。在全球化的经营环境中，虚拟团队的部署是一种较具吸引力的管理战略，主要有以下几方面原因：

首先，它允许分散性组织最大限度地发挥它们的专长，而不需要实质性的个体物理流动。完成一项任务所需的专家也许分布于不同地区，而虚拟团队可促进这些人力资源专心关注于某一问题，但不需要实质性的人员流动。

其次，虚拟团队允许组织将不同文化、商务习惯的多种意见统一起来，以避免逆生产效率的现象发生。它的有利之处包括成本的降低、周转时间的缩短、远程成员间的整合、提高决策制定和问题解决技能。

最后，21 世纪企业面临商业挑战，全球化虚拟团队的应用为在复杂经营环境中，通过跨组织的广泛联合、协调完成复杂的商业任务提供了重要的机会。

三、虚拟团队的基本因素

综合虚拟团队相关的案例研究，虚拟团队主要包括三个方面：目标、成员和联结。

（1）目标。对于任何类型的组织，目标极其重要，对虚拟组织和团队而言，尤为关键，因为目标是使虚拟组织或团队成员一起工作的黏合剂。等级制组织中有权力聘用或解雇员工，但存在一系列的规章、制度和法规，而真正意义上的网络组织和虚拟团队通常只存在目标。只有当团队目标被团队成员强烈认同和接受，他们才会一起工作。在虚拟团队中，团队目标必须转换为行动方案，成为团队成员一起工作的基石，并要求目标具有可合作性、任务相依性和结果的明确具体性。团队的存在是为获得结果，没有合作性的目标，项目任务始终不会启动，如果任务都是相互独立的，团队就没有存在的必要。由于个人和单个组织独自无法取得预期的结果，通常会建立虚拟团队解决面临的困境。

（2）成员。团队成员是虚拟团队的核心，我们必须考虑以下三个关键因素：一是独立性。虚拟团队的每一位成员必须自主、自我依赖，但又能相互依存。二是领导分享。虚拟团队的每一位成员能随着团队进程，担当领导者角色，领导者随任务的变化而变动，每一位成员在任务进程中发挥自己的才能和专长。三是整合水平。虚拟团队不仅仅是横向连接的团队，它还必须能与组织上下连接。

（3）联结。联结是联系，不仅仅是技术。这些联系可以通过面对面的交谈，也可以通过信息技术。但总的来讲，这些联系本身是被动的。任务的结果需要某些类型的互动，互动能产生关系，如果这些关系是可信任的，则其就具有持续性。信息时代的不同之处并不在于关系和互动，而是数字技术。数字技术提供了极为丰富的互动机会，但这些技术如何影响组织方式值得我们进一步研究。我们并不想放弃其他沟通方式，而是要继续加以丰富化。如有些工作可以通过面对面交谈来进行，如快速建立信任关系，但如果存在空间距离，这种方式就不可行。一旦明确了团队目标和成员，我们就可以选择最为适用的联结方式与团队成员沟通，并完成共同的任务。

显然，虚拟团队有许多优势。首先，成本优势。团队成员可以在不同地点工作，不需要固定办公室；成员通过网络等先进媒介沟通，不用频繁出差和组织会议，这些都给团队节省了开支。其次，知识优势。团队成员由具备不同知识的专家构成，他们来自不同的专业领域、组织和地区，他们的组合给团队注入了新的知识流。最后，结构优势。虚拟团队是扁平型组织结构，对于组织、市场动态可迅速做出反应。但是，虚拟团队也会带来一些问题，首先，沟通方式的改变可能引起交流的减少，团队成员间缺少信任。其次，团队成员的文化差异会带来一系列问题。最后，虚拟性也带来了管理和协调的难度。

第 6 节　知识团队

一、知识团队及其特点

进入知识经济时代以来，人类社会经济形态发生了巨大变化，知识已经成为生产力发展的决定性因素，个人拥有的知识已远远不能满足完成复杂工作的需要，由来自不同知识领域的人组成团队进行工作便成为一种必然，知识团队由此应运而生，对知识团队的管理已成为当前关注的一个焦点问题。

对于知识团队，从国内外研究来看，目前尚无标准定义，人们将知识团队定义为：由来自不同知识领域的知识员工组成的，以一定的任务为导向，创造并维持信任、支持、尊重和合作的团队氛围，共同完成团队任务的团体。

知识团队是一个动态的集体，因其成员多样性而显得与众不同，作为知识团队主要成员的知识员工是一个特殊群体，他们主要从事脑力劳动，流动性大；对自己的领域十分了解，往往比上司更懂得自己的工作；他们的工作潜力是否充分发挥、工作负责程度等都带有一定的不可预知性，很难从工作中体现出来，这就为知识团队的管理带来了一定的困难。因此，管理好知识团队就成为当前团队管理的一个重要课题。知识团队具有以下特征：

1. 知识团队目标具有高模糊性和变动性

团队是为了满足人们的需求而产生的，明确的需求是团队工作的基础。然而，知识团队定义需求时面临的最大问题在于需求是粗略和模糊的，它可能只是一闪念，或者某种新鲜事物。与一般团队相比，知识团队的目标具有更大的变动性。其目标变化主要来自三个方面：首先是团队领导者的变化。每次出现的新人对团队任务都会有自己的理解，他们或许要求彻底变化，或许对需求有不同解释。其次是技术变化。每当一种新技术进入市场，都会促使人们重新考虑对需求的设想。最后是商业环境变化，其中包括市场环境的变化（新的同类产品、替代产品）、政策变化、汇率变化等。

2. 知识团队必须满足多个利益相关者的需要

与单一职能的团队不同，知识团队面对多种利益相关者，例如团队发起人、内/外部顾客、供应商、高级管理层、职能部门经理、团队成员等。他们都希望通过知识团队使自己的需要得到满足，而他们的需要各不相同，有时甚至互相矛盾。

3. 知识团队成员具有动态性

知识员工从事的是脑力创造性劳动，他们是企业创造财富的主体，喜欢追求自主的工作环境，自我实现需求强烈，一旦组织未给予相应的重视与尊重，其成就感就会受挫，工作积极性就会降低，甚至离开组织。在知识日益受到重视的今天，高知识可获得高薪的市场行情也会引发知识员工的高流动率。

4. 组织生态性

知识团队有生命周期，它随着项目任务的产生而成立，随着项目任务的完成而结束，是一种临时性、柔性化组织。知识团队的生命周期可以是几分钟、几小时、几星期或几年。知识团队需要成员带着独特的专业技能来工作，但是这些人只能阶段性利用，随着工作进展，人员组成在团队生命周期内不断变化，少数人员始终留在团队中成了一种特例。

5. 知识团队中领导与成员具有平等性

知识团队都是由各种知识背景不同的员工组成，他们大都受过高等教育，在各自领域拥有团队所需的专业核心技能。这种高知识人才更追求平等、自由、自主的工作环境，传统的等级管理制度与管理方法在知识团队中是行不通的，依靠强制性权力来领导知识团队也是无效的。因此，团队成员与领导之间的平等性已成为知识团队的重要特点之一。

二、知识团队的管理

知识团队的特殊性决定了其管理的特殊性，很多知识团队的管理者本身就具备完成团队任务所需的专业技能，且技能水平较高。但是这样的团队管理者虽然熟悉本专业技术，却往往以技术员工的心态去处理知识团队的问题，这就引发知识团队管理中的诸多矛盾。其实，管理知识团队与管理一般员工之间存在很多本质区别。要管理好知识团队，可从以下几个途径入手：

1. 创造团队和谐的氛围

知识团队的成员主要由知识员工组成，知识员工具有较高的专业技术水平，对知识员工而言，活力和热情对出色地完成工作极为重要。活力和热情不仅与心态有关，也与工作环境和氛围有关。团队的英文词有两个：team 和 teamwork。这是两个不同的概念。前者是指一群人为了共同的目的而合作；后者是指可以发挥创造性，并维持信任、支持、尊重、相依和合作的环境和氛围的群体。成立一个 team 并不难，但要形成一个 teamwork 就不容易了。研究表明，美国人每年因氛围的压力而损耗的经济成本估计为 1 000 亿美元。氛围在很大程度上受人际关系影响。对知识团队而言，人际关系最大的挑战是信任、热心和尊重。要确保团队成员得到这种信任、热心和尊重，知识团队的管理者必须做到：容忍个性；以善于提出问题来领导；建立保证相互支持的内部契约关系；确保足够的信息沟通。作为知识团队管理者，必须充分认可和尊重员工的专业特长、知识和技能，避免走靠权力树立威信的老路。知识团队中的员工只有在自己适应的环境和氛围中，才能发挥最大的独创性。

2. 建立共同的有价值的愿景

团队的愿景必须能够振奋人心，启发智慧。团队领导者的主要任务就是寻找提高团队成员能力与士气的因素。对知识团队成员而言，一个有价值的愿景应符合两个要求：一是符合他们的价值观；二是具有挑战性。

愿景是团队成员热切希望的方向，目标是实现愿景的步骤，愿景应该具有伸展性、众望所归等特性。团队的愿景是否有意义，取决于它与团队成员共同价值观的吻合程度。团队管理者应反复强调团队的宗旨，让员工了解他们的价值并引起共鸣。挑战性的愿景对知识团队员工来说十分重要，因为这意味着对他们的知识和专业技能的尊重，但要注意与团队成员的能力相匹配。相关研究显示，目标的挑战性与激励具有如下关系：当挑战与团队员工的能力和技能相适应时，将起到激励效果；反之，则会产生负面效果，即导致消极情绪和消极行为。美国生产力研究中心在一项报告中指出：90%～95%的人认为，有价值的愿景是非常重要的激励因素。事实上，对于知识团队的成员来讲，这往往比薪水更为重要。

3. 有凝聚力的领导核心

一位有凝聚力的团队领袖对知识员工来说至关重要。随着传统的管理等级制度的削弱，组织越来越呈现扁平化，人对人的影响在组织中变得越来越重要。优秀的知识团队管理者是通过影响力而不是权力进行的。有影响力的管理者能够培养团队之间的信任和相互尊重，因此他能够将团队成员变成追随者，从而成为真正有魅力的团队领导。影响力是主观的，它是基于团队管理者和团队其他成员之间的共同心理意识，没有人能够强迫别人心甘情愿地追随，管理者必须培养信任和相互尊重，这样才能使知识员工心甘情愿地成为追随者。有影响力的管理者能够培养团队成员之间的信任和相互尊重，因此，能将团队成员凝聚在一起，发挥1＋1＞2的团队功能。

4. 注重心理契约的建立

所谓心理契约是指对一系列相互的心理期望的理解与认可，这些期望是契约双方相互知觉但非明确表达的，不被其他团体共享的一种心理需求。

团队目标的实现需要知识员工的相互支持和全力以赴，而仅靠商业契约是难以达到的。心理契约既然是一种契约，它必须包含甲乙双方的心理期望。甲方是团队，在成员的眼中，团队负责人是团队的代表。乙方是团队的其他成员，即知识员工。甲方对乙方的心理期望是：发挥全部的潜能、承诺团队目标的实现、相互支持、诚实和全力以赴等；乙方对甲方的期望是：有意义的目标、尊重专长、信任、工作具有挑战性、公平、能够自由发表意见、容忍失败、获得信息、努力得到回报、能够得到帮助、工作具有趣味性等。从知识员工的特点可以看出，与商业契约不同的是，知识团队的心理契约的主控方不是甲方而是乙方。如果你聘用了最优秀的人才，使他们拥有自己的尊严并受到尊重，对他们进行投资并充分支持他们个人的发展，创造最有利于积极性发挥的组织环境，那么这些人将竭尽全力发挥自己的才干来回报你。团队管理者应尽量满足员工的心理期望，以建立心理契约，让员工竭尽全力发挥自己的潜能。

◆ 关键术语

团队　问题解决型团队　自我管理型团队　多功能型团队　角色互补　虚拟团队

◆ 复习思考题

1. 在现代管理中，为什么团队组织要比团体组织更有效？
2. 为什么营造高绩效团队必须强调团队成员的角色互补？
3. 如何营建高绩效团队？
4. 结合现实谈谈虚拟团队产生的原因及其应用。
5. 试述知识团队产生的背景及其管理特点。

◆ 管理游戏

我是谁？

活动目标：

1. 协助学生认识自己眼中的我，及他人眼中的我。
2. 增进学生彼此熟悉的程度，增加班级凝聚力。

活动程序：

（一）教师发给每位学生一张A4纸。

（二）学生两两分组，一人为甲，一人为乙（最好是找不熟悉的同学为伴）。

1. 甲先向乙介绍自己是一个什么样的人，乙则在A4纸上记下甲所说之特质，用时5分钟。

2. 教师宣布活动的规定为：自我介绍者，在说了一个缺点之后，就必须说一个优点。

3. 5 分钟后，甲乙角色互换，由乙向甲自我介绍 5 分钟，而甲做记录。

4. 5 分钟后，教师请甲乙两人取回对方记录的纸张，在背面的右上角签上自己的名字。然后彼此分享做此活动的心得或感受，并讨论介绍自己的优点与介绍自己的缺点时，何者较为困难，为何会如此，个人使用哪些策略度过这 5 分钟。两人之中须有一人负责统整讨论结果。

（三）学生们由三个小组或四个小组并为一大组，每大组有 6～8 人。

1. 两人小组中负责统整的人向其他人报告小组讨论的结果。

2. 分享后，教师请每位同学将其签名之 A4 纸（空白面朝上）传给右手边的同学。拿到签名纸的同学则根据其对此位同学的观察与了解，于纸上写下"我欣赏你……因为……"写完之后依序向右转，直到签名纸张传回到本人手上为止。

3. 每个人对其他组员分享他看到别人回馈后的感想与收获。

（四）全班学生回到原来的位子。

1. 教师请志愿者或邀请一些同学分享此次活动的感想与收获。

2. 教师说明了解真实的我与接纳真实的我之重要性。

资料来源：根据网络资料整理。

◆ 自我诊断

你知道你在团队中的角色吗？

对下列问题的回答，可能在不同程度上描绘了你的行为。每题有 8 句话，请将 10 分分配给这 8 个句子。分配的原则是：最能体现你行为的句子分数最高，依此类推。最极端的情况也可能是 10 分全部分配给其中的某一句话。

1. 我认为我能为团队做出的贡献是：

a. 我能很快地发现并把握住新的机遇。

b. 我能与各种类型的人一起合作共事。

c. 我生来就爱出主意。

d. 我的能力在于，一旦发现对实现集体目标很有帮助的人，我就及时把他们推荐出来。

e. 我能把事情办成，这主要靠我个人的实力。

f. 如果最终能导致有益的结果，我愿面对暂时的冷遇。

g. 我通常能意识到什么是现实的，什么是可能的。

h. 在选择行动方案时，我能不带倾向性，也不带偏见地提出一个合理的替代方案。

2. 在团队中，我可能有的弱点是：

a. 如果会议没有得到很好的组织、控制和主持，我会感到不痛快。

b. 我容易对那些有高见而又没有适当地发表出来的人表现得过于宽容。

c. 只要集体在讨论新的观点，我总是说的太多。

d. 我的客观看法使我很难与同事打成一片。

e. 在一定要把事情办成的情况下，我有时使人感到特别强硬以至于专断。

f. 可能由于我过分重视集体的气氛，我发现自己很难与众不同。

g. 我易于陷入突发奇想之中，而忘了正在进行的事情。

h. 我的同事认为我过分注意细节，总有不必要的担心，怕把事情搞糟。

3. 当我与其他人共同进行一项工作时：
a. 我有在不施加任何压力的情况下去影响其他人的能力。
b. 我随时注意防止粗心和工作中的疏忽。
c. 我愿意施加压力以换取行动，确保会议不是在浪费时间或离题太远。
d. 在提出独到见解方面，我是数一数二的。
e. 对于与大家共同利益有关的积极建议我总是乐于支持的。
f. 我热衷寻求最新的思想和新的发展。
g. 我相信我的判断能力有助于做出正确的决策。
h. 我能使人放心的是，对那些最基本的工作，我都能组织得井井有条。
4. 我在工作团队中的特征是：
a. 我有兴趣更多地了解我的同事。
b. 我经常向别人的见解进行挑战或坚持己见。
c. 在辩论中，我通常能找到论据去推翻那些不甚有理的主张。
d. 我认为，只要计划必须开始执行，我有推动工作运转的才能。
e. 我不在意使自己太突出或出人意料。
f. 对承担的任何工作，我都能做到尽善尽美。
g. 我乐于与工作团队以外的人进行联系。
h. 尽管我对所有的观点都感兴趣，但这并不影响我在必要的时候下决心。
5. 在工作中我得到满足，因为：
a. 我喜欢分析情况，权衡可能的选择。
b. 我对寻找解决问题的可行方案感兴趣。
c. 我感到，我在促进良好的工作关系。
d. 我能对决策有强烈的影响。
e. 我能适应那些有新意的人。
f. 我能使人们在某项必要的行动上达成一致意见。
g. 我感到我的身上有一种能使我全身心地投入工作中的气质。
h. 我很高兴能找到一个可以发挥我想象力的天地。
6. 如果突然给我一件困难的工作，而且时间有限，人员不熟：
a. 在有新方案之前，我宁愿先躲进角落，拟定出一个摆脱困境的方案。
b. 我比较愿意与那些表现出积极态度的人一道工作。
c. 我会设想通过用人所长的方法来减轻工作负担。
d. 我天生的紧迫感将有助于我们不会落在计划后。
e. 我认为我能保持头脑冷静，富有条理地思考问题。
f. 尽管困难重重，我也能保证目标始终如一。
g. 如果集体工作没有进展，我会采取积极措施去加以推动。
h. 我愿意展开广泛的讨论，意在激发新思想，推动工作。
7. 对于那些在团队工作中或与周围人共事时所遇到的问题：
a. 我很容易对那些阻碍前进的人表现出不耐烦。

b. 别人可能批评我太重分析而缺少直觉。
c. 我有做好工作的愿望，能确保工作的持续进展。
d. 我常常容易产生厌烦感，需要一两个有激情的人使我振作起来。
e. 如果目标不明确，让我起步是很困难的。
f. 对于我遇到的复杂问题，我有时不善于加以解释和澄清。
g. 对于那些我不能做的事，我有意识地求助他人。
h. 当我与真正的对立面发生冲突时，我没有把握使对方理解我的观点。

请同学在老师的帮助下诊断自己在团队中的角色。

资料来源：根据网络资料整理。

案例分析

SJ 酒店管理团队

SJ 公司于 2004 年年初成立，是广东金莎大酒店有限公司旗下一家由三位股东出资组建的四星级酒店。

SJ 公司的高管团队由董事会成员（侯先生、洪先生、李先生、刘先生等）及其他高管组成。他们在酒店筹建期间，全部目标就是早日完成工程建设。在 2006 年 6 月的一次会议上，三位股东宣布了董事会决议，确定了一定要在 12 月 28 日完成酒店工程建设并开业的目标。

为实现这一目标，工程部黄先生带领各施工队要在两天内制定好完成施工任务的时间表。行政部负责制作好宣传用的施工进度表板报，每周定期公布各项目进度。为加快进度，李先生和侯先生因各自有其职务性工作，不能现场指挥，因此共同委托刘先生作为工地现场的总指挥负责酒店建设，工程上的主要问题，一般由刘先生带领洪先生和黄先生在现场具体讨论，并不是都在会议室发言。洪先生作为香港李先生的代表，在工地待了两年多，对各项目情况了如指掌，但在刘先生宣布他为筹建办主任的会议上，还是再三表明他担心自己能力不够，一切以刘先生的决定为准。酒店建设中，刘先生几乎每天下午都来工地，就工程和采购上的细节性问题进行定夺。有时他对某项工程前因不清楚时，会马上叫洪先生或其他相关主管到他办公室进行商讨。比如酒店客房地毯项目的采购问题，供应商有三家，刘先生让他们把报价单和样品全部集中堆放在他的办公室，将洪先生和黄总监叫上来一起比较、讨论，当场决定用哪一家。然后再约好这一家第二天来谈价格和施工合同细节。这样一来，本需要很长时间才能完成的项目，通过主要人员现场讨论的方式在短时间内就能确定下来，节省了时间。

在酒店建设期间，因原有施工许可证到期，必须有施工单位花都建筑公司盖章同意才能办理延期手续。而现有施工队是挂靠在该施工单位的，且还有 90 多万元挂靠费未交纳给花都建筑公司。施工许可证到期了，建设局检查人员发来了不得继续施工的行政执法通知书，刘先生召集洪先生与侯先生一起召开专门会议，大家首先分析了施工许可证延期问题相关联的所有单位情况，并重点由洪先生介绍各方关系。会上刘先生和侯先生均鼓励其提出解决问题的建议。洪先生认为施工方花都建筑公司与 SJ 公司没有合同协议，所以由公司直接出面不是很恰当，建议施工许可证延期一事应交给业主方去处理，刘先生和侯先生考虑后采纳了洪先生的提议，在业主方的协调下，SJ 公司代挂靠的三个施工队向花都建筑公司交纳了挂靠费，同时花都方面派技术人员驻守工地，负责处理后期工程验收。花都建筑公司经与监理公司多次沟通后，与

SJ 公司就前期费用的支付达成补充协议，并在 SJ 公司支付一定费用后同意盖章。

资料来源：付永刚，郭文臣，乔坤．组织行为学．北京：清华大学出版社，2017.

［分析］

1. 在本案例中，侯先生、洪先生、李先生、刘先生以及工程部黄先生分别在团队决策过程中扮演了怎样的角色？

2. SJ 公司的高管团队在两次决策过程中都展现出了高效的特点，结合所学知识谈一谈，想要建设高效团队还应该注重哪些方面？

第 5 篇

领导行为

在美国商界有个事实，在“婴儿潮”时期（1946—1964 年）出生的人，曾经统治着商业领域。伴随着他们的退休，新一代商业领袖在新的时代将不得不走上新的历史舞台。这些新的商业领袖将用新的视觉、新的理念、新的方法去面对激烈的商业竞争。

第11章 领导理论及其发展

本章重点

● 领导是指引和影响个人、群体或组织在一定条件下实现目标的行动过程。

● 领导这一动态过程是领导者、被领导者及他们所处的环境共同起作用的结果。

● 影响力是一个人在与他人的交往中，影响和改变他人心理的能力。领导者的影响力分权力性和非权力性两种。

● 影响领导者行为的权变因素包括领导者的特点、下属的特点、群体的特点和组织的结构四个方面。

名人名言

一个好的领导者，不是成就自己的完美，而是成就他人的完美。

——罗纳德·里根

引例

理智的管理人员

劳拉·琼斯最近被提升为公司的市场部主任。这家大型的美国公司享有高度的自治权。劳拉对这次晋升感到非常兴奋，她很自豪地对她的丈夫内尔说，有了这个职位和权威后，她就有了将她在MBA课程中学到的知识和培养的技能用于实践的机会。劳拉还相信她会得到总经理詹姆士的全面支持。在面试的时候，詹姆士给她的印象是一个理智、看重结果的人，这一点与她自己没有什么区别。劳拉还认为，詹姆士的海军背景自然意味着他尊重努力的工作与分析。

在上任后的第一个月，劳拉将精力集中在市场策略分析、产品档案的完善以及基本市场信息系统的实施方面。

6个月后，詹姆士对劳拉的工作给予了高度评价。在约见劳拉并表扬她以后，詹姆士问她未来5年在事业上有何目标。劳拉回答说她希望能像詹姆士那样做一个总经理，她相信她这个老老实实的回答不会让他产生威胁感。不管怎样，詹姆士已经年近60岁，她一直将他当作一个父亲式的人物、一个良师益友、一个支持她朝着更远大的目标前进的人。

然而劳拉未免太过天真了，她忘了手下一个主管商标的经理向她提起詹姆士的事时她对詹姆士的印象。詹姆士不仅热衷于航海，众所周知的是，他还喜欢参加各种宴会，总是希望能开开心心地度过每次宴会。

下半年对劳拉来说比较麻烦。市场分析表明，虽然产品档案显示公司仍然在盈利，但詹姆士提出并主持的新产品却没有取得预期的效果。这个产品离新的明星产品的位置还远着呢，但它已开始陨落，其市场份额不断下降，亏损也越来越大。她将有关该产品的信息告诉詹姆士后，詹姆士则很不情愿地将情况报告给了董事会。劳拉对詹姆士的反应非常困惑，但她还是努力准备对这个有瑕疵的产品进行第二次发布。

在那周的小组会议上，劳拉感觉到詹姆士对他的航海故事比对市场和产品性能的具体讨论还要感兴趣。不管何时，只要一提到信息技术，詹姆士的目光就变得呆滞——似乎计算机让他焦虑不安。

劳拉在随后的18个月里，牺牲了家庭生活的温馨，每周工作40小时，使该产品的市场份额有了显著的增长。

她希望得到下一次赞扬时，能够有一份振奋人心的报告。因此，当詹姆士对她进行了严厉的批评，并且根本不愿意提及该产品增长的利润和市场份额时，她十分震惊。劳拉对自己这份工作争辩得越多，詹姆士对她的批评就越严厉。那天晚上劳拉把这事告诉她的丈夫内尔后，两个人都陷入了深思：到底出了什么错?

资料来源：布莱格．发掘影响力．广州：广东经济出版社，2000.

第1节　领导的内涵

在影响员工积极性的各种因素中，领导心理和行为是一个关键因素。不同的领导行为与作风，领导班子的不同结构与功能，会造成组织不同的社会心理气氛，从而影响到成员的工作积极性和组织目标的实现。在迅速变化的今天及未来的组织中，领导的作用是绝对不容忽视的。因此，从组织行为的角度来探讨领导、领导的影响力、未来的领导、X理论、Y理论和超Y理论是很有必要的。要通过研究以提高领导工作的适应性、科学性、有效性，最大限度地调动组织成员的积极性。

一、领导的概念

对于什么是领导，管理学家和心理学家一直存在不同的看法。到目前为止，没有一个明确的统一的定义，下面是几种有代表性的观点：

● 领导是影响人们自动为实现团体目标而努力的一种行为。

● 领导是人们促使其部属充满信心、满怀热情来完成他们的任务的艺术。

● 领导是对组织内群体或个人施加影响的活动过程。

● 领导是一种说服他人热心于一定目标的能力。

● 领导是关于影响别人来完成某项目标所发生的两个人或更多人之间的相互关系的过程。

由此可以看出，虽然对“领导”这一概念的具体表述的侧重点不同，如认为领导是一种“行为”，领导是一种“艺术”，领导是一种“活动过程”，或领导是一种“能力”，但从各种定义中可以发现存在共同之处，即领导是指引和影响个人、群体或组织在一定条件下实现目标的行动过程。由此我们可以知道：

（1）“领导”与“领导者”是两个不同的概念。在英语中，“领导”（leadership）与“领导者”（leader）的区别是很明显的。在汉语的日常用语中，对“领导”与“领导者”一般不加以区别，通常人们习惯地把领导者称为“领导”，而把领导者的行为也称为“领导”。事实上，“领导”与“领导者”是两个不同的概念。领导是一种行动过程，致力于实现这个行动过程的人叫领导者，接受指引和影响的人就是被领导者。就是说，领导就是领导者通过自己的活动对被领导者施加影响，从而实现某种目标的过程。一个组织可以指定一个领导者或选出一个领导集体，但都不能指定或选出某种领导行为，因此，对领导行为的培养就显得非常重要。

（2）“领导”与“管理”是两个不同的概念。领导与管理既有联系又有区别。人们一般把管理和领导当作同义语，好像领导者就是管理者，领导过程就是管理过程。实际上，领导和管理是两个不同的概念。一般来说，领导偏重于决策与用人，而管理侧重于执行决策，组织力量完成组织目标。从范围上看，管理的范围小于领导的范围。领导过程影响他人实现的目标，既可能是组织目标，也可能是小群体目标和个人目标。管理过程则不同，管理是一种特殊的领导，它专指实现组织目标的过程。由此可见，凡是指引和影响他人达成个人或小群体目标的行为过程只能属于领导过程。从管理者与领导者的范围来看，管理者的范围大于领导者的范围。在社会组织中只有法定的个人称为领导者，而管理者则不仅包括领导者，而且包括一切从事管理工作的职能人员，如会计员、统计员、政工师、劳资人员等。因此管理者的外延要比领导者的外延大得多。但是在现实工作中，领导者和管理者又是互相交叉的，比如工厂的厂长。

二、领导的特点

领导作为动态的过程，有以下基本特点：

1. 领导体现了人与人之间的关系

从本质上来说，领导实际上是一种人与人之间的关系。人际关系学说认为，由于人们在各组织单位中所处的地位不同，就形成了一定的关系，领导者与被领导者就是这种关系的一种形式。领导者的一切行为都是在不断地协调领导与被领导、控制与被控制、指挥与被指挥的各种关系。领导就其实质而言是通过领导者协调这种人与人之间的关系，激发全体员工的积极性和创造性，使人力资源得到充分发挥，以实现组织的目标。

2. 领导是一种特殊的“投入”与“产出”

领导是引导和影响他人或群体去实现目标的过程。领导实质上是一种“投入”，而它的“产出”却表现为他人的行为（包括领导者所领导的组织的行为）。因此，领导效率的高低和领导工作的成功与否，并不反映在领导行为本身，而主要应该从被领导者的行为效率来评定。尽管影响被领导者行为效率的因素很多，诸如工作的动机、热情、工作能力、工作条件、福利待遇等，但这些因素都与领导者的行为有关。作为一个领导者，不管他自己是否意识到，实际上他的行为无时不在影响着被领导者的行为。这就是说，“投入”变化，“产出”相应地也会变化。

3. 领导是领导者、被领导者及环境的函数

在现代社会，任何一个组织可以说都是一个开放的社会技术系统，都处在特定的环境之中，而环境的变化常常会对人的心理和行为产生很大影响。领导者的行为不仅在于改变环境，还要适应环境的要求。对于被领导者来说，领导者的行为则是环境因素的重要组成部分。因此，领导这一动态过程实际上是由领导者、被领导者及他们所处的环境三个因素所决定的复合函数，这个关系用公式表示为：

领导＝f(领导者，被领导者，环境)

影响领导这个函数的变量，既包括领导者、被领导者、环境这三个因素，也包括各因素之间的内在联系。也就是说，领导的有效性既取决于领导者的素质和领导艺术，也取决于被领导者的素质和接受领导的程度，同时取决于领导与环境条件相互制约和相互适应的状况。

4. 领导作用的“互惠效应”

在现实的领导工作中，一位领导者总会因其职位或人品对其下属产生影响。一般人们易注意到领导者对下属的领导，而往往忽视下属对领导者的影响。实际上影响是相互的，领导者在影响下属的同时，也必然受下属某方面的影响。这就是领导作用的“互惠效应”。比如，一个厂长如果客观地评价了一个员工，除了被评价的员工，还会引起其他员工对厂长的良好反应。反之，如果评价不当，不仅会引起当事者的不满，还会激起其他员工的义愤。因此，领导者的正确行为引起下属的积极反应，错误行为引起下属的消极反应，可谓影响的分割和共享。领导者通过一定的领导行为影响下属，与下属分享影响。领导者能够从建立较好的相互关系中获得更多的尊敬，得到信任，下属人员则由于对领导者有更多的了解而能够扩大自己的影响。实践证明，在有效的组织里，领导者和下属都会感到自己有较大的影响力。而领导者和下属在组织里的总体影响越大，整个组织的工作效率就越高。

故事与启示

明太祖朱元璋脑筋灵活，尤其善用一些小谋略巩固自己的地位。

朱元璋在建立明朝之前，曾参与推翻元朝的起义军，投身在郭子兴的麾下。朱元璋颇得郭子兴重用，短时间内就被任命为和州总兵。但是驻守和州的将官，大部分是长年跟随郭子兴的部下，朱元璋算准了他任和州总兵，众将官一定不会服气，决定用一些方法奠定自己的领导地位。

朱元璋上任后，在第一次正式召开会议前一天，立刻命令手下撤掉大厅主将的位子，只摆一排长条木椅。在第二天召开会议时，朱元璋故意迟到。当他抵达会场时，诸将领已先行入座，会场内的座位都已坐满，仅留下一个左边的末座给他。在诸将官心中的地位，朱元璋心中有数。

会议开始后，在讨论军政大事时，在座的资深将领虽然习于在战场上搏命厮杀，但是对于决断军政大事却只能面面相觑。当轮到朱元璋发言时，他精确分析敌我形势，并具体提出办法和措施，他的表现使得在座的资深将官不得不心服。

这次的会议，除了讨论军政大事，也针对整治城池的工作做出分工，限期三日之内完工。

三天的期限到了，朱元璋会同诸将领到城池现场查验，结果只有他负责整治的部分如期完工，其余将领负责的各段工程均未完工。

朱元璋认为，制服将领的时机成熟了。朱元璋向所有的将领说："总兵乃主之命，非我专擅，修城要事，不能如期完工，贻误军机责任重大，谁可担当？今后再有违令者，军法处置。"在场的资深将领自知延误了军机，自然不敢有怒言。

朱元璋主持军务有两下子，再加上他治军严谨有方，在这次事件之后，他很快建立了个人威信。

资料来源：聂永有．组织行为学．上海：立信会计出版社，2009.

第 2 节　领导及领导者的权力与影响力

一、领导者的权力

伯特兰·罗素（Bertrand A. W. Russell）说："社会科学中最基本的理念就是权力，其地位就好像'力'在自然科学中的地位一样。"作为一个人们耳熟能详的社会学术语，权力无处不在，它可以应用于个人、群体、组织和国家等不同的社会层面，拥有权力就能够在某种程度上向对方施加影响，改变对方的行为。在领导活动中，权力是更为基础的因素，是使领导者有别于组织成员并开展领导活动的前提。

权力的概念隐含了以下三方面的内容。首先，权力具有依赖性。权力的基本前提就是一个人或群体相信自己需要依赖其他人或其他群体才能获得所需要的资源。当个人A控制了个人B想要的资源，他就拥有了对B的权力。其次，权力具有动态性。权力的大小会随着时间的变化而变化。例如，随着科技进步和经济全球化的发展，企业的发展壮大越来越依靠知识和创造力，人们开始逐渐意识到人力资源在企业经营发展中的作用，带来的结果就是人力资源部门在企业中的地位上升，人力资源经理的权力变大。最后，权力具有潜在性。只有在使用权力的时候，权力的作用才会发挥。一个人可以拥有权力，但不一定运用权力。

1. 领导与权力的关系

领导是影响个人和群体去实现目标的行为或力量，即领导是一种行为或影响力，这种行为或影响力能够指导、鼓励或指挥个体或群体去实现某一目标。而权力是某些拥有特殊资源的个人、团队或者组织影响其他人、团队或组织的能力。因此，领导与权力的关系表现为以下两个方面：首先，领导者同时也是权力的拥有者。企业的领导者拥有招聘、解雇员工的权力，拥有决定员工升职、加薪、工作环境和条件的权力，同时也拥有企业经营决策等权力。其次，领导过程的实现依赖于权力的存在。领导者支配、控制和影响整个组织中个体或群体的行为必须有合法的权力作为保障，正式组织的运作也是建立在合法的权力基础之上。

领导与权力虽然是紧密联系的，但是也存在显著的不同。首先，权力存在的前提是依赖性，即一方要依赖另一方获得自己所需的资源，双方不需要共同目标维持其权力关系，而领导则要求领导者和被领导者具有相同的目标。其次，权力和领导强调的影响方向不同。领导强调的是向下属施加影响，平行的或上行的影响则较少，而权力则不然。最后，领导与权力的研究重点不同，关于领导的研究多集中在领导方式、领导风格的讨论上，而权力的研究范围则更加宽广，主要集中在权力的获得及赢得个人或群体服从的权术方面。

2. 领导者的权力的来源与类型

领导者的权力主要来源于两个方面：一是职位权力。这样的权力随职务的变动而变动，包括法定性权力、强制性权力和奖赏性权力。二是个人权力。这种权力不是由领导者在组织中的职位，而是由于自身的某些特殊条件才具有的，包括专长性权力和参照性权力。

（1）法定性权力。法定性权力是指组织内各领导职位所固有的合法的、正式的权力。不同组织成员因其所处的地位不同，享有的法定权力也不同。这种权力体现在任命、罢免等基础上，具有明显的垂直隶属关系。

（2）强制性权力。强制性权力是指领导者对其下属具有的绝对强制其服从的力量。下属若是不服从领导者的命令或者指示，将会受到惩罚。它建立在下属惧怕的基础上，体现在扣发奖金、降职、批评上等。

（3）奖赏性权力。奖赏性权力是指提供奖金、加薪、晋级、表扬、理想的工作安排和其他任何会令人愉悦的东西的权力。它建立在给下属带来利益的基础上。领导者控制的奖励手段越多，这些奖励对下属越重要，拥有的影响力就越大。

（4）专长性权力。专长性权力是指由个人的特殊技能或某些专业知识而形成的权力。它来自下级的信任和尊重，即下级感受到领导者具有专门的知识、技能，能够帮助他们排除障碍，克服困难，因而愿意跟随和服从领导者的引导。

（5）参照性权力。参照性权力是指与个人品质、魅力、资历、背景等相关的权力，它的形成来自他人的崇拜和尊敬。如果你敬仰一个人到了要模仿他的行为和态度的地步，这个人对你来说就拥有了参照性权力。

3. 领导者权力的运用——权术

权力的运用就是权术策略的采用过程。所谓权术就是领导者运用权力的技术。领导权力都可以通过权术的方式表达和运用出来。同样具有强制性的权力，但是不同的人运用起来结果可能就不一样，这就是人们所说的权术问题。在汉语中，权术这个词往往带有贬义，指个体为了获取自己的利益采取的一系列会损害组织或者他人利益的行为，或者称为政治手段。本书把权术定义为中性的，即获得和运用权力的一系列行为。

尤克尔（Yukl，1995）通过调查研究发现，组织中常见的权术类型有九种：

（1）理性说服：利用逻辑分析和事实依据来让人心服口服，发自内心接受观点或建议。

（2）鼓舞式诉求：以价值观、理想、需求或报复来激发热情，让人产生情感承诺。

（3）商议：在规划策略、活动或变革时鼓励广泛参与，以平等的口吻与人交流。

（4）逢迎：在提出要求之前先努力创造一个有利的气氛，降低要求被拒绝的可能性。

（5）交换：提出互相帮助、承诺以后报答，让人感受到付出的价值，对后续结果有所期待。

（6）个人式诉求：利用他人的忠诚度或自己的友谊，让人从情感出发并由此满足自己的需求。

（7）联盟：形成一个群体并通过聚合其他成员的资源和权力来影响他人，扩大影响的范围且增强影响的力度。

（8）合法性：试图通过权力或证明其与政策、实践或传统的一致来确立一项请求的合法性。

（9）施压：要求、威胁或持续催促，使人产生压力和必须答应或完成的感觉。

研究表明，并不是所有的领导者都会均等地运用这些权术来进行工作。或者说，不同的人对权术的运用是不一样的。影响权术选择的因素主要有四种。第一，领导者相对权力的大小。相对权力大的领导者与相对权力小的领导者相比，在运用相同的权术时，相对权力大的领导者运用起来可能会更加有效。第二，领导者自身的目的。当领导者想从上级获得好处时，他们更多地依赖甜言蜜语并促进与上级的友好关系，也就是说，他们使用友情。当他们想说服上级接受新的建议时，往往使用合理化的策略。第三，任务的成功概率。如果领导者面临一个成功率非常高的任务，此时简单要求就行，但是如果这个任务的不确定性很大，此时往往要动用职位权力。第四，企业文化。有些企业常常用积极的文化，如用友情、用合理化的原则来指导工作；有些企业强调的是一种强制性的文化，用强制性的权力和奖赏性的权力来指导工作。

二、领导者的影响力

组织行为学认为，要实现有效的领导，关键是领导者在被领导者心目中有崇高的威望，而威望的高低则取决于领导者自身具备的影响力的大小。

所谓影响力，就是一个人在与他人的交往中，影响和改变他人心理的能力。影响力，人皆有之，但是由于交往的双方各自的知识、经验、能力、地位、权力等特点与条件不同，交往的环境不同，影响力所起的作用是大不相同的。人们的影响力大小是一个相对比较量。领导者在与他人交往中的影响力的大小，是由许多因素决定的。例如地位、权力、知识、能力、品格和资历等因素。作为一个有效的领导者，他必须对权力和影响力有正确的认识。一般人们把权力解释为一个人由某种地位和素质而获得的一种力量，这种力量可用来影响别人，使别人根据他的劝告、建议或命令行事。

1. 领导者的影响力的分类

领导者的影响力包括两类：权力性影响力和非权力性影响力。这是两种产生于不同基础、发挥不同作用的影响力。

（1）权力性影响力也叫强制性影响力。权力性影响力是由社会赋予个人的职务、地位、权力等所构成的影响力。这种影响力的基础，一是在于法定的地位，正式组织中的上级主管部门赋予某个人以一定的职务和权力，带有法定的性质，使被领导者认为领导者有合法权力指挥、支配人们的工作行为，自己必须听命、服从；二是在于其奖惩权，领导者掌握着奖惩权，接受其领导的就给予奖励，拒绝其领导的就予以惩罚，因此，人们只有服从。

权力性影响力的基础决定了其影响力的特点与作用，即对别人的影响带有强制性和不可抗拒性，是以外推力的形式发挥作用的，这种由于职务、权力、地位而产生的影响力，完全是外界赋予的，不是由于领导者本身的素质及现实行为所形成的，因而在权力影响力作用下被影响者的心理与行为一般表现为被动服从。它对人的激励作用是十分有限的。如果领导者只是一味地以权力压服下属，还会带来下属的不满和对立情绪的增强。

（2）非权力性影响力也叫自然性影响力。非权力性影响力与权力性影响力是相对的，它与法定的权力无关，而是由于个人自身的品德、才能、学识、专长等因素而对他人形成的影响力。任何一个人，只要他具有高尚的品德、渊博的知识或者表现出某种出众的专长，就会受人爱戴、敬佩，就会产生这种影响力。

非权力性影响力取决于个人的品德、行为和学识专长两个方面。品德高尚、受人敬佩的人，其言行影响力的强度远在一般人之上。同样，博学多才、知识丰富的人比缺乏真知灼见、低能平庸的人更具有影响力。

由领导者个人自身因素而产生的影响力不是给人的行为改变以外推力的作用，而是对人们心理的自然感召，使之发自内心自愿改变行为。因此，非权力性影响力的特点是自然性，在这种影响力的作用下，人们的心理和行为多表现为自觉自愿、积极主动。同时，在具体活动中，它比权力性影响力具有更大的影响，并起着权力性影响力所起不到的作用。

2. 领导者的影响力的构成

（1）权力性影响力。构成权力性影响力的因素主要包括传统因素、职位因素和资历因素。

1）传统因素。传统因素是指人们对领导者的一种传统观念。自古以来，人们就形成了一种观念，认为领导者总是不同于一般人，认为领导者有权、有才干，比普通人强，从而产生了对领导者的服从感，这就使领导者的言行增加了影响力。这种传统观念所产生的影响力普遍存在，只要你成为领导者，这种力量就自然而来。这是一种观念性因素。

2）职位因素。职位因素指个人在组织中的职务和地位。具有领导职务的人，社会赋予他一定的权力，而权力使领导者具有强制下级的力量，凭借权力可以左右被领导者的行为、处境、前途以至命运，使被领导者产生敬畏感。领导者的职位越高，权力越大，别人对他的敬畏感就越强烈。职位因素造成的影响力，是以法定为基础的，与领导者本人的素质条件没有直接关系。它是一种社会性因素。

3）资历因素。资历是指领导者的资格和经历。领导者的资格和经历对被领导者产生的心理影响叫资历因素影响。领导者的资历越深，影响越大。它是一种历史性因素。

显而易见，由传统因素、职务因素、资历因素所构成的影响力，都不是领导者的现实行为造成的，而是外界赋予的。它对下级的影响带有强制性和不可抗拒性。这种权力来自领导者所担任的职务，他有了这个职务，就有了这个职务法定的权力，下属不能随便不接受他的领导。因此，这种权力是一种位置权力或地位权力，它取决于个人在组织中的地位。这种影响力对被领导者的作用主要表现为被动服从。它的核心是权力。它对人的心理和行为的激励作用是有限的。

（2）非权力性影响力。非权力性影响力既没有正式的规定，也没有组织授予的形式，它是一种自然性影响力，是靠领导者自身的威信和以身作则的行为来影响他人的。非权力性影响力产生的基础比权力性影响力广泛得多。构成非权力性影响力的因素主要包括品格因素、能力因素、知识因素和情感因素四个方面。

1）品格因素。品格因素是指领导者的品行、人格、作风等对人的影响。领导者如果品格高尚、完美，就会使群众产生敬爱感，并使人们模仿与认同。不论职位有多高，如果领导者品格不好，他就会威信扫地，失去影响力。

2）能力因素。能力因素是指领导者的领导能力与才干对人的影响。有才能的领导者会给企业带来成功，使人产生敬佩感，他的能力越强，使人产生的敬佩感也越强。

3）知识因素。知识因素是指领导者的博学多才对下属产生的影响。领导者广博的知识，会使人产生信赖感，从而增强其影响力。

4）情感因素。情感因素是指领导者对人有真挚的感情。他的平易近人、关心帮助会使人产生亲切感，会增强其自身的吸引力。因此，搞好情感投资，领导者的影响力就会增强。这种因素是一种精神因素。

一般来讲，任何领导者都同时具有两种影响力，但对不同的人来说，两种影响力的大小是各不相同的。对于权力影响力相同的两个领导者来说，其威信的高低，主要取决于非权力性影响力。因此，要提高领导者的影响力与威信，一方面要合理用权，职权相称；另一方面要加强领导者的自身修养，全面提高个人素质，并且应使两种影响力互相促进、彼此呼应。只有能够将两种影响力综合运用的领导者，才是具有领导艺术魅力的人。

第3节　领导的三种模型

究竟什么是有效的领导方式，仁者见仁，智者见智。可以说，每个人都有一套理论，都能找到一些认为领导成功或失败的实例。管理大师彼得·德鲁克说过，在成功的领导者中，有的不拘小节，有的则严守纪律；有的思维敏捷，反应迅速，有的则谨小慎微；有的待人热情，与谁都处得来，有的则很冷傲，不仅对外部人这样，对组织内的人也是这样；有的人可以与你很快谈到家庭，有的人则不谈工作之外的事情。有的领导者极度自负，有的则很谦卑；有的领导者生活非常俭朴，有的则穷奢极欲，花天酒地；有的领导者是很好的倾听者，有的领导者则从不听取别人的意见。所有领导者唯一共同的个性特征就是：他们几乎从不使用“魅力”去领导，但强调领导必须有追随者，让追随者做出正确的事情，必须以身作则，必须承担领导责任。

下面主要对领导理论研究的有关内容做些介绍。

一、特质理论

半个世纪以前，许多人把领导者个人品质特征作为描述和预测其领导成效的因素，试图通过分析领导者有效的大量个案，说明领导者与被领导者之间、有效性的领导者与无效性的领导者之间、高层领导者与基层领导者之间，存在着个人品质的差异。有的甚至认为领导者的个人品质与生俱来，领导者是天生的“伟人”。不具有领导才能的人，就不能成为有效的领导者。因而，他们的研究着眼于领导品质与领导性格。比如，以研究领导行为而著名的费德勒曾在比利时的海军中就领导品质进行过一次研究实验。他挑选288人组成96个三人小组，在这些人中，既有领导者，也有被领导者。实验内容是让他们做几件事情：（1）草拟一封招募士兵的信；（2）规划一个护航队的最短路径；（3）口头指示别人怎样拆装一件武器。实验结果发现，领导者与被领导者没有多大的差别，得到的分数基本近似。而且，一个具体的领导者，虽然对某一件事做得很好，但对其他任务完成得不好。他的总结是：领导者没有一定比别人高明的品质，与被领导者没有显著的差异。因此，按素质推断的方法预测成功的领导效果并不理想，原因如下：

第一，尽管在成功的领导者身上已经找到 100 种以上的素质特征，但是从未找到完全一致的模式。表 11－1 列出了一些素质和能力。但是它并没有表明它们是如何相互关联的。例如，成功的销售经理乐观、热情、有影响力，而成功的生产经理循序渐进、善于自律、乐于合作、真诚尊重他人。究竟哪些素质对工作有效率的领导者来说最为重要，研究者的意见不一，并且，在相同情况下，人们可能发现具有两种完全不同素质的领导者都是成功的。

表 11－1　成功的领导者身上具有的素质和能力

素质	能力
对环境的适应	智力
对社会环境的应变力	构思力
雄心和成就目标	创造力
决断力	机智老练
合作精神	语言表达能力
深思熟虑	关于组织任务的知识
依赖性	组织性
支配力（对他人的影响力）	说服力
活力（很高的活动水平）	社会活动能力
持久性	
自信	
对压力的承受力	
勇于承担责任	

尽管如此，我们还是归纳出了大多数成功的领导者所共有的四种素质。这些素质并非所有领导者都具有，它们存在于中高级管理人员身上的机会很大，而不太可能存在于一线管理人员的身上。

- 智力。领导者应比追随者有更高的智力。
- 处世成熟和视野开阔。领导者感情成熟，兴趣广泛。
- 内在的激励和取得成就的动力。领导者总想有所作为，完成某一目标后，又会寻找另一个，他们基本上不依靠别人去激励他们完成目标。
- 对人际关系的态度。领导者能够在各种环境下和他人一起富有成效地工作，尊重别人，并且明白必须关心他人才能完成任务。

讨论领导能力离不开个人的性格，个人之间的差异影响人们的看法，从而对决定个人行为产生重大影响。

第二，体格、气质等因素和有效的领导有关，包括身高、体重、相貌、体质、精力、健康和智力等。但是，这些因素中的绝大多数又与许多其他环境因素有关，只在某些情况下才明显地影响领导人的绩效。例如，军警界成员必须具备起码的身高与体重以有效地完成任务，尽管这些特征有助于这些组织中的人晋升到管理人员的位置上去，但身高或体重并不随着绩效的变化而变化。而在教育界和商界，身高和体重对于晋升到领导地位无关紧要。

个性描述和测定本身尚不充分。领导行为的研究者没有涉及领导者个性中真正重要的方面。大部分素质是靠为了查明诸如坚定、渴望、成就、依赖等其他行为而设计的调查表来测定的，素质理论家认为用这种调查表能查明领导能力，这可能并不正确。

领导本身是一个复杂而且也许不一致的模式的个人作用，在人的个性和特定的任务之间存在着某种关系，但是关于个性和绩效的衡量之间的关系的研究没有反映这种关系。例如，一项研究表明，小型企业中高收入者（成功的一种标准）与低收入者相比较，前者更具有上进心，兴趣类似于人事管理人员，思想更开放，而且总认为自己更能关心别人。在这样的小企业里，每个人都需要完成好几项任务，而那些倾心于承担多项任务的人就寻找这样的小型企业来大显身手。

二、行为模型

为预测出成功的领导行为，研究者转向考察组织的结构和功能。研究的重点从发现领导过程中重要的素质是什么，转向研究领导者的行为——他们实际上做了什么和他们是怎么做的。有成效的领导者通过和下属建立以任务为中心的关系，来帮助他们的群体实现某一特定目标，他们关心和支持他们组织的成员获得个人目标的意图，这些个人目标包括工作满足感、晋升和得到赏识。这些领导者重点注意生产或关注任务完成的数量和质量，而支持下属的领导行为包括解决纠纷、保持群体愉快、给予鼓励和采取积极的强化措施等。

大量关于领导行为的研究结果来自俄亥俄州立大学对领导行为的研究。这项研究是在让尔法·斯托格蒂尔的指导下，于20世纪40年代晚期开始的。研究工作的目标是确定领导行为在实现群体和组织的目标过程中的重要性。研究结果发现了领导行为的两个衡量标准：关心人和关心结构。

1. 关心人

关心人指领导者能在多大程度上使工作关系具有相互信任、双向沟通、尊重下属意见并考虑其感情的特点。这种领导方式强调个人需要，领导者特意找出时间来倾听群体成员的意见、愿意进行改革、为群体成员谋求个人的福利、和蔼可亲、平易近人。在关心人方面得分高，表明领导者和下级在心理上十分接近，得分低则表明两者心理距离大，领导者不近人情。

2. 关心结构

关心结构指领导者能在多大程度上确定自己和下属在完成群体目标中所起

的作用，并使之结构化。这种方式的领导者通过计划、沟通，安排组员的工作进程，强调期限和发出指示来指导群体活动。他们安排要做的工作的进度，委派担任工作的职员，定好考核绩效的标准，要求群体成员遵守标准的规章制度。总之，在关心结构方面得分高的领导者关心的是通过执行指示来完成任务。

三、权变模型

20 世纪 60 年代中期以前的关于领导过程的研究表明，在领导方式与各种衡量工作绩效的尺度、群体过程以及对工作的满足感之间不存在相互一致的关系。尽管许多研究总结认为，领导者发挥作用的环境在决定领导者工作效率时起着显著的作用，但是研究者很少去做关于关键性环境变量的研究。

与之相反，权变理论者则把研究工作的目标放在发现使领导者的行为和特征在一定条件下富有成效的环境变量上。例如，权变理论者假定，有成效的护士长和操练军士长需要不同的气质特征，因为他们面临的环境不同。

对环境变量的分析要求考察四个因素：领导者的特点、下属的特点、群体的特点和组织的结构。图 11－1 表明了这四个因素间的相互关系，下面的部分包括了所有的领导者在分析环境变量时要问自己的问题。

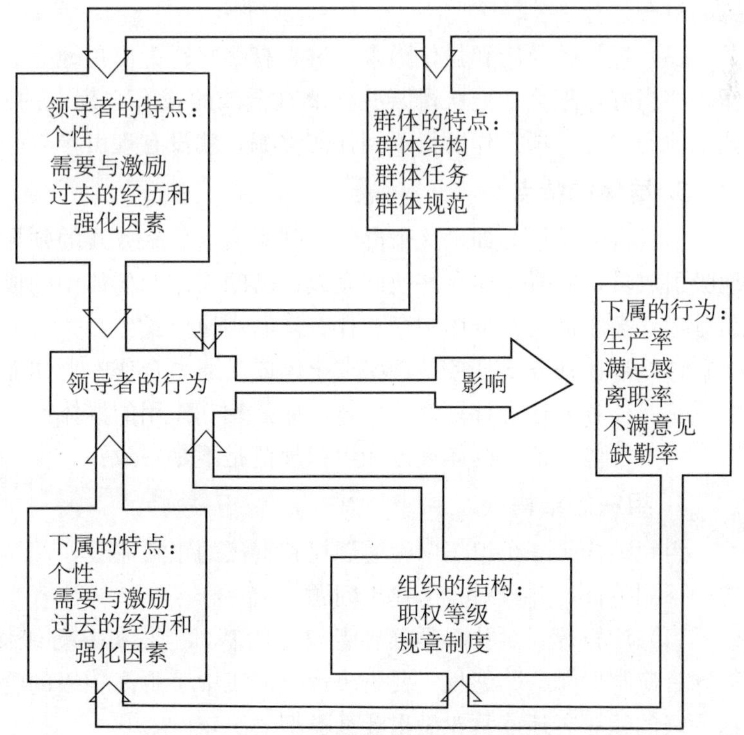

图 11－1　影响领导者行为的权变因素

1. 领导者的特点

领导者带给环境的特点，或者领导者的特点的重要与否取决于环境。领导者特点中的重要变量包括以下几方面：

（1）个性。领导者有多大的进取心？领导者具有合格领导者所需要的智力吗？领导者的个性是否稳定？

（2）需要与激励。什么样的特殊需要在这种条件下激励着领导者？环境中哪些是激励因素？哪些是保健因素？

（3）过去的经历和强化因素。领导者是否从过去采用某种特定的领导方式中得到过积极强化？领导者以前有过类似环境中的经历吗？

2. 下属的特点

在决定采用某种特定的领导方式以前，一位领导者应该先考虑下属的特点。某一环境中相同的需要、激励和期望，像影响领导者的行为一样，也影响着下属的行为。

（1）个性。下属的个性影响他们对领导者的行为产生反应的方式。需求高度民主的下属会接受高度关心结构的领导者所采用的领导方式吗？一位消极的领导者如何对进取心强的下属做出反应？

（2）需要与激励。什么样的需要激励着在这种条件下的下属？下属较高层次的需要在这种条件下能得到满足吗？下属由于出色完成任务而体验到内心的满足感的机会是什么？

（3）过去的经历和强化因素。过去有哪些行为出色地完成任务？如果下级工作得相当好，那么他们获得某些奖酬（金钱的或者心理上的）的可能性有多大？如果他们参与一项工作而得不到任何奖酬，就没有理由参与这项工作。

3. 群体的特点

（1）群体结构。如果这个群体十分团结，什么方式的领导会使工作群体紧紧地吸引成员，同时又能允许他们完成自己的工作？群体中的成员是融洽相处，还是分成许多小派别？群体中存在什么样的沟通形式？

（2）群体任务。任务是否要求全体成员通力合作？群体能够做出的决定是什么类型？任务是适合计划性的群体，还是相互作用的群体？

（3）群体规范。群体规范和组织规范是不是一致？

4. 组织的结构

组织结构是一个组织中沟通职权和责任的正式制度，领导者应当考虑组织结构的下列特征，并且对自己提出问题。

（1）职权等级。什么是领导者权力的基础？根据在等级体系中所处的位置，领导者应掌握哪些奖惩权？要是决策权都集中于更高一级的管理人员手中，那么这一级的领导者还能真正做出什么类型的决定？

（2）规章制度。在多大程度上正式的、成文的规章明确规定哪些决定和行为是可以接受的或不可以接受的？如果组织中有大量的规章制度约束成员的行为，那么领导者又怎么能够偏离它们呢?

◆ 关键术语

领导　领导者　管理　领导者的权力　领导者的影响力　特质理论　行为模型　权变模型

◆ 复习思考题

1. 什么是领导和领导者? 结合实际谈谈领导和管理的联系和区别。
2. 简述领导的三种模型及各自的含义。
3. 什么是领导者的影响力? 为什么非权力性影响力比权力性影响力有更大的影响力?

◆ 自我诊断

魅力型领导者

有魅力的领导者视野清晰、关怀下属、高瞻远瞩，创造出表现优异的团队。以下的练习可以评估你的领袖魅力潜质。身处领导岗位，你对下属会有不同的行为方式。为每个题目选择最适合的程度。

绝对是这样＝5

大多数是这样＝4

一般是这样＝3

偶尔是这样＝2

绝对不是这样＝1

1. 别人说话我会注意听。	1	2	3	4	5
2. 我的沟通很清晰。	1	2	3	4	5
3. 我值得信赖。	1	2	3	4	5
4. 我关心他人。	1	2	3	4	5
5. 我不会投入过多的精力来避免失误。	1	2	3	4	5
6. 我让他人的工作更有意义。	1	2	3	4	5
7. 有状况发生时我可以抓住重点。	1	2	3	4	5
8. 我经常用非常规手段有效地传达我的观点。	1	2	3	4	5
9. 我是一诺千金的。	1	2	3	4	5
10. 我自尊心很强。	1	2	3	4	5
11. 我喜欢接受经过审慎评估的风险。	1	2	3	4	5
12. 我帮助他人更加胜任自己的工作。	1	2	3	4	5
13. 工作中孰轻孰重我很清楚。	1	2	3	4	5
14. 我关注他人的感受。	1	2	3	4	5
15. 一旦定位明确，我很少改变。	1	2	3	4	5
16. 我关注自己和他人的优点。	1	2	3	4	5
17. 全心投入项目中让我活力十足。	1	2	3	4	5
18. 我让他人感到亲如一家。	1	2	3	4	5
19. 我让他人关注我认为重要的事情。	1	2	3	4	5
20. 我交流的不仅是观点，还有感受。	1	2	3	4	5

21. 我让别人知道我的立场。 1 2 3 4 5
22. 我知道如何融入团队中。 1 2 3 4 5
23. 吃一堑长一智。错误不是灾难而是经验。 1 2 3 4 5
24. 我喜欢和大家在一起。 1 2 3 4 5

该问卷评估领袖魅力的六个方面。每个方面得分为4～20分不等。得分越高，领袖魅力越大。

指数1：注意力管理（1，7，13，19）——你和别人交流时十分专注。对重要问题视点清晰，也努力使他人了解。你对于交谈内容的轻重很有主见。

指数2：意义管理（2，8，14，20）——强调沟通技能，特别理解信息意义的能力，即使要用非常规的方法。

指数3：信任管理（3，9，15，21）——你在他人心目中的可信度来自你信守诺言、避免反复以及坚定立场的意愿。

指数4：自我管理（4，10，16，22）——总体上你对自己和他人的态度，即总体上是否以积极的角度关心他人和自己。

指数5：风险管理（5，11，17，23）——高效率的领导者总是全身心地投入工作中，他们不会过度地耗费精力去保护自己不做错事情。他们愿意承担经过审慎评估的风险，而不是像没头苍蝇一样随意出击。

指数6：情感管理（6，12，18，24）——有魅力的领导者总是对他人有正面的态度。他让下属感觉自己在主导工作，工作很有意义，自己非常胜任。他营造出一个不分你我、只有我们的团队。

资料来源：Ricky W. Griffin，Gregory Moorhead. Organizational Behavior：Managing People and Organizations. Published by South-Western Cengage Learning，Ninth Edition，USA，2010.

案例分析

危机中的克莱斯勒与艾柯卡

李·艾柯卡被福特公司解雇后，又被岌岌可危的克莱斯勒公司聘为总裁。在他到任前，《底特律自由报》刊登了两条大标题新闻："空前亏损"和"李·艾柯卡加盟克莱斯勒"。

就在他到任当天，克莱斯勒公司宣布第三季度亏损近1.6亿美元，这是该公司有史以来最严重的亏损。正当艾柯卡组织好领导班子准备大干时，伊朗国王巴利维出走，几星期内，国际油价上涨一倍，能源危机首先冲击了加利福尼亚，当地到处都是排队买汽油的人，纽约加油站甚至出现了混乱。

一个月后，能源危机东移，到了6月的第一个周末，要是能找到一家正在营业的加油站就称得上走运了。家用小轿车、大型客车、周末旅游车、房车一时间全没了销路。克莱斯勒正是生产房车与周末旅游车的大户，石油危机使它供应周末旅游车工业的引擎和底盘几乎全部滞销，自产的小轿车销售量减少了50%。克莱斯勒马上采取措施，增加对新工厂和新产品的投资。

正当公司采取这些代价很大的初步措施时，美国又陷入经济衰退，全国汽车年销售量下降近50%。经济形势需要加倍投资，而收入只有原来的一半，克莱斯勒连挨两拳，几乎被打趴下。为了生存下去，艾柯卡采取了一系列措施，如精简人员、节约开支，并向政府求援。

向政府求援的申请，在全美引起了激烈争论，整个社会对此议论纷纷，投反对票的甚多，理由是保护自由竞争，该破产的就让它破产，政府干预经济，既代价高又无准备。在那段时间内，最大的危机是用户对克莱斯勒的信任度下降，谁也不愿意购买一家请求政府援助且即将破产的企业生产的汽车，那些仅仅愿意考虑一下克莱斯勒的汽车用户占整个汽车用户的比例由原来的 30% 下降到了 13%。

如何应对这样的危机？一些人主张沉默，不愿意让公众注意公司的悲惨处境；但也有人反对，与其悄无声息地死去，不如大喊大叫。艾柯卡同意后者的观点。

克莱斯勒公司首先开展了消除公众对公司前途顾虑的广告运动，让公众明白两点：第一，克莱斯勒绝无停业打算。第二，公司正在生产美国真正需要的汽车。这次广告运动一反过去刊登图片、文字说明的方法，刊登了一系列文章，这些文章不宣传产品，而宣传公司和它的前景、事业，以及公司的决心与能力。

还有一些广告，自问自答了一些相当棘手的问题。比如问："没有了克莱斯勒，美国的经济情况会好转吗？"回答是：如果克莱斯勒倒闭，整个国家的失业率将上升 5%；公司的工人、经销商和材料供应商加起来共 60 万人，国家为失业保险和福利的开支一年就将达到 27 亿美元。

这些广告全部经艾柯卡本人签字认可，以示以个人声誉来为公司担保。广告使所有公众意识到个人与克莱斯勒的关系，社会舆论发生了变化，卡特政府与国会人士手里也拿着这些广告奔走相告，有的愤怒，有的欢喜，有的沉思。

其次是紧紧团结经销商，由他们发起游说议员活动。克莱斯勒原来与经销商关系不好，因为多年来克莱斯勒的产品质量不高，以至于经销商已习惯在收到新车后重装一次。

艾柯卡到任后，首先挑选了两名助手，其中一名负责与经销商联系。他把经销商都请来，心平气和地交换意见，告诉他们：公司新领导准备在各领域树立纪律观念；在质量问题方面，他们决心马上整改，并再三许诺会兑现。之后又组织经销商讲习会，为他们提供商品信息，介绍汽车技术知识等。

艾柯卡派另一名助手抓汽车质量，从设计到制造都制定了规范，并广泛吸收工人参加质量活动，提出了劳资双方共同执行的质量纲要，允许大家对任何其他问题开展争论，但不允许对质量问题进行争论，不能用劳资谈判中常用的妥协办法来解决质量问题。每天早晨，负责质量管理的人员都从装配好的车中随意挑出 5 辆，要求生产人员将其与一辆新的日本丰田车进行比较，寻找两者的差距。

通过这些工作，经销商与克莱斯勒的关系日趋融洽。如果克莱斯勒破产，将导致半数经销商相继破产，因此将经销商组织起来并不难。

汽车经销商一般比较富裕，在团体里也比较活跃，交际广，且多是共和党，因此对那些反对给克莱斯勒贷款的共和党议员的影响极大。他们来到华盛顿，找自己熟悉的议员游说，阐明公司破产将对社会产生什么影响，讲清公司的实力与前途。

他们把每个议员选区中与克莱斯勒有业务往来的供应商与经销商列出来，打印成表，发给每位议员。该表显示，在全部 535 个选区中，只有 2 个选区没有克莱斯勒的厂商、材料商、推销商。这张表击中要害，产生了十分明显的效果。

经销商办事能力惊人，甚至拉进了其他公司的经销商，他们从竞争角度撰文提出，应保全克莱斯勒，高呼"如果克莱斯勒倒闭了，福特还能长久维持吗？"等等。

工会也紧密团结起来，他们认识到，如果公司破产，工会成员会出现什么情况。工会负责人弗雷泽在组织游说活动时说："我们不是为克莱斯勒辩护，我们关心的是破产对工人和社会的严重影响。"弗雷泽同众多议员与参议员单独会晤，不但如此，作为美国副总统蒙代尔的好友，他还为公司的事到白宫进行了几次重要访问。

到了国会表决时，克莱斯勒公司已有了众多支持者，众议院和参议院都以多数票同意通过帮助克莱斯勒重新站起来的方案。

克莱斯勒又有了战斗机会。艾柯卡要求公司上下团结起来，并使员工认识到：我们从"阔舅舅"那里借到一笔钱，现在咱们得证明，咱们不会欠债不还的！

首先，艾柯卡把自己的薪酬减到每年1美元，这在底特律成了一大新闻。其次做经理主管人员的工作，让他们主动削减自己的薪酬，最多减少10%，这在汽车行业是从来没有过的。最后是做工会的工作。

工人们做出了相当大的让步。工人的工资每小时减少了1.15美元，后来又减少了2美元。在整整19个月期间，克莱斯勒的工人平均每人少拿近1万美元工资。

克莱斯勒团结工人的办法是：一是让工人拥有公司股票，让工人分享利润，把个人利益与企业紧密结合在一起，当时每个工人账上约有5 600美元，这是一笔不小的储金。二是与工会一起制定处罚规章，并对少数矿工、不好好干活的人予以严厉处罚。三是不得不解雇一大批工人，关闭一些厂。为此，艾柯卡走遍了公司每个工厂车间，与工人直接沟通，他感谢工人在艰苦日子里与公司合作，并告诉工人，待情况好转，一定会让他们重新得到与福特公司和通用汽车公司工人同等的待遇。四是请工会的弗雷泽担任董事会成员。这引起了实业界的极大愤怒，因为当时美国大公司的董事会中从未有过工会代表，他们认为工人与总裁是天然的不共戴天的仇敌。艾柯卡认为，美国经济的发展取决于政府、工会和资方之间的合作。只有合作，才能在全球市场上接受挑战。弗雷泽进董事会后发挥了巨大的作用。

后来，克莱斯勒又与银行进行了艰苦的谈判，获得了政府保证的借款。同时公司在新车型上下功夫，终于站稳了脚跟，渡过了难关。此时，艾柯卡的第一个行动就是召开记者会，宣布克莱斯勒比原定偿还期提前7年偿还了全部贷款。

资料来源：袁凌，吴文华，熊勇清．组织行为学．北京：高等教育出版社，2015.

［分析］

在克莱斯勒起死回生的过程中，艾柯卡的决定性作用体现在哪些方面？

第12章 领导行为理论

本章重点

● 领导行为分抓组织和关心人两大类。抓组织是以工作为中心，主要包括组织机构的设置、明确职责和相互关系、确定工作目标、设立意见交流渠道和工作程序等。关心人是以人际关系为中心，主要包括建立互相信任的气氛、尊重下属的意见、注意下属的感情和问题等。

● 领导系统模型认为，在企业中，单纯依靠奖惩来调动员工积极性的管理方式将被淘汰，只有依靠民主管理，从内心调动员工的积极性，才能开发人力资源。

名人名言

领导工作就是要成为联结其他两方面的桥梁，一方面是合理的和考虑周到的计划，经过仔细设计的组织结构，人员配备的良好规划和有效的技术控制；另一方面是拥有被人理解和受人激励的需要，以及尽他们一切能力为实现企业目标和部门目标做出贡献的需要。

——哈罗德·孔茨等

最强有力的经理就是那些能适应特定情况和特定环境的经理。

——帕特里西亚·阿迪苏

引例

美国西南航空公司的领导

美国西南航空公司董事长凯莱赫（H. Kelleher）善于在公司营造家庭气氛，他记住员工的姓名，亲自送生日卡给员工。为了设法保持公司在放松管制的航空业中的地位，他向公司员工和工会要求做出了相当大的让步。他的亲自实践的领导作风赢得了员工对他的尊敬和追随。这种朴素措施对管理部门和员工一视同仁。例如，他的办公室是设在兵营式的大楼内的。作为追随他的人的榜样，他既关心有待完成的任务，又关心为他工作的人。

第1节　领导行为理论

领导行为理论主要致力于对领导者行为的考察，并尽力去理解领导的行为与下属人员的感情（对工作的满意度）、行为（工作表现）反应之间的内在联系。它主要是找出标志、描述领导行为方式的途径、研究领导的各种模式的行为与下属人员的表现、满意程度之间的关系。本章主要介绍几种不同的领导行为理论，以指导领导者的行为，实施有效的领导。

一、领导行为的四分图模型

1945 年，美国俄亥俄州立大学工商企业研究所在斯托格蒂尔和沙特尔两位教授领导下研究设计了领导行为四分图。他们开展了一项广泛的关于领导问题的调查，列举了 1 000 多种领导行为的特征，通过逐步概括，最后将其归纳为抓组织和关心人两大类。抓组织是以工作为中心，主要包括组织机构的设置、明确职责和相互关系、确定工作目标、设立意见交流渠道和工作程序等。关心人是以人际关系为中心，主要包括建立互相信任的气氛、尊重下属的意见、注意下属的感情和问题等。

按照抓组织和关心人的不同内容，他们设计了领导行为描述答卷，每项内容都列举了 15 个问题，对领导者进行调查。根据调查结果，两类领导行为在同一领导者身上有时一致，有时不一致。因此，他们认为领导行为是两类行为的具体结合。领导行为可以用二维空间的四分图来表示，分别以抓组织和关心人为坐标，直观地显示出二元行为组合成的四类基本的领导行为，如图 12－1 所示。

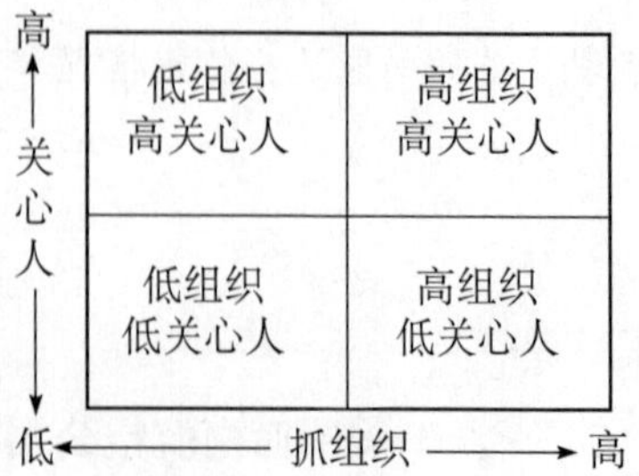

图 12－1　四分图模式

这个四分图是从两个角度考察领导行为的首次尝试，为进行领导行为的研究指出了一个新的途径。

四分图把领导行为分为四种基本情况：（1）高组织高关心人的领导行为，对人和工作都十分关心；（2）高组织低关心人的领导行为，最关心的是工作任务；（3）低组织低关心人的领导行为，既不关心工作又不关心人；（4）低组织高关心人的领导行为，重视与下属互相信任、互相尊重的气氛，关心部属的合作。研究者认为，在这四种领导行为中，第一种效果最好。对于这种四分图，理论界认为，它揭示了领导行为的二元结构，并以此将复杂的领导行为划分为四种基本类型，有很高的理论价值。关于“双高型”是最佳领导行为的结论，很多人认为不能一概而论，要根据具体情况而定。

二、领导方格模型

为了探讨四分图理论在实践中如何应用，美国得克萨斯州立大学心理学教授布莱克和莫顿于 1964 年提出了领导方格模型。这是一张九等分的方格图，横坐标表示领导者对生产的关心程度，纵坐标表示领导者对人的关心程度。在坐标图上由 1 到 9 划分为 9 个格，作为标尺。整个方格共有 81 个小方格。每个小方格表示“关心生产”和“关心人”这两个基本因素相结合的领导行为，如图 12－2 所示。

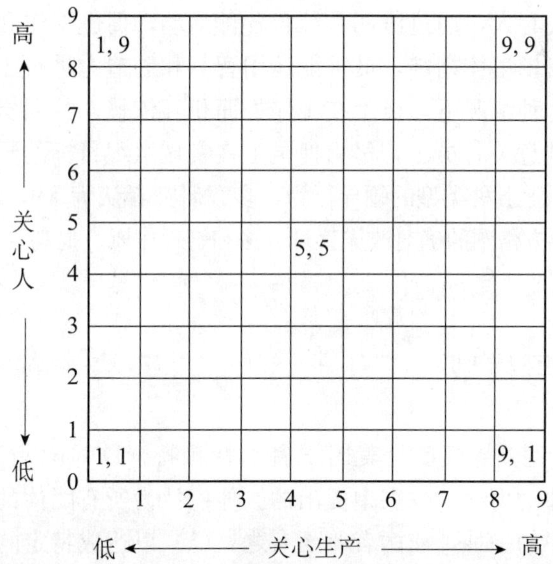

图 12－2　领导方格图

领导方格图可以作为评价各种不同类型的领导行为的手段。在评价时，可以根据领导者对员工和对生产的关心程度，在图上寻找交叉点，这个交叉点就代表该领导者的领导行为类型。例如，如果一个领导者关心人程度为 9，而关心生产程度很低，只有 1，那么他就是（1，9）型领导者；如果一个领导者关心生产程度为 9，而关心人的程度很低，仅为 1，那么他就是（9，1）型领导者。

布莱克和莫顿在81个小方格中，列出了5种典型的领导行为，并对每种领导行为的特征进行了描述。

（1，1）型领导——贫乏的领导，也叫虚弱型领导。这种领导者对生产任务的关心和对人的关心都做得很差，他只以最小的努力来完成必须做的工作。这种管理是管理者和整个公司的失败。这种情况很少出现。

（9，1）型领导——任务型领导。这种领导者高度关心生产和效率，而不关心人。因为不注重人的因素，员工都成了机器。在这种独裁式的领导下，下属只能奉命行事，一切都受到上级的监督和控制，使员工失去进取精神，不肯用创造性的方法去解决问题。

（5，5）型领导——中间型领导。这种领导者对人的关心度和对生产的关心度比较平衡，既不过分偏重人的因素，也不过分偏重生产。但是，碰到真正的问题，总想得过且过，公司只图维持一般的工作效率与士气，安于现状，不能促使下属发扬创造革新的精神。从长远的观点看，这种领导会使企业逐渐落伍。

（1，9）型领导——俱乐部型领导。这类领导者只关心人而不关心生产。这种领导者认为只要组织内部充满轻松友好的气氛，员工精神愉快，生产成绩自然会高；认为不管生产成绩好不好，都要首先重视员工的态度和情绪，万一和谐的人际关系受到影响，生产效率就会随之降低。

（9，9）型领导——协调型领导，又叫战斗集体型领导。这类领导者既关心生产又关心人，通过协调和综合各种活动，促进工作和生产的发展，使大家和谐相处并发扬集体精神，员工能运用智慧和创造力进行工作，关系和谐，任务完成好。在这种情况下，员工在工作方面相互依赖，共同努力去实现组织目标；领导者诚心诚意关心员工，努力使员工在实现组织目标的同时满足个人的需要。

对以上五种类型的领导行为，多数研究者认为（9，9）型最好，其次是（5，5）型。领导方格图的确对改进管理方法和管理作风、提高管理水平和工作效率有着重要作用。

三、PM型领导模型

PM型领导模型是美国学者卡特赖特（D. Cartwright）和赞德（A. Zander）在《团体动力学》一书中提出的。他们认为所有团体的组成，其目的可以归入下列两种中的一种，或两者兼而有之：（1）以达成特定的团体目标为目的。（2）以维持及强化团体关系为目的。为达到第一个目的，领导行为的特征是：将成员的注意力引向目标，将问题明确化，拟定工作程序，运用专门知识，评定工作成果，等等。为达到第二个目的，领导行为的特征是：维持愉快的人际关系，调停成员间的纠纷，激励大家，增强成员的交互作用，等等。因此，领导者为达到不同的目的而采取的领导行为方式可划分为三类，即目标达成型（P型）、团体维持型（M型）、两者兼备型（PM型）。

后来，日本大阪大学教授三隅二不二在日本长期进行了这一研究。他最初是在学生中进行实验，后来到企业中进行研究，他的兴趣放在第一线的领导者身上，但也对中上层的领导者进行了研究。P 职能（performance）是领导者为完成团体目标所做的努力，主要考察工作的效率、规划的能力等。而 M 职能（maintenance）是领导者为维持和强化团体所起的作用。他将领导行为分成四种形态，即 PM、P、M、Pm。这种方法类似领导方格图的做法，如图 12－3 所示。

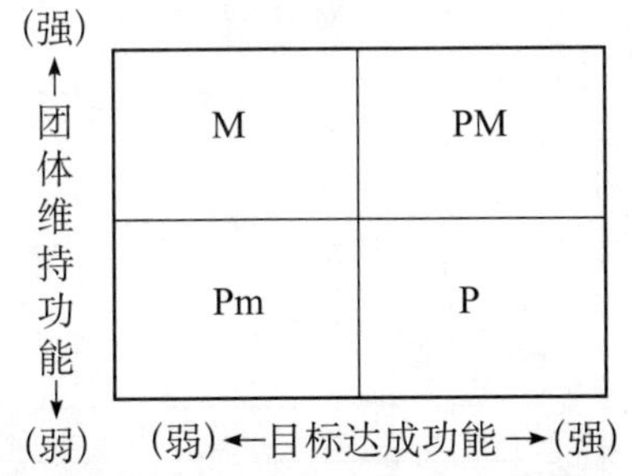

图 12－3　三隅的 PM 领导类型图

为了测量 P、M 的因素，三隅设计了通过有关下属情况的八个方面来测定 P、M 两职能的问卷。这八个方面是：工作激励、对待遇的满意程度、企业保健、精神卫生、集体工作精神、会议成效、沟通、功效规划。每个方面都有五个问题，对每个问题的回答采用 5 分制，根据 P、M 分数最后进行统计分析，然后将分数结果画在一个二维的坐标上。把每个人的得分点与该单位的平均分数加以比较，就能明确地得到某个人的领导类型处在四个区域中的哪个区域。这就是说只有在与平均值相比较之后才能确定某个人属于哪种类型。例如某单位的 P、M 的平均值都为 25，而某个人的 P、M 得分点均为 27，则他的领导类型落在 PM 区域内，属于 PM 类型，如图 12－4 所示。

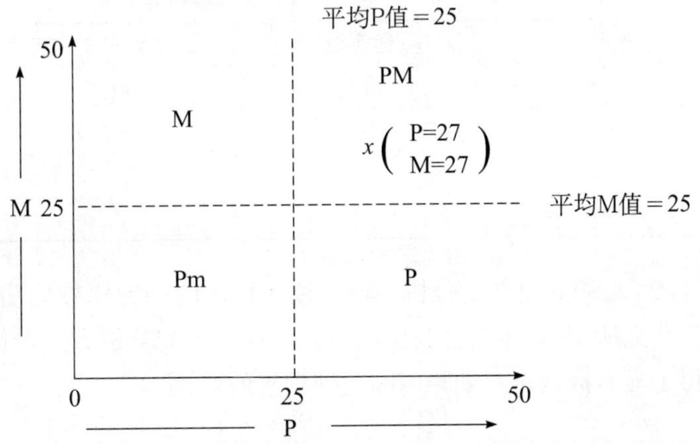

图 12－4　PM 型图

如果该领导者的得分不变，但该单位 P 的平均值较高，为 28，则该领导者的领导类型反落在 M 的区域内。这样他的领导类型就属于 M 型，如图 12-5 所示。

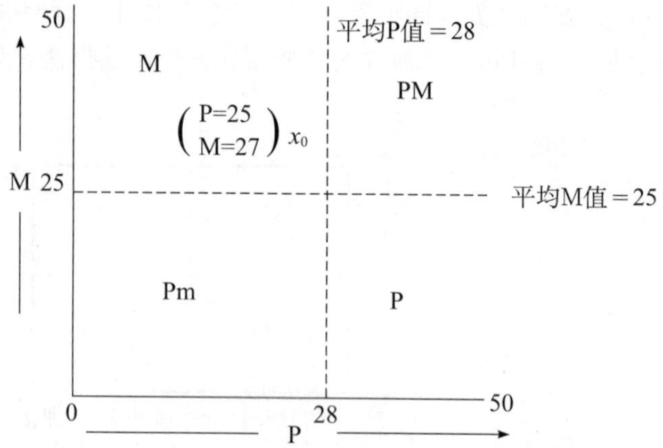

图 12-5　M 型图

因此，三隅的方法具有一定的灵活性。同时，他还采用了自评和他评相对照的方法，在一定程度上可以校正自己评价的偏差。从某种意义上说，这种差别也反映了一个领导者是否有自知之明。

三隅进行了大量的现场调查，包括煤炭、电力、钢铁、燃料、机械、石油化工、铁路、公路运输等行业的企业。到 1978 年 10 月，他已经实测了 15 万个以上的案例。后来，这种调查方法推广到其他领域，包括地方政府、政党、教育界等，但所用的问卷有所区别。通过统计分析，结果发现，PM 型管理人员的单位生产量最高，对组织的信赖度也高；P 型、M 型介于中间；Pm 型管理人员的单位生产量和对组织的信赖度最低，如表 12-1 所示。

表 12-1　管理类型与效果

管理形态	生产量	对组织的信赖度	内聚力
PM	最高	最高	最高
P	中间	第二位	第三位
M	中间	第三位	第二位
Pm	最低	最低	最低

PM 型领导模型是分析、评价领导行为的一种比较成功的方法。中国科学院心理研究所 1980 年结合我国国情，引进了这套分析方法，做了大量的调查研究，取得了显著成效，并受到国际心理学界的好评。

四、利克特的领导系统模型

1947 年，美国密歇根大学社会研究中心的利克特教授等人开始研究“以工作为中心”和“以人为中心”两种领导方式哪种更有效。他们观察了 7 个高生产效率的企业和 10 个低生产效率的企业，发现在高生产效率企业中，采用“以人为中心”管理方式的有 6 个，只有一个采用“以工作为中心”的管理方式；而在低生产效率企业中，“以工作为中心”的企业有 7 个，只有 3 个企业采用“以人为中心”的领导管理方式。同时，他们还对生产效率与情绪的关系进行了调查研究。

经过长期研究，他们指出，在企业中，单纯依靠奖惩来调动员工积极性的管理方式将被淘汰，只有依靠民主管理，从内心调动员工的积极性，才能开发人力资源。相反，依靠独裁式的管理，永远不能达到民主体制所能达到的生产水平和对工作的满足感。

利克特在 1961 年出版的《管理新模式》一书中将企业管理的领导方式归纳为四类：

第一类，专制独裁式。权力集中于最高一级，任何事都由领导者单独做决定，下级没有发言权而只能执行。上级规定严格的工作标准和方法，下级如果达不到规定目标就将受到惩罚。在这种领导方式下，上下级缺乏沟通，领导者对下级缺乏信任，下级对领导者也存有戒心，组织目标难以实现。组织中如果有非正式团体，则对正式组织的目标通常持反对态度。

第二类，温和独裁式。权力控制在最高一级，但授予中下层部分权力。领导者对下属有一种谦和的态度，在做决定时，也能听取下属的意见。一般决策由高层管理人员制定，但下级也可做出一定的决策。上下级之间有一定的沟通，但十分有限，交往是在上级屈就和下级畏缩的气氛中进行的。组织中的非正式团体对组织的目标可能反对，也可能不反对。

第三类，协商民主式。领导者对下属有一定程度的信任，授予下属部分权力，但重要任务的决定权仍在最高一级。在这种领导方式下，领导注重听取下属的意见，并在取得下属的同意后再做出决定。上下级沟通程度较深，彼此比较信任，能获得一定的相互支持。组织中的非正式团体对组织目标仍是有同意有反对。

第四类，参与民主式。领导者对下属充分信任，上下级处于平等的地位，允许下属参与领导过程，在一定范围内，授予下级自主决策权。上下级之间不仅有双向沟通，还有平行沟通。对工作的进展、组织的报酬，下级有评估权。利克特认为这是一种最好的领导方式。利克特领导系统模型可用图 12－6 表示。

利克特认为，一个组织的领导类型可以用八项特征来描述。它们是：领导过程、激励过程、交流沟通过程、相互作用过程、决策过程、目标设置过程、控制过程和绩效目标。比如，系统四的具体特征如下：

领导过程：在上下级之间灌输互信精神，可以无拘无束地交换意见、讨论问题。

激励过程：通过参与管理，广泛调动员工积极性，员工对公司及公司的目标抱积极态度。

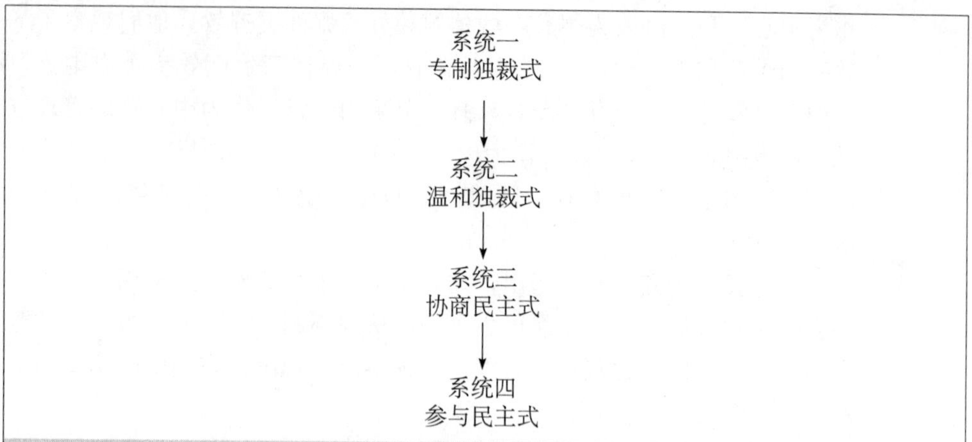

图 12-6 利克特的领导系统模型

交流沟通过程：组织内上下左右之间信息畅通，不被歪曲。

相互作用过程：做到公开和广泛，上下级对于各部门的目标和活动都能起到作用。

决策过程：各级组织都采取集体决策方式。

目标设置过程：鼓励集体参与目标设置，目标高标准并切合实际。

控制过程：渗透到公司各个层次，全体人员都关心有关信息，实行自我控制。控制的出发点是解决问题而不是追究责任。

绩效目标：目标是高标准的，并为管理部门所积极追求。管理部门通过培训，对公司的人力资源进行开发。

利克特的理论有一定的价值。领导者只有充分信任被领导者，并给予被领导者一定的管理权、决策权，与被领导者建立一定的感情联系，才能更多地调动被领导者的积极性、主动性，为实现组织的目标做出贡献。

五、勒温的领导作风理论

领导作风理论是研究领导者的工作作风类型以及不同的工作作风对员工的影响，以寻求最佳的领导作风的理论。它是由心理学家勒温提出的。他以权力定位为基本变量，把领导者在领导过程中表现出的极端工作作风分为三类。

1. 专制式领导作风

这是一种独断专行的领导行为，权力定位于领导者个人。它一般表现为领导者独揽大权，各种政策均由领导者决定，极少甚至不让被领导者参与决策，领导者也凭个人看法对下属予以褒贬、奖惩。这种领导者认为权力来自领导地位，对被领导者严加管制。勒温经过实验证明，这种管理方法虽然能使群体达到目标，但群体成员的消极态度和对抗情绪会增长。

2. 民主式领导作风

这是一种民主的领导行为，权力定位于群体。这种领导者从建立良好的人际关系着手去管理，认为领导者的权力是由他领导的群体赋予的，只有采取民主管理，激励被领导者，让他们参与管理，群体成员共同讨论决定群体方针，才能使被领导者自觉地工作并富有创造力。勒温通过实验证明，实行民主作风的领导，工作效率高，群体不但实现了组织目标，而且气氛活跃，情绪稳定。

3. 放任式领导作风

这是一种俱乐部式的领导行为，权力定位于每个员工。这种领导者仅仅从福利方面考虑管理，认为权力来自被领导者的信赖。实际上领导者没有大胆管理，任何事情均由被领导者自行决定，领导者对工作不做评价，也不提意见。勒温的实验证明，这种领导作风工作效率最差，群体只达到了社交目标，而未达到组织目标。

在实际工作中，三种极端的领导作风并不常见。勒温认为，大量的领导者所采用的作风往往是处于两种极端类型之间的混合体。勒温的领导作风理论从图 12－7 中可以得到形象的说明。

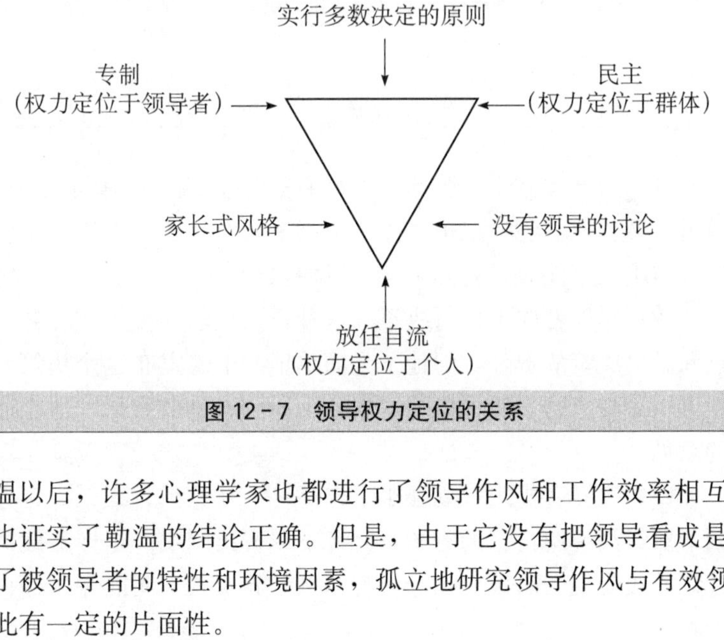

图 12－7　领导权力定位的关系

继勒温以后，许多心理学家也都进行了领导作风和工作效率相互关系的研究，结果也证实了勒温的结论正确。但是，由于它没有把领导看成是动态的过程，脱离了被领导者的特性和环境因素，孤立地研究领导作风与有效领导之间的关系，因此有一定的片面性。

第 2 节　领导权变理论

一、领导行为的连续带模式

这个模式是美国行为科学家罗伯特·坦嫩鲍姆和沃伦·斯密特于 1958 年提

出的。他们认为，领导方式是多种多样的，从专权型到放任型，存在多种过渡形式。这就是说，一切领导方式都不可能固定不变，而是随着环境的变化而变化。领导方式不是机械地只从独裁和民主两方面进行选择，而是按客观需要把两者结合起来应用。连续带模式表明了一系列民主程度不同的领导方式。有效的领导方式就是能在特定的时间和地点条件下选择所需要的领导行为。图 12-8 列出了连续带模式下的几种典型的领导方式。

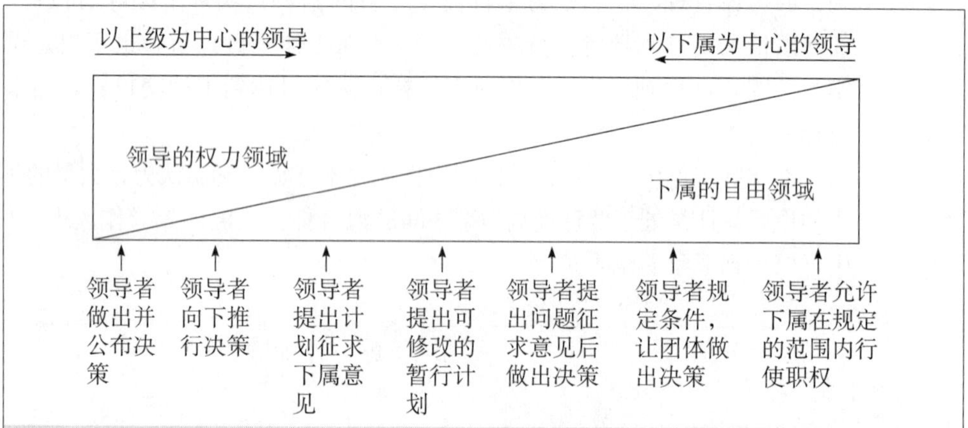

图 12-8　连续带模式

（1）领导者做出并公布决策。在这种方式下，领导者确定问题、分析问题、做出决策。他可能考虑也可能不考虑下属对问题的看法。不管怎样，他不会让下属参与决策，他只是告知下属，以便执行。

（2）领导者向下推行决策。这种方式同前一种方式一样，领导者承担确认问题和做出决策的责任，但他不是简单地向下属宣布这个决策，而是说出理由，说服下属接受。这表明他可能意识到下属会有反对意见，他想通过解释来减少反对的意见。

（3）领导者提出计划征求下属意见。在这种方式下，领导者做出了决策，他向下属详细说明自己的意图，允许下属提出问题。这样，他的下属可以了解他的计划并接受他的决策。这个过程使领导者及其下属能深入探讨这个决策的意义和影响。

（4）领导者提出可修改的暂行计划。在这种方式下，确定问题和决策权虽仍掌握在领导者手中，但下属可以对决策产生影响。这只是个暂定计划，领导者征求有关人员意见后才最终决策。

（5）领导者提出问题征求意见后做出决策。在这种方式下，确定问题和决策虽然仍由领导者进行，但此时下属有建议权，下属可以提出多种解决方案，由领导者选择最佳方案。这样做充分利用了下属的知识和经验。

（6）领导者规定条件，让团体做出决策。在这种方式下，领导者把决策权交给了群体，他只需解释要解决的问题并规定一定的条件。

（7）领导者允许下属在规定的范围内行使职权。在这种方式下，群体有很大的自由，唯一的限制是上级所规定的范围。

坦嫩鲍姆和斯密特认为，以上几种方式没有优劣之分，成功的领导者不一定是专权的人，也不一定是放任的人，而是在具体情况下采取恰当行动的人。要求领导者有较强的适应性，有恰当的灵活性，来应付不断的变化，根据自己的能力、下属的素质和组织目标，有效地授权。

二、费德勒的权变模式

费德勒的领导权变理论是具有代表性的领导理论。这种理论认为各种领导方式都可能在一定的环境内有效，这种环境是多种外部和内部因素的综合作用体。管理环境可以分为从非常适宜到很不适宜的一系列状态。适宜的管理环境给管理者创造一个影响、控制下属行为的有利氛围。因此，费德勒提出领导效果的好坏取决于以下三种情境因素。

1. 领导者与被领导者的关系

这是指领导者为被领导者所接受的程度，即信任、忠诚、喜爱和愿意追随的程度以及领导者对下属的吸引力。当领导者与被领导者之间关系融洽，领导者信赖下属，下属也给予支持和保持忠诚时，领导者的影响控制程度就高；反之，则给领导者造成很不适宜的环境。

2. 任务的结构

任务的结构是指任务的明确度和下属对这些任务的负责程度。如果这些任务明确，常规性、例行性程度高，且下属责任心强，则领导环境就好。

3. 职位权力

这是指与领导者职位相关的正式职权以及各方面的支持程度。与领导者职位相关的法定权力越大，所控制的奖惩范围越大，则领导者对下属的控制越强，群体成员遵从指导的程度越高，领导环境也越好。

费德勒指出，如果上述三个因素都具备，是最有利的情境；如果都不具备，则是最不利的情境。根据这三个因素，费德勒把领导者所处的环境从最有利到最不利共分为八种类型。费德勒对 1 200 个团体进行了抽样调查，得出了以下结论，如表 12－2 所示。

表 12－2　费德勒领导类型与情境变量之间的关系

对领导的有利性	情境类型	领导者与被领导者的关系	任务结构	职位权力	有效领导类型
有利	1	良好	有结构	强	任务导向型
	2	良好	有结构	弱	任务导向型
	3	良好	无结构	强	任务导向型

续表

对领导的有利性	情境类型	领导者与被领导者的关系	任务结构	职位权力	有效领导类型
中间状态	4	良好	无结构	弱	人际关系型
	5	不良	有结构	强	人际关系型
	6	不良	有结构	弱	无资料
	7	不良	无结构	强	无资料
不利	8	不良	无结构	弱	任务导向型

研究结果表明：在群体条件最有利和最不利的情况下，任务导向型是有效的领导方式，效果较好；在群体条件一般的情况下，采用以关心人为主的人际关系型的领导方式比较有效。

比如，工作任务有严格明确的规定，但领导者却不被人们欢迎，因而采用以人为中心的领导方式可获得较好的成效。在领导者受到下属欢迎，而任务结构不明确的情况下，这种领导方式也能奏效。

因此，根据费德勒模式，要提高领导的有效性，可以改变领导者的领导方式，或改变所处的环境。所以，领导者的选择要视环境而定。如果一个组织的环境最好或最坏，就要选择以关心工作任务为中心的领导者；反之，应选择以关心人为中心的领导者。由此可见，费德勒权变模式通过研究领导者自身和被领导者的个性特点、所处的环境等变量，以及这些变量对领导有效性的影响作用，提出了比较理想的领导理论，揭示了领导的动态过程。这对针对不同情况采用不同的领导方式，提高领导的有效性，有一定的参考价值。

三、路径-目标模式

路径-目标模式是由加拿大多伦多大学教授伊凡斯于 1968 年提出，后由其同事豪斯教授补充和发展而成的。这一理论认为，为了达到组织目标，领导者必须采用不同类型的领导行为以适应特殊环境的客观需要。它是近年来在国外颇受重视的理论。

路径-目标模式是以期望理论和领导四分图为依据的。它的基本要点是要求领导者阐明对下属工作任务的要求，帮助下属排除实现目标的障碍，使之能顺利达到目标。在实现目标的过程中满足下属的需要和成长发展的机会。领导者在这两方面发挥的作用越大，越能提高下属对目标价值的认识，激发其积极性。

通过实验，豪斯认为“高工作”与“高关系”的组合不一定是有效的领导方式，还应补充环境因素。路径-目标模式归纳了以下四种不同的领导类型。

（1）指导型。指一个领导者告知下属他希望他们做什么，并对应该怎样做给予指导，确信他的指令在组织中会得到很好的理解。这种类型的领导对要做的事进行严格的计划，坚持固定的标准，并激励下属遵守标准和规则。

（2）支持型。指领导者很友善，关心下属，平等待人，但通常对工作环境的好坏很少关心，不太注意通过工作使人满意。

（3）参与型。这是指领导者在做出决策时，注意与下属磋商，征求他们的意见，对达到目标的各种主意采取非常认真的态度。

（4）以成就为导向型。它强调出色的工作表现，同时坚信下属能够达到规定标准的要求。这种类型的领导者通常树立一个具有挑战性的工作目标，希望下属最大限度地发挥潜力，达到组织目标。这种类型的领导者不断制定新的目标，使下属经常处于被激励的状态。

但是，路径-目标模式理论认为，没有一个在任何情况下都能引发下属的工作动机和满足感的领导模式。它认为对不同的环境因素应施以不同类型的领导行为。领导者究竟选择哪种领导方式，要考虑以下两个随机变化的因素：

（1）下属的个性特点。包括下属的能力、控制点需求和动机几个方面。当下属感到他的能力很低时，他很可能接受指导型的领导；当下属感到自己的能力很强时，指导型的领导对下属的满足感和工作动机就不会有积极的影响；当下属是内控型的人时，他认为自己的能力和意志能控制事态的发展，则较喜欢参与式的领导方式，否则，他会喜欢指令型的领导。另外，下属人员的特殊需求和动机也会影响他们对不同领导类型的接受和满意程度。

（2）工作环境的特点。其中包括下属的任务、组织的正式职权系统、主要的工作群体等。当工作任务模糊不清，下属无所适从时，他们希望有高工作型的领导，帮助他们做出明确的规定和安排，否则就会不满意。当面对常规性的工作，目标和达到目标的途径都很明确时，下属就喜欢高关系型的领导。因此，根据路径-目标模式，领导者必须分析下属人员面对的客观环境，选择一个恰当的领导模式。

路径-目标模式的基本原则就是将领导行为与权变因素结合起来进行考虑，在研究组织中领导行为的过程中，不仅要考虑不同的领导类型，而且要注意影响领导有效性的下属及环境的特点。

四、不成熟-成熟理论

美国哈佛大学著名学者克里斯·阿吉里斯（Chris Argyris）在耶鲁大学时曾研究过工业组织，探索过领导者的领导方式对下级成长的影响。他认为，一个人由不成熟转变为成熟的过程会发生几个方面的转变，如表 12-3 所示。

表 12-3　日本企业对应届毕业生和正式员工的期望能力比较

不成熟	→	成熟
被动	→	主动
依赖	→	独立
少量的行为	→	能做多种行为
错误而浅薄的兴趣	→	较深与较强的兴趣
时间知觉性短	→	时间知觉性较长（过去与未来）

续表

不成熟	→	成熟
附属的地位	→	同等或优越的地位
不明白自我	→	明白自我、控制自我

阿吉里斯认为以上由不成熟到成熟的变化是持续的、循序渐进的。一般正常的人都是随着年龄的增长，心理会由不成熟日趋成熟。

阿吉里斯通过长期观察发现，工人对工作漠不关心和不努力不完全是因为惰性，而主要是因为领导方式不善。传统的领导方式把员工当作未成年人对待，完全束缚了人们对环境的控制能力。人们被指定从事具体的、过分简单的和重复性的劳动，完全是被动的。工作没有挑战性，下属的主动性得不到发挥，因此就阻碍了人们向成熟发展的可能。

因此，领导者应针对下级不同的成熟程度分别指导，对那些心理不成熟的人，应采用传统的领导方式；对比较成熟的人，应扩大个人责任，创造一个有利于其发挥才能和成长、发展的工作环境。

不成熟-成熟理论是在实验的基础上提出来的，阿吉里斯又以实验进行论证和推广。例如，某大公司董事长要求阿吉里斯告诉他如何有效地激励员工。于是他们就在装配收音机的厂里搞了一个实验。在工厂里有 12 个女孩子从事这项工作，原来是每个人都按工程师的设计，分工只做一部分工作。这个小团体有一个组长、一个质量检查员、一个包装员。实验一开始要求这些女孩子按照自己的方法生产产品，进行自检和包装，处理消费者来信，并向她们宣布：如果产量减少不减薪，但增产能提高工资。

这 12 个女孩子自己负责的结果是：在第 1 个月内产量降低 7%，第 6 个星期后的情况更糟，她们的工作情绪很低。但是，在实践中她们从不成熟向成熟发展着，到第 8 个星期产量开始增加，到第 15 个星期产量达到高峰。而这是在没有检查员、包装员和工程师的情况下达到的。更重要的是因减少浪费和工作错误使成本降低 94%，消费者的抱怨信减少 96%。这个实验表明，扩大个人责任，给予员工在工作中成长和成熟的机会，有助于满足高层次的需要，挖掘他们的潜力，激励他们更好地实现组织的目标。

五、领导生命周期理论

领导生命周期理论又称领导寿命循环理论。这个理论是俄亥俄州立大学的心理学家卡曼首先提出来的。这个理论把俄亥俄州立大学的领导行为四分图与阿吉里斯的不成熟-成熟理论结合起来，创造了三度空间领导效率模型。

卡曼认为，对有效的领导行为，要把工作行为、关系行为和被领导者的成熟度结合起来考虑，生命周期理论便是反映工作行为、关系行为和成熟度之间的曲线关系的。所谓成熟度，是指一个员工的技术业务、对工作的理解、自我控制能力等。每个人都有一个从不成熟到成熟的发展过程。在一个企业组织中，员工成熟度的平均水平同样也有它的发展过程：不成熟→初步成熟→比较成熟→成熟。与此相适应，领导行为也应该按照高任务低关系→高任务高关系→高关系低任务→低关系低任务的顺序逐渐推进。领导者要根据下属不同的年龄、不同的成就感、不同的责任心和不同的能力等条件，采取不同的领导行为。

卡曼在分析领导行为四分图时加入了第三个因素——被领导者的成熟程度。他认为，高任务高关系的领导并不经常有效，低任务低关系的领导也不一定完全无效，这要视下级的成熟程度而定。卡曼认为，"抓任务"行为、"抓关系"行为与成熟度之间是一种曲线关系，这条曲线可使领导者了解领导方式与下属成熟度之间的关系，如图 12－9 所示。

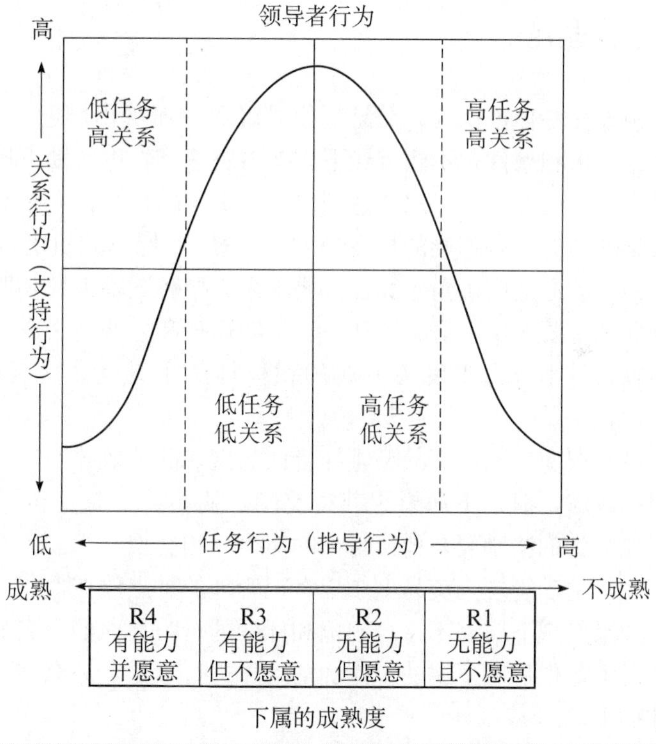

图 12－9　领导方式与下属成熟度的关系

图中曲线表示有效领导行为。曲线表明，当被领导者处于不成熟状态时，采用"高任务低关系"的命令式最为有效；当被领导者进入初步成熟阶段时，采取"高任务高关系"的说服式效果较好；当被领导者进入比较成熟阶段时，领导者的任务行为要减少、放松，而关系行为要加强，即采用参与式效果最好；当被领导者的成熟程度达到相当高的阶段时，领导者采取授权式效果最好，但这种领导方式并不意味着撒手不管、放弃领导，而是以信任、授权的方式来工作。这是因为被领导者已经成熟，不需要领导者过多地给予工作上的指导与干预，他们能充分发挥自己的才能和主动精神去完成工作。至于关系行为此时不宜太高，因为对成熟的下属来说，领导者如果给予过多的支持，进行过多的交往，反而不利于发挥下属的独立性与创造性，影响工作效果。因此，领导者应以充分信任的态度，采取低任务低关系的方式进行领导，这样才能获得最佳的工作效果。

政策和做事的步骤是无法替代管理判断的，管理者要学会使用管理判断的技巧去处理人的问题。因为管理者所面对的人是千差万别的，所处的环境是不断变化的，管理的风格也要变化。权变管理将是管理的必然趋势。

第3节　领导理论研究的最新观点

一、领导交易理论

领导交易理论认为，交易型领导者向下属提出问题，表明他们需要做什么，有什么要求和条件，不注重让下属参与决策，着重帮助下属树立信心。只要下属能付出必要的努力，一定能达到组织和个人的目标。大多数领导理论如俄亥俄州立大学的研究、费德勒的权变模式、路径-目标模式讲的都是交易型领导者。交易型领导者通过明确角色和任务要求来指导和激励下属朝既定的目标前进。交易型领导者主要是给下属布置任务，指明途径和方法，采取一些与努力相交换的奖励措施，并不着力于发挥下属的积极性和主动性。交易型领导者一般有以下特点：

（1）权变奖励。交易型领导者认为良好的绩效才是奖励的前提，他们也承认下属的成就，但是下属要想获得奖励，就要看下属是否努力以及努力的程度如何，他受到的奖励要与他所付出的努力互相交换。

（2）主动管理。交易型领导者把管理的重点放在监督上，他们监督下属的行为。如果发现下属有不符合规范和标准的行为，他们会指导和帮助下属改正。一般情况下，他们对下属的工作和活动不进行干预，只有在下属没有达到目标时他们才插手。

（3）自由放任。交易型领导者容易不负责任和回避决策，他们认为目标、任务、条件和途径都已给予下属，具体实施靠下属的努力实现，只要检查结果达到标准即可。

交易型领导者没有充分发挥领导者的职能，也没有通过领导者魅力的展现来激励被领导者实现目标。大多数专家学者认为，这种领导者不如变革型领导者。

二、领导变革理论

领导变革理论认为，变革型领导者关心下属的日常生活和发展的需要，帮助下属用新观念去看老问题，从而改变下属对问题的看法，通过提高下属对完成任务的价值与重要意义的认识，通过强调集体和组织的利益高于个人的利益，强调追求更高层次的需求等来激励、唤醒和鼓舞下属为达到组织目标而付出更大努力。

领导变革理论是在领导交易理论的基础上形成的。变革型领导者易使下属提高努力水平和绩效水平，变革型领导者也比交易型领导者更具领导魅力，而且也不同于有超凡魅力的领导者。有超凡魅力的领导者仅想让下属适应领导魅力的世界，而变革型领导者侧重于培养下属的能力，使他们不仅能完成已做了决策的任务，而且完全有能力解决领导者所提出的问题。变革型领导者一般具有以下特征：

（1）具有领袖魅力。变革型领导者能够提供远见和使命感，通过自身的能力和素质不断赢得尊重和信任，形成组织的凝聚力，向下属灌输实现目标的荣誉感，使他们自愿地发挥潜力。

（2）有感召力。变革型领导者用简单明了的方式表达重要意图，表明对下属的信任和期望，并采取有效的措施和发挥领导者的非权力性影响力来激励和鼓舞下属付出努力，实现组织目标。

（3）个别化关心。变革型领导者不是下达任务后就不管不问了，而是关注每一个人，针对不同的人采取不同的方法，根据不同的情况，或培训，或指导，或向其提出建议。

研究表明，变革型领导与低离职率、高生产率和高员工满意度之间有着更高的相关性。变革型领导者能够用自己的想象力和精力去鼓舞下属，发挥他们的能动性，使工作更有成效。美国管理学家傅伊德在前者的基础上提出了变革型领导者必须具备的五种新领导技能：

（1）远见卓识。对不断变化的内外部环境能高瞻远瞩。

（2）控制技能。能运用榜样的作用和说服的方式使下属按领导者和整个组织的意图行事。

（3）价值观综合技能。能把员工在经济、心理、安全和物质方面的需求综合起来，使组织中的成员具有共同的动机、价值观和目标。

（4）授权技能。他能有效地且乐意与下属分享权力，并指导下属正确行使权力。

（5）自知。他能明白自己的需求和目标，也了解下属的需求与目标。

傅伊德认为，这些领导技能并不是天生就有的，而是要在实践中不断锻炼、培养、学习和提高。随着经济一体化的迅速发展，环境变化越来越快，竞争也越来越激烈，一个企业或组织要适应持续的变化，就需要领导者有变革的意识，能使变革在短期内达到成效。领导者必须认识到未来的领导将是具有超凡魅力的变革型的领导，要不断地学习和适应环境。

三、魅力型领导理论

魅力型领导理论也叫魅力领导，是由罗伯特·豪斯（Robert J. House）在马克斯·韦伯理论的基础上提出的。豪斯认为，具有魅力的领导者拥有极大的影响力，具有强烈的自信心、强大的支配力以及对于信念和道德的坚定性，他往往使下属认为跟随他是正确的。豪斯还指出，具有魅力的领导者能够提出一个富有想象力的、更远大的目标，从而赢得追随者的支持。这样的领导者给人一个成功而又能胜任的形象，他的榜样表达了他所坚持的价值观，使追随者确认能实现他所期望的目标。

豪斯的理论总的来说处于初创阶段。在领导魅力方面，沃伦·邦尼斯（Warren Bonnis）对美国90多位最杰出最成功的领导者进行了研究，总结出他们的几种共同能力：有令人折服的远见和战略意识；使下属明确这一战略目标；全身心地投入对目标的追求并坚持不懈。但在这方面最全面的分析是由麦吉尔大学的康格（Conger）和凯南格（Kanungo）进行的，他们通过研究得出以下结论：具有领导魅力的领导者有一个希望达到的理想目标，为了实现这一目标他们全身心地投入，反对传统，固执而且自信，他们勇于变革而不安于现状。表12－4列出了魅力型领导者的关键特征。

表12－4 魅力型领导者的关键特征

1. 自信：他们对自己的知觉和能力充满信心。
2. 有远见卓识：他们从战略的高度为组织指明方向，并带领下属坚持不懈地追求。
3. 具有清楚表述目标的能力：向下属明确地陈述目标，使他们能明白并充分发挥自己的潜能。
4. 对目标的坚定信念：他们为了组织目标可以自我牺牲，有强烈的奉献精神。
5. 从不循规蹈矩：他们的行为总是在成功之时令下属惊诧而又崇敬。他们的行为被认为是新颖的、反传统的。
6. 变革的先锋：他们总是处于不断变革之中，而不是囿于传统，他们敢说敢做，能够大刀阔斧地进行改革。
7. 环境敏感性：对资源进行可行的评估和利用，对需要变革的环境做出充分反应，限制不利的环境因素的发展，充分利用有利的环境。

越来越多的研究表明，具有超凡领导才能的领导者与下属的高绩效和高满意度之间有着显著的相关性。为具有超凡魅力的领导者工作的员工会因此而受到激励并付出更多的努力，而且因为他们喜爱自己的领导者，会表现出很高的满意度。魅力领导理论是比较新的理论，而且，具有超凡魅力的领导对于员工的高绩效、高满意度并不总是奏效，领导者超常的自信还有可能导致许多问题，因此，这一理论还有待完善。

四、三维领导理论

三维领导理论是美国经理发展协会（EDA）主席詹姆斯·波特提出的。该理论认为，世界上有许多管理者顶多是个一维经理，他们精于数理和分析技巧，把全部精力都花在一个领域，因此其视野狭窄。这样的经理一般都害怕做出决策，怕决策失误带来严重后果。他们是风险规避者。因此，他们倾向于模仿老板以确保晋升。而且，他们是工作狂，忽视家庭和朋友。在这样的经理队伍中，很少有人有在国外工作的经历。有时他们会表现出种族优越感。这种情况有时是体制造成的，这是因为，确实有些承担国际业务的经理回国后，找不到合适的位置来应用他们的国际经验，甚至有的公司“还将国际业务部作为那些工作失误的经理的位置”。“能够管理但不适合领导”是对一维经理的恰当描述。三维领导理论认为，商业、领导艺术、个人效率和技巧，每个都是领导艺术中的基本部分，如图 12-10 所示。一个经理只是一个完善的商业专家是不够的，还必须同时成为一名优秀的领导者，并有杰出的个人效率和技巧。

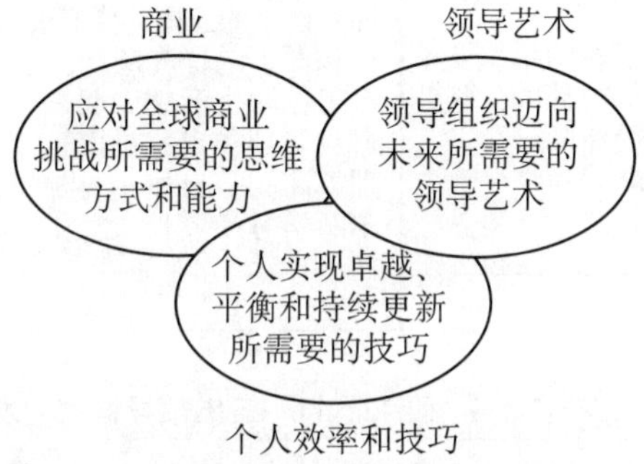

图 12-10　三维框架

商业方面的发展要通过给经理提供所需的机会和能力来识别关键的商业挑战。三维模型中的商业方面从大多数 MBA 课程不涉及的地方入手，提出未来的总裁所必然面临的问题。涉及的领域可能包括创造新型的组织、建立以市场和顾客为中心的组织、建立全面质量艺术、领导挑战、适应全球市场、创造学习型组织、支持创新以及影响技术发展等。

领导艺术方面不同于其他方面，它集中研究古典和当代的领导理论和实践，以此为基础发展领导艺术的个人表达，追求完美和真实，学会授权，鼓励组织成员发表不同意见，培养组织成员的勇气和创新精神。

个人效率和技巧方面基于这样的信念，即如果在个人生活中不能成功，就不会成为一名成功的领导者，经理必须学会实现卓越和持续更新所需要的技巧。个人方面集中于帮助经理澄清和发展个人的意图、想象力、价值观和才能，以及将工作目标与个人生活完美结合起来。其他还应该包括自然授权和个人责任，对自然、科学、艺术和人性的欣赏，感情丰富，身体健康，善于学习，如图 12-11 所示。

三维模式是思维方式、知识和技巧强有力的结合，其总和大于各部分之和。

公司如何运用三维领导艺术来提高自身的优势？该理论同时也提出了实现三维领导艺术的四条途径：

一是内部经理教育。主要是评价现有的内部经理教育方案或新的经理教育方案的发展。可以把三维框架看作一个连续体，从而使组织找出目标和现实之间的差距。比如，方案中对领导艺术和个人教育是否有足够的重视？或者方案是否过于偏重商业方面？

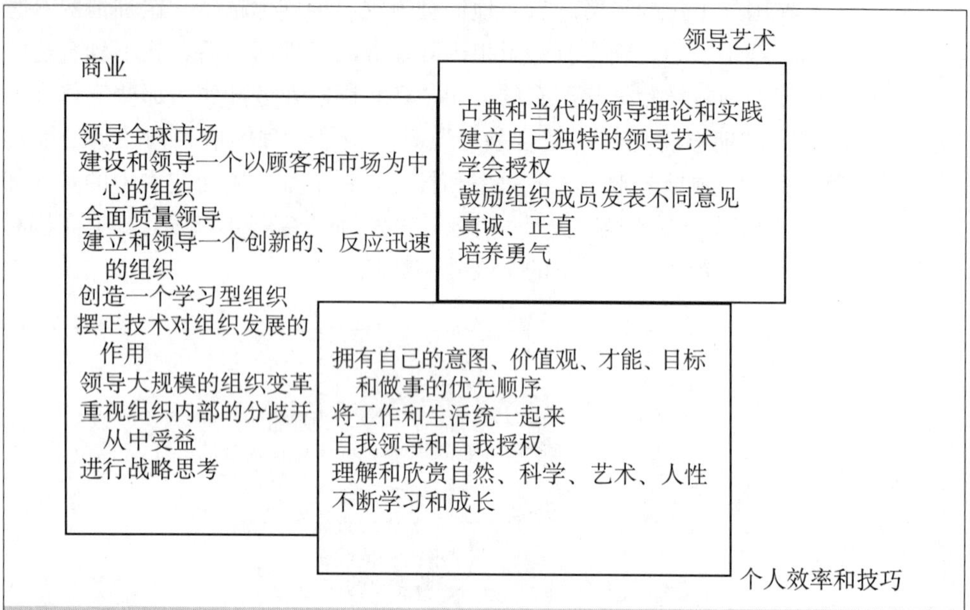

图 12－11　三维领导框架的发展核心

二是连续计划。三维框架可以用作选择未来领导者过程中的关键组成部分。经理在三维框架中的每个方面都发展得很充分吗？有没有不足的地方？需要进行什么样的任务经历或训练才能弥补这个缺陷？框架可以用来系统地帮助经理成为未来的领导者。

三是人力资源系统模式。三维模式可以作为组织全部人力资源系统的模式。可以作为招募、雇佣、解雇、继任计划、内部晋升和激励的基础。如果公司需要具有三维型的领导才能的经理，就可以用这种方式去选拔。

四是自然评估工具。经理被要求进行自然评估，以便考察他们作为经理是否合格。他们可以按表 12－5 中的分类来评估自己在三维框架中各个方面的表现。他们也可以从其他人那里获得反馈信息，以检查自己在个人发展上的缺点。经过这些初期的个人评估后，就可以制定一个自我发展计划来改进自己在三维框架中发现的缺点。

表 12－5　三维经理：一个分类表

	过去	将来
商业方面	数量型和分析型 立足国内 技术型和职能型	具备总体管理眼光 立足全球 全面发展商业技巧和判断力
领导艺术方面	偏重管理的思维方式 偏重于一种领导才能 对个人领导艺术不清楚	学习领导艺术 学会授权 明晰自己的领导特色

续表

	过去	将来
个人效率和技巧方面	不甚注意 工作狂，牺牲其他兴趣	有明确的个人意图、价值观和目标效率 工作、生活相结合，兴趣广泛

五、授权型领导理论

授权型领导的概念最早是在 20 世纪 90 年代由曼兹（Manz）、西姆斯（Sims）、皮尔斯（Pearce）等学者提出，目前，对授权型领导概念的理解主要从两个视角展开。第一个是情境授权视角。该视角下的授权型领导是指为了提高员工的工作绩效，领导者向员工下放权力与责任的行为。阿诺德等（Arnold et al.，2000）认为授权型领导是指授权型组织或团队中以授予下属职权为核心的有效领导行为。它包括参与式决策、以身作则、教导、信息分享与关怀。康扎克等（Konczak et al.，2000）认为授权型领导是指领导者向下属授予权力和责任，包括强调责任、下放职权、培养技能和鼓励创新、分享信息、独立自主决策等。第二个是心理授权视角。该视角认为授权型领导是指通过提高员工的自我效能感从而消除员工的无权力感并最终提高员工的绩效与企业的绩效。阿亨等（Ahearne et al.，2005）认为授权型领导是指领导者增强员工的自我效能感，从而提高员工绩效的行为，它具体包括传递对绩效的信心、强调工作的意义、减弱科层制约束、促进参与式决策。张等人（Zhang et al.，2010）把授权型领导定义为领导者通过允许较大的自主性、阐明工作的意义、排除绩效障碍、对员工的能力表示信心等方式实现同员工共享权力的过程。简而言之，授权型领导是一种领导者通过与下属分享权力，提高下属的自主性，激励下属的工作动机进而提升工作绩效的行为。

授权型领导的作用效果主要体现在以下三个方面。

（1）对工作态度的作用。授权型领导者会不遗余力帮助下属开发能力，鼓励下属思考和主动解决问题。感受到上级鼓励的下属更有可能为了组织的目标而努力工作，而这样更有可能被授予更多的自主权，从而形成正面的循环关系。

（2）对工作绩效的作用。授权型领导与工作绩效领导者各种行为的最终目的都是为了提升组织绩效，当授权型领导者向下属下放职权时，下属会因为受到信任、感知到权力增加而获得强烈的兴奋感，从而更努力地工作，促进工作绩效提升。

（3）对员工创新的作用。授权型领导的一大特点就是鼓励创新。由于获得自主权，员工会更加大胆地发挥主观能动性，会更加积极探索新的解决问题的方法并加以实施。

六、共享型领导理论

共享型领导是一种新的管理思想，该思想主张由领导者和其下属组成的管理团队来共同承担领导责任，领导者必须摆脱传统独自负责和控制一切的观念，使下属成员更愿意承担责任并更具主动性。共享型领导独立于组织正式的领导角色或层级结构，是一种成员之间相互领导的团队过程。它不仅强调传统垂直领导行为或角色在成员之间的共享，如决策制定、共享结果、共担责任等，还强调成员之间的相互影响与相互协作，属于一种分布于成员/同事之间的水平影响力。与以往垂直、自上而下、单一的传统领导模式不同的是，共享型领导属于一种水平、自下而上、集体的领导模式，是组织内部由员工主动参与、自主管理并相互领导的一种非正式集体领导模式。

目前关于共享型领导的概念并没有统一的界定。皮尔斯和西姆斯认为共享型领导是一种团队成员之间水平的影响；戴（Day）等人则将共享型领导定义为一种动态的涌现状态，即一种贯穿整个团队生命周期，且随着团队投入、过程和产出的变化而变化的团队动态过程；恩斯利（Ensley）等认为共享型领导是垂直领导行为在团队成员之间的表现；卡森（Carson）等人则强调共享型领导是一种由于领导力的分布从而影响整体团队成员的新的团队属性。现有研究使用较多的是皮尔斯和康格在其著作《共享型领导：重塑领导力的发展形势和原因》中对共享型领导的定义，即一种在群体中成员之间动态的、相互影响的过程，目的就是相互领导从而实现群体和/或组织目标。

共享型领导具有以下几个特征：（1）属于一种非正式的、团队内在控制的领导类型；（2）关注垂直领导职能在成员之间的共享，即由团队成员担任领导者角色；（3）强调成员之间的社会交互和集体角色制定过程。

七、伦理型领导理论

最初的研究者从规范或哲学的视角回答伦理型领导“应该是什么”的问题。1987年，瑞士商业伦理研究学者恩德勒（Enderle）首次提出伦理型领导的概念，将之界定为一种思维方式，旨在明确管理活动中的伦理问题，并规范管理决策中的伦理原则。其包含个体层面领导（影响他人）与组织层面领导（影响组织）两个层面的内涵。后来，美国宾夕法尼亚大学教授琳达·特雷维诺（Linda Trevino）和迈克尔·布朗（Michael Brown）通过广泛的调查，对伦理型领导的内涵进行了较为系统的界定。特雷维诺的研究发现了伦理型领导中的动机交易成分，即领导者为下属的伦理行为设定标准和期望，运用交流机制和奖励系统引导下属的伦理行为。布朗基于社会学习理论，认为伦理型领导是指领导者通过个体行为和人机互动，向下属表明什么是规范的、恰当的行为，并通过双向交流、强化和决策制定，促进下属的这种行为。

伦理型领导者具有以下三个方面的特点。

（1）个人魅力。伦理型领导者具有较强的个人魅力。伦理型领导者的个人魅力来自他们的伦理意识。他们往往通过关心以下事情展示他们的伦理意识：1）集体的利益；2）手段和结果的影响；3）长期的而不是短期的绩效；4）多元化股东的观点和利益。

（2）善于激励。伦理型领导者善于鼓舞和授权。这有助于追随者获得独立的个人特质。伦理型领导者的利他意识使得他们认同且尊敬追随者，他们授予追随者权力，追随者也能感知到伦理型领导者在为团体、组织和社会谋取福利。

（3）个性发展。伦理型领导者认为每位员工都是独立存在的个体并为其提供训练、指导和发展的机会，鼓励企业普通员工向企业领导层发展，提供各种实际支持以提高员工个人竞争力和获得成功的机会，维护员工的现实利益并提供非常务实的现实目标。

◆ 关键术语

领导行为的四分图模型　领导方格模型　PM 型领导模型　领导系统模型　领导作风理论　领导行为的连续带模式　费德勒的权变模式　路径-目标模式　不成熟-成熟理论　领导生命周期理论　领导交易理论　领导变革理论　魅力型领导理论　三维领导理论　授权型领导理论　共享型领导理论　伦理型领导理论

◆ 复习思考题

1. 结合实际说明在管理中如何将抓组织和关心人二者有机地结合起来。
2. 如何评价不同领导风格的有效性?
3. 结合历史的发展，谈谈新的领导理论的提出及其含义。
4. 费德勒的权变模式的核心内容是什么?
5. 结合实际说明领导生命周期理论的应用价值。

◆ 自我诊断

你是哪种领导风格?

这份问卷对于确定你的领导风格有重要作用。回答下列问题，在最能准确表示你的态度的数字上画圈。分类方法如下：

非常赞成＝1

赞成＝2

不置可否＝3

反对＝4

强烈反对＝5

1. 你认为组织的愿景是影响人们行为的潜在力量。	1　2　3　4　5
2. 你经常与你的员工一起分享信息。	1　2　3　4　5
3. 你可以在短暂的混乱期内进行组织变革。	1　2　3　4　5
4. 你提倡通过团队之间的互动来建立良好的人际关系。	1　2　3　4　5
5. 你认为组织的愿景来自组织成员之间的互动与合作。	1　2　3　4　5
6. 通过与你的员工的沟通，可以减少变革的阻力。	1　2　3　4　5
7. 你认为，组织中短暂的混乱对于激发新思想、新想法来说是必要的。	1　2　3　4　5

8. 你看重那些来自核心团队的创造性想法。 1 2 3 4 5

9. 你认为你的价值观和信条应当成为组织的价值观。 1 2 3 4 5

10. 你认为，组织内的沟通是推行变革的必要手段。 1 2 3 4 5

11. 你把暂时的混乱看作组织的发展机会。 1 2 3 4 5

12. 你认为，正是通过人们之间良好关系的建立，个人才会发现自身的价值。 1 2 3 4 5

13. 对你和员工来说，组织的愿景是前进的动力。 1 2 3 4 5

14. 你认为，沟通是组织变革的关键。 1 2 3 4 5

15. 你认为，短暂的混乱是一个必不可少的过程，通过这种过程，才能对制度和流程进行重组。 1 2 3 4 5

16. 你认为，正是通过人们之间良好关系的建立，个人才能在组织中发挥自己最大的潜力。 1 2 3 4 5

17. 组织的愿景代表了它的能力、目标和愿望。 1 2 3 4 5

18. 把信息传达给你管理的每个人，这样才会使更多的人服从你的管理。 1 2 3 4 5

19. 面对混乱的状况，你会把它看成是一个让组织更加有序、人们之间更加默契的机会。 1 2 3 4 5

20. 作为经理，你提倡员工之间的良好关系，把它看作建立组织承诺的手段。 1 2 3 4 5

评分方法

说明：把问卷中的得分填到下面对应的空格上。把每一列的分数相加，然后用总分除以5得到平均分。这样，四种维度的分数就有了可比性。

高瞻远瞩	重视交流和沟通
1. ________	2. ________
5. ________	6. ________
9. ________	10. ________
13. ________	14. ________
17. ________	18. ________
总分________	总分________
平均分________	平均分________
乱中求胜的态度	**重视良好关系的建立**
3. ________	4. ________
7. ________	8. ________
11. ________	12. ________
15. ________	16. ________
19. ________	20. ________
总分________	总分________
平均分________	平均分________

总评分

高瞻远瞩________

重视交流和沟通________

乱中求胜的态度________

重视良好关系的建立________

总分________

平均分________

评分说明

分数的产生程序：分别将对 20 个问题的评分填入分数表中对应的位置上。依照分数表的说明，可以得出总分和平均分。总评分也可以用类似的方法得出。对每种维度进行逐个分析，这样可以更加准确地明白你的领导风格的优势和改进的空间。

评分的解释

单个问题得 1 分或者 2 分，表明你的领导风格具备优势，当然，得 1 分表明优势更大。单个问题的得分超过 2 分，表明你的领导风格具备改进的空间；得 5 分表明改进的空间最大。

如果按照每种维度的总分来做比较的话，那么单个维度总分在 5～10 分之间，表明你的领导风格具备优势。单个维度总分超过 10 分表明具备改进的空间，单个维度总分超过 20 分表明改进的空间非常大。

进行反省或分组讨论的问题

1. 哪一维度我得分最高？
2. 哪一维度我需要改进？
3. 我的得分是否和我的实际行为相符？
4. 评价结果是否和我以前对自己的评价相符？为什么？
5. 对于在领导风格方面的优势，能举出一个例子吗？
6. 对于领导风格我应该进行哪些方面的改进？
7. 谁能帮助我改进？
8. 什么时候我再填这份问卷，看看自己有哪些实质性的转变？

资料来源：Ricky W. Griffin，Gregory Moorhead. Organizational Behavior：Managing People and Organizations. Published by South-Western Cengage Learning，Ninth Edition，USA，2010.

案例分析

任正非：从员工持股的带头人到全球顶级商业领袖

任正非 1987 年在深圳创办华为，担任总裁至今。他带领华为成为世界 500 强，服务全球 170 多个国家和地区、1/3 以上的人口。2005 年，任正非入选美国《时代》杂志全球 100 位最具影响力人物。

这位 20 世纪 70 年代入伍的基建工程兵，在华为发展的历程中被称为血性企业领导者和商界思想家，从 2 万元资本起步到年收入突破 5 000 亿元，华为的研发创新颠覆了全球通信业的格局，做到全球第一，源自狼性文化激励机制的《华为基本法》也成为中国企业界的管理模板。

中国改革开放40年来，深圳涌现了一大批优秀的民营企业，有的已经成长为全国乃至有全球影响力的世界500强企业。华为及其创始人任正非无疑是最受关注者之一。

30年前，任正非以2万元注册资本创办华为公司，主营电信设备。如今，华为公司年营业收入突破5 000亿元人民币，成为中国乃至世界通信领域当之无愧的领先者。

作为华为公司创始人，任正非却从未有过一时一刻的放松。是什么精神支柱在支撑这位年届七旬的创业者仍夜以继日地奋斗在第一线？又是怎样的治企理念成就了华为这家全球领先的世界500强企业？

一、"华为离死亡，只有一步之遥"

"我承诺，只要我还飞得动，就会到艰苦地区来看你们，到战乱、瘟疫地区来陪你们。我若贪生怕死，何来让你们去英勇奋斗。"这是任正非在华为尼泊尔代表处看望员工时的肺腑之言，不像是一位企业老板对员工的训诫，反倒像一位历经九死一生的将军临战前对士兵宣誓。

这就是华为，这就是任正非。

珠峰脚下的华为建设工地有他；阿富汗战乱时，任正非仍经常去那里看望员工；利比亚开战前两天，任正非还待在那里……永远不畏艰险，永远身先士卒。华为官网能查到的任正非内部讲话记录中，"英勇奋斗""不贪生怕死"等军旅词汇频现。这不仅因为任正非有过特殊的军旅生涯，也反映了他内心强烈的忧患意识。

"华为离死亡，只有一步之遥。"任正非在不同场合都表达了一种非同寻常的忧虑。任正非还有一句口头禅："我没有远大的理想，我只想这几年如何活下去。"他经常提醒自己和员工："华为的冬天来临了吗？"

二、艰难创业，曾从噩梦中醒来哭泣

任正非18岁考上大学，学的暖通专业。从重庆建筑工程学院毕业后，在建筑工程单位工作。1974年入伍成为工程兵。20世纪80年代中国裁军百万，他的军旅生涯就此结束。1987年，任正非与朋友一起在深圳创办了华为公司，最初只是主营电信设备代理，模仿其他公司产品做研发生产。跟其他许许多多创业公司一样，华为的成功也不是一帆风顺的。90年代早期华为开始自主设计生产产品，为后续公司发展开辟了新空间。1993年，华为推出C&C08，这是一款数字电信交换机，不仅性能可靠，价格也远低于其他系统。2002年全球IT泡沫破灭，华为公司也遇到了前所未有的危机，公司内外矛盾交集濒临破产。任正非回忆，在那半年时间里自己经常从噩梦中醒来哭泣。"如果不是公司的骨干们照亮前进的路程，现在公司早已没有了。"从那以后，华为人内心扎下了很深的忧患意识，坚信唯有奋斗者才能取得最后的胜利。

他的团队也未辜负所托，至今华为的技术和员工支持着全球170多个国家和地区1 500多张通信网络的稳定运行，服务着全球1/3以上的人口。很难想象，这家世界通信行业巨头，30年前还只是一家代理销售香港交换机的初创公司。

三、研发投入，不低于销售收入10%

华为创业初期，中国交换机市场上的大型局用机和用户机基本来自国外的电信企业及其在国内的合资企业，通信圈中的人都非常清楚这个行业的风险性。所以，很多人不理解为何华为公司放着唾手可得的钱不赚，却去劳神耗财地搞科研，"实在太傻了"。

然而，任正非自有一番见解，他认为："华为技术开发的动力是为了生存。"

任正非曾自嘲，无知使他跌进了通信设备这个天然的全球竞争最激烈的角力场，竞争对手都是拥有数百亿美元资产的世界著名公司。

这个角力场的生存法则很简单：你必须首先拥有一支全球力量，拥有自己的核心技术，才可能自主，才有核心竞争优势。为此，华为一直坚持拿出不低于销售收入的 10% 作为研发投入。投入强度之高，当属中国公司之最。

近 10 年里，华为的创新发展更是彻底颠覆了全球通信业的格局。在超越对手的道路上，华为成为领跑者，登上了世界电信设备领域的“珠穆朗玛峰”。任正非表示，早年创业卖通信产品时的思路是“卖便宜点，多卖点”，现在华为已完成从低价到高价、从速度向质量、从产品到品牌的凤凰涅槃。除了通信基站领域，近年来华为智能手机品牌在全球市场上也取得了极大的成功，华为智能手机在欧美和东南亚等市场均拥有较高的品牌知名度。

四、低调神秘，却能为客户竭尽全力

“穿着发皱的衬衣，身上可能还有墨迹，大清早就在深圳深南大道上运动，外人绝对不会想到这位就是大名鼎鼎的华为总裁。”这是一位华为员工眼中的任正非。

在营销方式上，任正非领导的华为也令人称奇。它几乎从不做广告，对现代企业最重视的公关传播似乎也没有丝毫兴趣。领导华为十几年，任正非很少接受媒体的公开采访。这并没有影响到华为进入世界顶尖企业行列。也有人指出，华为的快速成长与中国特定的历史时期有关，它恰好赶上了中国经济大发展周期，通信基础设施的大量更新为华为带来了巨大订单。最初，华为是从偏远农村等低端市场做起的，在跨国企业的夹缝中寻求生存的机会。

任正非执掌下的华为几乎从来不主动宣传自己，哪怕遇到恶意攻击也不“争辩”。但低调的任正非并不是一个内敛的人，熟知他的人说，任正非言谈喜欢直抒胸臆，为性情中人，他可以为最小的客户竭尽全力，但不会为公众舆论费一点口舌。

对于公司取得的巨大成功，任正非这样解释：“业界老说我神秘自大，其实我知道自己名实不符。我不是为了抬高自己而隐藏起来，而是因害怕才低调的。”

五、狼性管理，创新科学的激励机制

与华为奇迹齐名的还有华为的“加班文化”，曾被讹传为“床垫文化”——每个人一个垫子时刻准备在办公室加班睡觉。华为员工对于加班自有体会，据统计，华为的职场研发人员工作时间每年达到惊人的 2 800 小时。

对于这个问题，任正非直言：“大家不奋斗华为就垮了，不可能为不奋斗者支付什么。30 多岁年轻力壮，不努力，光想躺在床上数钱，可能吗?”这恰恰反映了华为一直以来坚决执行的治企方略：以奋斗者为本，以客户为中心。

任正非从不讳言加班多、条件差，确实是客观存在，他也同时在华为内部建立对狼性文化的激励机制。

在任正非的努力下，华为推行了完善的员工持股计划，保障奋斗者应有的奖励。只要为公司带来效益，一个持 50 万股的员工年底分红就可以达到 100 万元。

除了激励机制，在任正非的主导下，华为公司还建立了科学的评估机制。在华为内部，各级干部如果没有成功的项目实践经验，就没有资格担任管理者，这就是任正非一贯推崇的“宰相必起于州部，猛将必发于卒伍”治企理念的体现。43 岁创业，不惑之年始见春。

任正非，这位一手把华为公司打造成世界级科技王国的深圳改革人物，不仅创立了开中国先河的企业治理大法，在判断企业市场时也极具预见性，在企业繁花似锦时总能未雨绸缪带领企业度过“寒冬”。从这个意义上讲，任正非是企业家，更是为观念而战斗的商业思想家。

资料来源：深圳创新发展研究院．任正非：从员工持股的带头人，到全球顶级商业领袖．特区经济，2018（12）：10－11.

［分析］

你认为任正非的领导方式是哪种类型？其领导风格有什么特点？

第6篇

组织行为

组织以多种方式改变人们的工作和生活；反过来，管理者通过对组织理论、组织结构、组织培育、组织文化和组织变革的系统学习和研究也能改变组织，从而让组织变得更有效。

第 13 章 组织理论与组织结构

本章重点

- 组织是为达成某些目标而设计的集合体，是成员进行各种活动的基本框架，它具有以下特点：是社会实体；有确定的目标；是有一定的结构和协调模式的动态系统；与外部环境相联系。
- 对组织的研究逐步从对物的重视到对人的重视。
- 组织结构的设计应考虑协调因素、正规化、专门化、部门化、管理幅度和管理层次、集权与分权等因素。
- 企业对组织结构模式的选择应考虑任务和人员状况。

名人名言

一个正式组织必须具备三个基本要素：共同目标、协作意愿和信息交流。

——巴纳德

引 例

纽柯公司的简单组织结构

钢铁制造商纽柯公司认为自己的管理很成功。它的管理实践常常在管理文献中获得好评，用任何商业指标来衡量，该公司都是硕果累累。但是，纽柯公司似乎还没有掌握一种基本的管理实践：如何制定组织结构。

纽柯一直以它从 CEO 到工厂工人之间仅有三个管理层级而感到骄傲。在纽柯的组织结构中，工厂经理直接向公司 CEO 丹 · 迪米科汇报。但是随着公司继续发展，迪米科发现越来越难以维持这种简单的结构。因此，迪米科在 2006 年增加了一个管理层级，即由五位执行副总裁组成的新层级。“我需要抽身出来，以便在商场上制定决策。”他这样说道。即便在组织结构中增加了这个新的管理层级，该公司的结构仍然是十分精干和简单的。美国钢铁公司的总部雇佣了 1 200 人，而纽柯公司的总部仅有66 人。在纽柯，管理者仍然需要自己接电话和发邮件。即使是那些相对精干的公司，如丰田，在纽柯面前也显得过于臃肿和复杂。“在丰田，如果你想要升到总裁，至少要经过 10 个层级。”一名前丰田工程师这样说道。

与复杂的组织结构相比，简单的组织结构是否一定就好？是什么决定了一个组织的结构？

资料来源：庞君．组织行为学．重庆：重庆大学出版社，2017.

第 1 节　组织及组织理论

一、组织的定义

所谓组织，就是为达成某些目标而设计的集合体，是成员进行各种活动的基本框架。它具有以下几个特点：（1）是社会实体；（2）有确定的目标；（3）是有一定的结构和协调模式的动态系统；（4）与外部环境相联系。

二、组织的重要性

首先，组织将资源组合在一起完成特定的目标。组织能够通过运用现代的制造技术和新的信息技术，重新设计组织结构和管理实践以增进效率，并为创新提供条件，从而有效地生产商品和提供服务。组织还适应并影响着迅速变化的环境。通过所有这些活动，组织为所有者、消费者和雇员创造价值。管理者需要明确哪些经营活动创造价值，而哪些不创造价值。一家公司组织只有当其创造的价值大大超过所耗费资源的成本时才是盈利的。最后，组织必须应对和适应当今劳动力多样化的挑战，更加注重伦理和社会责任，改变雇员的职业生涯模式，找出有效的办法激励雇员完成组织的目标。因此，可以说组织包围并以多种方式改变着我们的生活。反过来，管理者也能改变组织。对组织理论的系统研究和理解能够使管理者去设计组织并使其更有效地发挥作用。

三、组织理论

（一）组织理论研究的回顾

组织理论阐述关于组织的设计和分析组织行为方式的规律和方法。心理学家沙因在《组织心理学》一书中指出，所谓组织，就是为了达到某一特定的共同目标，通过各部门劳动和员工的分工合作和不同等级的权力与责任的制度化，有计划地协调一群人的活动。这一定义是迄今为止反映组织的传统理论的最早概念。它指出了组织的如下性质：（1）组织是人群的活动。（2）组织是一种划分层次的权威和服从关系。

基于这些性质，传统的组织设计主要有以下要求：（1）目标确定性。没有共同的目标就不能协调一个群体的活动，组织也就没有存在的必要了。（2）分工的专业性。在组织设计中，群体的每个成员的工作职责和范围必须明确。（3）管理的层次性。组织中一级一级按层次展开，逐级授权，而且每一层次的每一个主管人都有一定的管理幅度。组织的层次越多，管理幅度越小，整个组织结构呈狭长状态；层次越少，管理幅度越大，组织结构呈扁平状态。（4）统一指挥性。一个下属只受一个上司领导，只有一个直接的上级，只与一个上级联系，不发生横向联系，也不越级纵向联系。沙因提出的传统的经典组织理论，主要包括分层管理、统一指挥、逐级授权、分工协作、责权一致等基本内容，它反映了传统组织理论的基本概念和思想。

韦伯认为，任何组织都必须以某种形式的权力作为基础，没有某种形式的权力，任何组织都不能达到自己的目标。人类社会存在三种为社会所接受的权力：

- 传统权力：传统惯例或世袭得来。
- 超凡权力：来源于别人的崇拜与追随。
- 法定权力：法律规定的权力。

对于传统权力，韦伯认为：人们对其服从是因为领袖人物占据着传统所支持的权力地位，同时，领袖人物也受着传统的制约。但是，人们对传统权力的服从并不是以与个人无关的秩序为依据，而是在习惯义务领域内的个人忠诚。领导者的作用似乎只为了维护传统，因而效率较低，不宜作为行政组织体系的基础。

而超凡权力的合法性，完全依靠对于领袖人物的信仰，他必须以不断的奇迹和英雄之举赢得追随者，超凡权力过于带有感情色彩并且是非理性的，不是依据规章制度，而是依据神秘的启示。所以，超凡的权力形式也不宜作为行政组织体系的基础。

韦伯认为，只有法定权力才能作为行政组织体系的基础，其最根本的特征在于它提供了慎重的公正。原因在于：（1）管理的连续性使管理活动必须有秩序地进行。（2）以“能”为本的择人方式提供了理性基础。（3）领导者的权力并非无限，应受到约束。

有了适合行政组织体系的权力基础，韦伯勾画出理想的官僚组织模式，其具有下列特征：

（1）组织中的人员应有固定和正式的职责并依法行使职权。组织是根据合法程序制定的，应有其明确目标，并靠着这一套完整的法规制度，组织与规范成员的行为，以期有效地追求与达到组织的目标。

（2）组织的结构是层层控制的体系。在组织内，按照地位的高低规定成员间命令与服从的关系。

（3）人与工作的关系。成员间的关系只有对事的关系而无对人的关系。

(4) 成员的选用与保障。每一职位根据其资格限制（资历或学历），按自由契约原则，经公开考试合格予以使用，务求人尽其才。

(5) 专业分工与技术训练。对成员进行合理分工并明确每人的工作范围及权责，然后通过技术培训来提高工作效率。

(6) 成员的工资及升迁。按职位支付薪金，并建立奖惩与升迁制度，使成员安心工作，培养其事业心。

韦伯认为，凡具有上述六项特征的组织，可使组织表现出高度的理性，其成员的工作行为也能达到预期的效果，组织目标也能顺利地达成。

直到今天，传统组织理论在实际管理中仍广泛应用，其系统层次的观点，注重员工技能和绩效的观点，实行目标责任制、层层负责的观点，强调一定的规章制度控制约束的观点仍然具有积极意义。但是，传统组织理论也有一定的消极作用，主要表现为以下几方面：(1) 过分强调集权和权威，大小决策皆决定于上级，制定决策与执行决策严重分离，员工的主动性和创造性受到抑制。(2) 注意纵向联系，忽视横向联系，造成单位与单位、个人与个人之间信息联系中断或闭塞，信息传递延误，而且由于层次传递，信息失真严重，组织总目标难以完成。(3) 强调机械的封闭系统，忽视系统与外界形成的新系统，割裂了系统之间的联系，不考虑外界环境的变化对本系统的影响。(4) 只强调服从，不注意反馈，一旦发生错误的决策，就会一错到底。同时，每当出现其他活动和偶然因素时，僵化的规章和无条件的服从无法适应新的环境和形势。(5) 容易导致"帕金森"现象。管理人员害怕下级能力高会使自己的地位受到威胁，所提拔的对象往往不能胜任工作。同时，管理人员不愿意让下级了解全部信息，结果一个人可以做的事往往被分给几个人去做，员工人数与所承担的工作量不成比例。(6) 忽视人的感觉因素与心理行为。因为它只看到目标的存在和因目标而设计的组织活动，无视人的心理和感性因素，把人看成是一个个机器零件，结果影响了员工个性的发展和组织目标的完成。

20 世纪 30 年代前后，美国的工人和工会力量增长，普遍要求调解劳资和管理关系，人们不愿意接受传统组织理论的那种权威-服从的领导和被领导的关系。加上市场日益复杂和产品的多样化，人们感到必须从组织角度进行工业整顿。于是，出现了现代组织学派，其代表人物有巴纳德、弗莱特等人。

被称为现代组织理论鼻祖的巴纳德，1938 年在其出版的《经营人员的职能》一书中，第一次从人与人的角度阐述了一些不同于传统组织理论的新观点。他指出，组织产生的根源在于，任何人所从事的活动都要受到主观条件的限制，为了冲破这种限制，必须要由两个或两个以上的人进行合作，这就产生了组织。为此，他给组织下了一个新定义：组织是两人以上的有意识地协调力量和活动的合作系统。该定义第一次提出了组织就是某种合作系统，而不是高度的集权系统。巴纳德关于组织理论的基本观点有以下几个方面：

第一，诱因和贡献平衡论。组织中的成员既是个人，又是组织成员，要求成员对组织有贡献，组织就必须对成员提供适当的报酬，又称为诱因，即诱发贡献的因素。二者必须达到一致和平衡。衡量一个组织的管理绩效，一是看其效能，二是看其效率。效能是指组织能向成员提供诱因，使其获得满足的程度，是组织的“平衡力量”。这种平衡是动态的。组织成员的要求不断变化，管理者就要在诱因方面做出相应的变化，这种平衡是组织赖以生存和发展的条件，因此组织的效率最终归结为组织的生存能力。

第二，激励的多重性观点。组织的每一个成员都是富有创造性的，必须遵循马斯洛的需要层次理论，根据成员的不同需要给予必要的激励，使其充分发挥积极性。因此，把经济收入作为激励积极性的唯一因素是不合理的。绝大多数人满足温饱之后，物质刺激就不再有很大的效果。其他激励如权力和名誉、合适的工作条件、技术上被重视、理想的实现、企业事务的参与机会、合作伙伴共事的乐趣等将更为重要。适时地选择恰当的激励因素鼓励员工的积极性成为管理者的首要任务。

第三，信息沟通论。构成组织的基本要求是：(1) 合作的意愿；(2) 共同的目标；(3) 信息的沟通。沟通是实现前两者的保证。因此，任何一个组织，信息渠道必须畅通。对外应及时获得与本组织相关的信息，对内应使所有成员明确组织的意图，产生达到共同目标的凝聚力。因此，组织管理的职能大部分是搞好信息沟通。在信息沟通过程中又应十分重视非正式渠道的沟通，它往往是群体成员之间的纽带。它不仅能加强成员之间的感情联系，而且对保护成员个人利益具有相当大的作用。

第四，权威接受论。权威不应靠命令来取得，只有当员工理解其命令的内容，相信它符合组织目标和个人利益，而且可能办到的情况下，权威才有意义。这从根本上颠覆了传统组织理论认为权威是自上而下的观点。

第五，管理是服务的观点。任何组织的设计都要为群体的总目标服务，为群体的每一个成员的利益服务。

组织行为学家弗莱特大胆引用人际关系学的观点，也对传统组织理论进行了修正。其主要观点是：

第一，劳资融合一体论。管理者和被管理者并不存在严格的界限。各级员工的职责都应该是为整个组织做出贡献。工人和管理者都应为组织的共同目标而努力。

第二，权力的条件原则。在组织中，一个人不应对另一个人发号施令，而应是双方都根据具体条件接受命令。如果权力来源于职能，则与职位的高低无关。比如就调度工作来说，调度员的权力比总经理还要大。

第三，对控制的新诠释。控制应针对事实而不是人来做出，是人与人之间相互协调，而不是上对下强加的控制。控制是通过个人或群体利益之间的自我调节和自我控制达成的。

第四，组织的领导在于影响。领导不应建立在权力的基础上，而应建立在领导与被领导相互影响的基础上。领导者没有下属，只有与他共事的同事。领导不应该依靠命令他人服从来办事，而要靠协调。因此，管理就是科学加服务。

从总的发展趋势来看，现代组织理论主要有以下几个方面的特色：

(1) 采用系统理论，把组织视为一个复杂的社会技术开放系统。

传统的组织理论是一个封闭系统，不考虑组织与外界的联系。实际上，组织并不是孤立的，外在的复杂多变的因素对组织内在因素有直接或间接的影响。1966年凯茨和卡恩所著的《组织的社会心理学》一书明确提出组织是一个投入-产出系统，是一个与环境相互作用、相互影响的开放系统。它从环境输入能量，通过生产能力的转换，将输入能量转变为产品形态，输出的成品回送到环境中去，经过环境的检验再反馈回来使系统再加强。环境输入的能量总是多于系统消耗的能量，使系统得以生存，这就是"负熵"原理。通过系统的自身信息反馈使系统维持稳定状态和自动平衡。系统不管是从怎样不同的初始状态出发，经过怎样不同的发展途径，最终总是得到相同的结果。以上是讲的一个企业的投入-产出系统，说明它是一个与外界环境相联系的开放系统。从人的角度看，企业的组织实际也是一个关于人与人群的开放的社会系统。任何一个企业组织，首先是有一定质量的人输入，每个人都有自身的价值，有需要、能力、希望、价值等。把这些有价值的人组织起来就形成结构，就要发挥结构的职能，如组织结构、工程结构、人事系统、政策、控制和会计系统、地理和物资的布局等。在这些组织结构中，管理者要充分发挥自身的价值，做出一系列的行为过程，如领导和监督、信息沟通、综合、冲突管理、决策过程、解决问题、规划和目标设置、处理人际关系、评价和控制过程、批评和组织更新等。管理者的行为又影响组织中的人和行为，如个人目标、个人角色、对组织效能的态度、激励、承担义务、胜任感、合作精神等。通过这一系列围绕人的转换过程得到整个组织的结果，如经济利润、投资回报、组织成长、工作生活质量、组织流动、吸收新成员等。这个系统始终与活生生的人相联系，使系统不断因人而异，充满活力。现代组织理论不仅把组织看作一个开放的系统，而且十分注意把组织看作一个技术系统（工作任务的要求、生产工艺、地理布局、工具设备、效率和效果的标准等）和社会系统（员工的人际关系系统、个人和团体的绩效和满足等）的结合。一方面使组织成员与技术联系起来，另一方面又使成员彼此联系起来。这便是组织的技术系统论。它表明外部环境的作用不仅在于对技术和人的要求，而且在于影响组织内部的变化。因此，技术系统和社会系统的结合产生了新的社会技术系统，各个组成部分包括：1）组织的因素，指控制工艺流程的变化和确认与工作有关的重要的相互依存关系；2）团体的因素，指建立自主的工作团队来完成任务和分配工作；3）个人的因素，指提供有意义的工作，包括工作多样化、扩大化，内在的责任心，对任务和结果的了解、认可和反馈，发展的机会，学习和技能的提高等。这三个方面的因素有机结合、相互作用，形成一个有效的系统。

(2) 对人际关系十分重视。

改进人际关系，特别是管理者和员工的关系是现代组织理论发展的又一大趋势。具体表现为三种有代表性的理论：一是组织平衡理论。组织是个体和群体的联合体。因为个体、群体的目标、需求、期望、才干不同，所以联合体从设置目标和制定决策一开始就存在不断协商逐步达成协议的过程。参加者按照个人效用来衡量组织，组织则根据组织目标的完成程度来衡量成员的贡献，诱因与贡献的平衡决定成员加入、保留还是退出。二是交叉角色理论。在任何组织中，每一个成员都承担一定的角色，而每一角色都要与别人协作形成一个角色组，每一个角色组都有一个中心人物。而组织正是由许许多多交叉的角色组所组成的集合体。因此，管理者必须充分注意交叉的角色组之间、组织成员之间的相互关系，注意其等级、希望、冲突、绩效，利用角色组之间的相互交叉和影响使组织充满活力。三是交叉群体组织理论。组织是由互相关联的交叉的群体组成的，这些群体是由几个群体交叠处的个人来连接的。这就突破了传统组织理论中一人一职一位、各部门之间严格划分界限的观念。

（二） 后现代组织理论的范式

在知识经济时代，由于信息技术和互联网的高速发展，组织理论范式发生了转换。传统组织理论机械论（mechanism）坚持的是一种基于认识论的主体与客体二分法，强调的是行为个体（agent）、单个组织的独立性和分解模式。但在组织理论的新范式中，关系论（relationalism）的视野正在逐步取代还原论（reductionism）、构成论（constitutionalism）、实体论（substantialism）和目的论（teleology）的观点，主张行为个体、单个组织只有在与环境、背景的联系中才能够生存、定义、描述和认识。

范式就是某一学科或体系的理论框架，包括定律、原则、基本思维方式、判断标准、应用模型等。范式的转换意味着科学体系的根本性变革，它反映了人们观察和认识世界的基本思维方式的转变。在当今迅速变化的社会环境中，人们对大量领域的认识和理解正在发生前所未有的深刻变化，在组织领域也不例外。

今天，迅速变化的环境引起了一系列的挑战，如全球竞争、多元化、伦理问题、技术的进步和沟通方式的改变等。在组织领域，工人对完全意义上的工作和个人发展与职业成长机会的期望，要求组织及其管理者做出新的不同的反应。明天的管理者不得不应对急剧变化的新世界，去进行组织设计并做出新的反应。组织已经发生了重大变化，以对社会的重大变化做出反应。表 13－1 反映的是组织理论从现代范式向后现代范式的转变。

表 13－1　现代与后现代组织范式

	现代	后现代
环境	稳定	混乱
资本形式	货币、建筑物、机器	信息、智力
技术	例行性	非例行性、创新
规模	大	小到中
目标	扩张、效率性	学习、有效性
文化	雇员接受命令	授权给雇员
结构	刚性和集权化，边界明显	弹性和分权化，边界发散

续表

	现代	后现代
领导模式	独裁	服务
沟通	正式、书面	非正式、口头
控制	官僚等级制	分权化、自我管理
计划和决策	管理人员	每个人
指导原则	家长制	人人平等
激励	金钱、地位	个体成长、工作自主

在工业革命之前，大多数组织从事的是关于农业和手工业的行业。这些组织规模较小，结构简单，边界模糊，而且一般对扩张也没有兴趣，其沟通方式是面对面的。然而，在现代工业时代出现了新的组织模式，扩张成长成为组织成功的重要标志，组织变得巨大而复杂，而且在组织的职能部门之间以及组织之间的界限也变得分明起来，环境相对稳定，技术趋向于大批量生产和制造加工，资本的主要形式是货币、建筑物和机器设备等，组织的内部结构更加复杂化、纵向化和官僚化，领导者依据固定的管理原则趋于独裁和专断，同时，沟通的主要方式是正式的书面文件，如备忘录、信函和报告等。管理者从事组织内所有的计划和决策工作，而雇员只是从事手工劳动以换取工资和其他报酬。

在后现代社会的今天，环境相当不稳定。在一个以迅速变化、复杂性和意外性为特征的世界中，后现代组织意识到世界的混乱和不可预测性，管理者不能够用传统的方式去衡量、预测和控制组织内部和外部不断显现出来的新事物，组织需要一个更新的模式来应付这种混乱。新的组织趋向于适中的规模、灵活的和注重横向合作的分权化结构。另外，组织之间的界限开始变得模糊，因为竞争者都学会了合作以适应这种混乱无序的环境。后现代社会资本的主要形式不再是货币和机器设备，而是信息和使雇员从他们的工作中获得更多内在满足的激励方法。工人经常被赋予过去只有管理者才拥有的决策权，强调具有较强的愿景和使命感去帮助组织，保证决策达到组织的最主要的目标。合理的管理在后现代组织中仍然是重要的，然而对领导者素质的要求有了较大的变化。服务式的领导模式成为重要的策略，领导者首先作为管理者服务于雇员，雇员再服务于顾客。另外，非正式的领导者经常在有限的时间内出来解决组织中的具体问题，然后又返回到组织的团队中去，因为新的环境要求组织中有具备多种技能的领导者。当然，传统的主张平等的因素如平等、授权、横向联系和意见一致等，在后现代组织中也是特别重要的。

1. 权变观点

权变的含义是：在某种环境下所适合的方式可能不适合另一种环境，不存在一个普遍适用的最好方式，而只能视情况而定。这一理论强调组织自身的设计是可变的，并不存在一种简单的普遍适用的组织设计，一切都依具体情况而定。例如，某些组织处于相对稳定的环境中，可以运用例行技术达到期望的效率。在这种情况下，采用官僚制的控制程序、功能性结构和正式沟通等方法是恰当的，而运用非例行技术的自由流动式的管理过程对于不确定的环境则更为恰当。组织行为与设计的有关研究表明，处于急剧变化环境中的企业组织结构和处于稳定环境中的组织结构不同。如学校、医院、军队等面对一个相对稳定的环境，其组织设计较稳定；而企业中的研发部门和营销部门则面对不易预测的环境，其结构就不易定型，只能随市场的需要，课题、项目的任务和内容的变化不断调整结构。市场需求不稳定的小批量、单件生产的产品，要对市场情况很快做出反应，就需要灵活、有机的组织结构；而市场需求稳定、大批量生产的产品，一般可以采取比较正规、定型的组织结构。同一组织内部的各个部门的设计也不是千篇一律的，也要根据具体环境的需要去设计自身，在达到总目标的要求下去完成各自的目标。即使不考虑环境的变化，组织也各不相同。当所有的组织在管理原理和管理制度上都采取相似的设计时，必定会产生较大的问题，因为适用于零售部门的组织和财务系统有可能不适用于制造部门。

总之，组织是手段而不是目的，在组织设计方面不存在一种“最好的”结构或方法。因此，正确的管理方法应该视组织的具体状况而定，这样，就能较好地应对外部的变化和内部的冲突，使组织的适应能力增强。

2. 自组织与他组织

自组织概念正在被引入组织理论概念体系，其结果是使组织的形态和边界变得模糊起来，与此相对应，组织范式也发生了转换。

在组织理论范式中，组织化有“自组织”（to self-organize，self-organization）和“被组织”（to be organized）两种。长期以来，传统的组织理论范式强调的是“被组织”或“他组织”。所谓的“被组织”是指组织系统在获得空间、时间或功能结构的过程中，如果受到外界的特定干预，那么其结构和功能是外界强加给组织系统的，外界以特定的方式作用于组织系统。或者说，被组织是事物的组织化，不是它自身的自发、自行、自主、自我组织，走向组织化或有序化的过程，而是被外部力量驱动的组织过程或组织结果。在有些情况下，人们为了便于与自组织理论相对应，又把“被组织”称为“他组织”（heler-organization）。所谓的“他组织”是指组织系统在受到外界的特定干预（外组织力）下获得空间、时间或功能结构的过程。

组织理论新范式强调的是“自组织”。所谓“自组织”，是指事物通过自发、自行、自我组织而走向组织化或有序化的过程。自组织系统无须外部指令而自行组织、自行创生、自行演化、自行创新、自行发展，自组织是一个不断从无序走向有序的过程。如果一个系统在获得空间、时间或功能结构的过程中没有受到外界的特定干预，我们便说该系统是自组织的。这里“没有受到外界的特定干预”是指那种结构或功能并非外界强加给系统的，而且外界是以非特定的方式作用于系统的。

自组织概念是一个动态的、演化的和自我进化的概念。这可以从两个方面来看，一方面，组织内部产生的隐性知识本身具有一种创造新知识的能力，这种能力能够推动组织功能结构的变化；另一方面，组织内部的要素构成也随着环境的变化而变化。从这一视角看，自组织是指一个组织系统通过与外界交换物质、能量和信息来不断降低自身固有的东西，提高其有序度的过程。如果组织是一个独立的经营主体，自组织变化的结果就演化成一种自生能力。所谓的自生能力是指一个独立的经营主体（企业组织）通过正常的经营管理能够在自由、开放和竞争的市场上赚取社会可接受的正常利润的能力，企业获得自生能力的基础是要顺应由相对要素禀赋所决定的比较优势。

自组织概念的提出与组织理论概念的发展直接相关。正是开放性、演化性和时间性被引入管理学概念体系，才使组织的自身概念不断被修正或重新定义。组织“不再被机械论的世界观描述为被动的事物，而是关联于自发性的运动（autokinesis）”，或者说是“自组织”。

第2节　组织设计

一、组织设计的原则

管理学者根据各种企业组织设计的经验，提出设计和规划组织时应根据以下原则来考虑：

（1）并没有绝对形式的组织，现实中的组织往往是混合式的。

（2）组织的层数越多，权力越集中，沟通和处理问题的时间越长，越容易滋生官僚主义。

（3）组织的层数越少，权力越分散，沟通和处理问题的时间越短，员工越自主。

（4）产量、效率和销售额等与组织的人员数量并不成任何比例，即人员越多未必产量越高。

（5）产品生命周期越短，产品种类越多，批量越少，组织越趋于扁平化。

（6）组织的层级越少，越难以监督和稽核，越需要信息化。

（7）组织越扁平化，越容易授权，员工越自主，越容易产生和运用创新技术。

（8）越专业化和分工化，越趋于功能化和官僚化。

由以上原则可知，面对目前快速变化的经营环境，企业应舍弃一成不变的组织形式，针对顾客、产品、服务、环境、经营理念、目标、资源、分工、合作等因素，选择适当、适时、适地、适人的具体形式。

二、组织设计选择

职能式结构和事业部式结构对于开展专门化经营的大型组织具有较好的效

果。这两者在本质上都是官僚型机构或称机械式结构。

当员工人数较少，或者组织是新建的，规模较小、环境简单但动态的时候，简单结构效果较好。因为规模小通常意味着工作活动的重复较少，这使标准化不具有吸引力。小规模也使非正式沟通更方便有效。此外，所有的新组织都倾向于采用简单结构，因为管理者在一开始并没有时间和精力去发展其组织的结构。简单结构的灵活性能使组织对不能预见的环境变化迅速做出反应。

矩阵式结构可以获得专业化的优势，当组织有多个规划或产品时，可以设置规划和产品经理来指导跨职能部门的活动。

网络结构是计算机技术革命的产物。通过与其他组织联系，一家公司可以从事制造业活动而不必有自己的工厂。网络结构对于刚开业的制造业企业是一种特别有效的手段，它可以使风险和投入大大降低。因为它只需要很少的固定资产，从而降低了对组织财力的要求。但是，要取得成功，管理者必须熟练地发展和维持与供应商的关系。如果网络结构中的任何一家外包公司不能履行合同，这一网络组织就可能成为输家。

此外，任务小组和委员会结构是机械式结构的附加手段。它们是临时性设计，当组织中有些重要任务具有特定期限或工作标准，或者任务是独特的、不常见的、需要跨职能界限的专门技能时，常常可以使用这两种设计。如果任务是常见的，需要经常重复的，则机械式设计能够以一种更为标准化从而更有效率的方式来处理。

第 3 节　组织结构

一、组织结构的概念

任何组织，都以使其得以实现有效运行的一套互相关联的任务为特征。关于组织中的人员和任务如何相互联系和依赖的相对稳定的网络结构，就是组织结构。对于管理人员来说，确定组织结构就是要确定在组织的人员和任务之间建立什么样的关联，也就是确定工作任务的分工、分组和相互关系。通常，一个组织的结构会反映在其组织结构图上。组织结构图是对一个组织的一整套基本活动和过程的可视化的描述。

二、影响组织结构的因素

管理者在进行组织结构设计时，要考虑以下几个因素：

1. 协调机制

要达到组织的整体要求，首要和基本的决策就是确定组织中相互依赖的人员和群体如何相互协调。组织整体的活动得以完成的基本协调机制有互动调整、直接督导以及标准化。

互动调整是指通过相同等级的员工之间共享与工作相关的信息、人际沟通的方式来实现组织的协调。这种协调方式的最简单的例子是员工之间就如何做一项工作以及由谁来做这项工作进行面对面的信息交流。分区销售经理聚在一起讨论公司的市场定位和各自的势力范围也是使用的互动调整机制。在互动调整中，参与互动的双方都必须拥有（至少部分拥有）所协调的任务的控制或执行权，否则，他们之间的调整就难以成功实施。

直接督导是指由一个人对其他人的工作负责的机制。在这种机制中，主管者拥有决定执行什么任务、由谁来执行这些任务、他们如何相互联系等权力，他可以任命下属、发号施令并监督和指导他们。

标准化是指通过向员工提出固定的工作标准和程序使他们明确自己的职责和任务。包括工作流程（由谁从事哪一道工序）、产出（要达到多大的产量或效益）、技能（特定岗位需要哪些特定知识、技术和能力）和规范（制定共同的价值观和行为取向）四个方面的标准化。表 13－2 对上述机制做了概括。

表 13－2　基本的协调机制

机制	定义
互动调整	合作者面对面地交换关于工作的信息
直接督导	由一个人向其他人发出直接命令
标准化	制定规范工作的标准
工作流程标准化	描述任务或行为的程序
产出标准化	确定任务的目标结果
技能标准化	描述特定岗位所需的技能
规范标准化	建立共同的价值观和信念

管理者在确定使用何种协调机制时会面临一些选择，他必须决定组织主要采用哪些协调机制，辅助采用哪些协调机制。

在一个 12 人以下的群体中，协调往往是在每个人自然而然的行动中得到的。员工面对面的沟通调节着个体与他人之间的任务分配和联系，不需要其他的协调机制。

对于人数多于 12 人的群体，如果仅仅以互动调整作为协调机制，则群体中每个人都必须耗费大量时间与其他人进行相互沟通以保证整体行动的协调，从而使真正用于工作的时间很少。这时，就应该用直接督导机制取代互动调整机制作为主要的协调机制。督导者与下属进行沟通时，实际上扮演了整个群体的代理人的角色，就好比是老式电话交换台的接线员一样，将信息从发话方发送到受话方，并获得反馈。当督导者本人无法独自解决某个问题而求助于集体智慧时，组织就又处于互动调整机制之中。

当组织的人数继续增大到超过 50 人时，督导者的任务就变得异常巨大，出现如同信息过载导致接线员应接不暇的状况，直接督导机制便让位于标准化机制。这时，组织中的每个员工都各自依照既定的程序和要求行事，完成既定的产出，使用既定的技能，遵守既定的规范，大量实施信息沟通变得不再是必需的。与此同时，互动调整和直接督导机制也继续存在，起着辅助作用。例如，直接督导用于确保流水线上的员工遵守标准；互动调整则在机器故障、停电及其他突发事件发生时起作用。

管理人员应该注意在使用一种协调机制的成本和该机制带来的好处之间做出权衡。互动调整机制不需要事先制定等级制度和规范，可以省去大量的初始准备成本，但是在日后该机制的每次运行中，会不断地耗费沟通成本，因此总的成本可能是相当大的。相反，标准化机制需要事先制定程序和规范，也许还得承担聘请企业外专家的高额费用，但一旦建立起标准，日后组织的运行成本就很低了，因此标准化的高昂初始成本可以视为会给组织带来长期利益的待摊费用处理。不过，标准化机制显然没有互动调整机制灵活，可能不足以应对日后变化的事件。直接督导机制的成本和灵活性则介于上述两种机制之间。

2. 正规化

组织采用标准化协调机制也就意味着引入正规化的结构。正规化是指制定组织行为的规则并将这些规则诉诸文字。在高度正规化的组织中，有明确的工作说明书，有繁多的组织规章制度，对于工作过程有详尽的规定，做这种工作的人对工作内容、工作手段、工作时间没有多大自主权。而正规化程度较低的工作，工作执行和日程安排就不那么呆板，员工对自己工作的处理权限较宽。由于个人权限与组织对员工行为的规定此消彼长，工作正规化程度越高，员工决定自己工作方式的权力就越小。工作正规化不仅影响员工选择工作行为的可能性，而且使员工无须考虑其他行为选择。在组织之间和组织内部不同工种之间正规化程度差别很大。一种极端的情况是，某种工作的正规化程度很低，如大学书商（向大学教授推销公司新书的出版商代理人）的工作自由度就相当大，他们的推销行为及工作时间不要求整齐划一，只是定期上交推销报告，并对新书出版提出建议。而那些属于同一出版公司的办公室职员或编辑人员却是另一种极端情况。他们上午 8 点要准时上班，迟到会被扣工资，而且，他们必须遵守管理人员制定的一系列详尽的规章制度。

3. 专门化

正如正规化随着标准化引入组织一样，专门化也紧跟而来。它是指组织的工作被划分成具体到个人的任务。早在 20 世纪初，亨利·福特发明了生产线作业管理方法，给线上的每一个员工分配特定的重复性的工作，例如，有的员工只负责装配汽车的左前轮，有的则只负责安装右前门。通过把工作划分成较小的标准化的任务，使工人能够反复地进行同一种操作，福特利用技能相对有限的员工，每 10 秒钟就能生产出一辆汽车，从而富甲天下，享誉全球。福特的经验表明，让员工从事专门化的工作，可以提高他们的生产效率。今天，工作专门化这个术语用来描述组织中把工作任务划分成若干步骤来完成的细化程度。其实质是：一个人不是完成一项工作的全部，而是先把工作分解成若干步骤，每一步骤由一个人独立去做。因此，每个人专门从事工作活动的一部分，而不是全部。

20 世纪 40 年代后期，工业化国家大多数生产领域的工作都是通过工作专门化来完成的。管理人员认为，这是一种最有效的利用员工技能的方式。在大多数组织中，有些工作需要技能很高的员工来完成，有些则不需要经过训练就可以做好。如果所有的员工都参与组织制造过程的每一个步骤，那么，就要求所有的人不仅具备完成最复杂的任务所需要的技能，而且具备完成最简单的任务所需要的技能。结果，除了从事需要较多技能和较复杂的任务以外，员工有部分时间花费在完成低技能的工作上。由于高技能员工的报酬比低技能员工的高，而工资一般是反映一个人最高的技能水平的，因此，付给高技能员工高薪却让他们做简单的工作，这无疑是对组织资源的浪费。

通过实行工作专门化，管理层还寻求提高组织在其他方面的运行效率。通过重复的工作，员工从事这项工作的技能会有所提高，改变工作任务或在工作过程中安装、拆卸工具及设备所用的时间会减少。同样重要的是，从组织角度来看，实行工作专门化，有利于提高组织的培训效率。挑选并训练从事具体的、重复的工作的员工比较容易，成本也较低。对于高度精细和复杂的操作工作尤其如此。例如，如果由一个员工生产一整架飞机，波音公司恐怕一年也造不出一架大型波音客机。鼓励员工在熟知的专门领域中进行发明创造、改进机器，也有助于提高效率和生产率。

20 世纪 50 年代以前，管理人员把工作专门化看作提高生产力的不竭之源，因为那时工作专门化应用尚不够广泛，只要引入，几乎总能提高生产率。但是到了 60 年代以后，越来越多的证据表明，物极必反。在某些工作领域，达到了这样一个拐点：由于工作专门化，人的非经济性因素带来的负面影响（表现为厌烦情绪、疲劳感、压力感、低生产率、低质量、缺勤率和人员流失率上升等）超过经济性因素影响的优势，如图 13－1 所示。在这种情况下，通过扩大而不是缩小工作活动的范围，反而可以提高生产率。另外，许多公司发现，通过丰富员工的工作内容，允许他们做完整的工作，让他们加入需要相互交换工作技能的团队中，他们的产出会大大提高，工作满意度也会提高。

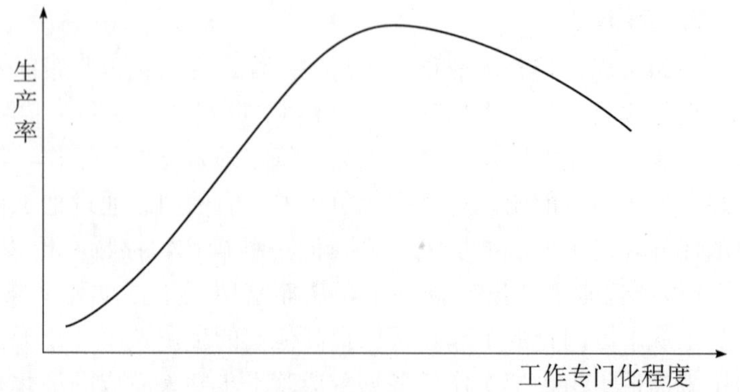

图 13－1　工作专门化的经济性和非经济性

现在，大多数管理人员并不认为工作专门化已经过时，但也不认为它是提高生产率的不竭之源。他们认识到了在某些类型的工作中工作专门化所起的作用以及使用过头可能带来的问题。例如，在麦当劳快餐店，管理人员运用工作专门化来提高生产和售卖汉堡包、炸鸡的效率。大多数卫生保健组织中的医学专家也采用工作专门化。但是，土星公司通过丰富员工的工作内容，降低工作专门化程度也获得了成功。

4. 部门化

一旦通过工作专门化完成任务细分，就需要按照类别对它们进行分组以便使不同的工作可以协调进行。

对工作活动进行分类的主要依据是活动的职能。制造业的经理通过把工程、会计、制造、人事、采购等方面的专家划分成不同的部门来组织工厂。当然，根据职能进行部门的划分适用于所有的组织，因为职能的变化可以反映组织的目标和活动。例如，一家医院的主要职能部门可能有研究部、护理部、财会部等；而一支职业足球队可能设球员人事部、售票部、旅行及后勤部等。这种职能分组法的主要优点在于，通过把同类专家集中在一起，把专业技术、研究方向接近的人分配到同一个部门中，能够提高工作效率并实现规模经济。

也可以根据组织生产的产品类型进行部门化。例如，在一个拥有原油、润滑油和其他石油产品三大主要产品线的石化公司中，由三位副总裁分管这三大产品线，各自对与自己的产品线有关的一切问题（包括采购、生产和营销等）负责。这种分组方法的主要优点在于能提高产品绩效的稳定性，因为公司中与某一特定产品有关的服务活动都由同一主管指挥。同样，如果一个组织的活动是与服务而不是产品有关，那么对每一种服务活动都可以自然地进行分工。比如一家财会服务公司可能会设有税务部、管理咨询部、审计部等，每个部门都会在一个服务经理的指导下提供一系列的服务。

还有一种部门化方法，即根据地域进行部门划分。例如，就营销工作来说，根据地域可分为东西南北四个区域，分片负责。如果一个公司的顾客地域分布较广，这种部门化方法就有其独特的价值。

也可以根据生产过程进行部门化。在生产过程中，由于不同的环节需要不同的技术，因此这种部门化方法对于在生产过程中进行同样活动的归并提供了基础。同样，过程部门化方法适用于产品的生产，也适用于顾客服务。

最后一种部门化方法是根据顾客的类型进行部门化。例如，一家销售办公设备的公司可以设三个部门——零售服务部、批发服务部、政府部门服务部；比较大的法律事务所可根据其服务对象是公司还是个人分设部门。根据顾客类型划分部门的依据是，每个部门的顾客存在共同的问题和要求，因此通过为他们分别配置有关专家，能够满足他们的需要。

大型组织进行部门化时，可能综合利用上述方法，以取得较好的效果。例如，一家大型电子公司在进行部门化时，根据职能类型组织其各分部；根据生产过程组织其制造部门；把销售部门分为 7 个地区的工作单位，又在每个地区根据其顾客类型分为 4 个顾客小组。

但是，20 世纪 90 年代出现了两个较普遍的倾向：第一，以顾客为基础进行部门化越来越受青睐。为了更好地掌握顾客的需要并有效地对顾客需要的变化做出反应，许多组织更多地强调以顾客为基础划分部门的方法。第二，坚固的职能型部门被跨传统部门界线的工作团队所替代。随着工作内容日益复杂，所需要的技术日益多样化，管理人员开始将注意力转向多功能型团队。

5. 管理幅度和管理层次

管理幅度是指一个管理人员所能有效地直接领导和控制的实际人员数。管理层次是指组织内纵向管理系统所划分的等级数。一般情况下，管理幅度和管理层次成反比关系。扩大管理幅度，可以减少管理层次；反之，缩小管理幅度，会增加管理层次，如图 13－2 所示。

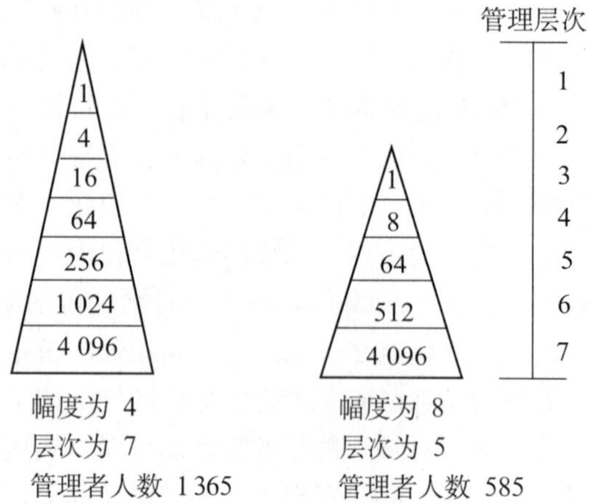

图 13－2　管理幅度与管理层次的关系

管理幅度受许多因素的影响，有领导者方面的因素，如领导者的知识、能力、经验；也有被领导者方面的因素，如被领导者的素质、业务熟练程度和工作强度等；还有管理业务方面的因素，如管理业务的复杂程度、所承担任务的绩效要求、工作环境、信息沟通方式等。因此，在确定管理幅度时，必须对上述几个方面因素加以综合考虑。

确定管理层次应考虑下列因素：第一，训练。受过良好训练的员工，不但所需的监督较少，而且可减少其与主管接触的次数。低层人员的工作分工较细，较易训练，因此基层主管的控制幅度可以大一些。越往上层，决策性和组织性的工作越多，需要更多的调查研究和分析思考，因而管理幅度应小些。第二，计划。事前良好的计划，使工作人员明了目标与任务，可以节省主管者的监督指挥时间，管理层次可以减少。第三，授权。适当的授权可以减少主管的监督时间和精力，使管理幅度增加，层次减少。第四，变动。变动较少的企业，政策较为固定，各层次监督的人数可以较多，管理层次可以减少。第五，目标。目标明确，可减少主管人员指导工作及纠正偏差的时间，促成层次的简化。第六，意见交流。意见有效交流，可以缩短上下距离，减少层次。

早期的管理组织中，通常管理幅度较窄而管理层次较多。其优点是分工明确，便于实施严格控制，上下级关系容易协调；缺点是管理费用较高，信息沟通较困难，不利于发挥下级人员的积极性。随着管理组织不断革新和发展，采用管理幅度较宽、层次较少的结构（扁平型结构）的企业越来越多，其优点是管理费用较低、信息沟通方便，有利于发挥下级的积极性；缺点是不易实施严格控制，对下属组织人员的相互协调较为困难。

6. 集权与分权

在有些组织中，所有的决策都由高层管理者做出，基层管理人员只执行高层管理者的指示。另一种情况是：组织把决策权下放到最基层的管理人员手中。前者是高度集权式的组织，后者则是高度分权式的。集权化是指组织中的决策权集中于一点的程度。这个概念只包括正式权威，也就是说，某个位置固有的权力。一般来讲，如果组织的高层管理者不考虑或很少考虑基层人员的意见就决定组织的主要事宜，则这个组织的集权化程度较高。相反，基层人员参与程度越高，或他们能够自主地做出决策，组织的分权化程度就越高。在分权式组织中，采取行动、解决问题的速度较快，有更多的人为决策提供建议。

近年来，分权式决策的趋势比较突出，这与使组织更加灵活和主动地做出反应的管理思想是一致的。在大公司中，基层管理人员更贴近生产实际，对有关问题的了解比高层管理人员更翔实。因此，他们对自己管辖内的问题的反应远远快于公司总部的高级主管，处理方式也更得当。

故事与启示

一个病友的感悟

这几天在学习组织行为学，之所以有时间学习，是因为生病住院了，并不严重，是累的。住院后觉得蛮幸福的，每天过着猪一样的幸福生活，吃了睡，睡了吃，无聊了，就看书，看书看累了，还有一件事干，那就是看人。住了个大病房，病友很多，倒也不觉寂寞。

对床住了个 85 岁的老太太，脑萎缩，不能自理。儿子有钱，请了两个人来陪护。

这一日，罗宾斯的书翻到了组织互动的内容，看来看去，就两句话“人心齐，泰山移”和“三个和尚没水吃”。对面陪护老太太的二姐好像是病了，脸色很差，一直在吐。二姐说的广西方言，很是难懂，但大家都很喜欢她。她很勤快，老太太每天都干干净净的，大家都说老太太上辈子是修来的福气才碰到二姐，比亲闺女都要体贴。病房里也被她每天拿消毒水一遍遍地抹来抹去。和二姐一起陪护的是老太太儿子的一个员工老赵，二姐勤快他也还行，帮二姐给老太太翻身，倒屎倒尿的，闲下来就都和老太太说话，两个人伺候老太太一年多了，不知道的人进了病房总以为他们是老太太的儿子和女儿。二姐病了，于是老太太的儿子让二姐输液，并答应明天派一个人来，于是老赵一个人伺候这老太太和二姐，对二姐也很是体贴。

第二天，那个人并没有来，老赵发了发牢骚，继续勤勤恳恳地照顾这两个人。又过了几天，那个人终于来了，老李，一来和大家客客气气的，倒也很愿意陪老太太说话。“你绝对是有功劳的。”他这样和老赵说。问题很快就出来了，老李做的工作也仅止于陪老太太说说话。第二天，老赵还是继续工作，不过情绪已经很不好了。第三天，老李还是只做第一天做的工作。第四天，老太太在坐便器上坐了很长时间，第五天，老太太没有洗脸刷牙，尿布和裤子攒了许多也没有洗。二姐爬了起来给老太太洗了涮了，结果病又重了。第六天，二姐被气哭了，老李和老赵去打饭的时候，她就和我们发牢骚。二姐慢慢好起来了，很多活她都做了，但是埋怨也越来越多。老赵很多活因为有了情绪也怠慢了很多。老李仍然是什么也不做，只是总劝二姐多休息。终于有一天，二姐完全好了，老李离开了。病友们都企盼着老赵和二姐仍像以前一样，病房里仍是融融洽洽的。但是老赵好像越来越消沉，他不是那种懒人，只是干起活来越来越不情愿。二姐就更不高兴了。但是二姐只是口头上埋怨，却舍不得老太太吃一点点苦。

于是两个人越来越别扭，二姐好像不记得老赵伺候她的时候她曾经感动得流过泪。老赵觉得日子一天比一天难熬了……

于是，我的 $1+1>2$ 和 $1+1+1\leqslant 2$ 的公式也学完了：潜在的群体效应＋过程增量－过程减量＝实际的群体有效性，老赵和二姐的正协同效应被老李带来的负协同效应打败了。

资料来源：根据网络资料整理。

第 4 节　组织结构的模式

一、组织设计的三个步骤

1. 职务设计与分析

从企业的最高层开始，自上而下地绘制组织结构图。我们在研究现有组织的改进时，往往也要自上而下地重新划分各个部门的职责分工。但是，设计一个全新的组织结构往往需要从最基层开始，也就是说，组织设计是自下而上的。职务设计与分析是组织设计的最基础工作。职务设计是在目标活动逐步分解的基础上，设计和确定组织内从事具体管理工作所需的职务类别和数量，分析担任每个职务的人员应负的责任以及应具备的素质要求。

2. 部门划分

根据各个职务所从事的工作内容的性质以及职务间的相互关系，依照一定的原则，可以将各个职务组合成被称为“部门”的管理单位。组织活动的特点、环境和条件不同，划分部门所依据的标准也不一样。对同一组织来说，在不同时期的背景中，划分部门的标准也可能会不断调整。

3. 结构的形成

职务设计和部门划分是根据工作要求来进行的。在此基础上，还要根据组织内外能够获取的现有人力资源，对初步设计的部门和职务进行调整，并平衡各部门、各职务的工作量，以使组织结构合理。如果再次分析的结果证明初步设计是合理的，那么剩下的任务便是根据各自工作的性质和内容，规定各管理机构之间的职责、权限以及义务关系，使各管理部门和职务形成一个严密的网络。

二、职能式结构

职能式结构是一种以工作为中心进行组织分解的结构，组织从上至下按照相同的职能将各种活动组合起来，一般由采购、制造、销售、财务和人事等部门构成，如图 13－3 所示。表 13－3 概括了职能式结构的特征。

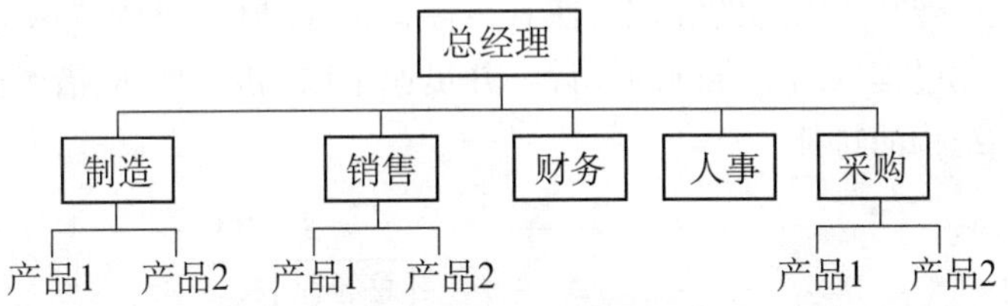

图 13－3　职能式结构

表 13－3　职能式结构的特征

	特征
关联背景	结构：职能式 环境：稳定 技术：例行的、较低的相互依存 战略目标：内部效率、技术质量
内部系统	经营目标：强调职能目标 计划预算：基于成功的预算、统计报告 正式权力：职能经理
优势	鼓励部门内规模经济 促进深层次技能提高 促进组织实现职能目标 在小型、中型规模下最优 一种或少数几种产品时最优
劣势	对外界环境变化反应较慢 可能引起高层决策堆积、层级超负荷 导致部门间缺少横向协调 导致缺乏创新 对组织目标的认识有限

三、事业部式结构

随着新产品的开发和生产项目的不断扩大，企业的战略与战术决策不再只是数量上的，而是更为复杂和难以预测的。传统的职能式结构在企业生产的多样化中越来越难以适应环境的变化。它不仅难以把所有的职能部门在其长期目标下统一起来，而且会大大降低企业各职能部门之间协调的效率。例如，大量的产品需要采用不同的生产工艺，而对其中的各种具体问题，一个职能管理者是根本无法解决的。因此，多样化的市场情况只能通过企业采取相应的有差异的销售战略来应对。企业必须建立起开发、采购、制造和销售之间更紧密和更可靠的联系。

在这种情况下，人们对目前采用工作原则（或称职能原则）所构成的企业组织结构进行重新改造。不再是根据职能，而是根据事业部（一般是以产品和产品系列构成为原则）来确定组织结构，如图 13－4 所示。在个别情况下，部门也可以不以产品，而以项目、生产过程或者地域来划分。以产品为中心进行组织设计的一个主要目的是要把由于多样化产生扩大了的不同的生产程序重新分解为各种相似的单元。这样，事业部的经理可使其目标直接针对有关的局部市场，他们能够对该市场的变化过程做出更准确的估计，并迅速采取相应的反应措施。表 13－4 概括了事业部式结构的特征。

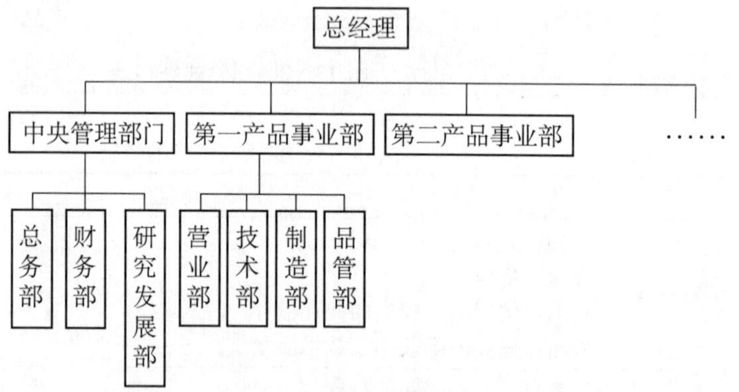

图 13－4　事业部式结构

表 13－4　事业部式结构的特征

	特征
关联背景	结构：事业部式 环境：中度到高度的不稳定 技术：非例行的、较高的相互依存 战略目标：外部效益、适应、顾客满意
内部系统	经营目标：强调产品线 计划预算：基于成本和收益的利润中心 正式权力：产品经理

续表

	特征
优势	适应不稳定环境下的快速变化 通过清晰的产品责任和联系环节实现顾客满意 跨职能的高度协调 各分部适应不同的产品、地区和顾客 在产品种类较多的大公司中效果最好 决策分权
劣势	失去了职能部门内部的规模经济 可能导致产品线之间缺乏协调 失去了深度竞争和技术专门化 产品线之间的整合与标准化变得困难

采取事业部式结构形式的企业要想获得较高的绩效，前提是事业部经理在部门内拥有做出战术性经营决策的广泛权力。而且，在绝大多数情况下，还应要求事业部经理对其部门承担盈利的责任。因此，一个事业部一般也是企业的一个“利润中心”，我们可以把事业部经理看作其部门内的总经理。每一个事业部的经理都要在企业领导层所制定的企业政策范围内决定本部门的生产经营活动。

为了保证企业总体计划预算能够如期实现，企业常常在事业部之外，还要建立以职能为中心的中央部门（如中央研发部门、中央采购部门、中央财务部门、核算中心、顾客服务中心、中央统计部门等）或者各种专门委员会，它们的任务是采用诸如运筹学等现代方法进行投资决策的准备工作、制定长期的盈利预算、进行风险分析和利润率概算、计算物资需求的最佳规模等。这些专业部门不仅要为企业的核心领导层提供咨询，而且要为各个事业部提供服务。当然，没有事业部经理的合作，对整个企业的有效管理是不可能实现的。为了监督和控制各个事业部以实现企业事先确定的目标，企业还会定时收集各事业部报告所提供的实际信息。为此，企业需要在所有事业部的协作中建立必要的控制与报告系统，因为只有这样才能使那些进行经济性控制所必需的数据资料由各个事业部经理传递给各中央部门。

事业部式结构的优点只有在解决了因部门分离而产生的协调问题的时候才能充分显现出来。但是，企业在为此建立相应的控制机制的时候，往往会遇到不少困难。由于各事业部的经理之间会在获得紧缺资源上产生竞争，就给企业的高层领导提出了这样一个问题，即权衡各个子目标的轻重关系。但是，事业部的经理会努力使中央部门为自己部门制定的预算尽可能符合本部门的期望，很多事业部的经理甚至会采用违反企业规定的信息处理手段来歪曲传递给企业中央部门的信息，致使企业对紧缺的资源无法根据合理的标准加以分配。当各个事业部在技术上彼此相互依赖或在企业外部的采购和销售市场上存在竞争的时候，这些危险就会大量地积累下来。

在哈佛从事企业管理研究工作的劳伦斯和洛斯曾经研究了两家工业企业，其中一家采用事业部式结构，另一家则采用职能式结构。这两家企业的其他条件如生产项目、销售市场、生产技术、原材料等都是近似的。经过研究，他们认为，采用职能式结构的企业，在稳定的市场关系占主导地位和在较长时间内具有相对不变的生产技术与工艺的条件下，往往会取得较好的成果。相反，事业部式结构在灵活性方面则是一种适宜的组织形式，尽管只有当其未来的任务极难预测和需要解决革新问题的时候才是如此。

四、矩阵式结构

矩阵式结构就是把一个以项目或者产品为中心构成的组织（横向结构）叠加到传统的、以职能来构成的组织（纵向结构）之上。通过以对象原则和工作原则来构成的组织结构二者的结合使这两种权限系统交叉起来，由此而产生的组织形式近似于一个矩阵。也就是说，当一个个项目结构叠加在一个职能式结构上时，就形成了矩阵式结构。在这种结构中，成员并不专门设置，而是从职能组织中抽调或借用，因此其人员具有双重性：其一，他们仍然需要对其原属的职能部门负责，职能部门的主管仍然是他们的上级；其二，他们又必须对项目经理负责，项目经理对他们拥有项目职权。其结构如图 13－5 所示。

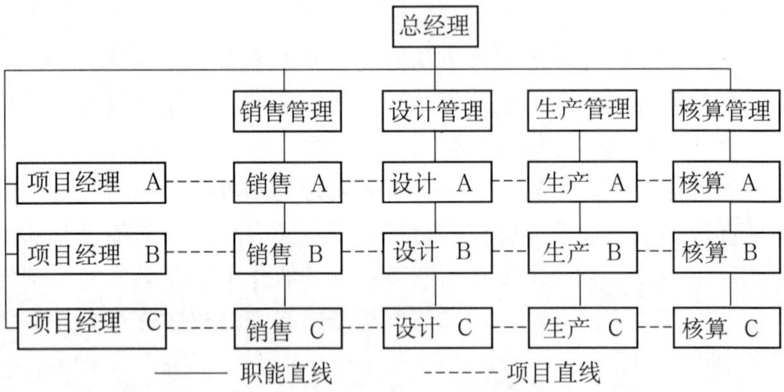

图 13－5 矩阵式结构

从图 13－5 中可见，在纵向上，行使的是职能组织的职责权限，在横向上，行使的则是项目职权。纵横两个方面的排列，即为矩阵式结构。其中，项目经理的任务是把他们在项目方面的所有观点和决定通过等级性的直线职能在横向上协调起来。他们主要是关注其项目方面的问题，并要确定在何时、由谁以及怎样去解决这些问题。而职能部门的管理者则不是着眼于某一个别的项目，而是要在其职权范围内对所有的项目负责，其权限在于对如何完成工作做出决策。表 13－5 概括了矩阵式结构的特征。

表 13－5　矩阵式结构的特征

	特征
关联背景	结构：矩阵式 环境：高度不确定性 技术：非例行的、较高的相互依存 战略目标：产品创新和技术专门化
内部系统	经营目标：同时强调职能和产品线 计划预算：基于职能和项目（产品）的双重系统 正式权力：职能经理和项目（产品）经理的联合
优势	获得了适应环境双重要求所必需的协作/项目（产品）之间实现人力资源的弹性共享 适于在不确定性环境中进行复杂的决策和经常性的变革 为职能和生产技能的改进提供了条件 在拥有多种产品的中等组织中最优
劣势	导致员工卷入双重领导之中，降低人员的积极性并使其迷惑 员工需要有良好的人际关系技能并经过全面的培训 耗费时间，包括经常的会议和解决冲突 员工必须理解这种模式 需要维持权力平衡

五、混合式结构

混合式结构是对以上各种结构的综合运用。当一家公司成长为大公司，拥有多个产品线或市场时，通常会综合职能式、事业部式结构而组织若干自主经营的单位，同时，有些职能也集中在总部控制，以获得规模经济和深度专门化。图 13－6 显示了这种结构，表 13－6 概括了这种结构的特征。

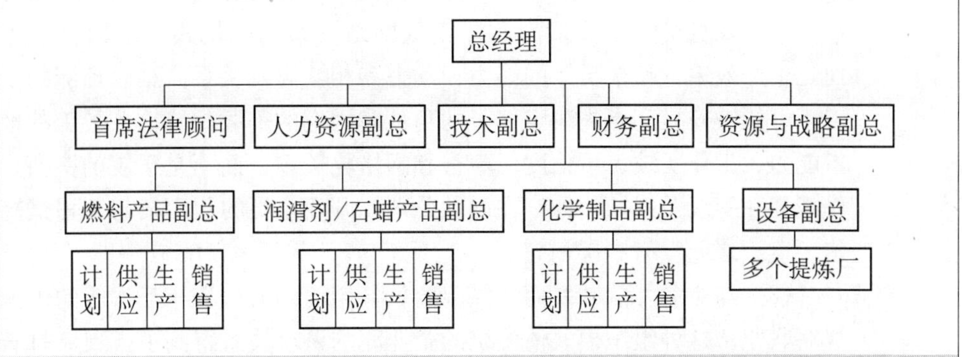

图 13－6　混合式结构

表 13-6 混合式结构的特征

	特征
关联背景	结构：混合式 环境：中度到高度的不确定性，变化的客户要求 技术：例行或非例行的、一定的相互依存 战略目标：外部有效性、适应、顾客满意
内部系统	经营目标：强调产品线和某些职能 计划预算：基于事业部的利润中心，基于核心职能的成功 正式权力：产品经理在职能经理的协作下
优势	使组织在事业部内获得适应性和协调，在核心职能部门内实现效率，事业部的目标更一致 获得产品线内和产品线之间的协调
劣势	可能产生过多的管理费用 事业部和公司其他部门之间的冲突

六、柔性结构

柔性这一概念在一个组织内部是指具有对意外的变化不断地反应，以及适时根据可预期的变化的结果迅速调整的能力。许多高科技公司处于承受连续变化和做出反应的最前沿，它们必须缩短产品的开发周期，及时地对竞争市场的动态变化做出反应。因此，宽松的、不干预的管理方式对于这类公司的专业员工来说是必需的，以保证一种有利于进行创造性思考和活动的能力，提高对竞争和市场的发展迅速反应的能力。同时，它们又必须与传统公司一样，保持纪律严明、队伍精干、重点突出、紧迫的使命感、有效的控制和协调。

（1）由各工作单元组成的联盟性的星形多级组织。它们在关键技术和如何解决难题上互相帮助、互相依赖，而它们的地位与公司的核心机构或称中央部门平等。例如苹果电脑公司，其下属的各工作单元尽管在大小、规模形式上各不相同，但都与总部的地位平等，可以全权代表总公司处理包括财务、人力资源、法律行为、行政管理等各项事务，并有选择性地参与确定公司的发展方向。

（2）一种员工个人能力和非正规网络关系的随机式自由组合。在高技术公司，生产效率依赖于员工的能力、动力和相互启发关系。难以预测的变化导致员工不可能被安排到事先决定好了的角色和固定的等级位置上。员工的地位来自技术能力、工作实绩、可信度、声誉和网络化关系，而不是正规的头衔、权威、工作规程和等级关系。例如，在微软公司，开发小组的程序员与公司最高领导者比尔·盖茨之间没有中层领导。

（3）与企业外的开发商、供应商、分销商结成边界相互渗透的虚拟企业或称战略联盟。这种组织模式使传统的企业间的供求关系得到了扩展，打破了企业与其外部关联者的屏障，使得双方互惠地赢得市场，共享技术，共担风险。例如，苹果公司允许它的伙伴（包括软件开发商、顾问、销售商以及供应商）进入自己的内部电子邮件系统，使其及时获得苹果公司的新产品研究开发、机构改组等信息，同时从对方获得其运作的重要信息。

◆ 关键术语

组织　组织理论　组织设计　组织结构　管理幅度　管理层次　职能式结构　事业部式结构　矩阵式结构　混合式结构　柔性结构

◆ 复习思考题

1. 什么是组织？对组织的研究有什么意义？
2. 巴纳德关于组织理论的基本观点是什么？
3. 影响组织结构设计的因素有哪些？
4. 组织结构模式有哪些？各有什么特点？
5. 企业对组织结构模式的选择应考虑哪些因素？
6. 什么是组织范式和自组织？

案例分析

叶成辉与 IBM 的矩阵式结构

1987 年，加州伯克利大学电子工程专业出身的叶成辉加入 IBM 旧金山公司，成为一名程序员。因为不喜欢编程等技术类的工作，梦想着做生意、当经理（比较喜欢跟人沟通），他便主动请缨到销售部门，经过了差不多 5 年时间的努力，获得晋升，成为一线经理。随后，叶成辉调到 IBM 香港公司，做产品经理。由于个人“斗志旺盛”，业绩不错，而且“官运亨通”，差不多每两年他都能够升一个台阶，如今，叶成辉已经是 IBM 大中华区服务器系统事业部 AS400 产品的总经理。

从旧金山到香港，再到广州，最后到北京；从普通员工到一线经理，再晋升到现在做三线经理；从一般的产品营销，到逐步专注于服务器产品，再到 AS400 产品经理，多年来，叶成辉一直在 IBM 的“巨型多维矩阵”中不断移动，不断提升。他认为，IBM 的矩阵组织是一个很特别的环境，在这个矩阵环境中，自己学到了很多东西。IBM 是一个巨大的公司，很自然地要划分部门。单一地按照区域或地域、业务职能、客户群落、产品或产品系列等来划分部门，在企业里是非常普遍的现象，从前的 IBM 也不例外。近七八年来，IBM 才真正做到了矩阵组织。也就是说，IBM 把多种划分部门的方式有机地结合起来，其组织结构形成了“活着的”立体网络——多维矩阵。IBM 既按地域分区，如亚太区、大中华区、华南区等，又按产品体系划分事业部，如 PC、服务器、软件等事业部；既有银行、电信、中小企业等行业划分，也有销售、渠道、支持等不同的职能划分；等等，所有这些纵横交错的部门划分有机地结合成为一体。对于这个矩阵中的某一位员工比如叶成辉而言，他既是 IBM 大中华区的一员，又是 IBM AS400 产品体系中的一员，当然还可以按照另外的标准把他划分在其他的部门里。

IBM 的这种矩阵式结构带来的好处是什么呢？叶成辉认为，非常明显的一点就是，矩阵组织能够弥补对企业进行单一划分带来的不足，把各种企业划分的好处充分发挥出来。显然，如果不对企业进行地域上的细分，比如说只有大中华而没有华南、华东，就无法针对各地区市场的特点把工作深入下去。而如果只进行地域上的划分，对某种产品比如 AS400 而言，就不会有一个人能够非常了解这个产品在各地表现出来的特点，因为每个地区都会只看重该地区整盘的生意。再比如按照行业划分，就会专门有人来研究各个行业客户对 IBM 产品的需求，从而更加有效地把握住各种产品的重点市场。

叶成辉说："如果没有这样的矩阵结构，我们要想在某个特定市场推广产品，就会非常困难。比如说在中国市场推广 AS400 这个产品，由于矩阵式结构的存在，我们有华南、华东等各大区的队伍，有金融、电信、中小企业等行业队伍，有市场推广、技术支持等各职能部门的队伍，以及专门的 AS400 产品的队伍，大家相互协调、配合，就很容易打开局面。首先，我作为 AS400 产品经理，比较清楚该产品在当地的策略是什么。在中国，AS400 的客户主要在银行业、保险业，而不像美国主要是在零售业和流通业；在亚太区，AS400 的产品还需要朝低端走，不能只走高端；中国市场上需要的 AS400 的价位、配置以及每个月需要的数量等，只有产品经理比较清楚。从产品这条线来看，我需要跟美国工厂订货，保证货源供应。从产品销售的角度看，AS400 的产品部门需要各相关地区的职能部门协助，做好促销活动；然后需要各大区、各行业销售力量把产品销售出去。比如，我要在媒体上做一些访问，就需要当地负责媒体公关的部门的协助。再如，我认为'莲花宝箱'（为中国市场量身定制的 AS400）除了主打银行外，还要大力推向中小企业市场，那么就需要跟负责中国中小企业的行业总经理达成共识。当然，'莲花宝箱'往低端走，还需要分销渠道介入，这时，就需要负责渠道管理的职能部门进行协调。从某种意义上讲，我们之间也互为客户关系，我会创造更好的条件让各区、各行业更努力推广 AS400。任何事情都有它的两面性。矩阵组织在增强企业产品或项目推广能力、市场渗透能力的同时，也存在它固有的弊端。显然，在矩阵组织当中，每个人都有不止一个老板，上上下下需要更多的沟通协调，所以，IBM 的经理开会的时间、沟通的时间，肯定比许多小企业要长，也可能使得决策的过程放慢。"

叶成辉进一步强调，其实，这也不成为问题，因为大多数情况下还是好的，IBM 的经理都知道一个好的决定应该是怎样的。另外，每一位员工都由不同的老板来评估他的业绩，不再是哪一个人说了算，评估的结果也会更加全面，每个人都会更加用心去做工作，而不是花心思去讨好老板。同时运用不同的标准划分企业部门，就会形成矩阵式组织。显然，在这样的组织结构内部，考核员工业绩的办法也无法简单。在特定客户看来，IBM 只有唯一客户出口，所有种类的产品都是一个销售员销售的；产品部门、行业部门花大气力进行产品、客户推广，但是，对于每一笔交易而言，往往又是由其所在区域的 IBM 员工最后完成，等等。问题是，最后的业绩怎么计算？产品部门算多少贡献，区域、行业部门又分别算多少呢？

叶成辉说："其实，IBM 经过多年的探索，早已经解决这个问题了。现在，我们有三层销售——产品、行业和区域，同时，我们也采取三层评估，比如说经过各方共同努力，华南区卖给某银行 10 套 AS400，那么这个销售额给华南区、AS400 产品部门以及金融行业部门都记上一笔。当然，无论从哪一个层面来看，其总和都是一致的。比如从大中华区周伟焜的立场来看，下面各分区业绩的总和，大中华区全部行业销售总额，或者大中华区全部产品（服务）销售总额，三个数据是一样的，都可以说明他的业绩。"

在外界看来，IBM 这部庞大的战车是稳步前进的，变化非常缓慢。叶成辉认为，这其实是一种误会。对于基层的员工，对于比较高层的经理，这两头的变化相对比较小，比较稳定。比如说一名普通员工进入 IBM，做 AS400 的销售，差不多四五年时间都不会变化，然后，可能有机会升任一线经理。再比如亚太区的总经理，也可能好多年不变，因为熟悉这么大区域的业务，建立起很好的客户关系，也不太容易。所以，外界就觉得 IBM 变动缓慢。但是，在 IBM 矩阵内部的变化还是很快的。中间层的经理人员差不多一两年就要变换工作，或者变换老板，变换下属，这样就促使整个组织不断创新，不断向前发展。叶成辉说："我在 IBM10 多年，换了 10 多位老板。每一位老板都有不同的长处，从他们那里我学到了很多。其实，IBM 的每一位员工都会有这样的幸运。矩阵式结构是有机的，既能够保证稳定地发展，又能保证组织内部的变化和创新。所以，IBM 流传着一句话：换了谁都无所谓。"

资料来源：根据网络资料整理。

［分析］

矩阵式结构在 IBM 为什么能取得成功?

第14章 组织变革与组织培育

本章重点

● 组织变革是指组织根据外部环境变化和内部情况变化，及时调整和完善自身结构和功能，以提高其适应环境、求得生存和发展需要的应变能力。

● 任何组织的变革都要依赖于绝大多数组织成员的支持、理解、参与和积极配合。

● 组织生命周期是指组织从产生、成长到最终衰落的过程。

● 组织培育是一种着眼于提高整体素质，运用团体活动的程序以实现预期变革的支持战略。组织培育寻求改善信仰、态度、观念、结构和实际行动，从而使组织能够更好地选择技术和发展方向，跟上社会变革的步伐。

名人名言

真理无恒常。

——阿列杰德罗・卡苏那

广泛的组织培育成果从根本上开辟了一个新的具有强大威力的阵地。

——理查德・赛尔夫利奇

引例

QB发廊——创新和工作设计的典范

在理发行业中，很难想象有人会用“减少”而不是“增加”服务项目的方式来打击竞争对手。实际上，很多美发沙龙都力求提供全套服务，譬如发型设计、染发、头发护理、剃须、洗头、按摩、热毛巾以及提供零食和杂志等。这些项目延长了服务时间，提高了服务费用。QB发廊决定独辟蹊径，减少服务项目，提供快速平价的理发服务。

QB发廊于1996年由小西国吉在日本创立。他无法忍受理发店里冗长的服务项目和时间。很多客人每天在家里就已经刮过胡子洗过头了。对于一部分客人来说，附加项目都是不必要的，理发才是目的。在日本，传统的理发时间是 60～80 分钟，费用昂贵。当然有些客人想在这种奢华中放松一下，但是大多数忙碌的专业人士和白领可耗不起时间。

省时、省钱

理发的时间和成本能降低吗？有没有可能提供快速平价且优质的服务？小西国吉意识到问题的关键是重新设计服务流程。他设计了一种压缩式的店面，三四张理发椅加上一张 3 人等待区长凳。其他的变革包括取消收银机、电话、洗手间、杂志和电视。没有剃须和洗头服务，也就不需要洗脸盆，甚至连水都不需要。服务项目减少了，时间和成本就减少了。小西的理念成为现实。他的平价理发服务打出了诱人的招牌：理发只要 10 分钟以及诱人的价格：不论男女老幼，只需 1 000 日元。理发师完全不接触现金。顾客只需在一个贩卖机里放入 1 000 日元的纸币，就会拿到一张票据。贩卖机只接受纸币。店员会礼貌地建议顾客到其他地方把大额纸币换开，找零钱的时间也免了。

科学的流程

“系统单位”是省时省钱的秘诀。它包含一把套有盒子的理发椅（盒子里有一个大袋子，理发师可以把头发扫进去）、一面装在橱柜门上的镜子和橱柜（摆放梳子、消毒用具和围脖等）。一个装在天花板上的轻便吸尘器可以拉下来吸走散落的头发，小西把它称为“空气清洁机”。所有的工具和设备都近在咫尺。每个 QB 发廊都是由三四个系统单位组成的。完备而又符合人体工程学的装备让员工在任何一家 QB 发廊工作起来都得心应手、游刃有余。

一旦客人离开，吸尘结束，在等待区的下一位顾客就可以把票据交给理发师并坐上理发椅。这样一来，发廊每小时的营业额约为 5 000～6 000 日元，而日本传统的理发店每小时平均收费 3 000～5 000 日元不等，只能服务一个客人。票据也是理发师工作的凭证。没有电话预约，也不会有电话打扰，但是有一套电子感应系统来检测发廊的工作饱和度，计算等待时间。每一家店都有三个等待位置，标号为 1，2，3。每张等待椅和理发椅的下面都有一个传感器。感应系统侦测到客人的数量以及等待区客人等待的时间。店面外有一系列的闪烁灯用来显示空余椅位和等待时间。绿灯亮，表示立即可以理发。黄灯或红灯亮则说明等待时间 5～15 分钟不等。信息技术在这里广泛应用，每家发廊的营业时间、客人数量、理发时间等都通过互联网实时传递到管理系统。如果一家发廊过度繁忙，邻近就会再开一家。

工资制度

小西本人完全没有理发业的经验。他最初通过招聘公司招募员工。他们多来自美容相关的培训机构。尽管缺乏经验，但他们上手很快，而且工资比较低。后来，小西干脆成立了一家名为“美发师培训”的学校专为自己的发廊培训合格的理发师。新的工资方案也开始实施。理发师可以领取月薪，按每天 15 000 日元计算，也可以选择计件收费。可以想象，手脚麻利的员工更喜欢后者。

加盟店

QB 发廊一开张就赢得了“新型企业奖”和“亚洲创新奖”。其商业模式获得了正式的认可。竞争者开始做出反应，模仿者也蠢蠢欲动。平价市场快速增长的势头让公司不得不考虑加盟扩张的战略。它的加盟业务广受欢迎。最初的加盟者从 24 岁到 55 岁不等，其中大部分是 40 多岁的人，看起来就像是中年变革的一种选择。如今，在其他年龄组也渐渐打开了市场。

扩张

从 1996 年第一家 QB 发廊在东京的神田成立开始，其业务很快扩张到了日本西部的九州和北部的本州。现在，它在日本各个商业区、火车枢纽站和购物中心拥有大约 350 家店面，每年服务约 1 000 万客人。QB 发廊在新加坡和泰国也开了几十家店面，现在正计划进军中国和其他亚洲国家和地区。

资料来源：Ricky W. Griffin，Gregory Moorhead. Organizational Behavior：Managing People and Organizations. Published by South-Western Cengage Learning，Ninth Edition，USA，2010.

第 1 节　组织变革

一、组织变革的基本动因

组织是一个开放、复杂的系统，这种系统与其多重环境相互影响。多层次、多因素、复杂多变的环境要求组织不断调整和完善自身的功能和结构，提高在变化的环境中求得生存与发展的灵活性、适应性和快速反应能力，即要根据外在环境的变化不断对组织进行变革。组织变革就是指组织根据外部环境变化和内部情况变化，及时调整和完善自身结构和功能，以提高其适应环境、求得生存和发展需要的应变能力。

要制定科学的组织变革对策，首先需要对组织变革的基本动因进行分析，这是研究组织变革的起点。

组织变革是多因素综合作用的结果。组织变革的基本动因可以分为外在原因和内在原因两大方面。

1. 组织变革的外在原因

（1）科学技术进步迅速。科学技术系统是组织变革的一个明显的推动力。现代科学技术在以空前的广度和深度影响和改变着社会生产和生活的各个方面，它对组织结构、组织管理层次与幅度、组织运行要素等都带来了巨大的变化。产品的技术含量越来越高，技术创新速度越来越快，从研究试制到投入商品市场的周期越来越短，国内外市场新产品层出不穷，产品随时面临老化过时遭淘汰的危险。信息系统的引进使得组织结构日趋扁平化，中间层次大大减少，部门之间、上层与下层之间沟通更为快捷，沟通方式也极大改变。

（2）竞争压力加大。竞争日趋激烈，竞争对手越来越强大且难以捉摸，新的进入者不断加入，替代品不断出现，竞争的领域、范围扩大，同行业竞争对手增多，除了国内的竞争者外，海外的竞争者以更高、更精致技术的同类产品低价销售。如果不进行组织变革，就无法应付竞争的压力。

（3）消费者在改变。随着科技的发展、生活水平的提高，消费者的需求水平、需求结构、价值观和生活方式、审美观和闲暇时间等都发生了一系列新的变化，组织必须进行变革，增强快速反应能力，及时满足消费者的需要，占领市场。

（4）本地和国家经济变化。政府对组织的影响巨大，构成了组织最重要的外部环境之一。政府重大方针政策的出台、宏观调控措施的改变、经济结构的调整、通货膨胀的变化以及各项法律法规、税收、政治事件等方面的改变，都要求组织做出相应的变革。

（5）组织活动范围扩大。随着经济全球化和一体化趋势加快，企业联合兼并出现，跨国企业增多，各国公司尤其是综合性大规模企业经营活动范围在扩大，从一国扩展到多国甚至全球，经营活动范围的扩大使得企业面对众多不同的政治经济文化和法律环境，要求企业改变单一的组织模式，适应多国不同的环境。

（6）管理现代化的需要。管理是推动组织变革的重要因素。有人直接把组织变革称为“管理变革”或“改革的管理”。管理现代化要求组织对其行为做出有效的预测和决策，对组织要素和组织运行过程的各个环节进行合理规划，以充分调动员工的积极性，最大限度地发挥本单位人力、物力、财力的作用，取得最佳效益。

2. 组织变革的内在原因

（1）组织目标与员工价值观改变。随着组织的发展，组织目标必须做出相应的改变和调整。要么组织既定的目标已经实现或即将实现，需要寻求新的发展、新的目标；要么组织既定目标无法实现，需要及时地转轨变型；要么组织目标在实施过程中与环境不相适应，出现偏差，需要进行修正与调整。同时，员工的价值观、对组织的期望和劳动态度的变化都要求组织进行变革。

（2）组织结构的改变。现有部门进一步划分或合并，对组织结构的权责体系、部门体系的调整，将引起整个组织系统效能和作用的变化，从而要求调整管理幅度和层次，重组新的部门，协调各部门的工作，改变现有结构设计不合理或不适应新的环境变化的状况，以提高组织的运转效率。

（3）组织内部的矛盾与冲突。由于部门扩大，人员增多，目标不一致，业务量增加，组织内部矛盾增加，人际关系复杂，群体冲突不断，需要调整组织结构，改变沟通方式，缓解矛盾，理顺关系，从而使组织有效运行。

（4）组织职能的转变。组织职能随着现代社会的发展而变化。现代社会组织的职能更专业化、社会化，强调职能细化、分工明确化、社会服务职能强化、对社会的责任要增强。所有这些都要求组织变革原有的权责体系，合理设计管理层次和幅度，建立有效的沟通体系，兼顾社会各方面的利益，提高服务的层次和水平，以求得生存与发展。

（5）员工社会心理的变化。组织成员动机、态度、行为、需求等的改变，对整个组织的发展具有重要意义。组织方针、措施的出台以及战略规划的实施，需要员工的支持与配合，员工需求层次的提高，员工参与意识、自主意识增强，个性化趋势增强，要求组织改变激励手段，改善工作环境和工作条件，改变工作设计，以适应组织成员的社会心理需要。

二、组织变革的征兆

变革是个人生活和组织生活不可避免的一个特性。那么，对于一个组织来说，出现了哪些征兆、发展到什么程度才预示着必须实施变革呢？

西方组织管理学家希斯克（H. L. Sisk）对组织变革的征兆做了深入的研究，认为当组织内部出现下列情况之一时，就表明该组织需要变革：

- 决策的形成过于缓慢或时常做出错误的决策，以致常常坐失良机。
- 意见沟通不畅，造成不及时协调人事纠纷等严重后果。
- 企业的主要功能已无效率或得不到正常发挥。如企业生产计划不能如期完成，生产成本过高，产品质量低劣，销售下降，技术革新和新产品上市失败，员工绩效下降等。
- 组织缺少创新，在产品发展上没有新观念，在企业机能的执行上没有新方法，致使组织停滞不前。

研究组织是否必须变革，可从两方面着手分析。一方面，考察组织机构是否健全、组织目标是否明确、工作效能是高还是低；另一方面，要随着外部环境的变化进行组织变革，着重考察：

- 组织结构是否重叠，职能是否重复？
- 权限之间是否冲突？
- 信息沟通和控制是否健全？
- 决策和执行是否延误？

美国利特尔咨询公司提出了一个公式：

$$C=abd>X$$

式中，C 为变革；a 为对现状的不满程度；b 为对变革后可能达到情况的概率估计；d 为现实的起步措施；X 为变革所花的代价。该式说明，是否进行组织变革还取决于需要变革的各种因素的乘积，乘积要大于变革所花的代价，否则变革就没有经济价值。

发现了组织需要变革的征兆，就可以确定变革的时机和对策，及时实施变革。

三、组织变革的战略类型

组织变革涉及的是组织战略性的改革与调整，是关系到全局、方向的大问题，通过变革整合组织的各种资源和竞争力量，形成新的竞争优势。这些变革的基本战略类型有：

1. 经营战略变革

组织经营战略同组织发展规模、组织在市场上的竞争地位相适应。如果规模和地位发生了变化，经营战略也要随之改变。明星类企业（市场增长率和相对市场份额都很高的企业）与瘦狗类企业（市场增长率低而且相对市场份额低）、处于市场领导者地位的企业与处于市场挑战者地位的企业，所采取的经营战略与策略都是不一样的。组织必须审时度势，对自身市场进行再定位，适时调整自己的发展目标，以适应社会环境的变化与要求。

2. 管理和联系方式变革

组织内外环境的变化有可能导致原有的经营管理方式和联系方式落后和无效率。

在组织内部，随着人员素质的提高、员工权力的扩大，下级与上级之间更多的是伙伴关系、合作关系，因而组织内部管理与联系方式应更多地采用参与式、团队式、自我管理等方式。在组织外部，组织同政府、公众、新闻媒体以及供应商、客户之间的联系方式也将随着信息系统的引进而发生改变。

3. 组织机构和结构变革

组织系统的正常运行，要求有与之相应的运行载体，即合理的组织形式。一定的组织形式总是同相应的组织规模、市场环境相联系并随之改变。这些变革包括内部薪酬系统、管理信息与控制系统、会计与预算系统等方面。变革的目的在于更合理地组织管理人员的工作，提高管理劳动的效率。

4. 人员与文化变革

组织内部人员的知识结构、技术水平、价值观念、思维方式随着环境的变化而不断更新，组织文化也会随着组织兼并、重组、结构调整而改变。组织必须加强教育培训，加强对人的价值工程管理，建立学习型组织，重视员工参与和授权，增强组织凝聚力，形成文化认同和文化融合，提高员工的积极性和组织素质。

5. 产品与服务变革

产品是企业与社会、公众联系的桥梁，质量是产品的生命。市场激烈竞争要求企业不断改进产品的品种、结构，寻找产品的新途径、新用户，吸引新顾客，开发新市场，向社会提供适销对路的产品和服务，满足和诱导购买动机，坚持市场创新。

6. 技术变革

技术推陈出新有利于企业在激烈的市场竞争中抢占有利地位，获取主动权，扩大市场份额。技术变革包括引进新材料、新设备，改进生产工艺、设备与人员的时空组合，改进工作方式、工作流程等。

四、影响变革的因素

任何组织的变革都要依赖于绝大多数组织成员的支持、理解、参与和积极配合。组织的领导者必须清醒地认识到影响大多数人对组织变革态度的因素，尽可能地对这些因素加以控制，把变革的阻力降到最低限度。一般来说，组织成员对变革是持支持和欢迎态度的，因为人们都希望通过变革使组织能够更好地适应变革的环境，进一步提高效率，增加利润水平，同时使个人收入得到增长。变革意味着打破旧的僵化的管理体制，增强组织的活力，意味着打破平均主义，鼓励多劳多得。但是，由于变革的长期性、艰巨性和复杂性，人们往往习惯于旧有的组织模式，而对变革所带来的旧有规章制度被打破、多年的传统和习惯被废止、原有的行为规范不适用，感到不适应、不习惯，从而在心理和行为上产生抵制，这就形成了变革的阻力。

大量的观察和研究表明，对变革的抵制一般来自两大方面，即个人和组织。

从个人方面讲，影响变革的主要因素有：

（1）心理因素。人们对自己所长期从事的工作总是熟悉的、感到稳定的，这在心理上形成一种安全感和心理平衡。而一旦遇到变革，这种心理上的平衡与安全感就会丧失，从而产生一种茫然无助的心理恐慌，这种心理恐慌往往导致对变革的抵制。

还有一些人担心变革会影响自己在组织中的地位，有的人担心变革会破坏原有的人际关系的协调，为了维持原有的关系，人们从感情上产生一种对变革的抵制。也有一些人担心变革会改变人们熟悉的工作环境、工作方式、职业习惯，会造成心理不适应，因而产生不快和抵触情绪。

（2）经济因素。这是决定人们对变革持何种态度的关键。人们担心变革会影响个人收入，损害自身利益。比如担心技术变革后会使自己不适应新的工作，成为多余的人而被解雇，担心变革后工作时间的减少会使自己收入减少，担心职务和工作的改变会使自己的薪水下降，担心生产效率提高后工作变得更紧张辛苦，闲暇时间减少等。这些在经济利益得失问题上的担心是人们抵制变革的又一主要原因。

（3）领导因素。变革意味着对旧有秩序的破坏，变革的过程与结果存在诸多不确定因素，因而领导者对变革要承担一定的风险，领导者和组织成员担心一旦变革失败，会危及自身地位和既得利益，因而大多对变革有一种畏惧心理和求稳怕乱的倾向。

从组织方面看，影响变革的主要因素有：

（1）组织结构因素。组织变革会打破原有的各层次权力与责任的界限，调整不同层次的管理机构，因而会触及旧有各层次管理机构的利益和权力，招致相关群体的抵制。

（2）组织规范因素。组织规范一旦制定出来，就有一种惯性，在较长时间内约束和规范人的行为。组织变革会改变旧有的行为规范和原有的组织目标，而旧有的行为规范的影响力在没有消退之前对新的组织规范和组织目标就会形成一种抵制。

（3）经济利益因素。组织变革意味着废除旧有的、过时的东西，建立新的制度和秩序，而所有这些都是需要成本的，需要投入人力、物力和财力，在人们对这种投入的预期效果感到不确定和存在顾虑时，组织变革的动力就减弱。

（4）人际关系因素。变革意味着打破旧有的人际关系，重新调整组织成员之间的关系。这种新旧关系的交替、新关系的确立需要一个较长的过程。在旧有关系仍在起作用而新的关系尚未建立时，组织成员之间的关系可能会变得紧张，从而引起一些人对变革的不满。

沃尔顿（Goodwin Walton）提出了组织应对抗拒变革的 12 种方法：

● 组织吸纳有关人员参与变革计划，使变革成为成员自己的事情，以减少抗拒。

● 使参与变革者认为变革对其有利而不是增加负担。

● 如果变革方案得到高层管理者全力支持，将减少抗拒。

● 使变革计划所依据的价值与理想为参与者所熟悉。

● 使参与者感觉到变革计划没有威胁到自主权与安全感。

● 变革计划所提供的新经验使参与者感兴趣。

● 让参与者共同参加诊断，找到变革的基本问题，并感受到其重要性。

● 变革计划能为变革参与者一致决定采用。

● 如使变革的赞成者与反对者都能了解赞成和反对的正当理由，设法减轻其不必要的恐惧感，将减少抗拒。

● 认清创新有被误解的可能，应事先做好解释的准备。

● 使参与者相互信任。

● 将变革计划公开讨论，从经验上说明可以成功。

归纳国内外研究与实验的结果，克服对变革的抵制的方法主要有：

（1）鼓励积极参与。研究表明，人们对某项活动参与的程度越高，他们承担责任的可能性越大。因此，在组织变革中要吸引和鼓励成员积极参与变革计划的制定和实施过程。

（2）注意上下沟通。要让大多数成员了解变革的原因、目标和进程安排，相信和尊重大多数成员，加强信息沟通，协调上下级关系，把变革者的意愿变成全体员工的信念，从而形成变革的强大推动力。

（3）有计划分步骤实施。变革是个渐进的过程，人们对新事物的认识和接受也有一个过程，不可能一蹴而就，要分步骤、有计划、有组织地进行。

（4）利用群体动力。个体的行为要受到群体的影响和制约，群体的目标、感情、态度、规范、价值观念和行为准则深刻影响个体的行为方式，因此，要大力培养组织归属感，提高群体的凝聚力，明确变革目标，统一思想认识，以得到组织成员的积极支持与配合。

（5）领导重视。领导支持是变革顺利实施的保证，要努力创造“领导气候”，使上层领导支持变革。

（6）力场分析法。这是勒温提出的一种克服变革阻力的方法。所谓力场分析法，就是把对变革的两种态度、两种力量（即支持的和反对的）运用对称图示方法排队，分析比较强弱，然后采取措施。通过增强支持因素和削弱反对因素的办法，推行变革。这种方法已被管理部门成功地运用于管理和组织变革之中。

五、组织变革的模式与方法

组织变革的模式是指组织变革的要素构成、运行程序、变更方式方法的总体思维框架。关于组织变革的基本模式，国内外学者从不同的角度进行了研究，提出了自己的观点。归结起来，有以下几种：

1. 组织变革的四变量模式

美国学者莱维特认为，组织变革的模式由四个变量构成，并形成特定的关系。这四个变量是：

（1）结构。指组织的权责体系、管理层次和幅度、沟通状况和工作流程等。

（2）任务。指组织存在的使命。组织任务之间具有一定的层次关系和隶属关系。

（3）技术。指组织为完成目标所采用的方法和手段。

（4）人员。指达到组织目标的个体、群体、领导者等。

其相互之间的关系如图 14－1 所示。

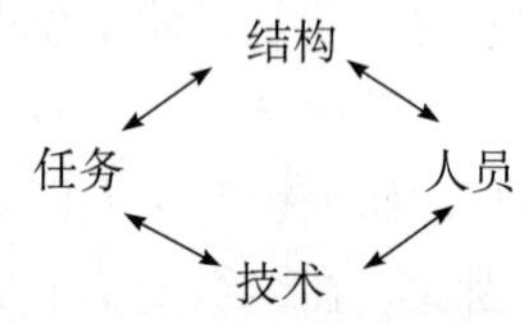

图 14－1　组织变革相互作用的四个变量

莱维特认为上述四个变量相互依赖，任何一个变量的改变都会引起其他一个或多个变量的改变，组织变革可以通过改变其中的一个变量或多个变量来进行。莱维特提出的这一模式，对制定组织变革的对策和方法提供了一个基本的框架。

2. 组织变革的动因模式

组织变革的动因模式是指从组织变革的内在原因与动机出发，探讨组织变革的模式。主要从组织变革的原因、动机、选择、目标四个环节来探讨组织变革的模式及过程。从原因方面看，有内部的原因和刺激，也有外部的原因和刺激；从动机方面看，有个人的成长需求，也有组织的成长需求；从选择的角度看，有目标选择、途径选择和方式选择；从组织目标来看，有组织的协调发展目标和组织对环境的适应性目标。

3. 组织变革的程序模式

组织变革的程序模式从组织变革的过程入手，通过分析组织成员心理机制变化的重要阶段，针对不同的阶段采用不同的方法。

（1）勒温的变革程序模式。美国心理学家勒温提出了解冻—变革—再冻结三阶段理论。

1）解冻（unfreezing）阶段：变革前的心理准备和思想发动阶段。改变人们原有的态度、习惯和传统，鼓励人们接受新的观念，刺激人们变革的动机。

2）变革（changing）阶段：向组织成员指明变革的方向和方法，使之形成新的态度和接受新的行为方式，实现行为转化，通过认同和内在化，加速变革的进程。

3）再冻结（refreezing）阶段：这是变革后的行为强化阶段。通过连续强化（指在被改变的人每次接受新的行为方式时予以强化）和断续强化（指在预定的反应次数间隔时间内给予强化），使已经实现的变革（如态度和行为方法等）趋于稳定、持久，形成模式行为。

（2）凯利的变革程序模式。心理学家凯利认为组织变革应包括诊断、执行和评估三个阶段。诊断阶段包括确定问题、诊断、列出可行的方案；执行阶段包括发展决策准则、选择解答方式、计划变革和采取行动；评估阶段包括评估效果和反馈（从评估反馈到执行）。

（3）卡斯特的变革程序模式。美国管理学家卡斯特认为组织变革应分为六个环节，如图 14-2 所示。

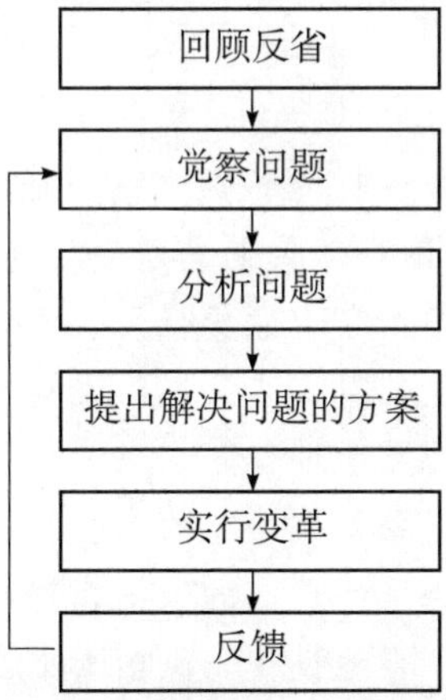

图 14-2　组织变革的六个环节

组织变革需要采取一定的措施方法。

美国组织变革与发展专家弗伦奇（F. French）和贝尔（E. Bell）提出了组织变革的 12 种措施，包括：分析活动；小组建设；群体之间的活动；调查反馈；教育与训练；技术结构活动；过程咨询；格道式组织发展活动；第三者调解；辅导与咨询；终生性规划和事业计划活动；计划和制定目标活动。

4. 组织变革的方法

（1）调整组织结构。指找出组织结构方面的缺陷，研究和分析整个组织的情况，提出改进措施，吸收有关人员参与计划的制定，提出新的组织结构方案，对责、权、利的分配进一步具体化，重新安排作业程序、相互关系和激励方法，制定相应的规章制度，对新方案的实施情况进行监督，根据运行情况调整和修订方案，定期进行绩效评估。

（2）工作再设计。指从横的方面使工作扩大化，让一个人承担几种工作，以减少对工作的单调感；从纵的方面扩大工作范围，让员工参与他们所从事工作的规划、组织和控制，从而更好地评估和修正工作内容。

（3）加强教育与培训。进行组织变革需要各个层次高素质人员的支持与配合，因而要加强教育、培训，转变人们的动机、态度，提高人的思想道德素质和业务技能，使之更好地完成工作任务，适应组织变革的形势。

（4）技术变革。技术与组织结构紧密相连，不同的技术特点要求有不同的组织结构与之相适应。变革结构要与变革技术配套进行。

（5）提高工作质量。指围绕人的工作设计丰富化，提高组织成员的工作兴趣和工作质量，它包括：满足参与管理的要求，设计富有意义的工作，提供接受再教育的机会，安排机动休息时间，满足成员的特殊要求，扩大工作范围，改变工作的环境和条件，提高对工作意义和价值的认识，增加对工作的满意感。

（6）加强组织建设。指依赖群体成员（或加上外来咨询人员的帮助）有计划地提高群体效能的活动。组织建设包括四个方面：分析问题，完成工作任务，协调群体内部的关系，改进群体和组织活动过程。

故事与启示

鹰是世界上寿命最长的鸟类之一，能活 70 多年。要活到那么长的寿命，鹰在 40 岁时必须做出困难却重要的决定。当鹰活到 40 岁时，它的爪子开始老化，无法有效地抓住猎物。它的喙变得又长又弯，几乎碰到胸膛。它的翅膀变得十分沉重，因为它的羽毛长得又浓又厚，飞翔十分吃力。它只有两种选择：等死，或经过一个十分痛苦的更新过程。它必须努力地飞到山顶，在悬崖上筑巢，停留在那里，不得飞翔。老鹰首先用它的喙击打岩石，直到完全脱落，然后静静地等候新的喙长出来，它会用新长出的喙把指甲一根一根地拔出来。当新的指甲长出来后，便把羽毛一根一根地拔掉。5 个月以后，新的羽毛长出来了，老鹰重新开始飞翔，得以再过 30 年的岁月！

在组织发展的过程中，有时候我们必须做出困难的决定：开始一个更新的过程。过去的成功经验往往难以支撑未来的发展，其中有外部环境变化的因素，也有组织发展的不同阶段的内在要求，更有人的观念、认知及习惯方面的原因。与老鹰的再生历程一样，我们的组织必须根据内外部环境变化的要求，把旧的习惯、旧的传统摒弃，从而获得重新飞翔的机会。

资料来源：孙优萍，谢军波．组织行为学．2 版．杭州：浙江大学出版社，2013.

第 2 节　组织生命周期

一、组织生命周期的发展阶段及其特点

组织生命周期是指组织从产生、成长到最终衰落的过程。任何一个组织，从诞生之日起，都是由人组成的有生命力的、不断发育和成熟的社会有机体，这个有机体有一个包括从生到死的各个成长阶段的生命过程。它刚出生时，幼小而脆弱；而后渐渐成长，形成自己的个性特点，进入成熟期；最后，它可能带着对市场反应麻木僵化的印记，进入衰老阶段。也就是说，任何组织都有一个从生到死的发展过程。在对组织生命周期的发展阶段的研究中，有影响的观点主要有：

1. 五阶段论

五阶段论由罗勒（Rohrer）、希布勒（Hibler）和里普洛格尔（Replogle）三人于 1945 年提出。五阶段论认为，组织在进化发展过程中，通常要经过以不同的管理风格为标志的五个明显的阶段：创业管理、个人管理、职业管理、官僚式管理和矩阵式管理。

（1）创业管理阶段。在这一阶段，组织刚刚诞生，把求生存作为首要目标，组织要开辟市场，就需灵活、果断决策。创业者是组织的灵魂，凭借自己的经验、能力和感觉全权经营管理组织，通常缺乏详尽的长远规划，仅仅根据当时组织遇到的情况做出判断。管理人员与职员的关系是领导与服从的关系。在这一阶段，组织面临生存危机、组织规模扩大后各种问题日益增加所带来的危机、组织成员能力和主动性提高向创业者的绝对权威提出挑战而造成创业者与下层之间产生冲突的危机。解决危机的办法是建立管理队伍或法人治理结构来代替创业者的家长式统治。可以挑选一个精明能干的一把手担任行政管理人员，建立一支称职的第二梯队或从组织外部挑选有能力的行政管理人员负责日常经营和管理事务。

（2）个人管理阶段。在这一阶段，组织取得了某种竞争优势，管理的职责是保持并发展这种优势。在这一阶段，产品质量是竞争的关键，组织已建立了相应的职能机构和管理制度，工作上程序标准化，管理者与员工基本上是忠诚和安全的关系，这种关系有助于组织的稳定。在这一阶段，组织长期保持的竞争优势可能会掩盖组织的缺陷，一些有能力的下层管理人员可能受到压制，其自主性得不到发挥，以致降低组织的效能。组织必须实施变革，给下属管理人员以更大的自主权，建立新型的人际关系，以渡过难关，稳固市场地位。

（3）职业管理阶段。这一阶段需要强有力的职业经营者、总经理，需要企业家，需要授权，需要专业化分工，需要平衡各领域、各部门的关系。此时的管理

更规范化、制度化，各工种更职业化，个人能力在组织中的地位更突出地显现出来，管理者和员工之间的关系是工作和报酬的关系，才干、效率、纯粹的工作关系是组织人际关系的重要特点。此时，由于各部门和单位更分散，权力增大，因而有效地控制各部门，使之克服本位主义，加强总体管理，协调各单位的关系，使之顾全大局，就显得特别重要。要通过建立全公司管理系统，制定组织计划，加强高层领导，加强服务和协调，以提高调控能力。

（4）官僚式管理阶段。在这一阶段，要有效地配置组织资源，以适应组织训练发展的要求。此时的人际关系是顺应-稳定关系，员工要求生活稳定，管理者要求员工顺应组织环境。由于决策需要大量的信息，而此时信息的传递主要靠公文，因此必须加强公文管理，防止文牍主义，避免管理僵化，给下属管理人员以更大的灵活性，使之摆脱繁文缛节的束缚。

（5）矩阵式管理阶段。这一阶段的主要特点是协作加强，对主要领域施行职能性集中管理，同时把生产和购销的责任下放，组织内部形成了职能管理和业务管理两套系统，各业务部门受到双重领导，实行参与式集体领导，集体承担责任。人际关系是一种较宽松的适应与就业自由间的交换关系。此时应避免多头领导，加强和改进信息沟通方式，明确组织任务，提高对外界的反应能力。

以上各阶段之间并非严格依次出现，往往相互交错，每一个阶段都有一种起支配作用的因素，它决定了组织计划的阶段性特征。

各阶段特征见表14－1。

表14－1　组织进化各阶段特征

	创业管理	个人管理	职业管理	官僚式管理	矩阵式管理
管理作风	一个人管，家长式	维持班子，家长式	利润中心，有自主权	制度不受人的影响	多面性，讲协调
人与人的关系	领导和随从	忠诚与安全	工作与报酬	一致和稳定	适应性和工作满足
危机	领导危机	自主危机	管理危机	繁文缛节危机	目的危机
组织管理	集中的一个人管理	集中的职能，班子管理	分散的利润中心	集中的行政管理	分权、集中同时存在

2. 罗伯特·奎因、凯姆·卡梅伦和拉丽·格雷纳的四阶段论

罗伯特·奎因（Robert Quinn）、凯姆·卡梅伦（Kim Cameron）和拉丽·格雷纳（Larry Greiner）等人提出了组织发展四阶段论。这四个阶段是：创业阶段、集体化阶段、规范化阶段、精细阶段。

（1）创业阶段。这一阶段的特点同五阶段论所描述的第一阶段的特征大致相同。组织刚刚产生，要向市场提供有效的产品和服务以求生存。组织尚未建立规范化的管理体系，主要靠创业者个人实施监督与控制。随着组织成长，企业人员增加，规范化管理越来越重要，组织必须调整结构，选择能干的管理者，以适应

组织成长与扩张的需要。

（2）集体化阶段。在这一阶段，组织提出了明确的目标和方向，权力层级增加，劳动分工更细，沟通与控制仍然不很规范。低层管理者希望有更多的自主权，组织需要一种有效的控制和协调各部门的机制。

（3）规范化阶段。此时组织建立了一整套规章制度和控制系统，管理更规范。高层主管主要关注组织发展战略与规划，中层管理者拥有企业经营的更多自主权，以利润为中心的激励机制形成。此时官僚制束缚了中层管理者，组织需要寻找新的管理手段。

（4）精细阶段。在这一阶段，合作精神和团队意识开始形成，组织细分出多个部门，公司实行跨部门团队合作。此时组织已经成熟，即将进入衰退期，必须不断提高、创新，寻求企业家资源，以避免 10 年或 20 年的周期性衰亡危机。

四个阶段的特征见表 14－2。

表 14－2　组织在生命周期四个阶段的特征

	创业阶段，非官僚制	集体化阶段，前官僚制	规范化阶段，官僚制	精细阶段，强官僚制
结构	非规范性，个人表现	基本上非规范，有某些程序	规范性程序，劳动分工和新的专业化增加	官僚制中的团队工作，小公司思维
产品或服务	单一产品或服务	主要产品或服务有差别	产品或服务线	多重产品或服务线
奖励与控制系统	个人，家长式	个人，服务于成功	非人际交流，规范化的系统	广泛性，改变产品和部门
创新目标	业主-管理者生存	雇员和管理人员	独立的创新团体，内部稳定，扩大市场	机构化的研发，名誉，完备的组织
高层管理方式	个人制，企业主制	激励忠诚，指明方向	控制性委派	团队方法，抨击官僚制

资料来源：Larry E. Greiner. Evolution and Revolution as Organization Grow. Harvard Business Review，50（July-August 1972），37－46；G. L. Lppitt，W. H. Schmidt. Crises in Developing Organization. Harvard Business Review，45（November-December 1967），102－112；B. R. Scott，The Industrial State：Old Myths and New Realities. Harvard Business Review，51（March-April 1973），133－148；Robert E. Quinn，Kim Cameron. Organizational Life and Shifting Criteria of Effectiveness. Management Science，29（1983），33－51.

二、官僚制的昨天与明天

1. 官僚制的含义及特点

对官僚制的系统研究始于马克斯·韦伯，他在对欧洲政府组织做了大量研究之后，提出了一个使大型组织合理化和更有效率的管理框架。

韦伯认为官僚制是一种使企业和政府组织发挥更高效率的管理制度，它是一种符合逻辑的和合理的组织形式，使人们按章行事，通过建立和完善规章和标准程序，使组织结构、办事程序、信息传递与处理、上下之间的关系等规范化、程序化、制度化，对权力、职责和利益的分配以具有法律意义的规章制度固定下来。这种以规章制度为基础的管理机制比起以亲情关系、家庭关系、裙带关系为基础的人治管理机制和组织形式有更多的优点。它可以防止以权谋私、行贿受贿和其他不正当竞争行为。其主要特点是：

- 规章和程序。
- 劳动的专业化和分工。
- 权力的层级制。
- 合格的技术性人才。
- 职位与责任分离。
- 书面的沟通和记录。

官僚制结构与组织规模具有密切关系，不同规模的组织的官僚结构具有不同的特点，如表 14－3 所示。

表 14－3　组织规模与官僚结构的关系

		大型组织	小型组织
规范性		高规范性	低规范性
分权		高分权化	高集中化
复杂性		高复杂性	低复杂性
人员比例	管理人员	比例小	比例大
	专业人员	比例大	比例小
	办事人员	比例大	比例小
	生产人员	比例小	比例大
管理层级数量		层级数多	层级数少
工种和部门数量		工种和部门数量多	工种和部门数量少
技能和专业化程度		高	低

2. 官僚制的发展趋势

尽管官僚制具有很多优点，诸如通过建立权力层级制和具体的规章制度对人员进行有序管理，防止权力滥用，不受个人感情影响，可以避免徇私和亲情，提供了一种系统而合理的方法去组织和管理由少数人难以处理的工作，从而大大提高组织的效率和有效性，但官僚制却是一种与工业化时代相适应的、满足工业时代管理需要的、带有机械性的、管理刚性多于弹性的管理方式。在知识经济时代，随着全球竞争和不确定性环境的出现，以及信息技术的大量应用，这种管理方式面临新的挑战。官僚制组织形式将出现如下发展趋势：

（1）从金字塔式组织结构向扁平化组织结构转变。官僚制组织结构是为实施权力控制围绕集权和分权而设立的，中间层次在其中起着上传下达的重要作用。

但是在信息时代，信息技术使上下之间的沟通更方便，中间层次职能可大大削弱，人员可大大压缩，领导者从处理大量的人际关系和人员沟通的烦琐事务中解脱出来，集中精力关注研究市场环境，研究企业经营发展战略，基层人员、业务员、营销人员得到充实，管理人员、管理层次减少，组织趋于扁平化。

（2）官僚制下的沟通方式由单向式向双向互动式转变。官僚制沟通方式以单向式为主，更多地依赖垂直管理，组织通过大量的公文传递控制、运行信息。这种沟通方式将转变为以交互式、水平式为主，上下之间、平级之间、组织成员之间的沟通更多的是一种双向对话式、面谈式交流。这种新的沟通方式对等级制度提出了挑战，打破部门间的壁垒，过去“烟囱式”的部门壁垒变成串通式的“沟渠”，各部门、上下级之间可以直接沟通。

（3）控制方式由有形化制度控制向虚拟化弹性控制转变。知识经济时代，企业借助外部力量，整合外部资源，突破组织有形的界限，弱化了具体的组织结构，充分借用外力使优势互相集成，增强企业的竞争力。管理对象的自由流动空间增加，规范化变得不太需要，职业训练可以为员工形成一套较高的行为标准来代替官僚制。下层与领导者之间更多的是伙伴关系、合作关系，而非从属关系。领导者的权力在弱化，权威在增强，雇员有弹性工作方式和工作时间，处事权力增强。

第 3 节　组织培育

组织管理主要通过组织培育来实现。组织培育是一种着眼于提高整体素质，运用团体活动的程序以实现预期变革的干预战略。组织培育寻求改善信仰、态度、观念、结构和实际行动，从而使组织能够更好地选择技术和发展方向，跟上社会变革的步伐。

一、组织培育的特性

组织培育的定义概括了这一组织活动的系列特性，图 14－3 对这些特性做了归纳。

1. 针对整个组织

组织培育旨在培育训练整个组织以便对变革做出有效的反应。现代社会中各种变革如此丰富多彩，要求组织的各个部分必须团结一致地解决各种困难问题，把握由变革带来的种种机遇。组织培育是一项企图使组织的各个部分都能协调动作的内容广泛的活动，而传统训练方法则倾向于针对某项专门工作或者小型工作团体。

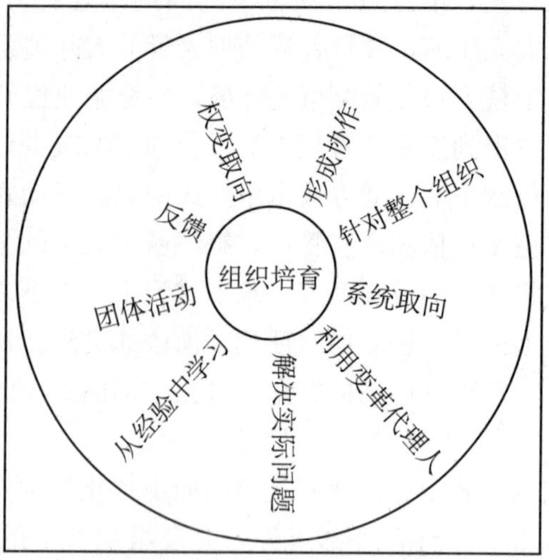

图 14-3 组织培育的特性

2. 系统取向

由于组织各部分之间互相影响，因此组织培育密切关注组织各部分之间的相互作用。组织培育不但涉及个人之间的关系，而且涉及工作关系，不但与工作态度相关，而且与组织结构、工作秩序相关。系统取向的基本论点是：组织的各部分如何才能有效地共同工作？这里强调的是各部门之间的相互关系，不在于各部门本身。

3. 利用变革代理人

实现组织培育要在团体内部起用一名或更多的对变革起刺激协调作用的变革代理人。最初的变革代理人一般是从公司外聘请的咨询顾问人员，外聘的咨询人员可以不受企业管理层次与企业政策的约束，独立自主地进行工作。人事部门主管人员则充当组织自身的代理人，从内部协调管理人员与外聘代理人的工作。外聘代理人还要同管理人员一起工作，结果在实现组织培育计划时便形成了人事主管人员、管理人员、外聘咨询人员三方面的关系。

个别情况下，组织有自己的内聘专门咨询人员代替外请的专家与管理人员、人事主管人员一起工作，这种内聘咨询人员通常都是人事职能方面的专家。

4. 解决实际问题

组织培育强调解决问题，不崇尚课堂式的理论座谈。由于这些参与人员在组织中面临的都是实际问题，因此容易激发并引起人们关注。人们要解决的是实实在在正在发生的种种难题，不存在虚拟与假设，我们称之为“行动研究”。这种旨在解决实际问题的行动研究是组织培育的关键特征，因而有时组织培育也可定义为“通过行动研究以改善组织”。

5. 从经验中学习

从经验中学习，意味着要求参与人员在面临的种种人际环境中，获取经验，得到锻炼。人们在这样的环境中，分析经验，吸取教训。这种向经验学习的途径比传统的要求人们谈论某些抽象的思想，更易产生变革行为。理论探讨是必要的、有益的，如何结合实际加以运用才是最终检验事物的试金石。组织培育可以帮助我们提供某些解决问题的答案，而实际经验则有助于巩固新学到的东西。

6. 团体活动

组织培育依靠集体讨论团体内部的冲突、对抗以及合作程序等团体活动方法，致力于改进人际关系，开辟沟通渠道，建立信任，鼓励对他人承担义务。

7. 反馈

从参与活动的工作人员中获得反馈，以把决策建立在可靠的信息基础上。反馈促使人们审时度势，自觉修正行动，而不必等待指示。

以下是作为组织培育内容的一个反馈活动训练的案例。

参加人员被分成分别代表两个不同部门的小组，要求两个组回答以下问题：

- 我们组的最大特点是什么？
- 其余的特点是什么？
- 其他组如何描述我们组？

在各组分别准备答案之后，再把答案交给对方组，这样，每个组就把彼此关于对方的印象反馈给了对方，但一次反馈往往不能彼此无误地理解对方，这时不允许争论，只许弄清楚对方究竟说了什么。

然后，要求各组再次分别讨论下面的问题：

- 对对方的误解是怎样发生的？
- 如何纠正这种误解？

于是各组利用再一次的反馈信息正确理解对方的特点，一起制定专门行动计划。于是反馈回来的关于各组自己的信息，就成为它们下一步行动的出发点。

8. 权变取向

组织培育常常被说成是随机制宜的权变取向，它不像其他训练方法强调只用一种正确的方法处理问题，组织培育是灵活的，注重实效的，是为适应特定需要而采取的特定行动，虽然在偶然情况下变革代理人也会采取一种单一的最佳途径处理问题，但在多数情况下还是对各种备选方案进行研讨，而不是简单地采用所谓最佳方案。

9. 形成协作

组织培育的一般目标就是通过组织形成一个完善的协作集体。团体无论大小都必须强调协作。显然，小型的任务协作必须在一起工作才能有效地完成任务，还必须要求组成整个组织的各小型协作集体互相合作。组织培育就是要把这些小型协作集体紧密地联结成一个一体化大型合作集体。例如，如果生产部门与市场部门不能协调共处，就可以通过组织培育帮助它们消除分歧，加强团结合作。

总之，组织培育全过程就是把人、组织、技术、环境四项因素联结成一个有效的整体化的实体，形成这样的实体的结果自然会增进组织的绩效。

二、组织培育的程序

组织培育是需要一年或一年以上的时间持续进行的复杂任务。在制定组织培育的工作规划时，一些重大的来自上层管理机构的建议至关重要。组织培育方法繁多，典型的组织培育程序包括下列几个步骤，如图 14-4 所示。

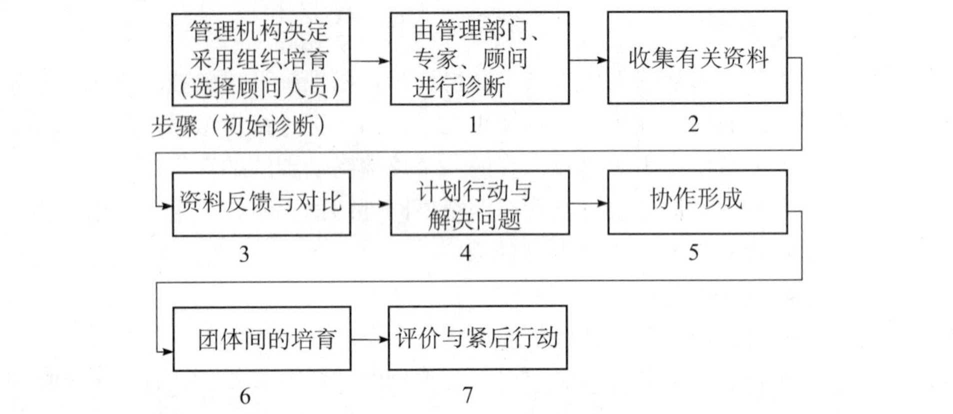

图 14-4 组织培育过程的步骤

1. 由管理部门、专家、顾问进行诊断

上层管理机构会同咨询顾问人员决定团体所需要的组织培育程序的类型。在此阶段，顾问、专家可通过访问各类人员以寻求最佳的"投入"方案。

2. 收集有关资料

诊断之后，通过调整以决定组织气氛与组织行为问题，咨询顾问人员要经常会同不进行作业的班组从以下问题中收集信息与资料：

- 为了有效地工作你最需要创造哪些条件？
- 哪些条件会妨碍你有效地进行工作？
- 你最喜欢以何种方式进行变革？

3. 资料反馈与对比

指定作业班组对收集到的资料一一悉心对比，先在自身范围内就不同意见取得一致，并为变革做准备。

4. 计划行动与解决问题

团体利用有根据的资料提出专门的变革方案，其中讨论组织内的行动问题。计划要详尽，包括由谁负责、何时完成。

5. 协作形成

团体开会期间，顾问人员要鼓励与会者认真了解怎样共同而有效地进行工作，了解坦率地沟通意见及建立信任的重要意义，这是增进团体职能的先决条件。管理者及其下属在组织培育会议期间，像一个协作集体一样一起工作，同时能进一步促使协作形成。

6. 团体间的培育

在对小团体进行培育之后，或许还要对由若干小团体构成的大型团体采取培育措施。

7. 评价与紧后行动

顾问人员帮助组织评价培育结果，并就培育结果所要求的附加内容继续进行培育。

例如，一个组织中的顾问人员与管理人员一起分析并利用有关培育工作会议的录音，商讨如何把从组织培育计划中了解到的内容加以应用。

上述步骤是组织培育整个程序中的组成部分，如果一个企业期望获得组织培育的全面效果，所有这些步骤都是必要的，只采用两个或三个步骤，比如，只采取诊断和协作形成的企业，很可能得到令人失望的结果，然而实行全过程培育则可望产生有实效的结果。例如，在某制造厂中，组织培育程序实施的结果是产量两年内增加 22%，四年内增加 69%。

三、组织培育的实验方法

组织培育侧重的是实验训练。实验训练是在经验学习的基础上，提供这样一种环境，即人们置身其中，通过与某种已谈及的条件的相互作用，获得自身的实验训练。这种方法是程度不同地以人们自身作为实验对象，它比传统的训练方法更富有成效。现在我们就来讨论角色扮演、对策模拟和群体适应训练等实验方法。

1. 角色扮演

角色扮演是简单易行的做法，要求两个或两个以上的人在课堂上对模拟的真实情况做出自发行动。按照指定的训练要求人们从一定的情境出发进入角色，自然对话。而团体中的其他接受训练者充当旁观者与评判者。角色训练时常被人们认为可以代替经验，在一定意义上它比实际去经历事物更为丰富而集中，因为角色扮演允许运用观察、讨论等方法，它强调的并非惯常的片断经验。

由于在日常生活中人们每天都在担任这样那样的角色，或多或少会有一些艺术体验，因此能够做到凭借一定的想象力，设身处地以自身的角色去投射他人。其实，这种思想并不新鲜，因为戏剧与有记载的历史一样源远流长。接受训练的人在角色扮演中可以尝试各种不同的方法，拓展自己的经验，而实际生活往往只能有一种给定的机会。在角色扮演的团体中，人们可能在两小时中观察到真实的日常经历中可能要花两年时间才能体察到的各种不同的解决问题的途径。根据对同一情况下各种不同处理方法的评价，人们可能了解到每种方法的优劣短长。

有时参与人员还要扮演他们没有见识过的角色。

比如，在训练过程中，来了一位代理领导者，他紧张不安，气喘吁吁，行动不便，表现出令人难受的窘促样子，并且不停地摸着自己的笔记本。为了增加压力气氛，还派两位高级管理部门的人员作为观察者出席。这时，参加训练的团体成员都设法让自己填补这一领导职务的“真空”状态。突然，这位代理者仿佛来了勇气，开始以“我需要……”一口气告诉人们许多项该做什么，他让参加训练的人去执行一些无用的任务，甚至让他们给自己弄点饮料，在人们面前，他表现得对一切都很冷漠，无动于衷。

直到参加这次活动的人不能忍受时，这位领导者才宣布这一切都是在开玩笑。他只不过是想演示一下自由放任型管理与专制独裁型管理，使他们每个人都实际体验一下自己的角色，然后邀请大家一起讨论研究他们的经验，而这种讨论本身也就是在演示“参与管理”，这样就在一次会议活动中体验了三种不同管理方式的雇员角色，这是一种更真切的示范，因为参加者都不知不觉地进入了角色。

角色扮演也存在缺点，这些缺点可能会部分地抵消其优势，进行角色扮演要耗费时间，付出昂贵的代价。它需要富有经验的训练人员，因为这种做法如果缺乏有力的指导，很容易变得乏味而且令人失望，除非细心地做出说明，否则接受训练者可能会像孩子遇到严重困难那样，埋怨这种“扮演”，有些人会感到窘迫而犹豫不前。反之，有的人则十分看重这种活动并积极表演，甚至介入实际问题。

2. 对策模拟

对策模拟虽然是一种在组织培育中未被广泛采用的实验方法，然而还是有其适用之处。对策模拟类似角色扮演，又不同于角色扮演，如果说在某种意义上角色扮演强调人们之间的感情色彩，对策模拟则更多侧重于处理管理问题。由于对策模拟能为组织和人们的工作情绪之间提供一种良好的平衡，因而比角色扮演具有更为广阔的基础。

对策模拟实质上是一种团体实习活动，它是在模拟组织条件下，通过连续变换决策实现的。管理变量繁多，但通常多数参与人员是在小型团体中进行工作，每一团体与其他团体都处于竞争状态。这些团体的决策活动被安排在为他们创造的，并且至少是部分地不为他们了解的系统模型之中。然后，根据模拟通过计算机进行决策。按照所提供的反馈，再来指导随后的决策。这时，时间往往被大大地压缩了，比如，需要一个季度才能完成的工作量，很可能被囊括在一个下午的训练会议之中。

对策模拟能够表现出领导工作如何演进、何种信息交流方式最为有效、团体内部冲突所造成的市场灾难性后果、影响决策的人的因素以及团体所做选择的成效等。在这里，各不同系统可以发现自己的系统是如何影响雇员的，对策模拟在表现经受时间与竞争的压力的实验结果方面，很可能比其他训练方法更为真切，在对策模拟训练中，人们会变得精神集中，情绪强烈，以致在某些正常状态下也会保持警惕，并对压力做出反应。

时间可以压缩这一事实，使得在短时间内以各种不同的实践获取大量经验成为可能。训练者在每一决策单元之后组织讨论，能够促进决策模拟的学习过程。

可以分两种情况进行模拟。一种情况是当组织培育计划实行到第 15 天的时候，安排一组管理人员进行对策模拟。第一个 1/4 模拟活动期间，经理们未能很好运用他们所学到的大多数有关的思想、概念。指出这一事实之后，在第二个 1/4 模拟活动期间，又做了过分的补偿，以致变成了有意识地强化个人内部因素，所以也未取得预期效果。注意到这一现象之后，在后半局的模拟活动中，经理们可以沉着地应用在组织培育中学到的新知识。

在另一种情况下，有组织地进行模拟，以便参加模拟的两个组织通过合作都可以取得成功。参加模拟实验的管理人员小组则是一个变量。假定把搞好“竞争”作为一条取得成功的途径，但同样由于未能仔细分析研究有关竞争的方针、路线而归于失败。管理者只有学会使自己的对策臻于全面完善的时候，才可避免失误。

3. 群体适应训练

群体适应训练所涉及的是一种没有统一组织、没有层次结构的小团体，指在一定情境压力下，小团体中的个人与群体的相互作用训练。其中的情境指的是，为了使群体行为顺情合理，要求人们对他人的情绪感觉必须十分敏感。进行此种训练的团体，常被叫作“T 型团体”，训练内容也有诸多变化，如人的潜在能力训练、敏感能力训练等。

群体适应训练与角色扮演不同，这里人们“扮演”的就是真实的自己，真人真事，不过训练环境则完全是人为安排的，这种安排甚至已经不再符合通常的社会活动方式。例如，全体的顾问为人们创造一个实际上绝对没有领导的环境，安排两三个滑稽可笑的游戏，为冲破社会习惯势力的障碍创造一种不拘礼仪的气氛。在这种环境中，必须鼓励参与训练的人员审查自己的观念、思想是否变得更加易于接受别人的言行和感受。此外，还要求人们认识群体是如何相互影响、相互作用的，文化素质又是如何影响群体的，以及如何培养与他人协同工作的能力。总之，群体适应训练就是探求如何增进人们对自身、对他人、对团体活动、对文化素质以及一般行为能力的理解。

下面用发生在一个没有组织统属的团体中的事例来说明群体适应训练是如何进行的。

在训练开始之前，大家被告知可以随意着装，不拘形式。人们到达会场之后，发现没有椅子，地板上只放了一些靠垫，于是讨论时只好坐在靠垫上。顾问或者“智囊人物”简要地说明了训练项目安排的目的之后就退居一隅，提供了一个实质上完全没有领导的局面。在一种无领导的状态下，人们开始讨论该做什么和怎样做。不多久，人们开始出现分歧，分歧意见是直接的、专断的，并且人们越来越坦率自若，无拘无束。这时，在旁的顾问不时地就某些疑难提出问题。顾问指导人员这样做的目的在于帮助参加训练的人懂得作为一个群体是如何工作的，在群体中如何才能有效地进行工作。

训练项目的第二部分是由顾问人员交给大家一些歌谱，要求每个参加人员都按谱哼唱，并且以团体助手的名义在所有成员中寻求唱同一歌曲的人，这种完全不拘泥于任何礼仪的活动方式有助于打破习俗的社会障碍，让人们从组织的"公务""角色"中进一步解脱出来。

群体适应训练中也出现了一些难题，比如，有的人专横武断，首先发难，招致团体的怨愤；还有人为了护短而表现出君临众人之上的态度。在众说纷纭、迷茫混乱之中，顾问指导人员要努力使自己超脱、沉着，创造学习的环境，提供引导群众的思想和观点。

并不是所有的群体适应训练都是无组织、无领导的，许多团体顾问指导人员扮演着十分活跃的角色，作用十分重要。

四、组织培育的效益及局限

组织培育是一种切实有用的"组织干涉"方法，它的主要优点是可以有力地处理整个组织或组织中重要部门的变革问题。这一方法能够更为广泛地实现改进成果的扩延。此外，组织培育可以增进激励，推动生产，提高工作质量和工作满意度，加强协作，解决冲突。同时，实行组织培育还能够减少缺勤、迟到等消极因素。组织培育的效益与局限归纳在表14-4中。

表14-4　组织培育的效益与局限

效益	局限
实现全组织变革	需要大量时间
增强激励	需要很高的耗费
增加生产	延迟效益实现时间
提高工作质量	可能失败
实现高度工作满意	可能侵犯个人隐秘
推进协作	可能伤害雇员心理
妥善解决冲突	潜在的从俗行为
增强雇员变革的情愿性	置团体行动程序于工作绩效之上
减少缺勤	可能的概念化思维方式
减少调动	

一个组织实行组织培育，对建立信任支持的环境、对目标的承诺感以及其他组织气氛条件的创造等方面，从统计意义上说是十分重要的。在管理监督行为方面，它有助于改进雇员服从、冲突处理、人际关系、变革意愿以及其他管理活动。在管理工作绩效方面，它为提高质量水平以及归因于组织培育的利润取得方面带来了变革，因此人们可以清楚地看到组织培育的成效遍布组织生活的各个方面。

同其他复杂的工作程序一样，组织培育也有自己的问题与局限。首先，组织培育需要耗费时间，付出代价。某些效益需要一定滞后时间才能兑现。组织也许没有那么多时间等待潜在效益发挥出来，甚至利用训练有素的专家充当顾问时，组织培育都可能得不到理想的结果，在应用某些培育方法时，还存在侵犯个人隐私、造成心理伤害等问题。处理雇员参与时强调雇员服从团体，与团体保持一致。过分强调行为程序而忽视工作成效，把团体活动进程看得高于组织需要。另外，有的批评者还提出，组织培育存在一种概念化的思维方式。尽管有这样那样的问题与局限性，总的说来，组织培育不失为一项有用的成功的实践，为改进管理工作做出了贡献。

◆ 关键术语

组织变革　经营战略变革　组织变革的模式　组织生命周期　组织培育

◆ 复习思考题

1. 企业为什么要进行组织变革？在什么情况下进行组织变革？
2. 如何克服组织变革中的障碍？
3. 什么是组织培育？为什么要不断进行组织培育？
4. 组织培育有哪些特征？如何进行组织培育？

◆ 自我诊断

诊断组织的哪些方面需要变革

概述

客户所在组织的哪些工作方法和工作结果，让组织成员觉得是积极有效的？哪些方面需要变革，哪些方面是优先要进行变革的？变革的目标确定了吗？组织应如何开始变革？

组织状况调查问卷将帮助组织和组织成员回答这些问题，为变革奠定基础。

相关建议

这个调查问卷可以用在咨询会议上，也可以事先完成。由于该问卷要评估个人对“组织”的理解，因此给“组织”下一个定义很重要（请写在下面空白处），这样才能让所有回答者以同样的“组织”概念来填写问卷。各个部门或工作单位的人可以集体完成这份问卷，但在打分和讨论阶段，应该分小组进行，这样，同一部门或同一工作单位的人就可以分成不同的小组进行讨论。

组织状况调查问卷

这份问卷要求你回答对组织的各个方面是如何理解的。开始填表之前，你需要先给“组织”下一个定义，它可以是一个业务单元、部门或工作团队。

填写本问卷之前，将“组织”定义为：________________________________

问卷中的答案分为两列：A 和 B。

A 列：现在我感觉到的“组织”是什么样的（目前的情况）。

B 列：我希望“组织”是什么样的（期望的情况）。

将你对问卷中的 24 个问题的答案写在对应的空白处，并按以下等级进行打分：

1——基本上没有；程度非常低

2——不高

3——较低

4——较高

5——很高

6——极高

答案没有对错之分！你的感觉才是最重要的！

A（目前的情况）	B（期望的情况）	问题
		1. 组织提供优质产品或服务的程度如何？
		2. 组织关心社会问题解决的程度如何？
		3. 组织在多大程度上给予你机会，去做（或学着做）那些你认为有能力做到的事情？
		4. 做决策时，组织在多大程度上咨询过专业人士？
		5. 组织在多大程度上容忍你在工作中犯错误？
		6. 组织在多大程度上能够根据条件和需求的变化而改变做事方式？
		7. 不同的部门和团队在多大程度上能够团结协作，共同完成工作任务？
		8. 在多大程度上管理层能够紧跟外部形势的发展变化？
		9. 组织的领导者在多大程度上能够听进成员对组织的意见，无论是肯定的还是否定的？
		10. 组织在多大程度上能够重视客户或其他外部人士的反应？
		11. 组织的产品或服务在多大程度上对社会有用？
		12. 管理层在多大程度上强调组织对社会的责任？
		13. 你在组织内工作的个人满意度有多大？
		14. 你在多大程度上参与了组织的计划及决策的制定？
		15. 在多大程度上你能够自由地建议一些新的做事方式？
		16. 组织在多大程度上能够适应变动？
		17. 在多大程度上你能不断获得有关你的工作方面的信息？
		18. 管理层在多大程度上能够正确理解目前的情况和趋势对组织的影响？
		19. 在多大程度上你能够自由地讨论问题或表达你的不满？
		20. 组织的领导者在多大程度上能够对你的建议和期望做出反应？
		21. 你的个人目标和抱负在多大程度上被管理层的决策考虑在内？
		22. 在多大程度上组织能够成功地实现其目标？
		23. 组织在多大程度上承诺将金钱、时间和知识用于解决社会和环境问题？
		24. 各级员工参与组织的计划和决策过程的程度有多大？

说明：问卷来源于欧内斯特·舒特恩伯格（Ernest Schuttenberg）。

解释

■ 个人评分和解释

在每一个打了4分或少于4分的A列问题前打上"√"，这些就是根据你的理解，组织可能需要进行变革的方面。下一步，查看一下这些已经标出的问题，把B列中得分等于或高于2分且A列得分少于B列得分的问题（比如：A3，B5）找出来。这些问题就是你认为应该在组织内进行实质性变革的目标领域。

■ 群体评分解释及行动计划

用活页图表或投影仪记录每位回答者认为应该进行变革的目标领域。确定 5～10 个回答者认为最应该进行变革的领域，讨论每一个领域，举出组织行为中与这些领域相关的例子。然后通过投票或讨论，将这 5～10 个领域按重要性高低来排序。最后，通过头脑风暴法来确定最需要变革的 3～5 个目标，列出下一步行动计划，并确定每一项变革的负责人。

案例分析

华为管理变革的轨迹

华为之于中国，无异于丰田之于日本，同样，华为管理模式也如丰田模式一样，成为影响中国管理的一面旗帜。多年来，任正非每次对企业管理的思考，都会成为当年的热点话题。

华为经营上的成功，使其成为中国企业的学习标杆。学习华为管理理念，模仿华为管理模式，复制出各自行业的“华为”，成为中国企业家们最大的梦想。

华为之所以能够在高技术、高品质、高服务水平、高竞争环境的国际通信行业建立自己的王国，是其多年不间断进行管理变革的结果。华为的管理变革经过了自主优化、引进复制、创新发展三个大的阶段。

一、烧不死的鸟就是凤凰

该阶段从 1996 年持续到 1998 年，主要变革工作是：《华为基本法》起草，QC 品质圈、ISO 质量体系认证、各职能优化。标志性事件：1996 年市场部大辞职以及《华为基本法》完成。这一阶段的经典语录：“烧不死的鸟就是凤凰”，“小改进，大奖励；大建议，只鼓励”。

自主优化是痛苦的，摸着石头过河，进展缓慢而且经常走弯路。以《华为基本法》的起草为例，聘请了中国人民大学六位教授，耗时三年，八易其稿出炉，然而出炉不久便被打入冷宫，很少被任正非提及，实际上并未发挥“指导华为前进”的理论作用。在职能管理变革上，也面临同样的问题，如研发管理，进行了立项管理、项目过程监控的管理变革工作，但本阶段变革主要是强调战略机会点把握、注重研发速度与集中优势兵力，这一变革也在引入西方管理体系后被逐渐修正。1996 年至 1998 年的管理变革，除偶尔借助外部咨询力量外，主体以华为自身为主。变革虽然取得了一定效果，但由于员工们视野的局限性以及被事务性工作所困扰，始终无法在管理模式上取得突破性进展。任正非在 1998 年参观 IBM 之后，明显感觉到了自身变革的局限性，决定引入西方成熟的管理手段进行企业的职业化、体系化改造。

二、要穿美国鞋，就必须削足适履

引进复制西方管理体系阶段是从 1998 年开始至 2008 年，历时十年。华为陆续与 IBM、Hay、Mercer、PwC、德勤、FhG、盖洛普、NFO-TNS、甲骨文等公司合作，从业务流程、组织、品质控制、人力资源、财务客户满意度等方面进行系统变革。这一阶段的经典语录：“先僵化，后优化，再固化”，“要穿美国鞋，就必须削足适履”。

在这一轮管理变革中，华为将自身定位为一个包括研发、销售和核心制造的高技术企业，并以建立流程化的组织为管理变革目标。在流程化组织结构设计上，主要依靠客户需求拉动，实行全流程贯通，提供真正的端到端服务。以研发为例，任何产品一立项，就成立由市场、开发、服务、制造、财务、采购、质量组成的团队（PDT），运用各种先进的管理理念及工具对产品整个开发过程进行管理和决策，确保产品研发全过程信息的透明与客户需求目标的一次满足。

在业务管理变革的同时，对人力、质量、财务等职能部门也进行变革，并将经过实践检验的流程固化到企业信息化系统中，实现流程管理电子化，业务信息的数字化。最终通过从客户端（需求）到客户端（供应）的简洁、规范的信息化控制，摆脱了对人的依赖，实现了企业的职业化与专业化的初步改造。

随着西方管理体系在华为的逐渐建立，西方管理体系中的不足，如过多的流程控制点不但降低运行效率，而且易于催生官僚主义和教条主义等都显现出来，这引起了任正非的警觉。

三、让听得见炮声的人来决策

金融危机是中西管理模式的分水岭，企业家开始客观地评价西方管理模式，基于西方管理模式的管理创新也成为中国企业变革的新特点。华为在这一阶段的主要工作是：进行以一线作战需求为中心的组织与流程变革。这一阶段的经典语录："让听得见炮声的人来决策"，"宰相必起于州部，猛将必发于卒伍"。

任正非明确指出："西方在中国的企业成功的不多，就是照搬了西方的管理。"在自主创新的方法论上，任正非强调"坚持自己的东西，要善于总结我们为什么成功，以后怎样持续成功，再将这些管理哲学的理念和西方的理念，用西方的方法规范，使之标准化、基线化，有利于广为传播与掌握"。

2009年开展的组织结构及人力资源机制变革对于华为来讲，意义不亚于1998年，是创新变革的元年。任正非为增强一线战斗力，确定了以代表处系统部铁三角为基础的，轻装及能力综合化的海军陆战队式的一线组织结构；借用了美军参谋长联席会议的组织模式，提出了片区的改革方案；提出了"蜂群"的迅速集结与撤离的一窝蜂战术要求。按照任正非的设想，这一变革将有效执行各地区部、代表处、产品线、后方平台的一线作战模式，实现2010年销售额360亿美元的目标。

就华为的管理变革轨迹来看，走过了摸索—复制—创新三个阶段。这三个阶段对于支撑华为的快速发展都不可或缺：模式的价值在于使管理层理解了企业的真正需要；复制的价值在于快速进行职业化与专业化转型；而创新阶段则在打造企业核心竞争力与独创性管理方面迈出了关键的一步。

资料来源：吕谋笃．华为管理变革十五年．东方企业文化，2010（9）：56－57.

［分析］

华为为什么能够一直保持活力，不断取得进步？

第15章 组织文化与伦理

本章重点

● 组织文化是文化的一种表现形态，是组织在长期的实践过程中形成并为组织成员普遍遵守和奉行的共同价值观念。

● 组织文化具有目标导向、团结凝聚、激励振奋、约束教育、适应和辐射等作用。

● 组织伦理是指以组织和组织成员为主体，在制度和法规之外用来调节组织与自然、组织与社会、组织与组织、组织与其成员以及组织成员之间相互关系的行为规范的总和。

● 企业社会责任的内容包括企业对环境的责任、企业对员工的责任、企业对顾客的责任、企业对竞争对手的责任、企业对投资者的责任、企业对社区的责任等。

名人名言

世界上一切资源都可能枯竭，只有一种资源可以生生不息，那就是文化。

——任正非

文化是一种强大的力量。当我们在发动一场变革的时候，我们必须考虑到文化，因为它影响到企业接受和促进这一变革的方式。

——杰克琳·谢瑞顿

引 例

重塑丰田

2003年，丰田汽车超越了美国汽车制造业的三大巨头：通用、福特和克莱斯勒。做领头羊是一项风险战略，需要递增的销售额和利润来维持。下一步该怎么走呢?公司决定立即进行彻底改造。

第一项改革是引进崭新的车型设计。改版的普锐斯油电混合车于2004年首次亮相。丰田借助普锐斯的畅销势头推出了全球首款豪华型油电混合式多功能车RX400h。

至此，丰田总共推出 6 款油电混合车。2008 年，丰田宣布改动型的普锐斯正在日本进行测试，预计 2010 年投放美国市场。该车与旧款相比电池容量有所增大。

在 Kaizen（持续改善）和 Kanban（即需即进货）的管理模式引导下，丰田在节省成本方面首屈一指。即使这样，它的管理层仍然孜孜不倦地追寻节省开支的方法。CEO 渡边捷昭在担任执行副总裁时，要求在 180 个大大小小的关键零部件上降低 30%的费用。设计师把门把手上的零件从 34 个减少到 5 个，降低了 40%的购买成本和 75%的组装时间。2000—2005 年，丰田在没有裁员关厂的情况下降低成本 100 亿美元。

丰田为了节约成本、提高车速和质量而进行了一系列的低科技含量革新。在新的产品设计中一个简单的改动要涉及设计师、工程师、供应商和工人面对面的讨论。这个汽车业巨头当然也不会忘记其引以为傲的高科技。它采用了全球化的生产线，在同一条生产线上可以同时生产不同的车型。一个智能机器人系统则帮助工人发现瑕疵并通过闪灯来报警。丰田 2007 年的研发预算是 85 亿美元，几乎占了销售额的 4%。

丰田并不满足于在设计、生产和科技方面进行的改造。公司也同时更新了组织结构和文化适应，更换了一大批高管，继而整合了一些其他行业的部门，比如日本的丰田房地产金牌销售部门。同标致和通用的联盟关系也进行了调整和进一步明确。以积极的成本削减和质量检测闻名的渡边在张富士夫退休后出任丰田 CEO。根据《商业周刊》一位记者的调查，这一选择是丰田对高层重新洗牌、注入新鲜血液计划的一部分。渡边的荣升标志着丰田对变革的承诺。

为了能使变革顺利进行，丰田的决策者更新了企业文化。以前丰田常被批评设计太过保守、太注重日本市场、改革怯懦迟缓。汽车工业顾问凯勒（Maryann Keller）则给了它些许赞扬："他们找到突破口就扎进去；遇到问题就系统分析然后解决。"这一状况正在改变。渡边说："我感到成功使我们变得傲慢，不思进取。这是一种威胁。"他正在力促更深的改革，更大的开放，更多的合作，更快的速度和更强的风险承担。前 CEO 张富士夫补充说："这个公司不害怕失败。"

丰田的胜利一个接一个。普锐斯在 2004 年当选北美最佳车型。2007 年，丰田的财政收入超过了通用汽车，成为行业龙头。同一年，丰田售出了 100 万辆油电混合车。从 2007 年第一季度到 2008 年第一季度，通用汽车的营业额在北美下降了 10%，丰田则增加了 6%。《商业周刊》的作家戴维·韦尔奇（David Welch）说："丰田、日产以及其他敏捷的竞争者正在品尝通用汽车的午餐。"营业额的增长并不是以利润的降低为代价的——丰田的营业利润在全球经济不明朗的 2007 年增加了 4.7%。可用于研发和扩张的现金储备额为 160 亿美元。彻底改造这一战略，看起来在丰田这里成功了。

资料来源：Ricky W. Griffin，Gregory Moorhead. Organizational Behavior：Managing People and Organizations. Published by South-Western Cengage Learning，Ninth Edition，USA，2010.

第 1 节　组织文化

一、组织文化的概念

1. 文化

人类学家从多方面给文化下了上百条定义，归结起来，文化有广义和狭义之分。广义的文化是人类社会实践过程中所创造的物质财富和精神财富的总和。狭义的文化是指社会的知识和意识形态，以及与之相适应的制度和组织机构。一方面，文化是前人创造的成果，另一方面文化又是后人进一步创造两种财富的基础。而作为基础，后人的行为强烈地受到文化的制约。

文化具有以下几个方面的特点：

（1）民族性。任何一种文化，都带有本民族的特点，深深打上民族心理、民族精神、民族语言、民族传统和民族生活行为方式的印记。

（2）时代性。不同时代具有不同的文化特质和表现形式，体现着时代特征和风貌。

（3）历史继承性。文化是一种历史现象，它为社会成员所共享并传承下去，每一代社会成员都受到上代流传的文化的影响，又影响到下一代，这是一个不断继承与创新的过程。

（4）阶级性。文化作为一种社会现象，体现了不同阶级的利益要求，显示出不同阶级的特色，代表着不同阶级的地位和生活方式。

文化的存在方式包括以下三个方面：

（1）物质价值文化。指以物质活动及其结果即产品或服务为载体而表现出来的文化。

（2）社会政治文化。指以社会政治活动及其结果如法律制度、权力结构、政治体制、组织形式等为载体表现出来的文化。

（3）精神价值文化。指以人们的认识活动、思维活动及其结果如科学、理论、艺术、伦理等精神价值为载体的文化。

2. 组织文化

凡是有人群存在的地方就有文化。组织文化是文化的一种表现形态，是组织在长期的实践过程中形成并为组织成员普遍遵守和奉行的共同价值观念。它反映和代表了组织成员的整体精神、共同的价值标准、合乎时代的伦理和追求发展的文化素质。组织文化以观念的形态，从非计划、非理性的因素出发调控着组织成员的行为，补充和强化着组织管理，维系着组织内部人与人之间的关系，团结着组织成员为实现组织目标而努力工作。组织文化涵盖以下八个方面的内容：

- 组织价值观和精神。
- 组织发展战略和目标。
- 组织管理制度。
- 组织道德规范和行为准则。
- 组织形象和凝聚力。
- 组织内部人际关系和文明建设。
- 组织人才成长发展条件。
- 组织生产与生活条件、文化活动及文化氛围。

组织文化既有共性，又有个性特色。从共性看，主要有以下特点：

（1）民族性。组织文化包容于民族文化之中，建立在民族文化基础之上。民族文化对组织成员的影响比组织文化大。

（2）整体性。组织文化是组织上下全体员工在长期发展过程中共同形成的价值观，渗透到组织活动的每一种行为，具有整体功能。

（3）个体性。组织文化有鲜明的个性，不同的组织具有不同的文化，组织文化总是在特定的环境中生长，在特定的范围发生作用。

（4）连续性。组织文化与组织的长期发展历史相联系，是一个不断适应环境、挑战未来的历史继承与创新的过程。

（5）创新性。组织文化总是在适应环境的过程中不断创新，唯有创新，组织文化才得以生存和延续下来。

分析和研究组织文化的个性特色，可以从以下七个方面考察和评价组织文化的内在特质和文化状态：

（1）组织是鼓励创新、冒险还是赞赏安分守己。

（2）组织期望员工把工作做得细致缜密到何种程度。

（3）组织是看重结果还是强调实现结果的手段和过程。

（4）组织是关注人还是关注工作。

（5）组织是强调集体、团队的作用还是突出个人的活动。

（6）组织内部成员是积极进取、竞争还是一团和气。

（7）组织注重维持现状还是成长发展。

对一个组织文化的特性，可以考察以上七个要素所表现的程度，从而确定其组织文化的类型和个性特点。

二、组织文化理论研究的兴起

组织文化理论产生于 20 世纪 70 年代末 80 年代初，它是组织管理发展的必然成果，是一门新兴的组织管理科学，它的兴起标志着组织管理科学研究进入了一个新的阶段。组织文化理论的兴起是 20 世纪七八十年代新技术革命的发展和人们对人类自身的认识深化的结果。重视人的发展和人的潜能，充分调动人的积极性，成为时代的共性和人类发展的现实趋势。文化管理受到各国企业的普遍关注。企业联合兼并趋势明显，使得文化沟通、文化融合的问题凸显。特别是 20 世纪 90 年代以来，文化对员工行为的影响越来越大，组织控制的跨度拓宽，组织结构扁平化，工作团队的引入，员工权力的增大，要求组织提供共同的价值体系。科技发展和竞争的加剧使得组织对劳动力素质要求越来越高、劳动力结构发生变化、知识层次普遍提高，把员工当作"社会人"，满足员工心理的、感情的、精神的需要，形成和发展员工群体价值观，成为组织文化理论研究的时代课题。

组织文化理论源于日本，研究中心却在美国。20 世纪 70 年代末 80 年代初，美国作为世界头号经济强国，在石油危机的冲击下，其企业竞争能力大大削弱，劳动生产率停止增长，而东方小国日本的经济却得到长足的发展，并在许多方面超过了美国，对其经济利益形成了强大威胁，引起了美国各界的普遍关注。经过研究，美国专家学者认识到，在日本企业中，不是就管理论管理，而是从企业经营哲学的高度研究企业管理，把企业视为一种文化实体来实施管理。他们把日本的经验与美国的管理现状进行了比较，做了系统的概括和总结，形成了有关组织文化理论的一系列著作，提出了独到的见解，标志着组织文化理论的形成。

组织文化理论的兴起具有重要意义。它突破了传统的企业观，认为企业不仅要创造利润，还要谋求人的全面发展，谋求人与其本质活动——生产活动的统一，实现社会与其生产组织形式——企业的统一。正如美国著名管理学家德鲁克所指出的："利润和盈利能力固然是极为重要的，但盈利并不是工商企业和企业活动的目的"，"企业的目的必须存在于企业本身之外，事实上，它存在于社会之中，因为企业是社会的一个机构"。组织文化理论的兴起标志着组织行为研究向更加深化、更高层次发展。组织文化是组织赖以生存和发展的精神支柱，是组织管理的最高层次，组织文化理论适应了组织管理的需要，有利于实现组织目标。该理论追求组织的整体优势和组织成员良好的集体感受，通过组织的文化优势，创造出导致个体从众行为的群体规范和共同价值准则，通过成员的集体感受，使组织的人际关系达到协调，组织文化的研究是组织理论由个体的研究向组织整体化研究的发展。

三、组织文化的形成及作用

1. 组织文化的形成

组织文化的形成是一个历史过程，它不是凭空产生的，但一旦形成就很难消失。它是随着组织的诞生、创始人的倡导、组织的各种规定和活动制度化以及组织成员对于基本的、有意义的行为的共同理解，并经过甄选、高层人士倡导、社会化逐步形成和发展起来的。

（1）组织文化形成的源头。组织文化的最初源头是组织的创始人。组织的创始人对组织的早期文化影响最大，他们规划了组织发展蓝图，把特定的理念和价值观表达出来并贯彻为愿景、哲学和商业战略。当这些理念和价值观导致组织成功后，它们就会被制度化，那些反映组织创始人和领导者愿景和战略的组织文化随之出现，并不随领导者的变更而更改。一个成功的组织必然是那些能够对环境的各种变化做出敏锐的准确反应的组织。要使组织在变化不定的环境中长盛不衰，有远见卓识的领导者总是在组织中形成一种能够洞悉环境因素的变化及这种变化对组织的影响的内在机制，这种机制的存在能够保证组织在其卓越领导者的时代结束后仍然保持敏锐的洞察力和较强的适应性。松下精神在松下本人不在时仍然得以发扬，影响和教育着一代又一代松下人。组织文化总是打着创始人所追求的宗旨、价值观、愿景的印记，体现着创始人独有的风格和特色。

（2）组织文化的发展过程。组织文化建立起来以后，要经过一系列的强化过程，逐步发展成熟。

首先，要经过组织对人员的识别和挑选过程。组织总是按照自己的价值观和判断标准招聘、雇佣应聘员工，筛掉那些可能对组织核心价值观构成威胁或者与之不协调、不融洽的人，经过多次挑选，被甄选出来符合组织要求的人员起着维系组织文化的作用。宝洁公司总是把具备理性思维的人挑选进来，迪士尼乐园则对员工的形象要求更多。

其次，组织文化通过高层管理人员的身体力行得以灌输。高层管理人员通过自己的所作所为，把行为准则渗透到组织中去。公司倡导什么精神，鼓励什么行为，如何看待创新和失败，如何对顾客的需求变化做出反应，组织的信任程度与规章制度、监督控制的关系如何等，这些通过高层人员的管理活动，在员工接受管理的过程中不断被认同。

最后，员工自身对组织文化的适应和被同化，实践和传播着组织文化。员工进入组织以后，不断改变自己原有的价值观、态度和期望，逐步了解组织的评价体系、人们的期望和价值标准，在与同事、上级和组织交往的过程中，经过不断调整自身行为的社会化过程，逐步接受组织的规章制度、行为规范，并把它内化为自己的认知评价体系和自觉行动，通过自己的社会活动实践和传播组织文化。可以说，员工既是组织文化的体现者，又是组织文化的创造者。

2. 组织文化的作用

总的来看，组织文化对于整合组织成员、适应外部环境方面具有十分重要的作用，但对组织文化的负面影响也不容忽视。

组织文化的积极作用主要表现在以下几个方面：

（1）目标导向作用。组织文化的整体优势使得组织中的个体目标与组织的整体目标相一致，成为个体目标发展的导向。

（2）团结凝聚作用。组织文化发展组织成员对组织的集体认同感，形成组织对成员的吸引力和成员对组织的向心力，指导着人们的行为，提供了言谈举止的标准，是一种社会黏合剂，有巨大的内聚作用，把整个组织聚合起来。

（3）激励振奋作用。组织文化建立了一种精神目标和支柱，可以激励全体成员自强自信、团结进取，形成组织成员的统一意志，这种意志形成了自身的发展机制，并产生激励效应。

（4）约束教育作用。组织中成文或不成文的法规和价值准则，引导和塑造员工的态度和行为，对员工的思想、性格、情趣产生潜移默化的影响，这种影响作用比权威、命令的效力更大。

（5）适应和辐射作用。组织文化指导员工如何迅速地对顾客需求或竞争对手的行动做出反应，并对社会产生一定的影响，以自己的方式作用于社会。

组织文化的负面作用主要表现在：

（1）对变革的影响。组织处于动态变化的情况下，组织文化往往成为组织的束缚。根深蒂固的组织文化容易束缚组织的手脚，使组织难以应对变幻莫测的环境，对那些不符合组织的价值观念总是置若罔闻。

（2）对个性的影响。组织文化强调统一的价值观、生活方式，强调新成员服从组织文化，这不利于组织成员自身个性多样化和创新能力的发展。

（3）对组织兼并、收购的影响。组织文化一旦形成，便具有相对的稳定性和个性特色，这种特色使得两种不同的组织在兼并、联合、收购后面临文化融合、文化沟通的难题，使得新的组织文化同原有的组织文化之间出现摩擦和碰撞，有可能导致收购和兼并的失败。

第 2 节　组织文化的表现形式

组织文化需要借助一定的形式来表现，需要人们基于可观察到的物象来推断，需要通过一定的渠道和途径以及表现形态传递给员工和外界，以利于解释、识别和学习。

一、组织文化的传播形式

组织文化需要借助一定的载体和形式加以传播、沟通和体现。组织文化的传播形式主要有以下几种：

1. 礼仪和仪式

礼仪和仪式是组织日常的已经成为习惯的一系列文化活动的总称。这项文化活动体现了组织对员工的期望和要求。它以生动的形象化的形式，向员工灌输本组织的价值观。文化仪式，实际上是一种培养人们一定价值观念和行为方式的手段和载体，它使本来抽象的价值观念变成具体的有形的东西，成为组织文化不可缺少的一部分。文化仪式能够增进员工向新的社会角色转化，使员工产生更强的社会认同感，有助于改善组织绩效，使员工之间产生共同的纽带和良好的情感，增强员工对组织的认同。可以说，没有文化仪式，就没有组织文化。文化仪式的形式多种多样，如各种表彰和奖励活动、各种聚会和娱乐活动，以及唱歌、升旗和背诵誓词等。

2. 英雄人物

那些受人尊敬的英雄人物是组织价值观念的集中体现。这些英雄人物使组织的价值观人格化，他们是员工学习的榜样。这些英雄人物大多是从实践中涌现出来的、被员工推选出来的普通人。他们在各自的岗位上做出了突出成绩，是组织的象征，是员工心目中有形的精神支柱。英雄人物的巨大影响是潜移默化的，因而会产生一种持久的影响。所以，英雄人物也是组织文化的重要载体和传播形式。

3. 故事

故事是指在组织内曾经发生的能够体现组织的价值观、反映组织情境的、经过演化和加工而流传下来的叙述性事件。这些故事有的是历史事件和传奇故事，加进了一些虚构的情节，有的是有事实根据、经过艺术加工的神话。故事的内容大多与组织创建者、违反组织制度、从乞丐到富翁的发迹史、裁减劳动力、员工重新安置、反省过去的错误以及组织应急事件等有关。故事借古喻今，使公司价值观保持长久活力，为全体员工提供了一种共享的理念，还可以为组织政策提供解释。

4. 文化网络

文化网络是指组织内部非正式的信息传递的手段，它是组织文化的载体，在组织中起到上下左右、内外纵横的渠道作用，广泛存在于组织员工之中。文化网络对所传播的消息做艺术加工，对消息含义的解释往往与组织的正式渠道的解释不同，信息的传递大多靠口头传播。

5. 物质象征

物质象征是组织文化的物质形态和外在表现。这些物质象征包括公司的外在形象如公司的名称、标志物、内外空间设计，劳动环境如色调、音乐、员工休息室、餐厅、教室、图书室、文化娱乐环境，还包括给高层管理人员配备、提供的各种办公条件、生活待遇、津贴以及基层管理人员的衣着、交通配置等。

6. 语言

语言是指在组织中特有的、常用的，体现组织的行业特点、工作性质、专业方向的专用术语。如公司的格言、口号、隐喻或其他形式的语言，这些语言能够识别和解释组织文化或亚文化，并成为组织文化的重要组成部分。组织成员学会这种语言，有利于他们接受组织文化。

二、组织文化的外在表现形式

组织文化通过一些可识别的外在形式表现出来。这些表现形式使不同的组织很容易被区别开来。这些表现形式主要有：

- 文字、符号表现形式。如公司的标语、口号、标识、书面材料等。
- 实物形象。如企业徽记、商标、标志物、产品、服务、纪念品、服装、行李袋、包装、艺术造型等。

● 电子传播制品。如录像、电视片、广告片、电影、广播、电视、电子光盘等。

● 活动与艺术表现形式。如各种集会、纪念会、文体活动和相声、小品、戏曲等艺术形式。

第 3 节　企业的跨文化研究管理

一、跨文化研究的起因

1. 跨国经济是历史的必然

100 多年前，马克思和恩格斯深刻指出："由于开拓了世界市场，使一切国家的生产和消费都成为世界性的了"，"自给自足和闭关自守状态，被各民族的各方面的互相往来和各方面的相互依赖所代替了"。[①] 20 世纪以来，在世界范围内出现和形成了一股无比强劲的跨国经济"旋风"：生产要素的跨国组合，生产经营的跨国合作，经济关系的跨国联网，市场开拓的跨国战略。跨国经济极大地促进了我国改革开放事业的发展，我国企业界双向渗透的趋势日益加强：一方面外国企业尤其是大型跨国公司，以"三资"和其他形式大量进入我国；另一方面，我国企业也纷纷跨过国界，走向世界。这是符合世界经济发展潮流的不可逆转也无法阻挡的趋势。

2. 世界各种贸易集团的出现

贸易集团是指在贸易关系、关税和总的经济联系上达到一致的国家和地区组成的贸易体。通常，集团内的成员之间打破关税壁垒或使贸易条例规则化，这样，一方面可强化集团内经济，另一方面可对集团外的国家提高关税，增加贸易限制来保护集团内国家和地区免受外来竞争。比如，目前最典型的贸易集团有欧洲共同体（已由经济一体化走向货币一体化）、北美自由贸易区（美国、加拿大和墨西哥）、环太平洋经济区（日本、朝鲜、中国、新加坡和印度半岛的国家和地区）、南方市场（阿根廷、巴西、巴拉圭和乌拉圭）等。还有逐渐形成的新东欧自由市场。自由贸易集团的出现进一步促进了世界各国和地区之间发展的相互依赖性以及潜在的商品、劳动力和资金在各国之间的流动。

3. 跨国企业发展迅速

跨国公司指同时在两个或两个以上国家和地区从事经营活动的公司。在世界

---

① 中共中央马克思恩格斯列宁斯大林著作编译局．马克思恩格斯选集：第 1 卷．北京：人民出版社，1995：276.

500 强企业中大部分是跨国公司。跨国公司在世界范围内开发全球战略，而不是将自己局限在本国区域内。它们审视整个世界以获得竞争的有利条件，使企业将生产部门、装配线、销售部门以及其他职能部门散布到世界各地，从市场上给企业带来有利条件。比如，一台摄影设备首先在加拿大多伦多设计，然后在我国台湾制造其微处理集成电路芯片，在日本生产机器外壳，在韩国进行组装，最后销往世界各地。企业的多国化、产品形成的多国化正成为现实，中国的企业家将面临新的挑战，即如何在跨文化背景下对不同层面的多样化的员工进行有效的管理。在企业的宏观层面上，管理者要处理好外界的客户、竞争者、合作者、供应商等业务往来者及企业内合伙者的关系，而他们可能来自不同的文化背景；在微观层面上，则要处理好具有多元文化的上级、下级、同事的关系。不同文化背景的人在一起，就构成了跨文化的环境。

二、霍夫斯泰德的五种文化维度

霍夫斯泰德是荷兰跨文化研究专家。1968 年，霍夫斯泰德开始在 IBM 进行跨文化研究，1973 年，他发出并收回来自 72 个国家和地区使用 20 种不同语言的 11.6 万份问卷。该问卷是对文化进行的综合性调查，涉及员工的基本价值观及信念，以及员工的收入、工作安全感、挑战性、自由、合作等工作特性，还有管理风格等问题。

霍夫斯泰德对问卷进行分析处理，初步归纳出四种文化维度：不确定性规避、阳刚性与阴柔性、个人主义与集体主义、权力距离。由于当时条件所限，霍夫斯泰德的调查未能涉及中国。20 世纪 80 年代后期，旅居我国香港 20 余年、对中国文化颇有研究的加拿大学者邦德（M. H. Bond）与他的几位中国同事一起开发出一种中国文化调查问卷，对来自五大洲 23 个国家和地区的学生做了调查，发现了一个与霍夫斯泰德提出的四个维度很相似的新维度，即短期导向与长期导向，后来将霍夫斯泰德的四种文化维度拓展为五种文化维度。

1. 不确定性规避

不确定性规避是指人们对一种模糊不清的情况和没有能力预测的将来可能发生的事件的感受程度。我们生活在一个不确定的世界中，未来在很大程度上是未知的，不同国家和地区的人对这种不确定性做出的反应是不一样的，反映出强和弱的差异。

强不确定性规避表现为：不确定性被认为是一种持续的威胁，人们对此焦虑不安，害怕事物的发展与变化；努力工作是一种美德；稳定安全的生活最重要；在工作中应尽量避免冲突与竞争；人应当绝对服从大众的思想与道德规范，不能偏离，强烈地需要一致意见；这种人有一种强烈的保守思想，缺乏创新意识；在任何条件下都必须遵守规章制度，即使规章制度已不再适合也要遵守，而且要忏悔自己的行为。霍夫斯泰德研究指出，属于这类的国家有日本、葡萄牙和希腊等。

弱不确定性规避表现为：生活中有不确定、冒险是正常的，人们对此没有什么压力，对事物的发展与变化持积极的态度；不认为努力工作是一种美德；在工作中可以利用竞争来达到个人目的；容忍偏离大众的思想和道德规范；人们有一种强烈的创新意识；规章制度越少越好，规章制度是人制定的，在不适合时，也是可以改变和消除的。霍夫斯泰德研究指出：属于这类的国家有新加坡、瑞士和丹麦等。

2. 阳刚性与阴柔性

对这个文化维度也有人将其翻译为男性化与女性化或生活数量与生活质量。阳刚性表明了一个民族在自信、工作、绩效、成就、竞争、金钱、物质等方面占优势的价值观，即追求生活数量。阴柔性则是在生活质量方面，保持良好的人际关系、服务、施善和团结等。自主、自立、进取、竞争、果断、成功、晋升、自由、轻松工作、赚取更多的钱财、控制驾驭他人、掌握权力和理性思维等行为与阳刚意识相联系，而与阴柔意识相联系的行为有抚育、赡养、依附从属、乐助施善、谦恭、职位保障、友好合作、尊敬领导等。有的国家和地区的文化强调生活数量，表现特征是过分自信和物质主义。有的民族文化强调生活质量，表现在重视人与人之间的关系，并对他人的幸福表现出敏感和关心。霍夫斯泰德研究发现，日本和奥地利在生活数量维度上得分最高；而挪威、瑞典、丹麦和芬兰则在生活质量维度上得分高。

3. 个人主义与集体主义

个人主义指的是一种松散结合的社会结构，在这一结构中，人们只关心自己或自己直系亲属的利益；每个人都具有强烈的自我意识，一切以自我为中心；个人独立于组织或机构之外，个人以算计的方式与组织（集团）打交道；个人对集体有较少的感情依附，相信自己而不相信集体。与个人主义相对的是集体主义，它以一种紧密结合的社会结构为特征，在这一结构中，人们希望自己所归属的群体中的其他人能帮助和保护自己；个人往往从思想、道德的角度处理其与组织的关系；个人对集体有强烈的感情依附，人们极信任组织，愿意为组织的成长与发展出力。霍夫斯泰德研究发现，一个国家的个人主义与这个国家的富足程度密切相关，像美国、英国和荷兰等富裕国家，个人主义极为强烈；而像哥伦比亚、巴基斯坦等贫困国家，集体主义较强。同时，个人主义与权力距离有相关关系：权力距离指数高的国家其个人主义指数较低，而权力距离指数低的国家其个人主义指数较高。

4. 权力距离

一个权力距离大的社会认可组织内权力的巨大差异，雇员对权威显示出极大尊敬。称号、身份及地位占据着极为重要的地位。一些公司发现，在与权力距离大的国家谈判时，所派出的代表应至少与对方头衔相当才有利。这样的国家有菲律宾、委内瑞拉、印度等。相反，权力距离小的社会尽可能减少这种不平等。上级仍拥有权威，但雇员并不恐惧或敬畏老板。丹麦、奥地利是这类国家的典型。在这些国家里，把权力当作一种不公正的现象，权力应受到制约，每个人应享有同等的权力；等级是为了便利而确立的不同角色，等级的差异应减少到最低限度；有权人与无权人之间存在着潜在的和谐，处于不同权力地位的人之间可以相互信任；非权力的合作是建立在团结的基础上的；改变社会制度的方法是将权力重新分配。

5. 短期导向与长期导向

这个维度表明一个民族对长远利益和近期利益的价值观。具有长期导向文化的国家和地区主要面向未来，较注重对未来的考虑，对待事物以动态的观点去考虑；注重节约和储备，做任何事情均留有余地；常会想到目前的行为将对下几代人的影响。典型的例子就是日本，其企业对投资持长远打算，不太重视年度的盈余，而认为重要的是向远期目标的进展。而具有短期导向的国家和地区则面向过去与现在，着重眼前的利益，并注重对传统的尊重，注重承担社会责任。美国就是这种文化维度的代表，美国企业关注的是每一季度和年度的利润，上级对下级的考核也是每年一次甚至周期更短；要求急功近利，不容拖延。

表 15－1 列出了一些国家和地区在文化维度上的得分。

表 15－1　10 个国家和地区的文化维度得分

国家和地区	权力距离	个人主义与集团主义	阳刚性与阴柔性	不确定性规避	短期导向与长期导向
美国	40（下）	91（上）	62（上）	46（下）	29（下）
德国	35（下）	67（上）	66（上）	65（中）	31（中）
日本	54（中）	46（中）	95（上）	92（上）	80（上）
法国	68（上）	71（上）	43（中）	86（上）	30（下）
荷兰	38（下）	80（上）	14（下）	53（中）	44（中）
中国香港	68（上）	25（下）	57（上）	29（下）	96（上）
印度尼西亚	78（上）	14（下）	46（中）	48（下）	25（下）
西非	77（上）	20（下）	46（中）	54（中）	16（下）
中国内地	80（上）	20（下）	50（中）	60（中）	118（上）
俄罗斯	95（上）	50（中）	40（下）	90（上）	10（下）

说明：(1) 括号中的上、中、下，对前 4 个维度来说，是指位于 53 个国家和地区的数据中的前、中、后 1/3 段内，对第 5 个维度来说则仅指位于 23 个国家和地区所得分数中的前、中、后 1/3 段内。

(2) 中国内地和俄罗斯的评分是估测值，非实测结果。

三、威廉·大内的 Z 理论

威廉·大内（Willam Ouchi）是日裔美国人，20 世纪 70 年代中期，他在美国斯坦福大学管理学院任教时便率领他的一批弟子选中了美、日两国各 12 家大型企业，对其管理进行了深入的比较调研。这些公司的共同特点是，在本国的总公司之外，在对方国家也办有公司，这样，研究对象企业实际上是 24 家。

经多年研究，1981 年大内出版了他的研究成果——著名的《Z 理论》。

1. 比较研究的七维度

大内对美日管理的主要差异从七个维度进行比较和剖析。他将美国的管理模型称为 A 型，将日本的管理模型叫 J 型，它们在七个维度上的差异为：

（1）雇佣制度。大内研究后发现，A 型管理实行的是短期雇佣制，其实质是典型的纯粹交换性的商业行为：我出劳务技术，你发工资给我，买卖公平，双方自愿；就业是双向选择，老板可以炒我鱿鱼，我也可炒老板的鱿鱼，来去自由，各随所愿。我既然拿了你的工资，便按合同规定与社会公认的职业道德和敬业精神去干活，不存在谁向谁施舍或报恩的问题。员工一年跳槽三四次，也不足为奇。而在 J 型组织，日本的大公司至少对其男性核心雇员实行终身雇佣制。一个大学毕业生一旦被公司雇佣，就算订下终身，被聘者知道自己将终生在此企业服务，公司也将其看作大家庭的一员，决不会轻易辞退。但是随着科技的发展，国与国之间的贸易往来以及资本的互相渗透，各国的管理文化也发生了变化，日本的终身雇佣制也受到挑战，发生了动摇。

（2）决策制度。大内认为，A 型管理实行的是个人决策制，而 J 型管理采用的是共识决策制，即面对重大事务，公司领导者先传达到最基层的干部征求意见；将各级反馈意见整理归纳，再传下去征询意见。如此几上几下，反复酝酿推敲，各抒己见，渐成共识，形成决策。看来，A 型组织，老板拍板定夺，快速高效；而 J 型组织，几上几下，程序复杂，决策效率可能不如前者。但大内在对比研究中发现，从一种主意的产生到形成决策，直到付诸实施，产生结果，周期长短在两类组织中是差不多的。这是因为，A 型组织的老板一锤定音，固然干脆迅捷，但须向管理层的主要成员解释其决策的理由和优点，管理层的人理解以后，再传达给自己的直接下属。这样，逐级执行，直到基层，方能启动执行，这个过程颇费时间，而且层层过滤，内容难免失真，下级将信将疑。因为是老板个人的主意，下级即使执行起来，也可能缺乏主动性，缺乏责任心。J 型组织的共识式决策程序，因为经过充分讨论，大家都知道利害，决策一旦形成，便会马上行动。因为广泛，决策不再仅是“老板个人的”，而变为“我们大家的”，容易在组织中达成共识。所以，决策虽慢，执行却快。不过，美国也有越来越多的公司采用参与式决策。

（3）责任制。美国崇尚个人主义、个人至上。一把手既然受命挂帅，就必须拥有全权，对公司经营成败要承担主要责任。如果事情办坏了，自然责无旁贷；但若成功，则主要功劳自然也是他的。这就是在美国大企业首席执行官薪水很高的原因。美国主张重奖重罚，日本则相对平均。一般来讲，日本的整个领导班子要集体承担责任，一把手也要是德高望重的人，其责任主要不是躬亲主政，而是坐镇指挥，成为道德楷模、团结的核心，协调各方，平息纠纷，至于具体工作，则由班子中年纪轻、资历浅的人去做。出了问题，大家平摊；事业成功，人人有份，一把手也不能过分多得。

（4）控制机制。在美国典型的 A 型组织中，是靠严格监督、大量的规章制度、众多的计划、预算审批与检查、频繁的考核及层层把关来控制内部绩效的。

而大内却发现在J型组织中的控制机制比较松散，企业最高领导者对其主要副手一般只传达公司的管理哲学与宗旨、战略方向、愿景目标等“软”的东西，而微观的近期具体目标和方法，则要求下级根据公司的方针与原则，自行决定和选择，让下级发挥主动性和创造性。

（5）考评与晋升制度。美国人急功近利，缺乏耐心，所以在A型组织中对员工的考核与评估是多而频，员工不能忍受长期等待，通常考核周期为半年至一年，往往只着眼于工作实绩与业务能力。考评结果如果太差，员工不服，可能会拂袖而去；但若结果较佳，员工就会要求立马兑现，加薪晋级。J型组织则不然，考评少，首次考评常保持5～8年。晋升实行年功序列制，新招员工不论绩效好坏与能力高低，都逐年按月提薪升级；8～10年才做首次主要评估，出类拔萃者此时才可以被区别对待。在J型组织中都得熬年头，混资历，不会发生A型组织中某人得到老板青睐，坐上直升机“平步青云”的事。一般的人，只要不出大错，总能升至中层，以后便只有平调，再难晋升，只有少数确有才能者，才有望进入领导层。日本的考评不仅重业务，也考评人际关系。

（6）员工职业发展。A型组织一般按专业途径培训员工。如一位新员工，会从簿记员、会计师、会计主管、总会计师升至财务副总经理。在招聘时也常不惜重金，聘用某一专业中知识渊博、经验丰富的专家，招聘来的人，无须培训，工作能立即得心应手。这被称为“专才式”职业发展。而J型组织一般不收跳槽者，只招收新毕业的学生，在头一年见习期时，经观察发现确是“孺子可教”的苗子，就会有计划地采用职务轮换的方式，让他在8～10年内到本公司的主要职能岗位逐一锻炼，扩充其知识面与阅历，并熟识公司各地的骨干，最后提升他进领导班子。这种人才叫“综合管理者”，并无特殊专长，但却熟知本公司各方面的情况，与各地各部门都有个人交情，做起跨部门的综合管理和各方面的协调工作很合适，这就是他的专长。这被称为“通才式”培养途径。这类人因别无所长，不会被别家企业挖走。专才式培养则不然，他们需经较长时间的专业培训，一旦学成，很可能待价而沽。

（7）对员工的关怀。在典型的A型组织中，员工视企业仅为工作的场所，以自己的特长及劳务，换取公司的报酬，所以，上下关系是冷冰冰的公事公办。企业对员工，也只关注其工作，而员工的私生活，属个人隐私，企业不予过问。但在J型组织中，公司如同一个大家庭，对员工的关怀是全面的，不仅关心员工，也关心员工的家庭，企业内人际关系除工作成分，还有社交成分，企业注重情感因素。

2. 导致日、美文化管理差异的社会原因

除以上介绍的七个维度的差异以外，还有一些差异，比如：美国有全国工会、行业工会，日本只有本公司内部的工会；日本公司的办公室是敞厅式布局，而美国公司的办公室相互是封闭独立的。大内对引起日、美两国文化差异的原因进行了分析。大内指出，美国幅员辽阔，气候适中，资源丰富，人口密度小；300多年前欧洲移民陆续迁来，把原有土著居民赶尽杀绝，直到240多年前才建立起移民国家；移民来自多种文化，种族互相渗透，互无历史渊源；为了扩大疆土，开发西部，极力鼓励新来者西向迁徙拓边。他们开始时主要粗放经营小麦，地广人稀，一家人可以圈占大片土地，依靠自己的力量，独立维持自家生计。美国的小说、诗歌、戏剧、电影都努力颂扬那些挎枪骑马独闯蛮荒的拓边英雄，因此，个人主义被奉为天经地义的立国之本。

日本则不然，这是一个地域狭小、人口密集、资源有限的岛国。它的民族单一，享有同一历史与信仰，操同种语言，日本天灾频繁，时有火山、地震、海啸、台风，加之种植的主要作物是只能集约经营的水稻，必须依靠集体协助才能生存。所以，日本形成集体导向的文化就不足为奇了。

美国历史短，未经封建时代，因袭包袱轻；移民性喜猎险、创新，他们带来了欧洲工业革命后发展起来的制度与技术，经济上迅速崛起，后来居上；在两次世界大战中，越洋出击，本土从未受侵略却跻身战胜国之列，所以，成为世界经济发达国家。

日本有千年封建史。明治维新促进了资本主义在日本的产生和发展，但财阀具有浓厚的封建宗法色彩，各个组织与核心银行的关系，不是各种独立组织间靠合同松散结合的关系，而是一种宗法性大家庭中父子、祖孙间的关系。但是，第二次世界大战后，日本作为战败国，美国对其实行全面管制，在农村实行土地改革，在城市取消财阀，应该说这在一定程度上促进了日本经济的发展。

3. Z 理论

大内通过对美日文化的对比研究，发现日本在第二次世界大战后，特别是在 20 世纪 70 年代期间，在很多生产、科技领域赶上和超过了美国。他认为日本成功的秘密就在于善于将落后的不足的东西转化为独特的长处，建议美国企业应该学习日本，引进日本的长处。同时，大内提出，A 型管理在 50 年代也曾有效运转，有过辉煌的过去，至于后来为什么运转失灵，他并没有给出令人信服的答案。他知道，若让美国全盘照搬日本模式是不可能的，美国绝对不会放弃，于是，他就设计出一种美、日杂交妥协型的中间模式，称为 Z 理论，推荐给美国企业界。

应该说，大内开了比较文化管理研究的先河，在组织行为学中有重要的地位，拓展了组织行为学的研究领域，提供了跨文化比较研究的方法与观点，揭示了文化对管理模式的影响。

第 4 节　组织伦理

一、组织伦理的概念

伦理是指社会生活中人与人相处的各种道德准则。不同时代、不同社会、不同组织有不同的伦理。

组织伦理是指以组织和组织成员为主体，在制度和法规之外用来调节组织与自然、组织与社会、组织与组织、组织与其成员以及组织成员之间相互关系的行为规范的总和。它是协调组织内外关系、规范组织行为、促进组织健康发展的强有力的精神力量，属于社会道德的实用伦理学范畴，是人类伦理思想在现代组织经营管理中的反映。组织伦理的形成，反映了现代组织生存和发展对伦理的依赖性。

组织伦理是组织文化的反映。它包括两方面的含义：一方面，组织伦理是组织独立人格的伦理关系的体现，协调并规范着组织与社会、组织与自然环境以及组织与组织成员之间的相互关系和行为，它是现代组织经营管理中文化属性的再现，是由现代组织所面临的外部环境和内部条件决定的。组织伦理所涉及的自然方面和社会方面，对于协调组织与自然环境、社会环境的关系，正确处理组织的社会责任和义务，树立组织形象，起着积极的作用。另一方面，组织伦理还包括组织中具体人员的道德行为规范。它是组织内部的职业及岗位道德，规范着组织内部成员的行为。此外，还包括与组织基本价值观相适应的人格道德，如人生观、幸福观、劳动观、荣辱观及个体品质。组织伦理所涉及的职业方面和人格方面，对于协调组织成员间的人际关系，规范组织成员的行为方式，统一组织成员的思想都起着积极的作用。

组织伦理的基本内容包括：组织道德传统和习惯、组织道德规范及行为、组织道德价值观与原则、组织道德意识（包括组织伦理思想、观念、情感、意志和信念等）、组织道德教育、组织道德评价等。其中组织道德规范及行为是核心部分，是组织伦理的重要标志。

组织伦理具有以下几个方面的特征：

（1）从属性。组织伦理是组织文化的重要组成部分，从属于一定的社会伦理。这种从属性为划分组织伦理的类型提供了依据。

（2）职业性。组织伦理是社会伦理在组织生产经营管理中的体现，具有组织的行业特征和职业特点，随着外部环境和自身地位的变化而不断丰富和发展。

（3）实用性。组织伦理来源于组织实践，服务于组织经营管理的具体活动，指导组织及其成员在生产经营和生活中的具体行为，因而具有实用性特征。

（4）个性。不同国家、不同行业的组织有着不同的组织文化以及反映这种组织文化的伦理。同一行业的不同组织的伦理也存在差别。

二、组织管理中的伦理原则

组织管理中的伦理原则是衡量组织成员行为的最高道德标准。很多公司都订立了公司伦理原则，涵盖了公司的使命、宗旨、对社会的责任、产品质量要求、对人的评价与看法、价值分配、员工的权利与义务、报酬与待遇、价值观和行为准则等带有纲领性、长远性的基本问题。这些伦理原则包括：

1. 人本原则

在组织管理中要尊重人、理解人、关心人、服务人、培养人，体现人才至上、知识至上的观念，使员工在组织中得到全面发展，重视人力资源的开发与利用，建立科学的激励机制和价值评价体系，改善用人环境，优化用人机制，满足人的需要，实现人的价值。

2. 民主性原则

在组织管理中要体现民主参与、民主管理，充分尊重员工的民主权利，发挥他们的积极性与创造性。实施民主性原则，要求管理者具有民主意识和民主作风，平等待人，广泛吸收各方面的意见和智慧，博采众长；要求员工具有民主素质和参政能力；同时要健全民主制度，实行民主政策、民主协商、民主对话和民主监督。

3. 公平性原则

增加管理者与员工之间的管理透明度，增强上下之间的相互了解和意见沟通，公开办事程序，公开评价标准，对涉及员工切身利益的管理制度、分配方案等，要公开征求大家的意见，公布管理者的收入来源及政绩表现，公布评议结果，公开揭露影响企业发展的不良行为，并公布处理结果。只有这样，才能在组织内树立一种团结向上、员工心情舒畅、以正祛邪的道德风尚。

4. 公正性原则

在组织管理工作中，对人对事要出于公心，客观公正，避免任何偏见。在用人问题上，要做到参与竞争机会均等，对人的评价客观公正，既要重德又要重才，注重工作实效与政绩。在利益分配上，要克服平均主义，将按劳分配、按知分配、按生产要素分配结合起来。在任务分配上，要根据人的能力大小、工作水平高低，合理确定职权，避免苦乐不均。

5. 科学性原则

组织管理要依靠科学，依靠知识和真理的力量，按规律办事，做到科学决策，规范化管理，运用科学的手段培养人、评价人，避免长官意志、主观臆断，加强调查研究，加强制度建设，吸收先进的管理经验、管理模式，优化管理程序，提高管理效率。要把科学性与艺术性结合起来，做到宽严相济、长短结合。

三、组织管理实践中的伦理问题

在组织管理实践中，要正确对待和处理好以下几种关系：

1. 义与利

企业利润是企业生存和发展的前提。企业以盈利为目的，追求利润最大化，不断提高获利能力，是企业发展的动力，是企业管理的目标，也是企业存在的意义所在。但是，企业盈利必须以“义”为前提，必须以对社会的贡献为前提，企业的发展必须同社会发展的整体利益相一致，否则企业就无从盈利，即使短期内获得一定的利润，从长远来看，企业也难以维持下去。企业要把义与利统一起来，不能见利忘义，不能以牺牲社会和他人利益换取企业的一时发展。在组织内部，员工要摆正个人与组织的关系，把个人的发展与组织的发展联系起来，既讲权利，又要认真履行义务，不能为了个人私利而损害集体和组织的利益。

2. 竞争与合作

竞争是企业发展的动力，通过竞争，企业不断创新，改进产品和服务，满足消费需要，促进社会发展。但竞争必须采取正当、合法的手段，不择手段的竞争只会损害企业的形象与利益。企业要想在竞争中取胜，只能在改善管理、提供优质产品和服务上下功夫。竞争与合作的关系可以相互转化，竞争对手往往转变成合作伙伴，这一特性随着组织兼并、重组、收购趋势加剧表现得尤为明显。在组织内部，也要提倡竞争与合作。员工、部门之间的竞争可以提高工作效率。组织成员要通过诚实劳动，依靠工作实绩来提高自己的竞争能力。同时，也要讲求合作精神、大局意识、团队协作和集体荣誉，不能各自为政，相互拆台、孤立和倾轧。

3. 企业利益和社会责任

企业作为社会活动的一个基本经济单位，既是一个有生命力、能自行增殖的有机体，又是一个相互合作的组织，具有经济性和社会性双重特性。这种双重特性决定了企业在追求经济利益的同时要重视社会利益，有责任在达到经济目标的同时为社会做出应有的贡献。企业的社会责任包括向社会提供资金和物质财富，自觉遵守国家的法律法规，以自身的财富造福于所在社区和整个社会。

4. 产品质量和企业信誉

质量是企业的生命，产品质量与企业信誉具有内在统一性。企业只有提供优质产品和服务，才能赢得信誉，企业的信誉越高，反过来越能促进产品销售。产品质量和企业信誉反映了企业形象和企业文化，是企业竞争实力的根本。名牌产品的“含金量”高于普通产品，就在于它能使顾客满意，获得持久的盈利能力。企业要想获得进入市场的“通行证”，实现价值最大化，必须把提高产品质量和企业信誉作为长期追求的目标。

第5节　企业社会责任

一、社会责任的含义

20世纪初西方就产生了社会责任这一思想，但直到1953年霍华德·鲍恩（Howard R. Bowen）的《商人的社会责任》一书出版，才大大推动了有关社会责任的讨论。鲍恩提出，企业应考虑其决策的社会含义。约瑟夫·麦克格尔（Joseph M. McGuire）认为：“企业社会责任意味着企业不仅仅有经济和法律义务，而且对社会负有超过这些义务的某些责任。”斯蒂芬·罗宾斯把社会责任定义为企业追求有利于社会长远目标的一种义务，它超越了法律和经济所要求的义务。上述定义虽然不完全相同，但都认为社会责任是组织在遵守法律规范和谋求利润的基础上，主动追求和承担有利于整个社会和谐发展的相关责任。社会责任加入了一种道德要求（不是法律或者准则要求），一个具有社会责任感的组织从事有助于改善社会的事情，绝不限于法律要求必须做的或者经济上有利的事情，他之所以如此做是因为他觉得这些事情是应该做的、正确的或是合乎道德的。社会责任是一个组织对社会应负的责任。一个组织应以一种有利于社会的方式进行经营和管理。社会责任包括企业环境保护、社会道德以及公共利益等方面，由经济责任、持续发展责任、法律责任和道德责任等构成。

二、企业社会责任的内容

企业社会责任的具体内容十分广泛，可大致概括为以下几个方面。

1. 企业对环境的责任

企业既受环境的影响，又影响着环境。从企业生存和发展的角度来看，企业有承担保护环境的责任。企业对环境的责任主要体现在：

（1）企业要在保护环境方面发挥主导作用，特别是要在推动环保技术的应用方面发挥示范作用。有很强社会责任感的企业必然有强烈的环境保护意识，它们会积极采用生态生产技术。

（2）企业要将“绿色产品”作为研究和开发的主要对象。企业研制并生产绿色产品既体现了企业的社会责任，推动了“绿色市场”的发育，也推动了环保宣传教育，提高了整个社会的生态意识。

（3）企业要治理环境。污染环境的企业要采取切实有效的措施来治理环境，“谁污染谁治理”，不能推诿，更不能采取转嫁生态危机的不道德行为。

2. 企业对员工的责任

员工是企业最宝贵的财富，企业对员工的责任主要体现在：

（1）不歧视员工。现代企业的一个显著特征是员工队伍的多元化。为了调动各方面的积极性，企业要充分尊重员工，尽量平等和公平地对待所有员工。

（2）定期或不定期地培训员工。决定员工尤其是高素质员工去留的一个关键因素是，员工能否在企业中得到锻炼和发展。有社会责任的企业不仅要根据员工的综合素质把员工安排在合适的工作岗位上，做到人尽其才、才尽其用，而且要根据情况的需要对员工进行培训。

（3）营造一个良好的工作环境。工作环境的好坏直接影响员工的身心健康和工作效率。企业不仅要为员工营造一个公平安全、关系融洽、压力适中的工作环境，而且要根据本企业的实际情况，为员工配备必要的设施。

（4）善待员工的其他举措。例如推行民主管理，提高员工物质待遇，对工作表现好的员工予以奖励等。

3. 企业对顾客的责任

企业对顾客的责任主要体现在：

(1) 提供安全的产品。企业不仅要让顾客得到所需的产品，而且要让顾客得到安全的产品。如今，产品安全已经越来越受到企业尤其是知名企业的重视。

(2) 提供真实的产品信息。企业要想获得顾客的信赖，就不能在提供产品信息方面弄虚作假、欺骗客户。

(3) 提供售后服务。企业要重视售后服务，把售后服务看作对顾客的承诺和责任；要建立与顾客沟通的有效渠道，如设立意见箱、热线电话等，及时解决顾客在使用本企业产品时遇到的问题和困难。

(4) 提供必要的指导。在使用产品前或过程中，企业要尽可能为顾客提供培训或指导，帮助顾客正确使用本企业的产品。

(5) 赋予顾客自主选择的权利。在市场经济条件下，顾客拥有自主选择的权利。企业不能限制竞争，以防止垄断或限制的出现给顾客带来不利影响。

4. 企业对竞争对手的责任

在市场经济条件下，竞争是一种有序竞争，企业既不能压制竞争，也不能搞恶意竞争。企业要处理好与竞争对手的关系，在竞争中合作，在合作中竞争。有社会责任的企业不会为了一时之利，通过不正当的手段挤垮对手。

5. 企业对投资者的责任

企业首先要为投资者带来有吸引力的报酬。那种只想从投资者手上获取资金，却不愿或无力给投资者以合理报酬的企业是对投资者极不负责的，这种企业注定会被投资者所抛弃。此外，企业还要将其财务状况及时、准确地报告给投资者，错报或假报财务状况都是对投资者的欺骗。

6. 企业对社区的责任

企业不仅要为所在社区提供就业机会和创造财富，而且要尽可能为所在社区做出贡献。企业应积极寻找途径参与各种社会活动，通过此类活动，企业不仅回报了社区和社会，还树立了良好的公众形象。

三、两种社会责任观

对于一个组织而言，承担社会责任意味着什么？有两种不同的观点。一个是古典或纯粹的经济学观点，另一个是社会经济学观点。

古典观点主张管理当局唯一的社会责任就是利润最大化。这一观点最直接的支持者是经济学家和诺贝尔奖获得者米尔顿·弗里德曼。他认为管理者的主要责任就是从股东的最佳利益出发来从事经营活动。这些利益是什么呢？弗里德曼认为股东只关心一件事，这就是财务方面的回报。他还主张，不管何时，只要管理者自作主张将组织资源用于社会利益，就是在增加经营成本。这些成本要么通过高价转嫁给消费者，要么通过降低股息回报由股东所吸收。必须指出，弗里德曼并不是说组织不应当承担社会责任，他支持组织承担社会责任，但这种责任仅限于为股东实现组织利润的最大化。

社会经济学观点认为管理当局的社会责任不只是创造利润，还包括保护和增进社会福利。这一立场是基于社会对企业的期望已经发生了变化这样一种信念。公司并不只是对股东负责的独立实体，它们还要对社会负责，社会通过各种法律法规认可了公司的建立，并通过购买产品和服务对其提供支持。此外，社会经济学观点的支持者认为，企业组织不仅仅是经济机构。社会接受甚至鼓励企业参与社会的、政治的和法律的事务。

四、社会责任与经营绩效

许多学者都曾尝试回答这样的问题：社会责任活动会降低一个企业的经济绩效吗？有大量的研究探讨这一问题，结论如何呢？

概括来说，多数研究表明，社会责任活动和经济绩效之间是正相关的。例如，一项研究发现，企业的社会绩效与过去和将来的财务绩效之间具有正相关关系。需要注意的是，我们在这些结论中提炼任何让人信服的假设时都应当谨慎，因为存在某些与衡量“社会责任”和“经济绩效”有关的方法论问题。大多数研究通过分析年度报告内容、公司文档中有关社会活动的描述，或者采用公众感觉的“声誉”指数等方法来确认企业的社会绩效。这些标准作为衡量社会责任的尺度明显存在缺陷。尽管经济绩效尺度（如净收入、权益收益率或每股价格）更为客观，但它们通常仅用于衡量短期的经济绩效。社会责任对企业利润的冲击——积极的或消极的——要多年后方能见效。若存在时间上的滞后，短期财务指标便不可能得出有效的结论，而且这里还有一个因果关系的问题。例如，如果有证据表明社会责任活动和经济绩效是正相关的，这也许并不意味着社会责任活动产生了更高的经济效益，也可能正相反，它可能表明正是高利润才使得企业能够参与社会责任活动，因此我们不应忽视这些方法论上的“因果关系”。实际上，另一项研究发现，如果这些研究中不完善的实证分析“正确”的话，那么社会责任活动对经济绩效的影响是中性的。

由此我们可以得出一条结论，没有足够的证据表明，一个企业的社会责任行动明显降低了其长期经济绩效。如果政治和社会压力迫使企业承担社会责任，就意味着管理者在实施计划、组织、领导和控制时必须考虑社会目标。

故事与启示

有一天，国王在大臣的陪同下，来到马棚视察养马的情况。见到养马人，国王关切地询问：“马棚里的大小诸事，你觉得哪一件事最难？”养马人一时难以回答。其实，在养马人心中，一年 365 天，打草备料、饮马遛马、接驹钉掌、除粪清栏，哪一件都不是轻松的事！可是在君王面前，怎能一一数落出来呢？站在一长排拴马的栅栏旁，大臣环视一周，代为答道：“从前我也当过马夫，依我之见，编排用于拴马的栅栏最困难。为什么呢？因为在编栅栏时所用的木料往往曲直混杂。你若想让所选的木料用起来顺手，使编排的栅栏整齐美观，结实耐用，开始的选料就极其重要。如果你在下第一根桩时用了弯曲的木料，随后你就得顺势将弯曲的木料用到底。像这样曲木之后再加曲木，笔直的木料就难以启用。反之，如果一开始就选用笔直的木料，继之必然是直木接直木，曲木也就用不上了。”

编栅栏为了顺手、整齐，自然地要按前面木条的形状，一根根编下去。用人与企业文化建设也是这样。很多企业，都会出现同样一个现象，就是每个公司的企业文化与管理者和老员工有非常大的关系。

资料来源：谢文辉．智慧管理——60个经典管理寓言故事．北京：民主与建设出版社，2004.

◆ 关键术语

组织文化　组织伦理　跨文化管理　霍夫斯泰德的五种文化维度

◆ 复习思考题

1. 为什么说“文化管理是21世纪的管理主流”？
2. 组织文化有什么功能？如何营建强有力的企业文化？
3. 说明企业伦理与企业文化的关系。
4. 跨文化管理理论产生的背景是什么？如何进行跨文化管理？

◆ 自我诊断

你的公司能吸引客户并留住优秀人才吗？

一个组织如何才能成为优秀人才的追逐对象呢？关键是营造一种能够深深吸引优秀人才的工作环境。这方面的可行策略包括：创造各种机会并提供相应的支持，以使所有人都能够全心全意工作、发挥最大潜能；开发领导团队和管理能力以培育相互包容、追求业绩的文化氛围；消除制度上、行为方式上的潜在障碍，以促使个人成长、促进同事关系并推动团队工作；形成一个相互包容的组织共同体，对所有成员为组织所做的贡献进行鼓励和奖赏。

本调查问卷有助于明确组织需要在哪些方面进行变革，同时也有助于甄选人才以推行这些变革。

说明：按照你对你所在组织现状的看法，在1分（低）到5分（高）的区间内，给下列各条陈述打分。

1. 领导者值得尊重和追随

______领导者被认为有足够的知识和技能，来领导组织、鼓舞士气。

______领导者能够清晰地表述他们的想法、愿景、战略和指示。

______领导者能够倾听各级员工的各种想法。

______领导者积极构建和推行组织的价值观。

2. 成长型的组织

______组织表现出很强的增长潜力，尤其在收入的增加、更多的成长机会、业内影响力的不断扩大等方面。

______组织在市场、服务和产品开发等方面的发展定位很合理。

3. 兼顾工作与生活

______组织的政策兼顾了员工工作与生活，使得组织成员有时间和精力处理工作以外的事情（照顾小孩或老人，处理卫生保健事务，继续接受教育，等等），不至于过分劳累而影响工作。

______组织成员没有必要因为组织、自身的名誉或业绩而牺牲家庭或身心健康。

4. 持续成长和发展的机会

______组织给予成员各种机会、鼓励和支持，帮助他们提高技能和个人发展。

______经理人员负有帮助员工提高工作效率、帮助员工发展的义务。

______组织提供各种内外部的教育和培训机会。

5. 组织成员亲如一家

______组织让人觉得有归属感。成员对组织的贡献越大，融入组织的机会就越多，融入的程度也就越深。

______作为组织的一员，成员会有荣誉感，同时和其他成员亲如一家。

______组织成员真诚地喜欢、钦佩、尊重他们的同事。

______组织成员将面对各种不同的行为风格，这些行为风格让他们觉得可以接受，并且乐于面对这些不同的风格。

6. 人身安全和情感安全

______组织提供一个安全的工作环境。在工作过程中，组织成员不会受到人身伤害。

______在工作中，对情感安全有着明确的承诺：禁止骚扰、禁止欺辱、不挑剔、不吹毛求疵。相反，组织的文化鼓励和支持所有成员在工作中尽其所能。

7. 视组织成员为商业伙伴

______组织视成员为商业伙伴，而不是“招之即来，挥之即去”的闲人。组织不是要求成员盲目服从，而是尊重和信任他们的工作，让他们自主完成组织的使命和目标；甚至当他们向既定目标挑战时，同样可以得到尊重和信任。

______组织成员被认为是相关工作领域的资深专家，组织对他们的专业知识和技能高度信任，并鼓励他们把相关的知识和想法带到组织中来。

______把组织总体的业绩与成员个人的业绩相结合，通过利润分成、股票期权和奖金红利等激励方式，给组织成员相应的奖赏。

8. 顺畅、自由地沟通

______信息顺畅地在组织内上下流动、跨部门流动。

______通过一个开放的沟通平台，组织成员能够方便地获得他们所需的与工作相关的信息。

______组织鼓励成员在工作时自由地、清晰地、直截了当地、诚实地表述他们的想法。

9. 明确的任务和期望

______组织在任务、责任、业绩、努力程度和奖赏等方面，有着明确的规定，即组织成员应该付出什么；基于这种付出，可以得到什么；该项规定的有效时间有多长。

______所有组织成员都能得到组织的高度认同，组织相信他们能够胜任所从事的工作。

______如果组织成员不能达到组织的期望，组织会及时给予明确的反馈和指导，同时创造机会帮助他们更好地达到组织的期望。

10. 组织的政策、程序、实际运作过程能够保证所有成员各展所长

______组织宣布的政策与程序，与组织的目标和实际运作过程保持一致。

______政策的执行相当公正并能保持连续性。

______不管是哪种水平、职位、职能、背景、经历或群体的成员，组织都欢迎、支持他们努力为组织做贡献，并对他们的贡献给予相应的奖励。

______为保证所有成员能够各展所长，组织提供各种便利条件：工作空间、技术、资源等。

11. 与你自身条件类似的人已经在组织中取得成功

______与你拥有相似的背景、国籍、性别、种族或其他特征的人，已经在组织中取得了很大的成功。

______组织中有很多正式的、非正式的良师益友，可以帮助你认清组织的目标和你个人的发展目标。

______组织中存在很多正式的、非正式的沟通网络，使大家可以在一起共享各自的经验和经历。

12. 你的价值能够得到最大限度的体现和尊重

______你的经理希望你参与到一些重要的工作或重大的决策中来。

______你的同事就工作上的事情，向你征求意见和建议。

______你的经理和高级经理主动向你打招呼，并能喊出你的名字。

______你的经理和高级经理关注、承认并表扬你的工作。

13. 组织在业内有良好的声誉

______作为组织的一员，成员为组织的所作所为和享有的声誉而感到骄傲。

______组织鼓励成员积极参与各种自愿性质的活动。

14. 优厚的收入和收益

______有竞争力的薪酬和其他方面的报酬。

______组织成员的努力能够得到相应的承认和奖励。

评分

说明：利用下表，把你对每项特征的评分填入“我的分数”一栏中。“最高分数”一栏指的是每项特征的最高可能分数。把各项分数相加得到总分。

优秀组织的特征	最高分数	我的分数
1. 领导者值得尊重和追随	20	
2. 成长型的组织	10	
3. 兼顾工作与生活	10	
4. 持续成长和发展的机会	15	
5. 组织成员亲如一家	20	
6. 人身安全和情感安全	10	
7. 视组织成员为商业伙伴	15	
8. 顺畅、自由地沟通	15	
9. 明确的任务和期望	15	

续表

优秀组织的特征	最高分数	我的分数
10. 组织的政策、程序、实际运作过程能够保证所有成员各展所长	20	
11. 与你自身条件类似的人已经在组织中取得成功	15	
12. 你的价值能够得到最大限度的体现和尊重	20	
13. 组织在业内有良好的声誉	10	
14. 优厚的收入和收益	10	
总分	205	

关于调查结果的讨论

把问卷参与者对每项特征所给的分数加总，可以得到一些有价值的信息，即我们应该在哪些领域进行改进和改变。同时，为了保证参与者更大程度地参与，可以把他们组织起来讨论：对于各项特性，组织目前做得如何，还需要做哪些改进。

为防止讨论变成一种集体抱怨，除了讨论那些需要改进的领域，我们也可以适当地对组织当前取得的成果进行讨论。

■ 用于讨论的主要问题

1. 在招聘和留住优秀人才方面，当前组织有哪些优势？
2. 当前有哪些亟待改进的领域？
3. 要让你能够安心留在组织，哪一种特性最为关键？
4. 哪一种特性最可能导致你离开组织？
5. 为使组织成为大多数优秀人才追逐的对象，你应该对哪些政策、程序或行动进行相应的改进？

贯彻实施

1. 尽快地如实报告本次调查的结果，对那些亟待改进的领域，及时采取相应措施。
2. 在规划和执行政策、程序、行动等方面的改进措施时，尽可能地让各个层级的成员都参与。
3. 及时衡量任何改进措施的效果，及时沟通。

资料来源：根据网络资料整理。

案例分析

星巴克的企业文化建设

星巴克咖啡公司成立于 1971 年，是世界领先的特种咖啡零售商、烘焙者和星巴克品牌拥有者。旗下零售产品包括 30 多款全球顶级的咖啡豆、手工制作的浓缩咖啡和多款咖啡冷热饮料、新鲜美味的各式糕点以及丰富多样的咖啡机、咖啡杯等商品。此外，公司通过与合作伙伴生产和销售瓶装星冰乐咖啡饮料、冰摇双份浓缩咖啡和冰激凌，通过营销和分销协议在零售店以外的便利场所生产和销售星巴克咖啡和奶油利口酒，并不断拓展泰舒茶、星巴克音乐光盘等新的产品和品牌。

1987 年，霍华德·舒尔茨收购星巴克，从此带领公司建立了数座业务发展的里程碑。1992 年 6 月，星巴克作为第一家专业咖啡公司成功上市，迅速推动了公司业务增长和品牌发展。目前，公司已经在北美、拉丁美洲、欧洲、中东和太平洋沿岸39个国家拥有超过1.3万家咖啡店，拥有员工超过14.5万人。长期以来，公司一直致力于向客户提供最优质的咖啡与服务，营造独特的“星巴克体验”，让世界各地的星巴克店成为除了工作场所和生活居所之外温馨舒适的“第三生活空间”。与此同时，公司不断地通过各种体现企业社会责任的活动回馈社会，改善环境，回报合作伙伴和咖啡产区的农民。鉴于星巴克独特的企业文化和理念，公司连续多年被美国《财富》杂志评为“最受尊敬的企业”。

星巴克的产品不单是咖啡，咖啡只是一种载体。而正是通过咖啡这种载体，星巴克把一种独特的格调传送给顾客。咖啡的消费很大程度上是一种感性文化层次上的消费，文化的沟通需要的就是咖啡店所营造的环境文化能够感染顾客，并形成良好的互动体验。

星巴克是一家价值驱动型企业，公司内有一套被广泛接受的原则。这种价值驱动型的管理形式不仅要求企业形成良好的战略愿景，同时要建立一种机制来配合，贯彻核心文化和组织的价值观。它应该是价值驱动型企业持久而有活力地发展的机制保障。这种机制包括有特色的企业文化制度、顾客至上的服务经营理念和完善的人力资源开发与管理制度等。

星巴克公司总是把员工放在首位，舒尔茨说：“我想建立的公司能给人们带来主人翁意识并能提供全面的医疗保险，最重要的是，工作能给他们带来自尊。”人们认为星巴克是一家能给员工带来自尊的公司，能尊重他们所做的贡献，不管员工的教育程度和工作地点在哪里。公司坚信若把员工放在第一位，员工将为公司带来一流的顾客服务。

自创建之日起，星巴克就保持了一种关注员工投资，始终把员工放在首位的管理哲学理念。在这里，每一位员工都亲切地称呼彼此为“伙伴”。在美国，星巴克的员工都有股票期权和购买计划，工资里20%的部分可以八五折购买公司股票，所以员工就是公司的合伙人。合伙人不仅仅是一个称谓，而是企业文化的一种体现，意义已经延伸为我们都是一家人，都是伙伴的感觉。体现到平常的每一件事情上，这不仅是制度的，而且是文化的。倾听、交流、关怀，重视伙伴的想法和建议，帮助伙伴成长等，都是星巴克的文化。在星巴克，很多伙伴称呼自己的店不是说“我们店”，而是说“我们家”，非常自然。还有很多员工下班之后，喜欢待在店里，自己坐下来享受一下，读书，或者把女友和家人约在店里见面。

星巴克把员工当成公司最宝贵的资产，从多个方面去关心员工的需求，包括工作上的和生活上的。

星巴克有一种5B文化，不仅仅是对待顾客，也是员工之间相互对待的方式。

Be welcoming，使每个人获得归属感。

Be genuine，诚心诚意，接触、发现、回应。

Be knowledgeable，熟悉我们的专业，热爱你所做的，并与他人分享。

Be considerate，体贴，关心自己、周遭的人及环境。

Be involved，在门店、公司及社区全心投入。

星巴克的雇佣环境很好地鼓励了各种授权、交流和合作。星巴克公司通过权力下放机制，赋予权力。员工们团结一致，帮助公司选择地点，直至新店正式投入使用。这种方式使新店能最大限度地与当地社区整合。此外，最让星巴克员工感到自豪的就是公司员工之间建立起的自信和相互信任的关系，这使员工能保持工作热情和最积极的精神状态。

在星巴克，部门的中层干部都是从门店岗位慢慢做上来的。星巴克的“空降兵”很少，现在的骨干就是未来要培养的主管。星巴克的想法很简单，伙伴把自己的精力贡献给予企业，星巴克就要为他们提供一个发挥才干的舞台。所以星巴克乐于耐心培养基层员工，出现新的空缺职位时都是优先考虑自己的伙伴。星巴克内部有一套伙伴发展计划，也就是每个人的职业生涯规划。公司会与每位伙伴一起设计下阶段的目标，为了达成他的目标，公司给他提供帮助与训练。星巴克认为，对于员工，不管是在哪个岗位，关键是要不断学习和成长。

星巴克的薪酬体制推动了企业文化的建设。星巴克员工的平均薪资水平大概是行业平均薪酬的 70%，而剩下的部分以奖金和福利的方式发放。

每年年末，公司如果实现了年度总业绩目标，就会从利润中提出一部分，每位员工都可以拿到类似于利润分享的奖金；即使没有盈利或者没有实现目标，年终也会多发一个月的薪酬作为奖金，它基本的含义在于感谢伙伴一年来的辛苦。

另外，在福利设计方面星巴克强调尊重员工的意见，并且尽可能地照顾到员工的家庭。星巴克的自选式福利，就是让员工根据自己和家庭的需要，在预算额度内自由选择享受福利的方式，这些方式包括旅游、进修、交通及子女教育的学费补助等。公司对伙伴家里的长辈和小孩，根据不同情况也给予不同的补贴，如员工结婚时，公司会给他送红包。

资料来源：相里六续．组织行为学．北京：机械工业出版社，2014.

［分析］

1. 星巴克公司组织文化成功的原因是什么？
2. 从星巴克公司的案例中，我们可以学到哪些经验以有助于未来开展企业文化建设？

第16章 学习型组织

本章重点

● 学习型组织就是通过不断学习来改善组织本身的组织。学习在个人、团队、组织或者组织相互作用的共同体中产生。

● 学习型组织是全体成员全身心投入并有能力不断学习的组织；是让成员体会到工作中生命意义的组织；是通过学习创造自我、扩大未来能量的组织。

● 自我超越、改善心智模式、建立共同愿景、团队学习和进行系统思考是营建学习型组织的前提。

名人名言

组织为适应生存而学习，虽然是基本而必要的，但必须与开创性的学习结合起来，才能让大家在组织内由工作而活出生命的意义。

——彼得·圣吉

学习是创新的前提，是创新的准备。创新型组织首先是一个学习型组织。

——佚名

在这个世界秩序中，管理者的责任是创造组织的学习能力。在许多行业中，比竞争对手学习和变化更快的能力或许是唯一有力的竞争优势。

——理查德·达夫特

引例

企业的新契机

《财富》杂志曾经指出，“抛弃那些陈旧的领导观念吧！20世纪90年代最成功的公司，将是那些建基于学习型组织的公司”。壳牌石油公司企划主任德格说：“唯一持久的竞争优势，或许是具备比你的竞争对手学习得更快的能力。”当世界复杂多变时，学习能力也要增强，才能适应变化的形势。企业不能只靠像福特、斯隆和沃森那样伟大的领导者一夫当关、运筹帷幄和指挥大局。未来真正出色的企业，将是能够设法使各层级人员全心投入，并有能力不断学习的组织。

企业的成长过程是一个永无休止的创新过程，而创新离不开学习，可以说，企业的每一项进步都是在学习中实现的。譬如开发一种新产品，引进和创新一项新技术，或者改造企业的组织结构，都需要从新的视角来观察、思考问题，需要引入新思想、新知识。个人的学习能力关系到个人的就业和生存，企业的学习能力同样关系到企业的生死存亡。壳牌石油公司在 1983 年进行的一项调查表明，1970 年进入《财富》世界 500 强的企业，到 20 世纪 80 年代初已有 30%销声匿迹。在企业普遍短命的大环境中，有些企业却已经走过了上百年的历程，依然活力充沛，保持着良好的发展势头，如美国通用电气公司、杜邦公司和日本的三井公司。这一切表明，年轻的或正值壮年的企业也可能衰亡，年老的企业同样可以生机勃勃，显然，时间不是企业命运的决定因素，那么是什么力量决定企业的命运呢？对此，各个领域的专家各有不同的看法，可谓仁者见仁，智者见智。市场学家认为，顾客是企业命运的主宰力量，企业应实施 CS（顾客满意）战略；生产管理专家认为，产品是企业命运的决定力量，企业生存的关键是低成本地生产优质的适销对路的产品；战略管理专家认为，核心能力是企业持久充分优势的来源，而核心能力最终表现为一组关键技术，故企业对技术的获得、创新和运用能力才是决定企业命运的主宰力量；组织理论专家认为，建立学习型的弹性组织是企业在动荡的环境中求得长期生存和稳定发展的关键。对这几种观点加以分析比较就会发现，它们看似分歧很大，实际上存在丰富的内在联系，并且层次分明：顾客满意由企业的产品能否满足顾客需要来决定；产品作为技术的载体，其最终依赖于一组技术；技术的获取、创新和运用最终依赖于企业的学习能力。所以，企业的命运最终决定于企业的学习能力，现实中企业短命的深层次原因是企业在学习能力上有缺陷，即“学习智障”。“学习智障”抑制了企业对环境变化的应变能力，从而危及企业的生存和发展。

第 1 节　组织学习

一、组织学习的概念

20 世纪 70 年代中期，阿吉里斯（Argyris）和舍恩（Schon）首次提出组织学习的概念，随后国内外相关学者从各自的角度，对组织学习概念进行修正与界定，并逐渐形成了组织学习这一研究及应用领域。那么，什么是组织学习呢？简单地说，组织学习就是指组织不断努力改变或重新设计自身以适应不断变化的环境的过程，也是组织创新的过程。组织学习过程就是将组织作为一个整体而开展的拟人化学习过程。反过来也可以认为，组织学习中的学习，是一种类比的方式，用个人的学习行为类比组织革新过程。组织学习是指学习在组织中发生的过程，也就是组织在特定行为和文化背景之下，建立和完善组织知识的运作方式，并不断增强自身竞争力与适应力的过程。优秀的组织总在学习如何能够更好地发现并解决组织中存在的问题，并且不断地对这种发现和解决问题的方式进行反思，进而为组织创造或增加知识和能力，从这个意义上说，组织学习就是组织自我革新的能力。总体来说，组织学习是组织的全体成员在组织运行中，通过各种途径和方式不断地从组织内部和外部获取知识，通过跨越组织的空间边界、层级结构的合作交流，在组织成员间共享知识，从而促进组织知识库的知识积累、提升组织学习能力、带来组织整体行为或绩效改善的持续学习过程。

二、组织学习的特点

组织学习具有三个主要特点：第一，组织学习是依赖于共同的见解、知识和组织成员的心智模式而产生的；第二，组织学习建立在组织以往的知识和经历基础之上，并依赖于组织的结构、机制、文化、战略、价值等方面；第三，组织学习过程是一个学习价值链的传递过程。当组织成员个体通过对话和参与性学习，分享彼此的经验、价值观、信念和知识时，就产生了团队学习；而当多个个体和团队在组织中通过探索而传播知识的时候，就产生了组织学习。

三、组织学习的形式

与个人学习情况类似，组织学习也具有不同的学习形式。根据组织的学习内容、学习方式的不同，加尔文（David A. Garvin）将组织学习划分为五种学习形式。

（1）系统化解决问题意愿。指通过科学的方法收集相关数据，系统化分析问题产生的原因，并在不同的原因和因素之间建立联系，从而找出解决问题的“高杠杆解”（指的是能最有效解决问题的方案，一个小小的改变就会引起持续而重大的改善）的过程。然而在实际的工作环境中，任何系统都充满各种复杂的因素，而且很难轻易找到所谓的高杠杆解，因此这种意愿转变为通过运用科学的思维模式、实用工具与方法，来寻求更为合理的解决问题方法，从而提高解决问题的效率。

（2）试验。试验包括持续性试验与示范性试验两种类型。持续性试验包含一系列连续的小规模试验，通过持续的尝试，使得组织知识增值。示范性试验期望达到发展新型组织能力的目标，并期望其试验结果达到示范作用或标杆作用，可能会涉及整个组织系统的未来改变。

（3）从经验中学习。重新审视组织过去的成败得失，尽可能系统和客观地对其做出评价，并将其向相应的组织成员开放，通过这种经验的分享达到组织学习的目的。更加深入地通过经验学习的方式是，从经验中发现和创造知识，并将这种知识转变为组织的知识。这种组织学习方式能够使组织思维认清有价值的失败和无意义的成功。有价值的失败是指组织在失败的经验中能够总结出教训、澄清认识并产生集体顿悟，从而增长组织和个人的知识和能力。而无意义的成功是指组织虽然处在一个成功的环境中，却忽略了对成功经验的反思和总结，可能会在未来外部环境变化时，遭遇新的挫败。

(4) 向组织外部学习。组织自身并不能够成为一个完整的知识全集，因此，除了向自身学习之外，组织更要向外部去学习更多更丰富的知识。组织外部的学习对象非常广泛，包括组织之外的不同行业、不同领域的组织机构和个人。从同行竞争者到非常不相关的行业，从顾客或用户到供应商，从咨询公司到科研机构，处处充满了可以作为学习对象的组织和个人。向组织外部学习的关键是整个组织需要具备开放的胸怀和批判性思维，既能够包容和发掘外部的学习资源，同时也要批判性地接受和应用。

(5) 在组织内传递知识。组织学习要求全体成员、所有部门都积极行动起来，不能将其看作某些人或某些部门的任务，而且要能够促进知识在组织中流畅传递。组织中的知识只有为更多的组织成员所知晓或掌握，才能发挥更大的效用。把知识封锁在一个人或一个部门的手中，只会限制组织的成长，对建立学习型组织非常不利。促进组织内传递知识的方法有很多种，包括书面或口头报告、经验交流、参观和观摩、个人岗位轮换、案例分享、记录档案等。

四、组织学习的类型

在组织学习的实践过程中，不同环境、不同类型、不同发展程度的组织所具有的学习形态是复杂多样的，再加上研究者不同的角度和思维方式，导致关于组织学习类型的划分也存在多种观点。例如圣吉（Senge）提出的适应型学习与产生型学习，埃德蒙特与莫吉提出的“学习如何做”和“学习为什么”，阿吉里斯提出单环学习、双环学习与再学习等。在组织学习的实践中，因阿吉里斯的理论应用比较广泛，下面主要介绍阿吉里斯的三种学习类型。

(1) 单环学习。这种类型组织学习的目的是确保现有组织系统的稳定，其重点在于发现问题和解决问题，强调对现状的认知，并没有质疑组织的基本愿景、使命和价值观。单环学习将具体经历进行观察、回顾和思考后形成抽象的概念，并在新的环境中去检验，其关注的是获取直接解决紧要问题或个体及组织所遭遇障碍的方案。这种类型的学习往往表现出“刺激—反应”的行为特征，以既定的模式、方法和规则来应对环境的变化，因此适用于处于可预测的常规性波动环境中的组织。

(2) 双环学习。组织对既有的主导变量（规范、要求和目标、愿景和使命、价值观等）产生怀疑，进而具有对之进行修正，以达到完善组织自身，并应对当前及未来环境变化的目的的愿景。双环学习更加深入，涉及质疑组织系统本身的成败。通过这种类型的组织学习，组织不仅要发现组织策略和行为错误，还要发现指导策略和行为的规范方面的错误，通过成功地转换组织运作模式来增强组织的学习和创新能力，强化组织的竞争优势，最终显著提高组织的绩效。双环学习能够深入洞悉组织的规范和结构，并根据组织行为和结果质疑其有效性，强调对组织自身的反思，因此更适用于动态环境中生存的组织。

（3）再学习。是指在进行组织学习时，组织成员探究过去组织学习的过程和方式，找出有碍或有助于组织学习的因素，并提出有效的新策略来帮助组织学习，用以提高组织学习的效率。这种类型的组织学习要求对现行的学习规则和假设进行集体反思，强调发挥高于个人智力水平的群体智力，要求既有创新性，又有协调一致的行动，实现组织学习的持续改进。再学习是一种“关于组织学习的学习”，是一种组织对自身学习的认知能力。

第2节　学习型组织理论的提出

一、学习型组织的概念

学习型组织的真谛可以概括成三个方面：

第一，学习型组织是全体成员全身心投入并有能力不断学习的组织。我们过去讲企业竞争，认为说到底是人才的竞争，其实这不完全对，按学习型理论，企业竞争说到底是学习力的竞争。所谓学习力就是学习动力、学习毅力和学习能力三要素。这样说，并不意味着人才不重要。人才很重要，打个比方，A企业有高级人才100名，B企业有高级人才200名，那么是否B企业一定能胜A企业呢？不一定。按照学习型理论，虽然A企业的高级人才只有B企业的一半，但如果A企业员工学习力很强，那么A企业就比B企业更具市场竞争力，因为这不是简单的高级人才对高级人才，而是看他们是否具有更大的创造力。据调查，一个1976年毕业的大学生到1986年，他的知识就基本老化；而20世纪80—90年代的大学生所学知识不到10年就老化了。现在，很多企业中的大学毕业生，有的已经评上高级职称，但对企业的发展到底起了多大作用呢？他们不是没有文凭和学历，关键是他们缺乏学习力，原有的知识已老化了。这恰好是制约企业发展的重要因素。

第二，学习型组织是让成员体会到工作中生命意义的组织。今天企业要成功，员工必须能克己奉献。人的需求是多层次的，最低的是温饱，然后是安全感，再后是归属感，更高的需求是实现自身价值。企业只有解决了他们对温饱、安全及归属的需求，员工才能有更高的追求。作为管理者，要尊重员工，公平对待员工，如果不尊重员工，贬低员工，员工就不会认真工作。企业要成功，让员工只贡献手是不够的，还要让他们贡献脑。当你不尊重你的员工时，他们不肯贡献脑，你的企业就不会成功。

对企业来说，必须注意双层双元原则。所谓双元，第一就是企业的发展，第二要注重员工的发展。一个只注重企业发展而不注重员工发展的企业是不会成功的。所谓双层，即一个企业要注重双元的发展；作为员工来讲，既要注重个人的发展，又要想到企业的发展，没有企业的发展也就没有个人的发展。因此，组织的各层领导、各部门领导，不仅要告诉员工工作中的生命意义，还要让员工体验到工作中生命的意义。

第三，学习型组织是通过学习创造自我、扩大未来能量的组织。一个组织整天学习而不创造就不是一个学习型组织，而只是一个形而上学的组织。学习型组织的学习强调把学习转化为创造力。改革开放后，我们引进了许多先进的管理理论和科学技术理论，可为什么还有许多企业走不出困境？原因之一就是虽然学习了许多知识，但未付诸实践，这些知识也就成为无用的了。

科技的发展，知识更新的加快，使终身学习成为大多数人工作中的需要。员工还必须学会与他人一起同心协力地学习。一般在工作中，人们比较注重上下级关系，但如今，水平式的人际关系越来越重要，在同事之间发挥影响力，彼此合作，共同努力，成了不可缺少的人格素质。

由上可知，所谓学习型组织就是通过不断学习来改革组织本身的组织。学习在个人、团队、组织或者组织相互作用的共同体中产生。学习是持续性的并可以战略性地加以运用的过程，而且可以统一到工作中或者跟工作同时进行。学习不仅引起知识、信念、行动的变化，还增强了组织的革新能力和成长能力。学习型组织是把学习共享系统组合起来的组织。

二、学习型组织理论的产生及其意义

1. 学习型组织理论的产生

20 世纪 80 年代末 90 年代初以来，研究与创建学习型组织的热潮从它的发源地美国开始，扩展到世界许多国家。学习型组织的开山之作——美国麻省理工学院教授彼得·圣吉所著的《第五项修炼——学习型组织的艺术与实务》一书，震惊国际管理学界，于 1992 年荣获了世界企业学会最高荣誉奖——开拓者奖。这个理论之所以在那个年代应运而生，有着深刻的社会背景。从实践上来看，在急剧变化的世界面前，越来越多的企业不适应这种变化，纷纷被淘汰出局，而探究有效的方法，使企业“延年益寿”，成了全世界管理学界和企业界的紧迫课题。系统动力学研究表明，一般的大企业的平均寿命只有 40 岁，在历史的舞台上只有瞬间的辉煌。这是因为：一方面，外界风云突变；另一方面，企业内部的管理思想、组织设计、企业文化等许多方面却还保持着静态的惯性。圣吉敏锐地抓住这个全球性的问题，提出：所有企业面临的主要问题，究其实质，就是因为它们是“很差劲的学习者”。圣吉进一步指出，一个组织常常存在多项基本的学习障碍，如“局限思考”“归罪于外”“缺乏整体思考的主动积极性”“专注于个别事件”“对于缓慢而来的威胁视而不察”等。圣吉精辟地指出：当世界更息息相关、复杂多变时，学习能力也要更强，才能适应环境。

从理论上来说，杰出的思想家近百年探索的结果，为学习型组织理论的形成奠定了基础。学习型组织的理论基础是“系统动力学”。系统动力学的创始人是美国麻省理工学院的福瑞斯特教授。圣吉是福瑞斯特的学生，在他的指导下，圣吉以 10 年时间研究出学习型组织的理论与实务。福瑞斯特使用系统动力学的基本方法，融合了自然科学中深奥的混沌理论及复杂性科学，深入思考社会、企业及其他组织形态复杂变化的本质。圣吉正是在他的老师 1965 年发表的论文《企业的新设计》的基础上，汇集了其他人的新思想，完整地提出了学习型组织的一套概念与分析框架。

2. 学习型组织理论的贡献与意义

学习型组织理论一经提出，就获得中外管理学界的一致好评，其根本原因在于，这种组织理论的研究的确在很多方面都有突破性的进展。

学习型组织对传统组织固有的主要问题——分工、竞争与反应性保持清醒的批判态度，并开出了医治的“良方”。在传统的组织中，专业化的分工制造了隔离带，从而把一个组织分割成相互独立且常常相互冲突的领域；传统的组织过分强调竞争，削弱了组织内部人员之间本该有的合作，降低了组织整体的力量；更为重要的是，传统组织中的“反应性”使得组织注意力仅仅关注眼前细枝末节的问题，而忽视了长远的、根本的、结构性的问题，这使得组织的生命力在急剧变化的世界面前显得十分脆弱。学习型组织理论分析了传统组织的这些缺陷，通过自我超越、改善心智模式、建立共同愿景、倡导团队学习、进行系统思考等五项修炼，针对性地提出了解决办法。这些解决方法，也正如学习型组织所倡导的系统思考所要求的那样，处处渗透着方法论上系统思考、多元整合的特点。正如一些管理学者所评论的：“相对于目前风行的许多管理新思潮或新做法，这五项修炼的特殊之处，在于它始终专注于探究复杂问题更整体而持久的根本解决之道。”学习型组织的突破性意义还表现在，它为组织创新提供了一种操作性比较强的技术手段。学习型组织提供的每一项修炼都由许多具体方法组成，这些方法简便易学。除此之外，圣吉和他的助手还借助系统思考软件创建起实验室，能让他们辅导的企业主管在其中尝试各种可能的构想、策略和意境的变化及其种种可能的搭配，进而产生深邃而持续的创造性张力。

圣吉通过对组织在学习中的共有障碍进行的观察，提出提高组织学习能力的基本途径。这样，他的学习型组织理论就突破了西方企业和西方文化的局限性，对中国企业界同样具有重要的借鉴意义。尤其是在当前，中国企业面临着知识经济时代的挑战与机遇。在知识经济时代，获取知识和应用知识的能力将成为竞争能力高低的关键。一个组织只有通过不断学习，拓展和外界信息交流的深度和广度，才能立于不败之地。在这种情况下，借鉴圣吉的学习型组织理论，结合我国企业的实际，切实提高我国企业的学习能力，具有重要的意义。

值得指出的是，学习型组织的提出，不仅仅是为了解决企业生命活力的问题，它实际上还涉及企业中人的生命活力的问题。有的学者指出，在学习型组织中，人们能够“充分发挥生命的潜能，创造超乎寻常的成果，从而由真正的学习体悟出工作的意义，追求心灵的成长与自我实现，并与世界产生一体感”。在我们建设社会主义现代化国家的过程中，随着企业向前发展、生产力水平的进一步提高，企业面临的任务不仅仅是向社会提供物质资料，它还要培育和造就身心全面发展的一代新人。在这一点上，学习型组织理论的一些提法对我国企业界同样具有重要的参考价值。

学习型组织理论强调组织要永不间断地学习。创建学习型组织理论的圣吉和他的工作小组多次指出，这种理论本身也是一样，也留下许多完善、发展的空间，需要人们不断地加以改进。有的管理学者已经指出，学习型组织以系统动力学作为理论的基石，但整个理论中对“动力”的解释是不足的：人们为什么要追求自我超越？为什么要建立共同愿景？这类问题在圣吉的理论中是作为既定的假设而存在的，这不仅留下了理论上的逻辑漏洞，也必然要影响理论的应用效果。正因为如此，继圣吉提出学习型组织理论之后，一些管理学者并不满足，他们又提出新的观点和方法，进一步挖掘组织的活力之源，深化人们对组织理论的不断探索。

第 3 节　学习型组织的特点

一般来讲，学习型组织有六大特点。

一、精简

学习型组织的精简和我们一般概念上的精简是根本不同的。学习型组织的精简是学习理论上的精简。用两句话概括就是：先乘后减，先事后人。什么是先乘后减？以宝钢为例。宝钢电厂与一般电厂一样，由机、电、炉三部分组成，宝钢电厂花了三年半的时间分批让这三部分工人都分别学会另外两种技术，也就是说一个人可以做三种不同的事情。然后考核，合格者才可以上岗。宝钢原有机、电、炉共三组人，现在先做了乘法再做减法，每班只剩 13 个人。日本某世界先进水平的电厂一班是 14 个人，宝钢电厂比他们少 1 个人。宝钢电厂这个先做乘法再做减法的理念在整个宝钢集团都已采用。宝钢刚成立时年产量 670 万吨，工人 4 万多人，现在年产 882 万吨，产量提高 1/3，工人减少到 1 万人。所谓先事后人，是指企业里的工作不外乎三种：第一种工作做得越多，企业发展越好；第二种工作做得多少与企业发展无关；第三种工作做得越多对企业发展阻碍越大。所以要把与企业发展无关甚至阻碍企业发展的工作去掉，把工作去掉了，做工的人也就去掉了。

二、扁平化

扁平化是现代企业管理的新概念。许多企业从决策层到操作层，从上到下，中间有许多关系层，这样的企业效率当然不会高，而且容易产生官僚主义。一个企业管理层越少越好。现在有的企业没有管理层，完全是个平面。由于中间没有太多的管理层，员工许多好的想法可以直接传到决策层。学习型组织理论尤为强调组织上下能够互动，这样才能产生巨大的能量。相反，如果上推不动下，下推不动上，组织就出现了滞胀。有的专家提出，今天中国企业改革的关键是“中层革命”。所谓“中层革命”就是中间管理层的改革。世界上大多数国家的管理层一般是三级，有的只有两级，个别的只有一级，我们国家是五级。今天政企分开已是势在必行，许多老总不是没有能力，政企不分让他们很为难，而企业扁平化是解决问题的重要措施。扁平化组织与矩形化组织的比较如图 16－1 所示。

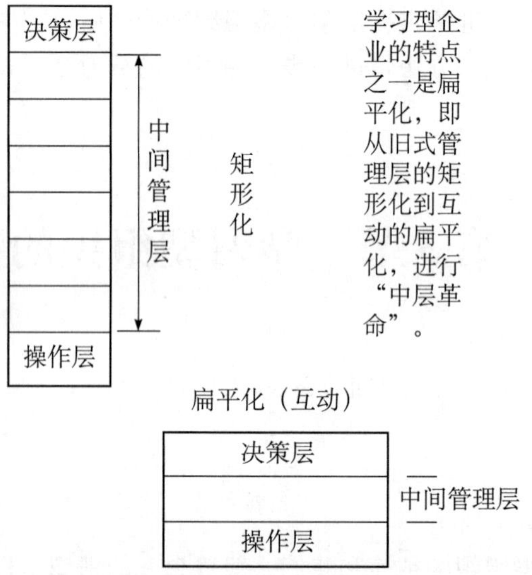

图 16－1　扁平化组织与矩形化组织的比较

三、有弹性

弹性也是现代企业管理中的一个新名词，就是适应能力。市场是瞬息万变的，企业必须有很强的弹性、很强的适应能力才能成功。怎样增强企业适应能力，增强弹性？美国专家瑞丁（Redding）提出，任何企业都要经过三个阶段：准备、计划、推行。学习型组织理论认为应该持续准备，不断计划，即兴推行，如图 16－2 所示。这是旧企业制度不曾提出的。市场是不断变化的，只有时刻准备才能适应市场变化。

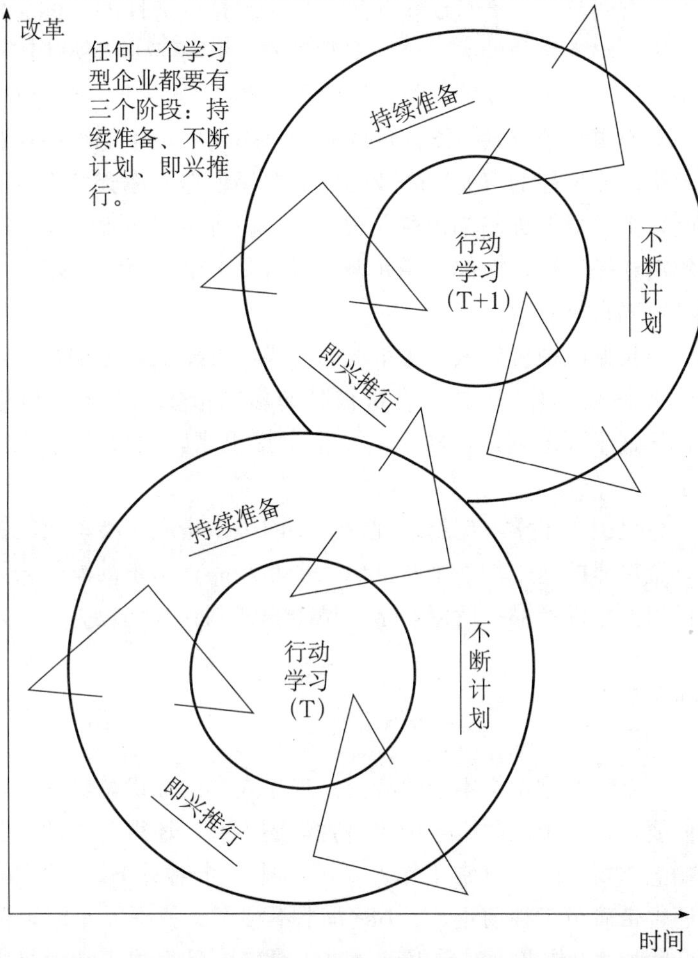

图 16－2　瑞丁模型

青岛海尔集团在开发了第一个十年的产品计划之后，进行了第二个十年的产品开发计划，之后又开始制定第三个十年的产品开发计划。它不仅计划好了明天的事，连后天的事都准备好了。这才是成功企业应该具有的品质。

我国的企业每年都有计划会议，规划企业的发展。企业的发展必须不断地计划。我们调查发现，宝钢 1998 年 1—8 月 3 吨以下的钢管订单就有 30 多份。宝钢这样一个年产 50 万吨钢管的企业连 1 吨、2 吨的单子都接，这就要求不断计划，随时执行。一个好的演员开始拍戏的时候应该恰当地配以感情的投入、即兴的表演。在企业中，应该是领导该下指令时就下指令，根据市场需要即兴执行。而我们的许多企业老总没有根据市场的需要随时执行。因此，宝钢现在派了一批又一批的人去学习这个理论，用以建设学习型企业。

四、不断自我创造

学习型组织是能不断掌握学习技能、创造未来、创造自我能量的组织。企业的工作有两类：一类是反映性的，另一类是创造性的。你会惊奇地发现，在你的企业里，绝大多数的人、绝大多数的精力用于反映而没用于创造。什么叫反映？就是上级来检查了反映一下，下级的问题反映一下，平级发生了矛盾反映一下，生产上出事故了反映一下。反映有什么作用？最多能维持现状，有时连现状都维持不了。而美好的事业、企业的发展要靠创造。你会发现，不管是你的部下还是自己，上个星期你们都很忙、很认真，却是忙于反映。很多企业十年前是这样，十年后还是这样，谁都知道市场、技术、产品、经营理念，但不变就被淘汰了。自己要同自己竞争。

当长虹电视机打入上海市场的时候，许多上海电视机企业有一个看法：长虹凭什么来在这样一个技术含量很高的彩电市场上竞争？当初根本没有理会。后来，长虹不断地创造，新产品一个个推出来，上海的电视机企业却一个个地不行了。

金星引入了学习型组织理论，在困境中奋起，能动用的资金也只是长虹的零头，金星靠的是平均一个月推出三个新产品；山东的海尔来到上海，平均一个星期推出两个新产品。所以，学习型组织强调自我创造。

五、善于学习

这是学习型组织本身的特征。现在人类的知识总量 5 年就翻一番。专家提醒我们要正视这个问题。今天单是肯学还不行，还得善于学习。举例来说，一个 48 岁的老总每天除了日常工作外，还得花 2 小时看书；5 年以后，知识翻一番了，他还得带着员工往前走，2 小时看书不够了，就得 4 小时；再过 5 年知识更不够了，8 小时工作 8 小时看书，行吗？看来，是否善于学习是很重要的问题。今天人类的知识也许不是 5 年翻一番而是更快。因此你必须考虑怎样学习。

同济大学的专家曾提出“知识经济与三个革命”这个课题。所谓三个革命是指：(1) 教育的革命。21 世纪是以“人的发展为中心”的世纪。今天知识的需求翻一番，我们的教育必须革命。教育就是一个企业、社会发展本身的目标和内容。(2) 学习的革命。一本新书，一面是大字，另一面是小字，如果很忙你就只看大字，两个小时就能把这本书看完。你知道了许多过去不知道的理念，如果有时间再精读小字。(3) 脑子的革命。人类进入 21 世纪，更注重对人自身的研究。日本有一本书叫《右脑的革命》，说明人的右脑管人的左身，人的左脑管人的右身，管语言、文字、整个逻辑思维等。我们很多人的左脑开发得很好，但请注意，不注意开发我们的右脑是错误的。右脑管形象思维、创造性思维。为什么我们的企业跟发达国家成功企业差距那么大？这与我们一些观念落伍很有关系。日本的三菱 1995 年是世界 500 强的第一名，它宁可要右脑型的本科生，也不要左脑型的硕士生。企业的发展要靠脑，企业的成功靠创造性的人才。孩子 6 岁以前右脑是开放的，此时开发孩子的右脑相当重要，6 岁以后则慢慢闭合。有一个很重要的理论叫冰山理论。假如人有 100%的脑力的话，即使一个成功的人最多也只开发了 20%，犹如冰山一角，见图 16－3。所以新的世纪是右脑革命的世纪。

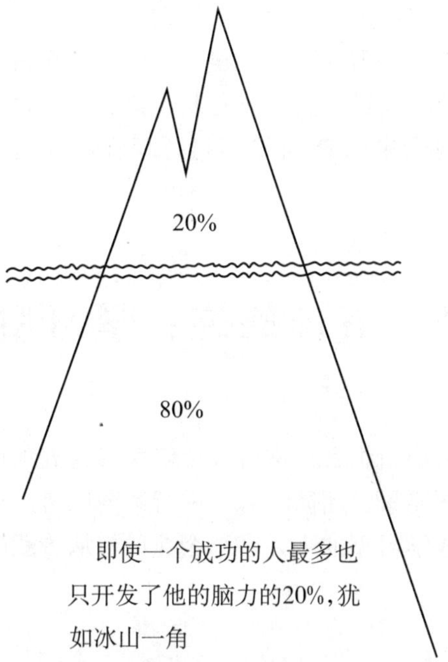

图 16－3　冰山理论

六、自主管理

学习型组织特别强调自主管理。工作中不外乎碰到两类问题：一类是收敛型问题，即通过讨论和研究这个问题就明确了；另一类是发散型问题，这类问题越讨论问题越多，而且许多结论是自相矛盾的。有些企业，问题要一级级向上汇报，学习型理论认为这种组织的活力是不大的，这类企业应充分发挥员工的自主管理。日本企业几乎都实行自主管理，不定期地召开会议，气氛很活跃，领导们都坐在后面以示支持。今天先进的管理理论告诉我们：一个企业真正辉煌的时刻是员工辉煌的时刻，一个聪明的企业领导者不是考虑自己怎么辉煌，而是考虑怎样为员工提供实现辉煌的机会，不仅让他们的手动起来，还要让他们的脑动起来，让企业走向辉煌。企业要成功，必须让员工参与进来，给他们自主管理的机会，肯定他们的工作成果，让他们体会到人生的价值。这样，他们就乐于奉献，领导也就成功了，企业也就成功了。所以自主管理理念是很重要的。

按照学习型组织理论，现在的企业管理方式有两类：一类是权力型的，另一类是学习型的。权力型无论哪种管理模式，基本的管理方式还是等级式的，一级级管下来。这种方法有一个致命的弱点，就是任何问题都是权力大的人在做主，虽然大多是正确的，但不可否认也有下级正确的时候。有许多工作在基层的员工有好的想法和经验，学习型组织就可以发挥他们的优势，上上下下都动起来，这样才能让企业取得持久的成功。微软有 17 800 多人，其中百万富翁有 3 000 人，因为他们对微软贡献最大。这样大的公司如果光靠权力型管理模式是不行的。学习型组织理论在美国的发展也是从教训中开始的。20 世纪 80 年代到 90 年代初，美国许多大公司如 IBM、通用电气、通用汽车都滑坡、亏损。经过反思发现，美国已从前工业时期进入后工业时期，就是信息时代，已经进入信息时代还用前工业时期的旧观念来管理当然不行。现在的领导者也应意识到这一点，观念要跟上。

第 4 节　五项修炼：学习型组织的前提

创建学习型组织必须进行五项修炼。这五项修炼是：自我超越、改善心智模式、建立共同愿景、团队学习、进行系统思考。五项修炼告诉我们一个人怎样从一般的人变成学习型的人，一个企业如何从一般的企业变成学习型的企业。

一、自我超越

注意“自我”二字。每个企业都想越来越好，都想有所超越。但靠别人推一推你才超一超，你的企业是没前途的。自我超越强调自我，这个理念是符合马克思主义唯物辩证法的。

一个企业要具有很强的自我超越能力，必须具备三个要素：第一要素是开展境界教育。不要认为思想教育过时了，不论资本主义还是社会主义，不论私营企业还是国有企业，为了企业发展，必定要注意思想教育，只是观点、立场不同而已。日本一家钢铁公司，在公司门口竖了很大的一个“人”字，这就是它的境界教育，它告诉员工应把公司建设成钢铁巨人，世界的钢铁巨人。第二要素是把工具型工作观变为创造型工作观。我们现在搞合同制，从管理学上讲就是契约。学习型组织理论告诉我们，一个契约型员工的创造力是不大的。他会认为他的工作是合同里规定的，只有工作才有工资。假如他把工作看作换取报酬的手段，他的创造力就不大了。如果一个员工认为工作就是为了发挥能量、创造生活，那他的工作观就从工具型改变为创造型了，这样企业的力量也就增强了。第三要素是向极限挑战。许多员工、许多企业都要超越极限向上发展。问他们发展中最大的障碍是什么？有的员工、有的企业领导者会说是上司，是所处的环境，是现有的体制。学习型组织理论告诉你：一个人、一个公司发展的最大障碍不是上司和所处的环境，而是人自己头脑的极限。我们人类最普遍的极限是自我极限。什么是自我极限？年轻人最大的自我极限是认为自己年轻，认为这么多年轻人都不能解决的问题，自己也不能解决。学习型组织理论告诉我们，有这种想法的年轻人是成不了大事的。不是领导不让做，不是环境不允许，而是自己不去做。达尔文写

《物种起源》时只有 26 岁，爱迪生发明留声机时只有 28 岁，马克思、恩格斯发表《共产党宣言》时，马克思 30 岁，恩格斯 28 岁。世界上著名科学家的第一个发明 60%在 25 岁以前问世。人最大的极限是自己。其实你的能力、你的水平能做出更大的贡献，但为什么没做成？是因为你给自己设置了极限，这种极限你不知不觉，甚至还认为是天经地义的。

人的第二种极限是常规极限。比如说莱特兄弟幻想人类也可以飞上天时，被很多人料定为不可能，但他们敢于向常规挑战，发明了飞机。海尔洗衣机很有名，而农村的一些用户却反映不好用，下水管老是堵塞。公司就专门派技术人员去解决问题，一看傻眼了，原来农民用洗衣机来洗土豆。没想到海尔的老总说必须把这个问题解决掉。今天的海尔洗衣机不仅能洗衣服还能洗土豆。

人的最高极限是死亡极限。企业要成功，要敢于向死亡极限挑战，突破死亡极限就成功了。一件事情正着做不行，你就倒着做。一个企业也是这样。1998 年 10 月，中国的 120 家最大企业的老总参加了科学管理人才大会。深圳某集团的王连富说："1991 年我们的负债率达到 123%，面对死亡极限怎么办？一个企业的负债率为 45%时状态最佳，超过 75%的时候就危险了。此时只有一个办法，只有靠自己，自我超越。最后向死亡极限挑战，突破了，我们就辉煌了。"所以，学习型组织强调向自我挑战，向极限挑战，超越自我。

二、改善心智模式

心智模式按照中国人的讲法就是思想方法、思维方式。不同的心智模式有不同的特点。一个人的思想方法、思维方式正确，他就容易成功，反之就可能失败。

心智模式有三个特点：(1) 根深蒂固。特别是成人，有一句话叫"江山易改，本性难移"。(2) 自我感觉良好。自以为极好，问题就严重了。社会上很多人指责别人这里不好，那里不对，却很少检讨自己。(3) 人无完人。真正成功的人、伟大的人心智模式也都有不同的缺陷。所以必须唤起人们的注意，必须改善自己的心智模式。这不仅影响你自己，假如你是一个部门的领导，还会影响这个部门甚至整个企业。

怎样改善心智模式？(1) 必须学会把镜子转向自己。不能首先把责任推给别人，而必须学会首先把镜子转向自己，看看自己的心智模式有哪些不妥的地方，一个人就是要不断地照镜子。作为一个企业的老总，身居高位，你的部下对你说话是很谨慎的，你能听到的顺耳的话居多。怎么办？宝钢一位老总准备在大楼前竖一面大镜子，以便让各级领导者经常自我反思。只有听到不同意见，决策才能避免片面性，业绩才越来越辉煌。(2) 必须学会有效地表达自己的想法。许多同志在工作中有时候会心情不舒畅，在这种情况下，建议反思一下自己是否学会了有效地表达自己。注意"有效地"，这是一个人在社会上很重要的一条，需要修炼的一条。自己不能有效地表达，还要别人理解，那就是强人所难了。(3) 必须学会开放心灵，容纳别人的想法。世界上有一种人始终把自己的思想紧锁，不开放自己的心灵，听不进别人的声音。另一种是心灵开放的人。他们接纳别人的想法，改善自己的心智模式。

1997年5月，美国麻省理工学院斯隆管理学院院长梭罗教授调查我国长江沿岸100多个城市的基础设施，考察完后写了一份报告，报告中提到在珠江地区建造了五家机场（相互间的距离均在200千米以内，都靠近香港）。为什么五家机场建设者事先不沟通，不商量一下，选一个大家都认为合适的地方建一个可共用的区域性大机场呢？这样世界上主要的航空公司都可以向这一机场开通航线。现在在同一地区建五个机场，要求国外航空公司对五家机场都开通航线，这是不可能的，因此实际上五家机场都失败了，致使本来可有更多用途的人力、物力和财力资源被浪费。

现在世界上许多大公司都在变竞争对手为合作伙伴，掀起了合作的热潮。例如美国、德国、加拿大、瑞典、泰国跨地区的五家航空公司联合组成“星空联盟”，原来都是竞争对手。为了纪念联盟那一天，各家都派出一架飞机在一起合影。微软同苹果公司过去是死对头，现在也相互沟通，进行合作，微软给苹果投资1.5亿美元。还有AT&T与SBC的合作，麦道与波音的联合，等等。国内的大企业也在朝同一方向努力，1999年南京地区扬子石化、仪征化纤等五家化工企业率先实现跨地区跨行业的大联合，做到分工合作，避免重复建设，资产重组，人才和资源合理配置，信息共享。

三、建立共同愿景

如果有一项管理的理念一直能在组织中鼓舞人心，那就是拥有一种能够凝聚并坚持实现共同愿景的能力。一个缺少全体共有的目标、价值观与使命的组织，必定难成大器。共同愿景的整合，便是组织全体成员的共同目标。共同愿景对学习型组织至关重要，它为学习聚焦，提供能量。只有当人们致力于实现共同的理想、愿望和共同关注的愿景时，才会产生自觉的创造性的学习。它帮助组织培养所属成员主动而真诚地奉献和投入，从而减少员工对改革的抱怨以及取代对领导个人愿景的被动服从。因此，愿景是指愿望与远景，由三个要素组成：目标、价值观、使命观。

一个企业光有目标还不行，还必须有共同的价值观和使命观来作为达到目标的保证。

企业的价值观是企业精神的灵魂。价值观是一个体系，一个企业成功与否就要看这个企业能否构筑起科学、先进的价值观体系。有了这样一个明确的价值观体系才能使全体员工朝一个方向前进。通用电气公司（GE）是世界上最赚钱的公司，1996年赚了74亿美元（同年微软公司的获利是35亿美元），它之所以这样成功，是因为韦尔奇制定了明确的企业价值观体系，从而保证GE的27万多员工朝着一个目标前进。此外，GE还根据不同的发展阶段不断调整、修改、完善自己的价值观体系，一般是两年修改一次，以使自己的价值观符合企业的生产和经营实际。现在简要介绍一下 1992 年该公司的价值观体系，这对今天的中国企业很有参考价值，见表 16－1、表 16－2 和表 16－3。

表 16－1 GE 的价值观

企业特色	个人特色
精简 ● 减少工作和所需的人力。 效率 ● 减少层级划分。 创造性 ● 发展新的点子，即创新。 所有权 ● 对自己有坚定的信心，足以信赖别人，授权他人有自主行事的自由，而同时在有关企业和公司的重大问题上，又有足够的信心让上层主管来参与。 奖励 ● 员工所获得的肯定与待遇，应该与风险和表现成正比——每位员工的表现因人而异，同时也要肯定团队的整体成就。	面对现实 ● 认清实际环境，而非希望中的理想环境。 ● 持续的热情，积极追求公司的共同目标。 真诚/坦白 ● 常常能毫无保留地与同事和公司共享信息。 简洁 ● 努力做到简短、明白，“优雅而简单的解决之道”——越少越好。 正直 ● 对外部环境绝不屈服或睁只眼闭只眼，谨守全球各个企业领域的法则。 个人尊严 ● 尊重每个人的才能和贡献，不论公司处于顺境还是逆境。

表 16－2 GE 重视不断修正价值观

1983 年：经理人员价值观演说中的重点 ● 精简、效率 ● 追求卓越 ● 品质 ● 企业家精神 ● 务实、坦诚 ● 沟通 ● 管家角色	1985 年：共同价值观的重点 ● 唯有顾客的满意才能保障工作 ● 改革是持久的，没有不能改革的事 ● 没有不能公开的事 ● 建设性的冲突促进发展 ● 面对矛盾是生活中不可避免的	1987 年：共同价值观修订版的重点 ● 尊重他人 ● 开放 ● 变革是持久的 ● 建设性的冲突 ● 资源配置是动态的 ● 对付矛盾是一种生活方式 ● 每个人的贡献都很重要 ● 做善事能感染他人 ● 共同所有权

表 16－3 GE 修正后的共同价值观的重点（1992 年）

● 确立一种明确、简单、务实、顾客至上的思想，同时能够将此思想直截了当地传达给所有利害相关的人。 ● 要明白负责和决心的重要性，行事果决。制定远大、崇高的目标，为达到理想不屈不挠。 ● 积极追求卓越，摒弃行政官僚和由此带来的一切不合理现象。 ● 具有足够的自信，充分授权他人，做事不要画地为牢。肯定落实行动，作为授权的一种方式。坦诚接纳各方的意见。 ● 有能力开发全球性品牌，对全球市场保持高度敏感，善于发展多样化的国际合作关系。 ● 鼓励、珍惜改革，不要因改革而恐惧或止步不前。视改革为契机，而非威胁。 ● 具有充沛的精力，能够激发他人的活力、动机。

现在有很多人认为中国的市场经济刚刚开始，尚处在起步阶段，市场仍不成熟、不规范，企业面临的问题很多。企业很难发展，改革也很难搞。满脑子的畏难情绪，总想等市场发展得比较成熟，比较完美了，再去努力改革，调整自己的产品结构，使企业取得辉煌。历史事实告诉我们，通用电气公司也亏损过，韦尔奇不是等有了理想环境才考虑自己的行动，企业的辉煌绝不是在理想的市场环境中取得的，而是在现实环境中克服困难取得的。对于一个成功企业来说，不仅要分阶段建立明确的价值观体系，而且要形成一个核心价值观。微软公司的核心价值观就是“自我批评”。比尔·盖茨要求每个员工每做完一件事后都要交一份报告，要求重点谈问题谈措施，彻底揭露失误和问题，无情剖析自己，同时提出如何推出新我。我国有些企业员工也写工作总结报告，往往成绩讲了一大堆，错误和问题轻描淡写，措施也是蜻蜓点水，只说一两句。显然，这是不行的，不能推动进步，不否定旧我就不能推出新我。

愿景有三个层次：

（1）组织大愿景——例如宝钢曾经的愿景是 2010 年进入世界 500 强，它已成功地提前实现目标。

（2）团队小愿景——对企业组织大愿景的支撑。国内很多企业对此重视不够，这是组织大愿景很难实现的重要原因所在。团队是指组织中的各个子部门、子公司乃至班组。

（3）个人愿景——个人愿景很重要，因为共同愿景是由个人愿景汇聚而成的。只有将个人愿景汇集起来，才能有实现共同愿景的能力，才能朝个人及团体真正想要追求的目标前进。如果个人没有愿景，不仅个人没有创造力，团队也不可能有创造力。

四、团队学习

过去企业要取胜，关键靠一两个领导者，只要把劳动力组织好企业就能成功。现在是信息社会、知识经济时代，企业要成功就要靠知识，靠全体员工的创造力，这就要靠组织团队学习，开发整个团队的人力资源。

日本人非常重视团队学习。宝钢一期工程主要是从日本引进的，宝钢在开工准备阶段，先后有 1 000 多人去日本学技术、学管理，回来很快大家认识一致，形成强大的合力，赢得了“八五·九”一次投产成功。

个人学习是团队学习的基础。通过团队学习，使学习力转化为现实生产力，这是学习型组织提倡的学习与有些传统的集体学习不同之处。后者有些学习不是出自每个人内心深处的需要，因而不产生创造力，甚至破坏生产力，学习活动变成大家在一起发牢骚。

深度会谈（dialogs）是实现团队学习的关键。“dialogs”源自希腊语，它与我们通常说的讲座有些不同，它的原意是思想“在人们之间自由流动，就像两岸之间的水流那般”。深度会谈的目的是要超越任何个人的见解，进行得当，人人都是赢家，个人可以获得独自无法达到的见解。深度会谈是在无拘无束的探索中自由交流自己心中的想法，交流经验教训，反思、探询，相互支持与启发，从而得到超过个人认识的认识。

那么，为什么还会存在团队学习的障碍呢？关键是自我防卫心理。哈佛大学教授阿吉里斯对许多企业研究后指出：大部分管理团队都会在压力面前出现智障，这是因为：

（1）为了保护自己，不提没把握的问题。因为许多人看问题的时候往往不是很明确，假如把没把握的问题真正提出来，就怕后果不好，有顾虑，怕得罪别人，特别是怕触犯领导者而影响自己的前途，被穿小鞋，怕别人猜疑，怕暴露自己的错误而有损自己的形象，因而在团队学习时不谈自己内心的真实想法。由于这种防卫心理从小就开始形成，有很强的习惯势力，因而《第五项修炼》一书称它为"习惯性防卫"。应该消除消极的"自我防卫"，让大家畅所欲言，知无不言，言无不尽。

（2）为了维护团结，不提分歧性的问题。一看一把手或大部分人都同意这个意见，明明看到有问题，但一想还是不提了，免得引起分歧。

（3）为了不使别人难堪，不提质疑性的问题。特别是有人对企业的发展有自己的想法，有人虽然感到中间有致命的问题，为了不使老总难堪，不把问题提出来。

（4）为了使大家接受，只作折中性结论。该怎么解决问题？学习型组织提出团队学习可以加强团队的智商。团队智商大于个人智商。只有各人把心中的问题都提出来，变成大家的智商，企业才能成功。企业的失败很大程度是由于自我防卫。学习型组织理论讲了很多消除自我防卫的方法。

团队学习的目标，是为了取得更高层次的共识。共识有两种：

第一种，向下聚焦型共识。何为向下聚焦型共识？就是在共同讨论、学习当中，找出每个人的观点中的共同部分，取得共识。原来是臭皮匠还是臭皮匠，没有变成诸葛亮，智商没有提高，按此共识去工作，这个组织只能在低水平上运转。

第二种，向上发展型共识。学习型组织强调向上发展共识。这是高层次的共识，成为"诸葛亮"的共识。何为向上发展型共识？要以大家提出的意见为基础，取其精华，集思广益，建立更高层次的共识，使每个人看到原先自己没有看到的更本质、更深刻的东西。这样的团队学习就能使团体智商高于个人智商，变臭皮匠为诸葛亮。这就要求领导者不断学习、不断自我超越，有很高的素质，因此，学习型组织的领导者是不好当的。

团队学习要搞好，必须学会听，这是一门艺术，也是需要不断修炼的。如果能驾驭它，将会使我们认识到更本质、更深刻的东西。

为了搞好团队学习，提高学习效率，德国菲斯特公司（FESTO）总裁提出了学习收效五梯度模型，该模型能给我们一定的启示，如图 16 - 4 所示。

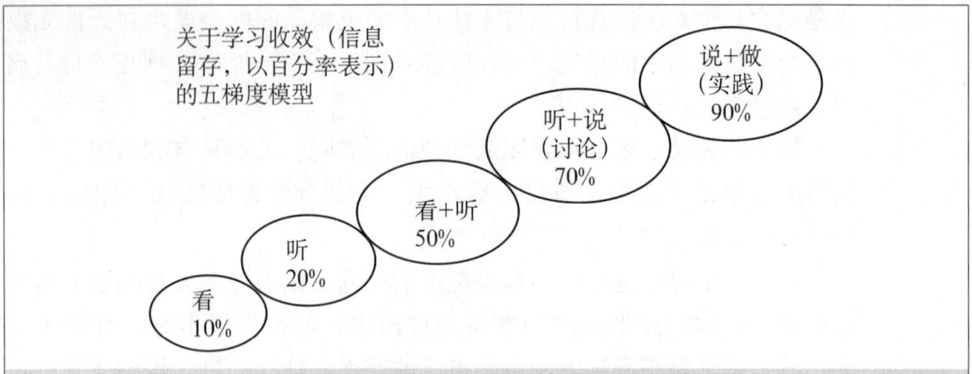

图 16-4 学习收效五梯度模型

五、进行系统思考

彼得·圣吉认为第五项修炼最重要，一个人或一个组织事业成败都与能否进行系统思考有关。这本书是讲五项修炼的，书名却叫《第五项修炼》。彼得·圣吉是这样构思来写这本书的，即改善心智模式和团队学习这两项修炼是基础；自我超越和建立共同愿景这两项修炼是向上的张力；第五项修炼是核心，好比是火箭的发动机。如果将五项修炼比作等待发射的火箭的话，火箭没有稳固的基础是不能发射的，火箭如果没有发动机的发动产生推力也是升不了天的。亦即①②③④四项修炼都离不开系统思考，②④若不进行系统思考就不能打好基础，①③这两项修炼若不放在一个系统中来进行系统思考就不可能产生向上的张力，如图 16-5 所示。

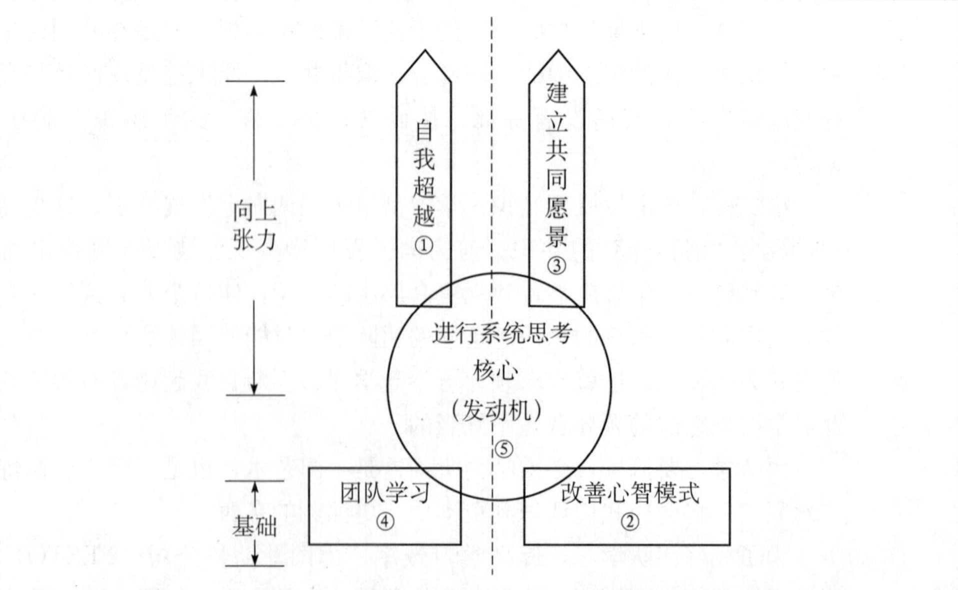

图 16-5 五项修炼的地位、作用与相互关系

我们的企业如何进行系统思考?

(1) 要整体性地思考问题。随着生产自动化程度的提高，生产线越来越多，每条生产线上的分工也越来越细。作为领导者，要整体地看系统的可靠性是多少。假设设备都进行了精心的安装和调试，合格率为 100%，人员也经过了精心的培训，如果一条生产线上有 100 个环节和岗位，每个环节和岗位上的工作人员都精益求精，可靠率达到了 99%。看起来是不是很高呢? 系统的可靠性工作理论认为：应着重于各个环节可靠率的连乘。100 个 99%连乘后是多少? 36%，这就是系统的可靠性。这个例子告诉我们：一个企业、一个部门不要只看到对于局部来说怎么样，要考虑对整个系统有什么样的结果。100 个 0.99 连乘是 36%，那么上千个 0.99 连乘是多少? 所以说整体概念很重要。图 16 - 6 是系统思考图例。

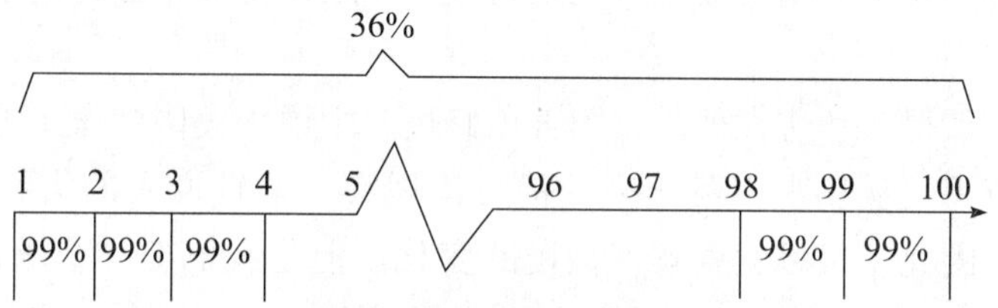

图 16 - 6　系统思考图例

(2) 要动态地思考问题。宝钢的资产曾达到 3 亿元，得到了很多荣誉。宝钢的领导者说，这是目前的，以后人家会发展，宝钢再保持原状就会落后。所以我们要动态地思考问题。

新加坡前总理李光耀曾说，新加坡的研究结果表明，到 2025 年中国的 GDP 将超过美国加欧洲，这当然是动态思考。动态思考对一个人、一个企业、一个国家来讲是很重要的。

(3) 从本质上思考问题。学习型组织理论认为，人有一种职业病，对问题常作表面的思考而忽视了本质的思考。有两个现象，可以帮助我们理解。

一是“蝴蝶效应”。蝴蝶效应是学习型组织理论的重要组成部分，现在也成了现代管理中的重要理念。它出自混沌理论。混沌理论是 1979 年罗文斯教授在华盛顿所做报告中提出来的。举个例子。佛罗里达州的暴风，是由曼谷的一只蝴蝶翅膀扇动一下而引起的，这就是“蝴蝶效应”。“蝴蝶效应”是说，有些小事可以糊涂；有些小事对一个企业、一个国家很重要，就不能糊涂。东南亚金融危机爆发，首先是在泰国这个亚洲的小国家，欧洲的国家不以为然。结果呢? 真的没有关系吗? 俄罗斯因为这场危机而遭受的损失达 4 000 亿美元，叶利钦实施的经济改革刚刚有一点起色，就大幅度滑坡；美国也深受其害，美元汇率大幅度下降，1999 年美国经济增长率仅为 0.7%。山西的假酒事件中，制假酒的只是几个个体户，可造成的影响却是全省性的，整个山西的酒业受到打击。这就是“蝴蝶效应”带给我们的思考。每个企业、每个集团在“蝴蝶翅膀”动一动以前，要想清楚会出现什么问题。

二是“青蛙现象”。“青蛙现象”是五项修炼中的一个重要理念。“青蛙现象”是19世纪的几个学者提出的。他们做了一个实验，先把一只青蛙扔进100℃的水里，它会立刻意识到危险，马上跳出去。后来把它放进冷水里，慢慢加热，等它意识到危险时已经跳不出来了。我们的企业现在也存在“青蛙现象”。当危机突然出现时，企业领导者会马上发现并做出反应。如果危机一点点出现，领导者并不在意，等到危机很严重时，要挽救已经来不及了。

美国是个汽车大国，日本汽车一直想打入美国市场。1960年，日本汽车进入美国，美国人不以为然；1967年，日本汽车在美国市场占有率达到10%，美国人懒洋洋不予理会；1974年达到15%；20世纪80年代初达到20.3%；到1989年占30%，美国人震惊了。可是现在“美国青蛙”能跳出来吗？这是个大问号。日美汽车大战至今仍在持续，“青蛙现象”是现代企业应普遍注意和关心的问题。

彼得·圣吉在他的《第五项修炼》中说，美国汽车工业这只“青蛙”将来是否有力气从热水中跳出来，仍有待观察。圣吉说人的头脑习惯于频率较快的变化，因此，很难觉察频率很慢的变化，但是我们要学会看出缓慢、渐进的过程。就是要防微杜渐，把问题解决在萌芽状态。

“青蛙现象”已经引起世界各国企业家的高度重视。1990年时美国最辉煌的12家大企业，到1997年只剩通用电气一家了，所以通用电气总裁杰克·韦尔奇反复提醒全体员工警惕自己身边的“青蛙现象”。

总之，学习型组织强调的是把学习转化为创建，学习型企业是逐步建成和发展的。我们传统的企业是权力型的，要形成学习型企业，就得不断地超越，不断地向极限挑战，不断地改善心智模式，不断地建立共同愿景，不断地进行团队训练，不断地进行系统思考的修炼。五项修炼是一种心灵的转变、一种思维模式的转变，这是一个艰苦的过程。

第5节　学习型组织与突破性创新

知识经济时代，突破性创新是实现企业创新发展的重要基础。突破性创新是运用与之前完全不同的技术，以全新的产品、生产方式等，对市场或产业做出颠覆性改造的创新模式，其本质是非连续的和革命性的创新过程。因此，在当前摆脱长期以来对发达国家技术依赖，增强我国自主创新能力与构建创新型国家战略的背景下，突破性创新被视为影响创新型国家建设的重要因素以及实现科学技术“跨越式追赶”的最佳“机会窗口”。哈默尔（Hamel，2002）认为：“打造能够系统化实现突破性创新的企业是这个时代最重要的商业主题”。

一、突破性创新的概念

1978 年，阿伯内西（Abernathy）和厄特巴克（Utterback）在研究技术创新模式与企业绩效时首次提出突破性创新的概念，指出突破性创新是基于更优秀的功能性能而不是更低的初始成本，可以提供更高的单位利润率。随后很多学者对突破性创新进行了研究，但目前学术界对于突破性创新的定义还未达成一致。突破性创新是一个抽象的概念，学者对它的理解各不相同，代表性的观点可以分为以下几类：

（1）从突破性创新对现有市场和传统产业的冲击程度来解释，将突破性创新定义为对市场和行业冲击巨大，可能造成行业颠覆的技术创新（Dess & Beard，1984；X. He，2008；陈劲等，2002）。

（2）从创新技术商品化的性能来解释，认为突破性创新最终必须通过商品化来实现，突破性创新技术能带来产品性能的全新改变或者大幅度降低产品成本（Richard Leifer，2000；O'Connor&McDermott，2004；付玉秀，张洪石，2005）。

（3）从技术的特点来诠释突破性创新，认为突破性创新是一种非连续性创新，创新伴随技术断裂和技术跳跃，是建立在全新的技术之上替代旧技术，最终成为技术发展的主流模式（薛红志，2006）。

综合研究者们对突破性创新的定义，虽然在描述上各有差异，但定义上都有一些共同点，所有定义都是基于技术、产品、市场视角，反映其对企业、产业及整个经济的重大影响。总而言之，突破性创新开辟了新的技术轨道，导致产品性能发生巨大变化，促进了产品或技术的更新换代，影响了市场规则和竞争态势，甚至改变整个行业格局。

二、突破性创新的特点

1. 创新周期长

突破性创新的突出特点是创新周期长，根据创新程度的不同，从新思想的提出到发明成功直到取得创新的成功，所需要的时间从数年到上百年不等。仅从发明到商业化上的创新成功就需要很长的时间。虽然随着技术创新管理工具的发展，创新周期有缩短的趋势，但根据格鲁克（Grulke，1987）对 20 世纪 80 年代的数百项突破性创新的统计研究结果发现，突破性创新项目的平均完成时间一般是 10 年以上。

2. 高度的不确定性、不可预测性

许多公司的高级经理把突破性视为高风险、异想天开、极度投机的同义语（Hamel，Warren，Seiffer，1998），突破性创新探索的往往是新的技术轨道，它

不像渐进性创新是原有技术轨道的延伸与拓展，因此存在高度的不确定性和不可预测性。突破性创新的不确定性一般来自四个方面：（1）技术的不确定性——与潜在的科学知识与技术规范的完整性和正确性有关；（2）市场的不确定性——与消费者的需求有关；（3）组织的不确定性——主要来自主流组织与突破性创新团队的冲突；（4）资源的不确定性——项目经常中断影响项目投资、职工安置和管理。格鲁克的研究发现，任何领域的突破性创新都比渐进性创新有更高的风险（Grulke，1987）。高度的不确定性是突破性创新的特点，特别在早期阶段，评估突破性思想和突破性的标准与评价渐进性创新显著不同，就突破性创新的概念而言，采用渐进性创新的评估方法和概念显然是不合适与达不到效果的，或者会导致对项目的错误评估，或者会导致拒绝好的思想。"说不"以及要求更多的信息是容易的，困难的是为自己大量投资于缺乏"硬数据支持的"突破性创新项目辩护（Grulke，1987）。突破性创新的未来充满不确定性，而对一个不确定的市场，重视决策评估的企业很难对其进行客观的市场评估与投资决策。许多高层经理通常不愿意集中大量的资源和金钱进行不确定性很强的过程。

3. 高度发散性

突破性创新的发散性表现在新思想产生的发散性。这与渐进性创新不同，渐进性创新是对原有技术轨道的扩展，突破性创新则寻求新的路径、新的方法。逻辑思维在新思想的产生方面已经面临巨大的局限。突破性创新的思想更多的是采用发散性的思维方法。飞机的发明就是一个典型的例子。人类想飞上天已经有很久远的历史了，可以追溯到古代的中国人。到了欧洲文艺复兴时期，达·芬奇比较实际，他自己画了人工动力飞机。这是受人类希望能像鸟一样在空中翱翔的理想的推动。汽车的发明是另一个发散性的例子。在汽车出现以前，主要的交通工具是马车。后来戴姆勒、福特这样的工程师或发明家意识到，能否将内燃机和轮子结合起来，创造一种新的交通工具。马车要养马，而马还要吃草，走路又慢，走路长了它还要疲劳。如果有个机械动力，岂不是更好？因此，汽车就诞生了。无论是飞机的发明还是内燃机的发明，都是在当时看来离奇的不符合逻辑的发散性思维的结果。

4. 非线性、不连续性

突破性创新往往是在新的技术轨道上发展，由于突破性创新往往处于新的技术轨道的前端，对技术发展的历史数据没有积累，无法对技术的发展进行推理，也很难确定技术的发展方向，历史上有很多这种非线性、不连续性的例子。同时，突破性创新的过程也是不连续的、非线性的。"在整个突破性创新的周期中，存在许多要决策的点，真实的管理过程与渐进性创新是显著不同的"。莫罗内（Joseph G. Morone）对突破性创新的研究显示，大多数情况下，突破性创新是呈"之"字形合作项目的成果。研究计划往往从一个选定的主攻方向开始，经过搁置、重新开始，最后往往与最初设想的截然不同。

5. 随机性、偶然性

新思想的产生就是随机的，许多偶然、随机出现的新思想带来了突破性创新的诞生与完成。历史上有许多突破性创新都是在偶然的随机的情况下做出来的。

6. 相互依赖关系

突破性创新是一个系统工程。彼得・韦斯胡恩（Peter Weisshuhn，1998）通过对五个成功实施突破性产品和市场创新的企业的诊断研究，给出了识别突破性创新的关键性成功因素：潜在需求、创新观念、企业家精神、计划的拥护者、创新文化、创新资源、持续不断的创新、好运。这些因素相互作用，共同影响着企业的突破性创新。

三、创建学习型组织对突破性创新的意义

美国教授福瑞斯特在 1965 年首次提出“学习型组织”概念。在此基础上，彼得・圣吉对学习型组织进行进一步研究，将其定义为能够使组织学习内的个体突破自己能力上限，养成全新、前瞻而开阔的思维方式的组织，并提出了组织学习的五项修炼：自我超越、改变心智模式、建立共同愿景、团体学习和进行系统思考。可以看出学习型组织是一个组织内个体积极参与、不断学习、创新知识和技能，从而促进整个系统学习的组织，其目标是实现组织可持续发展。在新经济时代，企业经营环境的动态性和竞争性不断增强，在激烈和不确定的竞争环境下，突破性创新成为企业获取持续竞争优势的基石；同时，它打破了原有技术的竞争基础，往往会带来产业的重新洗牌，也成为落后国家和后进企业实现技术跨越和赶超战略的重要途径。然而突破性创新的开展和运行需要良好的组织支持，学习型组织通过其独特的学习模式和知识管理方式对突破性创新具有重要意义：

（1）学习型组织通过探索性学习方式增强企业突破性创新能力。突破性创新意味着对旧市场、旧能力的摒弃和对新市场、新能力的创造，这种能力的转变也要求组织进行探索性学习。学习型组织鼓励探索性学习方式，探索性学习对组织原有的关于使命、顾客、机会等的假设提出质疑，进而可以突破学习壁垒和打破路径依赖，避免陷入“集体盲思”并有利于突破性创新。

（2）学习型组织通过在企业内部营造良好的创新氛围为突破性创新的开展创造组织环境。学习型组织创建了有利于组织学习的气氛，鼓励创新，提升组织中积极的环境因素。通过学习型组织的建设，让创新氛围充满组织的每个角落，从而增强突破性创新活动的驱动作用。

（3）学习型组织通过知识管理为突破性创新奠定良好的知识基础。从知识的角度看，企业是知识的集合体，是一个知识获取、共享、整合和创造的组织。从这个意义上说，突破性创新被看作持续追求与转化新知识与独特性知识的过程，其本质是知识管理。因此，知识，尤其是那些异质性的、稀缺的隐性知识和复杂性知识是突破性创新的源泉。然而，这些知识嵌入在不同的知识源或知识渠道中，而且当前的技术不确定性的环境给企业获取这些知识提出了更多的挑战。由此，企业能否获取并有效管理突破性创新所需的知识成为企业突破性创新实现路径过程中的关键问题。学习型组织重视且善于对内外部知识的吸收，能有效识

别、获取及管理内外部知识，以支撑企业的突破性创新活动。

（4）学习型组织通过改变员工心智模式增加员工创造力进而为突破性创新的进行创造良好的人力资源基础。心智模式是决定我们对世界的理解方法和行为方式的那些根深蒂固的假设、归纳，甚至就是图像画面或形象等，通常不易察觉。突破性创新是打破常规，起初就要有与实践清晰背离的想法和观念。学习型组织通过改变员工心智模式，使员工更加具有创造力，为突破性创新打造良好的人力资源基础。

（5）学习型组织通过不断的系统学习、纠错、完善，为突破性创新构造更佳的组织流程和结构。学习型组织具有自我学习、自我纠错和自我完善的机制，能够不断学习成功的管理知识和经验，有利于企业识别自身管理中的缺陷，重塑制度规范与流程再造，支撑新创意、新技术向突破性创新的转化。

第6节　人工智能与组织行为

近年来，人工智能在社会各领域迅速发展开来，并给人们的生产生活带来极大便利，人工智能的到来使得世界“液态化”，所有内容都在不断流动、改变和升级。人工智能的发展，不仅使得企业面临更加动荡的外部环境，也促使其内部管理实践发生转变，而诞生于工业时代的传统管理理论越来越难解释人工智能背景下的企业经营管理问题。

1. 人的“透明化”以及人工智能的“员工化”问题

人工智能会对就业产生替代效应和创造效应，会对就业质量和就业人群产生一定的影响。就业质量的变化主要包括：第一，工作环境的改善。人工智能技术所替代的工作和任务有一部分是危险性较高、重复性较高、体力消耗较大的，这些工作许多人不愿意做或不适合人类来完成，甚至会对人造成一定的损害，人工智能技术在这些岗位中的运用能够促使就业人员寻求更好的就业环境。第二，工作时间的减少。实证研究表明，劳动生产率的不断提高，是工作时间持续下降的根本原因。人工智能技术在工作中的运用在提高管理人员效率的同时，也能够让就业人员花费较短的时间完成工作任务，因而增加了人们的休息时间。第三，工资报酬的变化。总体而言，人工智能的发展会提高就业者的工资报酬，因为人工智能技术提高了工作效率，使劳动者可以在工作时间完成更多任务，并且新技术的运用会带来能力的提升，使人们可以去更高层次的岗位上工作。随着人工智能与企业的逐渐融合，“人机协同”理念越来越成为企业发展的重点关注方面，就业环境将会不断得到改善，并且在人工智能化的组织氛围中，岗位越来越注重个人的发展，从而促进就业质量的提高。

随着人工智能与企业管理流程的深度融合，工作过程中产生的大量数据被采集、分析、反馈，这使得员工行为呈现“透明化”趋势，以往对个体有利而损害整体利益的行为极易被发现。现在已经有公司利用人工智能来监督内部法务合规情况、监控采购欺诈行为，如希罗什（Sirosh）就发现了人工智能在防止欺诈和坏账方面的价值，他通过应用人工智能监控员工行为从而减少消费者收不到货、供应商收不到款的现象。人工智能在企业管理中的应用使得被管理者行为趋于“透明化”，人性的“善意”将被更多地激发出来，这种行为主体倾向的变化使得传统管理理论中的部分内容不再适用。此外，管理对象的变化还体现在参与企业经营管理活动的人工智能上。作为一种全新的虚拟劳动力，人工智能将以“员工”的身份进入企业内部运营，部分取代或者完全取代某种人类工作。按不同的自主水平和主动程度，智能机器能够充当的职能角色被分为三种：一是助理职能，通过处理、分析日常工作为管理者和团队提供支持；二是顾问职能，通过回答、构建情景模拟等方式协助解决更复杂的问题或优化决策；三是执行功能，自主评估备选方案并进行商业决策。这三种职能不仅体现出人工智能的“人性化”趋势，也使其与人类员工的联系更加紧密。随着人工智能“员工”逐渐深入企业生产经营体系，如何管理人工智能以及协调人类员工与人工智能的关系也对传统管理理论提出挑战。

2. 企业管理绩效精确化程度提高，员工以及岗位能力需求发生变化

随着人工智能的发展，企业的管理思想和风格也需要做出相应调整，采用新的管理绩效措施。而人工智能不仅会为企业管理绩效提供更加精确的评估数据，辅助企业发挥绩效管理价值，还会促使企业转而关注能够体现个体价值的能力，产生新的关键绩效指标。可以说，人工智能使得以往关注个体层面绩效结果的传统人力资本研究，演进到将人力资本提升到战略性资源的重要地位，即如何发挥个体价值促进战略成果的达成。

人工智能可以为企业绩效评估提供更加全面、客观的数据，优化人力资源配置。良好的绩效管理能够实现员工个人能力与组织绩效的互动螺旋上升，为企业创造价值，但目前企业中的绩效管理流程往往是有缺陷的，如德勤的一项研究就发现，只有8%的组织认为它们的工作绩效评价能够提供商业价值。造成这种缺陷的一个重要原因是缺乏能够推动绩效管理的客观数据。管理绩效的首要问题在于能够有效衡量绩效，高层领导可以根据公司的整体表现进行评估，虽然某些岗位有客观的、量化的绩效指标，但大多数情况下管理者都是通过主观标准对绩效进行评估。在没有数据的情况下，办公室政治和无意识偏见将会影响评估结果，导致绩效管理存在偏差，而人工智能提供的知识图谱将帮助管理者进行更准确的判断，确定业务成果的真正贡献者。利用知识图谱，人力资源管理者能够清晰了解关键行动项目的具体过程，进而实现更加精准的绩效管理。人工智能提供的绩效管理数据也可以帮助管理者优化人力资源配置，如百度利用人工智能和大数据优势组建了智能化人才管理的专业复合型工具——百度人才智库，包括人才、组织、文化三大管理板块：人才板块功能主要体现为科学识别人才潜力、预判员工离职倾向和离职后影响，为有针对性的人才培养与保留提供了智能支持；组织板块通过分析部门活动、人才结构等数据资料，科学评估组织稳定性，揭示组织间人才流动规律，为组织优化调整人才配置提供支持；文化板块则通过呈现组织内外部舆情热点，智能分析外部人才市场，帮助管理者提升企业口碑，进行人才储备。人工智能技术不仅能为员工提供科学化、个性化的成长与发展指导，使其更加了解自身需求进而实现自我发展与提升，消除年轻化团队与经验型管理之间的矛盾，也提早预测行业动态进而调整知识结构应对多元的业务结构。

人工智能促使企业更加关注员工创造力、判断力等体现个体价值的能力。对于管理工作而言，人工智能将承担越来越多的行政协调和控制等常规性工作，但通过数据难以获得决策所需的洞察力，而这一能力恰恰是人类的长项，即利用经验和专业技能制定重要的商业决策。因此在人工智能时代，企业将更加重视管理者判断导向的创造性思维和实验能力、数据分析和解读、战略开发能力。澳大利亚保险集团 CEO 彼得·哈默（Peter Harmer）强调，在数字化企业中，需要能够培养协同创造力的管理者。这种协同创造能力不仅体现在管理者将多维度的想法有机结合起来产生新的想法，还包括与机器实现高效合作，激发双方潜力。随着企业对管理者判断能力的需求不断提高，其建立和利用企业社会关系网络的能力也会逐渐得到重视。在复杂环境中，集体决策比个人决策更加明智，但参与集体决策需要管理者认识到社会关系网络的价值，了解网络运行方式，并利用网络获取、整合不同的观点与经验。此外，企业内某些岗位的技能需求也会发生改变，跨越不同领域的“通用”能力，如解决问题、灵活的思维等将得到重视。企业在绩效管理过程中需要针对上述能力制定新的关键绩效指标。

3. 企业将人工智能纳入总体发展战略，管理目标着重激发创新

人工智能对生产方式、尖端技术以及创业机会的影响，将会促使企业重新思考自己的核心使命和价值主张，探寻新的竞争优势；企业对个体创造性更加关注，使组织的管理目标逐渐转向激发创新，组织文化趋向开放、共享以及多元化形态。

人工智能产品将重塑行业竞争基础，促使企业探寻新的竞争优势。互联网的兴起进一步提高了生产活动的自动化，加深了企业生产流程的标准化变革，同时使得个体生产活动与外部供应商、渠道和客户之间实现了跨地域的协调与整合。互联网浪潮影响了价值链，却并未对产品本身产生冲击，而人工智能将传感器、处理器和软件内置于产品中，并与互联网相连，产生大量数据，大大提升产品性能。生产这些产品也需要全新的设计、营销、制造和售后服务过程，例如数据分析和安全服务，这将重塑现有的价值链，进而引发生产效率的再次提升。除了重塑行业内部的竞争生态，智能互联产品还能拓展行业本身范围，将行业竞争基础由单一产品功能转向产品系统性能，进而发展为包含子系统的产品体系。行业竞争基础的变化使得企业探寻新的竞争优势，如没有实体产品的 On Farm 公司就通过收集各种农业设备数据，为农场主提供信息服务获取收益。

人工智能被企业作为一种战略性资源纳入总体发展规划中，辅助企业激发创新。人工智能对产业变革的深远影响，使得高科技企业在制定总体发展规划时将发展人工智能划为重点。如腾讯提出“让人工智能无处不在”（Make AI Everywhere）的愿景，将人工智能视为基础能力，从技术、场景和平台三个层面着手构建创业共同体、消费共同体、产业共同体，以“去中心化”的方式及全方位的平台能力，为广大商家提供一个更为包容、创新和具有可持续性的智慧零售解决方案，致力于将零售行业中遵从零和博弈的“窄平台”转变为坚持共生共赢的“宽平台”。将企业定位为平台型生产企业、基础设施的提供者，从提供涵盖丰富场景的多维度产品到匹配资源的平台型商业进而演变成多个产业生态的集群。谷歌则提出“人工智能优先”（AI First）战略，以谷歌大脑为基础，建设面向人工智能时代的新技术平台，利用人工智能技术驱动产品与服务。除了内部研发，谷歌还热衷于收购具有核心技术的初创型人工智能企业，2013—2016 年，谷歌分别在语音和图像理解领域、生物特征识别领域、深度学习领域、智能家居领域以及机器人领域收购 15 家公司，为人工智能技术研发注入新的活力。此外，人工智能已成为一项用来帮助已有业务线并创造全新产品和业务线的基础技术，随着其成本降低，中小企业也可以借助深度学习的精准推荐、协同过滤等技术，针对不同消费需求制定适合自身发展的经营战略。

相比互联网时代，人工智能不仅对企业内部管理实践有更加深刻的影响，也对现有管理理论提出更大挑战。基于前文中人工智能对企业管理实践以及理论冲击的讨论，结合近年来一些学者对传统管理理论转变的思考，提出以下建议。

（1）结合人工智能特点，对现代管理理论进行深入研究。首先需要充分认识人工智能时代有关人、机器以及组织等方面的问题，其中包括人工智能带来人的“透明化”和机器的“人性化”，动荡的商业环境、个体与组织之间的“联盟”关系以及网络式信息结构使得科层式管理方式难以创造价值，精准绩效管理以及对员工和岗位能力需求变化引发绩效管理流程的更新，行业竞争基础的变化促使企业重新思考价值主张，同时将人工智能纳入企业总体发展战略中。认识到这些改变所带来的问题后，需要我们对现有管理理论进行剖析，并结合人工智能特点进行理论创新，以适应时代发展。

陈春花教授提出组织管理的四个核心命题是解决个体与组织目标之间的问题、个体与组织之间的关系问题、组织与环境之间的关系问题以及组织的可持续性问题。人工智能的出现无疑对这四个命题产生了深刻影响，而这种深刻又广泛的影响推动了管理新范式的出现。有学者认为，要适应未来竞争的需要，管理学范式需要向不确定性和时间不可逆性转变，不确定性表明管理学不能通过短时间的分析找出解决企业组织及其管理问题；而时间不可逆性表明，管理学只有局部的预测功能，并不具备整体的预测功能。这种管理学范式的转变将有助于我们探索更加适用于人工智能时代的管理理论。

（2）促进学科间交流，为理论创新提供新思路。人工智能涉及计算机科学、神经生理学、心理学、认知科学、哲学等多种学科，是自然科学与社会科学的交叉学科，因此在讨论人工智能时代管理理论的更新时，可以借鉴其他学科对于某种现象的观点。例如量子管理学（quantum management）在解释人工智能时代如何激发个体创造力时，就借用了量子物理学中对微观世界运动的本质与规律的解释。

量子管理学的创始人佐哈尔（Zohar）提出，早期的管理思维受到牛顿-笛卡儿思维方式的影响，强调“静态”，重视定律、法则和控制，认为企业可以在确定的或者可预测的规范下运行。而量子物理学的出现打破了这种强调绝对和机械式的思维，认为世界是不可分割的主体，组成客观物质的粒子之间存在联系而非独立，这些随机运动的粒子在碰撞后会产生新事物，因此，量子管理也强调参与要素的不确定性以及随机联系带来的难以预测的效果，关注个体价值，提倡“去控制化”，主张管理者为个体提供明确的愿景与目标、更多的资源与授权，推行自组织以发挥员工在动态环境中的主动性与积极性。借用量子物理学理论解释企业管理活动，为人工智能时代管理理论发展提供了新思路，值得注意的是，这种学科间交流并非完全摒弃传统管理学思想以及管理方式，而是在工业文明与信息文明并存的时代不断完善管理理论。

（3）借助实践理性，为理论研究提供基础。人工智能对传统产业的颠覆，催生出各种新情境与新现象，例如在自动驾驶领域，不同公司选择不同角度进入市场：特斯拉着重于辅助驾驶功能，优步关注解决汽车资源共享问题，英伟达建设自动驾驶计算平台；传统汽车厂商如通用、奔驰、宝马、丰田等也陆续调整自己的技术战略，跟上最新的无人驾驶风潮。初创公司如以色列的 Mobileye、Oryx Vision，美国的 NuTonomy、Zoox、Drive. ai、Nuroai，中国的驭势科技（UISEE）、初速度科技（Momenta）等，则瞄准了整个自动驾驶产业链中的特定应用场景（如小区通勤、卡车运输等）、特定解决方案（如视觉解决方案、地图解决方案等）或特定功能模块（如激光雷达传感器、视觉模块、决策模块、控制模块等）。大型企业海尔集团在转型升级过程中推出小微模式，以业务或项目为中心，将传统组织结构转变为具有独立决策权、分配权并进行独立核算的小团队，管理的核心理念是将金字塔结构的封闭型企业转型为对企业内部、外部开放的投资管理平台。这些新情境与现象的出现，为孕育新理论提供了基础，也提供了研究问题的新视角，借助实践理性发展理论有助于我们更全面、更客观地认识真实的商业世界。此外，基于制度、哲学思想和文化方面的差异，东西方社会有着不同的管理实践与商业体系，深入研究我国人工智能在行业、企业中的应用也将为发展具有中国本土特色的管理理论提供基础。

故事与启示

从前，在远离人类的一个森林里住着一群动物，这群动物从来没有见过人类。有一天，从远方归来的几个小动物向其他动物说起人类。

小鹿说：我见过人类，人类有两只手、两条腿、一个头，没有尾巴。

小熊说：我也见过人类，人类总是直着身体走路。

小狐狸说：我看到人类经常用手拿东西。

小兔子说：人类吃肉之前，要先煮熟才吃。

大家你一言我一句地说起人类的特征。当然，其中也有一些有争议的地方，譬如，有小动物说，他见过只有一只手的人类，也有小动物说，见过一些人类是爬着走路的（就是婴儿）。这个动物聚会里有一只老虎和一只猴子。

老虎问猴子："你想成为人类吗?"

猴子回答："当然，我做梦都想成为人类。"

老虎说："这个好办，我帮你实现梦想。"

于是几声惨叫之后，猴子的尾巴和全身的毛都被弄掉了，而且老虎还强迫猴子直立行走，并且规定猴子以后只能吃煮熟的东西。

我们可以思考，现在猴子已经具备了人类的种种特征，猴子变成人了吗？没有，猴子再怎么折腾还是猴子。哪怕给它整容变得像人一样，它仍是一只猴子，因为它没有人类的DNA。同样道理，一个组织机构，我们按照学习型组织所描述的特征，对它进行调整，使它长得跟学习型组织一样，使它的行为方式也跟学习型组织一样，那么它是不是就成为学习型组织呢？仍然不是，因为这个机构没有学习型组织的DNA。学习型组织的DNA是学习环，要创建学习型组织，就要在组织里设置不同主题的学习环，形成一个学习网，从而产生强大的创新能力。学习环是创建新一代学习型组织的关键机制。

资料来源：猴子变人．(2014-09-22). https: //wenku. baidu. com/view/1e7e305acc175527072208e5. html.

◆ 关键术语

学习型组织　自我超越　改善心智模式　建立共同愿景　团队学习　系统思考

◆ 复习思考题

1. 什么是学习型组织？它有什么特点?

2. 营建学习型组织的核心是什么?

3. 如何减少反映性工作，增加创造性工作？"蝴蝶效应""青蛙现象"说明了管理中的什么问题?

◆ 自我诊断

学习型组织诊断问卷

调查问卷调查学习型组织的五个核心组成要素。

打分标准：

4 分：完全正确

3 分：很大程度上正确

2 分：在某种程度上正确

1 分：几乎或者根本不正确

一、学习动力：个人、集体、团队和组织

1. 鼓励和帮助员工加强学习，提高自身素质。

2. 组织员工通过积极征询意见和有效的反馈，保证信息的传递准确无误，内部沟通渠道通畅。

3. 成员接受学习方法方面的培训。

4. 成员采用实践学习方法（实践学习是指通过具体情境分析发现问题根源，并在知识应用和实践中进一步加强理解）。

5. 成员应用系统方法分析问题、指导工作。

二、组织转型：远见、文化和管理结构

1. 管理层支持学习型组织的想法。

2. 组织成员支持并理解学习的重要意义。

3. 组织成员能够从失败中吸取教训，从成功中总结经验。

4. 成员把工作视为学习的机会。

5. 组织削减规模，减少管理层次，最大限度地挖掘学习潜力。

三、员工赋予权力：员工、经理、客户、合作伙伴和社区

1. 致力于培养一支自我赋予权力的员工队伍，使员工能够自发地学习，提高工作效率。

2. 管理层下放权力，保证员工拥有平等的职责和学习的机会。

3. 经理不仅指导员工学习，而且为其学习创造机会。

4. 组织与客户充分共享信息，听取他们的想法和意见，从中汲取经验和知识，提高组织的服务水平和产品质量。

5. 组织与供货商、社区团体、专业组织、研究机构共同参加学习活动。

四、知识管理：掌握、创造、存储、转让、利用

1. 员工关注组织外部的发展趋势，并观察别人正在做什么（例如，衡量最佳的做事方式，参加会议，查看已经发表的研究报告）。

2. 员工接受创造性思维和实践的培训。

3. 经常进行项目改进活动，以探索产品开发及服务配送的新路子。

4. 组织内有相关系统和组织的结构，能够保证重要的知识被编号、存储，让那些需要这些知识的人随时可以应用。

5. 不断发展新战略新机制，以便组织内所有人都能分享学习的信息。

五、技术应用：信息系统、技术学习、电子支持系统

1. 组织成员的学习由有效的计算机信息系统支持。

2. 成员能够使用信息高速公路（本地网、互联网）。

3. 学习设施（培训会议以及场所）配备电子多媒体设备，学习环境是艺术、色彩、音乐和视觉的完美结合。

4. 提倡“即时”的学习方式，即将高科技学习体系、培训和实际工作结合，使学习过程完整而有效。

5. 电子支持系统能够帮助工作更上一层楼。

评分解释：

1. 哪个项目得到分数最高？哪个最低？原因是什么？

2. 个人对于同一个问题的打分差别大吗？可以采用哪些措施来提高某项目的得分？不同的部门成员打分有差别吗？管理层和非管理层打分有差别吗？造成这些的原因可能是什么？

3. 哪个问题最重要，最能够促进组织变革？

4. 如何将这个调查结果应用于实践，指导组织制定建立学习型组织的行动计划？

资料来源：马奎特．创建学习型组织 5 要素．北京：机械工业出版社，2003.

案例分析

欧派：从“士兵”到“将军”的梦

广州欧派橱柜企业有限公司成立于 1994 年，率先将欧洲“整体厨房”概念引入中国，开创了中国工业化生产现代橱柜的先河，被誉为中国“厨房革命”的倡导者、整体橱柜的领潮人。欧派占地 30 万平方米的亚洲橱柜制造中心，采用世界最先进的德国豪迈 HOMAG 橱柜生产线和 ISO 9001 国际质量体系下的 96 道精细分工，日产家庭橱柜 1 000 余套。其 1 000 余个专营商场遍及全国，超过 10 000 人的专业服务团队每年为 30 万个国内外家庭提供一流的现代化整体橱柜，连续十余年市场占有率居行业首位。为积极拓展海外市场，欧派成立外贸部和出口加工厂，并在美国波士顿建立分支机构，目前产品已出口到美国、加拿大、日本、澳大利亚以及东南亚、中东等 60 多个国家和地区，开创了中国橱柜参与国际竞争的新局面。

“一方水土养一方人，有什么样的土壤就会长出什么样的植物，而种植不同的种苗，反过来又会影响水土和环境，企业文化与企业的发展之间也有着这样的辩证关系。”广州欧派橱柜企业有限公司董事长姚良松在交流会上为企业文化做出了这样的比喻。姚良松表示，他们在企业文化活动中的理念是：共同劳动、创造和分享。在共同劳动的基础上，为员工的共同学习和发展提供保障。欧派的做法是从工人队伍中动态考核录取管理员的预备人才队伍，从管理员中考核出干部的预备队伍，一边进行考察，一边进行培训，所有的管理员和干部除外聘均需通过该途径提拔，这个方法让很多员工实现了从“士兵”到“将军”的梦想，这样一来，不仅保障了管理干部队伍的素质，也杜绝了用人方面的腐败。同时，欧派还在正式的行政组织体系：总经理—部门（厂）—车间（主管）—生产小组中附设了一个相对应的学习组织，组织召集人有的由行政负责人担任，有的由非行政负责人担任，另外给每个召集人配备一名学习辅导员，以辅助召集人组织学习。

资料来源：改编自网络资料。

［分析］

1. 欧派为什么会成功?
2. 欧派的管理人员是怎么产生的?

结束语

读完了本书，我想你已经体味到了组织行为学这门学科的真谛。它着重研究人在组织中如何活动，研究如何把人、组织、技术以及外部环境组合成一个浑然一体的有效的运行系统。随着科技的发展、人们追求的变化，组织行为研究的理论模式将会呈现如表 E-1 所示的起势。

表 E-1　组织行为研究发展趋势

从	到
● 封闭系统	● 开放系统
● 物质取向	● 人性取向
● 集权	● 分权
● 外在激励	● 内在激励
● 对人持消极态度	● 对人持积极态度
● 重视组织需要	● 重视组织需要与雇员需要的平衡
● 强制纪律	● 自觉遵守纪律
● 专制的管理职能	● 领导与雇员协作
● 固定的组织结构	● 灵活的组织结构
● 强调工作	● 强调工作与生活的平衡
● 层级沟通	● 全方位网络沟通
● 股份制	● 合伙人制

大多倾向于更加开放的人性化组织，更加广泛的分权，更注重人的激励，对人采取更为积极的态度，以及雇员需求与组织需求二者之间利益的平衡。外部强加的纪律日益为自觉地遵守纪律所取代，管理已经发展到由严格的专制管理走向重视领导与雇员协作的管理。

走出后工业化社会并进入知识经济时代的国家已经具备了这样一种条件，即高层次的需求已经成为人们最主要的激励因素。在知识经济信息社会，在需要经常的体力劳动技能的同时，更需要智能劳动，需要人的聪明和才智。人力资源管理将主要集中在对知识员工的激励与管理。

要把高层次要求与开发人的智能结合起来，以便有可能产生一个新的系统。开启这一关键问题的钥匙就是改善组织行为。人们的思想、意向经由正确的激励和鼓舞而更富于创造性，这是一种不均等的，与体力用于操作机器截然不同的，可以不断增进的激发能力。机器所具有的只是一种可率定的生产能力，超过了这种能力机器便无能为力，无论花多大力气，它也只能生产那么多，绝不可能多一点。但是，人却可以通过卓越的创造性思维生产出无限多的产品。我们寄希望于产生最佳效果的组织行为，正在于它能激励人产生睿智的思想。人们一旦受到激励，得以发挥出他们巨大的潜在能力去创造新的更富于才智的思想观念，那么实际上所能完成的任务是无限的。这里的核心思想是：劳动将成为快乐生活的手段，而不是苦重的负担。

参考文献

1. Frances Hesselbein. The Leader of The Future. Arrangement with Jossey-Bass Publishers, 1997.

2. Hugh J. Arnold, Danie C. Feidman. Organizational Behavior. McGraw-Hill Inc. , 1986.

3. Michael Beer, Bert Spector, and Paul R. Lawrence, et al. Managing Human Assets. The Free Press, 1984.

4. Thomas J. Peters, Robert H. Waterman. In Search of Excellence Lesson From American's Best-Run Companies. Harper & Row, 1982.

5. Thomas A. Harris. I'm OK—You're OK. Harper & Row, 1969.

6. Harold Koonts, Heinz Weihrich. Management. McGraw-Hill Inc. , 1988.

7. Richard L. Daft. Essentials of Organization Theory and Design. South-Western College, 1998.

8. Stephen P. Robbins. Organizational Behavior. Prentice Hall, Eighth Edication, 1998.

9. Paul M. Muchinsky. Psychology Applied to Work. Brooks/Cole Publishing Company, Fourth Edition, 1993.

10. George T. Milkovich, John W. Boudreau. Human Resource Management. R. R. Dollelley, Sons Company, Sixth Edition, 1991.

11. Ricky W. Griffin, Gregory Moorhead. Organizational Behavior: Managing People and Organizations. South-Western Cengage Learning, Ninth Edition, USA, 2010.

12. John A. Wagner, John R. Hollenbeck. Management of Organizational Behavior. Prentice Hall, Eighth Edition, 2009.

13. F. Luthans. Positive organizational behavior: Developing and maintaining psychological strengths. Academy of Management Executive, 2002 (16).

14. F. Luthans. The need for and meaning of positive organizational behavior. Journal of Organizational Behavior, 2002, 23 (6).

15. T. A. Wright. Positive organizational behavior: An idea whose time has truly come. Journal of Organizational Behavior, 2003, 24 (4).

16. Guido Hertel, Susanne Geister, Udo Konradt. Managing virtual teams: A review of current empirical research. Human Resource Management Review, 2005 (15): 69 - 95.

17. Luis L. Martins, Lucy L. Gilson, M. Travis Maynard. Virtual teams: What do we know and where do we go from here? Journal of Management, 2004, 30 (6): 805 - 835.

18. S. G. Straus, J. E. McGrath. Does the medium matter: The interaction of task type and technology on group performance and member reactions. Journal of Applied Psychology, 1994 (79): 87 - 97.

19. F. Luthans, B. J. Avolio. Authentic leadership: A positive developmental approach. In Cameron K S, Dutton J E, Quinn R E. Positive Organizational Scholarship. San Francisco: Barrett-Koehler, 2003.

20. B. J. Avolio, W. L. Gardner. Authentic leadership development: Getting to the root of positive forms of leadership. Leadership Quarterly, 2005, 16 (3): 315 - 340.

21. R. Goffee, G. Jones. Managing authenticity. Harvard Business Review, 2005, 83 (12).

22. John Campling, David Poole, et al. Management. Wiley, Third Asia-Pacific Edition, Australia, 2008.

23. B. M. Bass, P. Steidlmeier. Ethics, character, and authentic transformational leadership behavior. Leadership Quarterly, 1999 (10): 181 - 217.

24. B. J. Avolio, W. L. Gardner, F. O. Walumbwa, et al. Unlocking the mask a look at the process by which authentic leaders impact follower attitudes and behaviors. Leadership Quarterly, 2004, 15 (6): 801 - 823.

25. A. H. Eagly. Achieving relational authenticity in leadership: Does gender matter? Leadership Quarterly, 2005, 16 (3): 459 - 474.

26. Michie Susan, J. Gooty. Values, emotions, and authenticity: Will the real leader please stand up? Leadership Quarterly, 2005, 16 (3): 441 - 457.

27. C. D. Cooper, T. A. Scandura, C. A. Schriesheim. Looking forward but learning from our past: Potential challenges to developing authentic leadership theory and authentic leaders. Leadership Quarterly, 2005, 16 (3): 475 - 493.

28. David Knights, Hugh Willmott. Introducing Organizational Behavior & Management. Thomson, 2007.

29. Peter Murry, David Pool & Grant Jones. Contemporary Issues In Management and Organizational Behavior, Thomson, 2006.

30. Larry C. Farrell. Searching For The Spirit Of Enterprise Dismantling The Twentieth-Century Corporation. Arrangement With Dutton Signet, USA: 1993.

31. Frances Horibe. Managing Knowledge Workers. John Wiley & Sons Canada, Canada: 1999.

32. William G. Ouchi. Theory Z—How American Business Can Meet The Japanese Challenge. Addison Wesley，1981.

33. R. Ludlow，Fergus Panton. The Essence of Effective Communication. Prentice Hall International（UK）Ltd，1992.

34. Frances Hesselbein. The Organization of The Future. Jossey-Bass Publishers，1997.

35. 关培兰，宛希武，等．简明行为科学辞典．武汉：武汉大学出版社，1989.

36. 关培兰，张桂荣．公共关系心理学．武汉：湖北科技出版社，1991.

37. 徐联仓．组织行为学．北京：中央广播电视大学出版社，1996.

38. 卢盛忠．组织行为学．杭州：浙江教育出版社，1993.

39. 尹毅夫．组织行为理论多维探源与应用．北京：企业管理出版社，1995.

40. 俞文钊，贾咏，汪解，等．合资企业的跨文化管理．北京：人民教育出版社，1996.

41. 俞文钊．管理心理学．兰州：甘肃人民出版社，1989.

42. 贺云侠．组织管理心理学．南京：江苏人民出版社，1987.

43. 胡爱本．新编组织行为学教程．上海：复旦大学出版社，2006.

44. 颜坚莹．组织行为学．广州：暨南大学出版社，1999.

45. 杨锡山．西方组织行为学．北京：中国展望出版社，1986.

46. 罗锐韧，曾繁正．组织行为学．北京：红旗出版社，1997.

47. 赵振宇，田立延．激励论．北京：华夏出版社，1995.

48. 张凤．管理学．2 版．北京：中国建筑工业出版社，2016.

49. 吕强，李文莲，管理学．大连：东北财经大学出版社，2017.

50. 李剑，叶向峰．员工考核与薪酬管理．北京：企业管理出版社，1999.

51. 郁义鸿．组织修炼．上海：上海译文出版社，1997.

52. 赵西萍，等．组织与人力资源管理．西安：西安交通大学出版社，1995.

53. 胡君辰，郑绍濂．人力资源开发与管理．上海：复旦大学出版社，1996.

54. 于子明．现代人力资源开发与管理．北京：中国展望出版社，1986.

55. 徐升，王建新．人才测评．北京：企业管理出版社，2000.

56. 余凯成．燃起人们胸中热情之火．北京：企业管理出版社，1989.

57. 曹乐人．日本企业的人事管理．北京：光明日报出版社，1989.

58. 周三多．管理学原理与方法．上海：复旦大学出版社，1998.

59. MBA 必修核心课程编译组．人力资源：组织和人事．北京：中国国际广播出版社，1999.

60. 大卫斯．组织行为学．北京：经济科学出版社，1989.

61. 王重鸣，唐宁玉．虚拟团队研究：回顾、分析和展望．科学学研究，2006，24（1）.

62. 刘峰．现代领导的隐性化．新东方，2003（7）.

63. 席西民．管理之道．北京：机械工业出版社，2002.

64. 王娟茹，赵嵩正，杨瑾．企业知识创新的模型及其关键因素研究．科学管理研究，2004，22（5）.

65. 孙建超，关培兰，张可莉．如何应对员工纠纷．武汉：湖北人民出版社，2005.

66. 余凯成，程文文，陈维政．人力资源管理．大连：大连理工大学出版社，1999.

67. 关培兰，曹焕甫．如何让您的企业更有人性化魅力．武汉：湖北人民出版社，2005.

68. 张建华，刘仲英．知识管理中的知识贡献激励机制．同济大学学报（自然科学版），2004（7）.

69. 颜世富．信息时代与心理调节．上海：上海人民出版社，2001.

70. 李文亮，赵息．外部学习、环境不确定性与突破性创新的关系研究．研究与发展管理，2016，28（2）：92－101.

71. 威廉姆森．资本主义经济制度．北京：商务印书馆，2002.

72. 方竹兰．人力资本所有者拥有企业所有权是一个趋势．经济研究，1997（6）.

73. 青木昌彦．比较制度分析．上海：上海远东出版社，2002.

74. 杨瑞龙，周业安．一个关于企业所有权安排的规范性分析框架及其含义．经济研究，1997（1）.

75. 周其仁．市场里的企业：一个人力资本和非人力资本的特别合约．经济研究，1996（6）.

76. 周业安．人力资本、不确定性与高新技术企业的治理．中国工业经济，2002（10）.

77. 孙彤．组织行为学教程．北京：高等教育出版社，1997.

78. 赵曙明，沈群红．知识企业与知识管理．南京：南京大学出版社，2001.

79. 蒋春燕，赵曙明．知识型员工流动的特点、原因与对策．中国软科学，2001（2）.

80. 陈加洲．中国员工心理契约研究．中科院心理所博士论文，2001.

81. 魏葵．留住公司的核心员工．经济管理，2001（17）.

82. 关培兰．组织行为学．北京：中国人民大学出版社，2008.

83. 李原，郭德俊．组织中的心理契约的研究进展．心理学动态，2002（2）.

84. 冬青．揭开人类行为的奥秘．北京：中国经济出版社，1987.

85. 俞克纯，沈迎选．激励·活力·凝聚力．北京：中国经济出版社，1988.

86. 王加微．创造学与创造力开发．杭州：浙江大学出版社，1988.

87. 王加微．行为科学．杭州：浙江教育出版社，1986.

88. 关培兰．管理行为学．武汉：湖北人民出版社，1988.

89. 史密斯．中国人的性格．北京：学苑出版社，1998.

90. 戈尔曼．情感智商．上海：上海科学技术出版社，1997.

91. 尤里奇，斯莫尔伍德，斯威特曼．领导力密码．北京：中国人民大学出版社，2011.

92. 富萍萍，孙聪．“大我”成就卓越领导．清华管理评论，2013（2）.

93. 田也壮．组织行为学．北京：高等教育出版社，2013.

94. 付永刚，郭文臣，乔坤．组织行为学．北京：清华大学出版社，2017.

95. 周菲，张广宁，黄雪娜．组织行为学．北京：机械工业出版社，2014.

96. 任浩．组织行为学——现代的观点．北京：清华大学出版社，2011.

97. 王晶晶．组织行为学．北京：机械工业出版社，2009.

98. 蒿坡，龙立荣．共享型领导的概念、测量与作用机制．管理评论，2017，29（5）：87－101.

99. 韩晓春．授权型领导对员工主动性行为的影响机制研究．太原：山西财经大学，2018.

100. 史瑶．基于心理所有权的授权型领导与员工建言行为的关系研究．武汉大学学位论文，2017.

101. 罗宾斯，贾奇．组织行为学：第14版．北京：中国人民大学出版社，2012.

102. 袁凌，吴文华，熊勇清．组织行为学．北京：高等教育出版社，2015.

103. 马新建．组织行为学——中国情景与管理．北京：北京大学出版社，2015.

104. 段万春．组织行为学．3版．北京：高等教育出版社，2017.

105. 孙优萍，谢军波．组织行为学．2版．杭州：浙江大学出版社，2013.

106. 相里六续．组织行为学．北京：机械工业出版社，2014.

107. 时巨涛，马新建，孙虹．MBA－组织行为学．3版．北京：北京师范大学出版社，2017.

108. 陈迎雪，陈小华．团队建设与管理．成都：电子科技大学出版社，2015.

109. 姚裕群，等．团队建设与管理．北京：首都经济贸易大学出版社，2006.

110. 谢文辉．智慧管理：60个经典管理寓言故事．北京：民主与建设出版社，2004.

111. 吕谋笃．华为管理变革十五年．东方企业文化，2010（9）：56－57.

112. 聂永有．组织行为学．上海：立信会计出版社，2009.

113. 李剑锋 组织行为学．北京：中国经济出版社，2002.

114. 深圳创新发展研究院．任正非：从员工持股的带头人，到全球顶级商业领袖．特区经济，2018（12）：10－11.

115. 刘羽昕，李文超，郭燕飞．组织与学习．北京：北京大学出版社，2011.

116. 付玉秀，张洪石．突破性创新：概念界定与比较．数量经济技术经济研究，2004，21（3）.

117. 徐红涛，吴秋明．企业学习型组织的创建与研究．管理世界，2018，34（1）：188－189.

118. 尹惠斌．团队知识冲突对企业突破性创新绩效的影响研究．科技进步与对策，2012，29（16）：120－125.

119. 付玉秀，张洪石．突破性创新：概念界定与比较．数量经济技术经济研究，2004，3（6）：73－83.

120. 袁霞．突破性创新研究综述．现代商业，2017（4）：132－133.

图书在版编目（CIP）数据

组织行为学/刘智强，关培兰编著．--5版．--北京：中国人民大学出版社，2020.1
教育部面向21世纪人力资源管理系列教材
ISBN 978-7-300-27789-9

Ⅰ.①组… Ⅱ.①刘…②关… Ⅲ.①组织行为学－高等学校－教材 Ⅳ.①C936

中国版本图书馆CIP数据核字（2019）第285836号

面向21世纪课程教材
教育部面向21世纪人力资源管理系列教材
组织行为学（第5版）
刘智强　关培兰　编著
Zuzhi Xingweixue

出版发行	中国人民大学出版社		
社　　址	北京中关村大街31号	**邮政编码**	100080
电　　话	010－62511242（总编室）		010－62511770（质管部）
	010－82501766（邮购部）		010－62514148（门市部）
	010－62515195（发行公司）		010－62515275（盗版举报）
网　　址	http://www.crup.com.cn		
经　　销	新华书店		
印　　刷	北京七色印务有限公司	**版　　次**	2003年1月第1版
规　　格	185 mm×260 mm　16开本		2020年1月第5版
印　　张	25.75 插页1	**印　　次**	2021年7月第3次印刷
字　　数	531 000	**定　　价**	49.00元

教师教学服务说明

中国人民大学出版社管理分社以出版经典、高品质的工商管理、统计、市场营销、人力资源管理、运营管理、物流管理、旅游管理等领域的各层次教材为宗旨。

为了更好地为一线教师服务，近年来管理分社着力建设了一批数字化、立体化的网络教学资源。教师可以通过以下方式获得免费下载教学资源的权限：

在中国人民大学出版社网站 www. crup. com. cn 进行注册，注册后进入“会员中心”，在左侧点击“我的教师认证”，填写相关信息，提交后等待审核。我们将在一个工作日内为您开通相关资源的下载权限。

如您急需教学资源或需要其他帮助，请在工作时间与我们联络：

中国人民大学出版社　管理分社

联系电话：010－82501048，62515782，62515735

电子邮箱：glcbfs@crup. com. cn

通讯地址：北京市海淀区中关村大街甲 59 号文化大厦 1501 室（100872）